# 作者简介

**王 勇** 湖南省隆回县人。博士、教授、硕士研究生导师，昆明理工大学南亚东南亚新闻传播研究院院长、昆明理工大学艺术与传媒学院副院长、云南省南亚东南亚网络文化研究中心副主任、全国艺术专业学位研究生教育指导委员会专家、云南省新闻传播学科教学指导委员会副主任、云南省纪检监察学会第五届理事会理事、湖南省文化产业研究基地研究员。主持包括国家社科基金项目在内的纵向科研项目16项，出版有专著《大众传媒与社会越轨行为——社会控制视阈下的越轨新闻信息传播研究》，合著《廉政文化传播概论》《东南亚国家新闻史》，合编教材《传播学应用教程》，主编（合）《滇缅新闻传播合作论坛论文集》等，参著多部，发表学术论文100多篇。作品获云南省哲学社会科学优秀成果奖、云南省广播电视学术论文一等奖等。

**杨 璐** 四川绵阳人。博士、副教授、硕士研究生导师，访美学者。现任昆明理工大学南亚东南亚新闻传播研究院副院长、昆明理工大学科普产业与科学传播研究所所长，系中国高等院校影视学会民族影视委员会理事、中国高等院校影视学会广播委员会理事、云南省委宣传部专家组成员、中国民主同盟云南省文化专委会副主任、昆明理工大学委员会副主委。主持和参与国家级、省级各类课题10余项，2019年主持国家艺术基金项目"非遗传承人抢救性保护记录人才培养"。发表CSSCI收录期刊论文数十篇，出版"十一五"规划教材《纪录片概论》《广播电视新闻编辑》《当代中国广播电视学》《中国电视新闻传播的仪式之维》《中国广播经典案例剖析》《东南亚国家新闻史》等著作。曾在凤凰卫视、中央电视台担任编导工作。创作、指导学生创作作品在"金熊猫"国际电视节、全国大学生广告艺术设计大赛、中国国际科普微视频大赛等赛事中获奖数十项，获得"红云园丁奖""伍达观优秀教师奖"等称号。

**刘　红**　山东潍坊人。硕士、副教授、硕士研究生导师。现任昆明理工大学南亚东南亚新闻传播研究院秘书长、昆明理工大学艺术与传媒学院新闻传播系主任、云南省南亚东南亚网络文化研究中心研究员。主持科研项目多项，出版专著《网络书店经营管理》、合著《东南亚国家新闻史》，在国内外期刊发表学术论文20余篇。

**张名章** 湖南邵阳人。教授、硕士研究生导师，昆明理工大学南亚东南亚新闻传播研究院研究员。主持完成国家课题、省级课程多项，作品获省部级哲学社会科学优秀成果奖一项，在《新闻与传播研究》等核心刊物发表学论文 40 余篇，出版有专著《网络传播探论》、合著《东南亚国家新闻史》、教材《网络新闻编辑》等。

**昌 蕾** 云南昆明人。硕士、副教授、硕士研究生导师，美国南佛罗里达大学访问学者，昆明理工大学南亚东南亚新闻传播研究院研究员。主持云南省教育厅课题一项，出版合著《民办教育品牌营销策略》《广告效果测评理论与方法》《东南亚国家新闻史》等，发表论文 20 余篇。

**巴胜超** 云南曲靖人。博士、教授、硕士研究生导师，云南省万人计划青年拔尖人才，昆明理工大学南亚东南亚新闻传播研究院研究员。主持国家社科基金艺术学青年项目一项、文化和旅游部项目一项。出版《象征的显影：彝族撒尼人阿诗玛文化的传媒人类学研究》《阿诗玛文化遗产传承人口述史》《寻找阿诗玛：人类学写作的四种文本》《遇见阿诗玛：文化旅游情景中阿诗玛文化创新发展研究》《传媒、旅游与多民族乡土景观的变迁》《这一次 请听我说：特奥体育教练卷》等著作 6 部，合著《电视艺术学》《艺术美学经典导读》《天下一点：

人类学"我者"研究之尝试》《遗产的抉择：文化旅游情境中的遗产保护》《文学人类学新论：学科交叉的两大转向》《东南亚国家新闻史》等6部，发表论文50余篇。

**马小娟** 河南省登封人。博士、副教授、硕士研究生导师，昆明理工大学南亚东南亚新闻传播研究院研究员。主持国家社科基金项目一项，省级项目多项。发表CSSCI论文多篇，出版合著《东南亚国家新闻史》。

**赵长雁** 云南大理人。博士研究生在读，讲师，昆明理工大学南亚东南亚新闻传播研究院研究员。主持包括教育部人文社会科学研究基金项目在内的科研项目多项。出版合著《中国广播经典案例剖析》《网络新闻编辑》《东南亚国家新闻史》等，发表学术论文10余篇。

**唐晓岚** 四川安岳人。硕士、讲师，昆明理工大学南亚东南亚新闻传播研究院研究员。发表学术论文数篇，出版合著《东南亚国家新闻史》。

本书由昆明理工大学南亚东南亚新闻传播研究院
云南省南亚东南亚网络文化研究中心 资助出版

# 东南亚国家新闻史

王　勇　张名章　昌　蕾
刘　红　巴胜超　马小娟　著
杨　璐　赵长雁　唐晓岚

东帝汶
文莱
新加坡
马来西亚
泰国
缅甸
印度尼西亚
越南
柬埔寨
老挝
菲律宾

云南出版集团
云南人民出版社

图书在版编目（CIP）数据

东南亚国家新闻史 / 王勇等著. -- 昆明：云南人民出版社，2020.11
ISBN 978-7-222-19873-9

Ⅰ.①东… Ⅱ.①王… Ⅲ.①新闻事业史—东南亚 Ⅳ.①G219.330.9

中国版本图书馆CIP数据核字(2020)第218350号

责任编辑：刘　焰
责任校对：姚实名
装帧设计：唐敬乾
责任印制：窦雪松

# 东南亚国家新闻史
DONGNANYA GUOJIA XINWEN SHI

王　勇　张名章　昌　蕾
刘　红　巴胜超　马小娟　著
杨　璐　赵长雁　唐晓岚

| | |
|---|---|
| 出　版 | 云南出版集团　云南人民出版社 |
| 发　行 | 云南人民出版社 |
| 社　址 | 昆明市环城西路609号 |
| 邮　编 | 650034 |
| 网　址 | www.ynpph.com.cn |
| E-mail | ynrms@sina.com |
| 开　本 | 720mm×1010mm　1/16 |
| 印　张 | 26.5 |
| 字　数 | 405千 |
| 版　次 | 2020年11月第1版第1次印刷 |
| 印　刷 | 河北文盛印刷有限公司 |
| 书　号 | ISBN 978-7-222-19873-9 |
| 定　价 | 106.00元 |

云南人民出版社微信公众号

如需购买图书、反馈意见，请与我社联系
总编室：0871-64109126　发行部：0871-64108507　审校部：0871-64164626　印制部：0871-64191534

版权所有　侵权必究　印装差错　负责调换

# 序 一

黄 瑚

应昆明理工大学艺术与传媒学院王勇教授之请，为其主持撰写的《东南亚国家新闻史》作序，我有幸得以先睹为快。

该书对缅甸、越南、老挝、泰国、柬埔寨、马来西亚、新加坡、文莱、菲律宾、印度尼西亚、东帝汶等11个东南亚国家新闻传播业的历史与现状做了全面、系统与详尽的介绍与描述，在一定程度上填补了我国有关外国新闻史研究，特别是东南亚新闻史研究的空白。写新闻史，特别是写基于史料、以描述为主的新闻史，由于投入多、产出少，且与当下以数量论成败的科研考核标准相龃龉，因而不知从何年起问津者越来越少。近年来问世的新闻史研究成果，大多为依据一些未加认真考证的史料、搭建一个未必能套用的理论框架的撰作，中国新闻史如是，外国新闻史尤甚。若不信，不妨去坊间找几本最近出版的能详尽介绍与描述世界各国新闻传播业发展历史与现状的撰作，这估计有点难。而王勇教授主持撰写的这部专著，在发掘、搜集与整理史料特别是第一手史料的基础上，如实地介绍了缅甸、越南等11个东南亚国家新闻传播业的历史与现状，客观地描述了这11个东南亚国家新闻传播业的发展轨迹，没有花架子，满满的都是干货。这一点，我认为是《东南亚国家新闻史》这部著作在学术上的一个重要贡献。

当然，这部专著的最重要贡献，在于其服务国家"一带一路"倡议上。这部专著是昆明理工大学近年来开展有关东南亚国家的研究活动，为国家实施"一带一路"倡议服务的一项重要研究成果。缅甸、越南等11个东南亚国家，在地理上是中国走向世界的重要通道之一，自古以来就与中国交往密切、频繁。郑和下西洋、沿海边民闯南洋等故事，不仅载之于史册，而且还流传于民间。缅甸、越南、老挝与中国陆上接壤，可谓山水相连，唇齿相依。马来西亚、新加坡、印度尼西亚、菲律宾等国家则是海外华人华侨最多的地区。由于东南亚国家对于中国国家安全、经济发展和文化繁荣都具有十分重要的意义，因而我们理应对这些国家的政治、经济、文化进行深入研究。遗憾的是，我们做得很不够。特别是有关东南亚国家新闻传播业的研究尤为薄弱，论文不多，专著更少，与当下国家实施"一带一路"倡议的现状很不相适应。鉴此，昆明理工大学整合校内相关科研力量，于2015年5月间创建南亚东南亚新闻传播研究院，开展有关东南亚、南亚国家新闻传播活动的研究工作，并加强与东南亚、南亚国家的新闻媒体、文化教育单位、研究机构的交流与合作，曾成功举办过滇缅新闻传播合作论坛等活动。2016年1月，昆明理工大学又与中共云南省委网信办合作创建云南省南亚东南亚网络文化研究中心，开展有关南亚东南亚国家的网络文化、网络舆情等方面的研究工作。在此背景下，王勇教授等艺术与传媒学院同人积极开展有关东南亚11个国家新闻史的研究工作，并决定撰写一本全面、深入、系统地研究和介绍东南亚国家新闻史的专著。今天，我们与王勇等昆明理工大学艺术与传媒学院同人一起，高兴地看到了《东南亚国家新闻史》这部专著的问世。

此外，东南亚诸国是近代以来中文报刊等各类中文媒体最为发达的地区之一。这部专著用大量的笔墨介绍了缅甸、越南等11个东南亚国家中文报刊等各类中文媒体的发展状况。其中有关这些国家在当下新媒体时代出现的新变化、新发展的介绍与阐述，是在海外中文媒体研究园地里增添的一朵亮丽的鲜花，有助于推进海外中文媒体研究的发展。

谨为《东南亚国家新闻史》点赞！

2018年4月30日

（作者为中国新闻史学会副会长，教育部高等学校新闻学学科教学指导委员会委员兼秘书长，复旦大学新闻学院原常务副院长，教授、博士生导师）

# 序 二

覃信刚

东南亚是连接亚洲和大洋洲、太平洋和印度洋的重要通道，包括缅甸、越南、老挝、泰国、柬埔寨、马来西亚、新加坡、文莱、菲律宾、印度尼西亚和东帝汶等11个国家，地理位置十分重要。我国要实施"一带一路"倡议，云南省要成为"面向南亚东南亚辐射中心"，都应关注东南亚，研究东南亚。2015年5月，昆明理工大学以艺术与传媒学院为依托，成立了南亚东南亚新闻传播研究院，艺术与传媒学院副院长王勇教授出任院长。2015年11月，昆明理工大学南亚东南亚新闻传播研究院与缅甸联邦共和国记协举办了滇缅新闻传播合作论坛。2017年，又出版了《滇缅新闻传播合作论坛论文集》。近两年，王勇副院长在繁忙的工作之中组织研究院的研究员研究东南亚11个国家的新闻史。现在，命名为《东南亚国家新闻史》的史学专著将与广大读者见面，王勇副院长送来书稿，嘱我作序。我很愿意为这本书的出版说几句话，以表示我的喜悦与祝贺。但王勇副院长可能不知道，我已经多年坚持不为他人的著作作序。这其中既有作家、诗人、学者，也有记者、编辑、主持人；既有单部著作，也有系列丛书。我之所以破例，一是王勇教授和倡导、支持成立南亚东南亚新闻传播研究院的艺术与传媒学院院长许佳教授不但知识渊博、学术视野广阔，还有就是他们的人缘特别好，感到无法谢绝。二是我比较喜欢读书，在报社工作时，有一个"30年的大学在职读书计划"，其中20世纪80年代分别在云南几所大学读书，1986年就读于云南工学院企业管理班。后云南工学院与昆明理工学院合并，组成昆明理工大学，我也就成了"昆工"的校友。作为"校友"，也应该说几句感言。

我首先要讲的一个事实是，这部著作有较强的问题意识。改革开放以来，我国出版了多种外国新闻史著作或教材，如张隆栋、傅显明的《外国新闻事业史简编》（中国人民大学出版社，1988）、梁洪浩的《外国新闻事业史》（武汉大学出版社，1992）、张昆的《简明世界新闻通史》（武汉大学出版社，1994）、张允若、高宁远的《外国新闻事业史新编》（四川人民出版社，1996）、陈力丹的《世界新闻传播史》（上海交通大学出版社，2001）、李磊的《外国新闻史教程》（中国广播电视出版社，2001）、郭亚夫、殷俊的《外国新闻传播史纲》（四川大学出版社，2004）、李瑛、何力的《全球新闻传播发展史略》（郑州大学出版社，2004）等，但大多未突破以欧美为中心的新闻国别史的写作框架，内容涉及东南亚的不多。如张隆栋、傅显明的《外国新闻事业史简编》，内容比较丰富，近代欧美主要国家的报学思想、报业发展、报界活动、报人行止几乎都有涉及，一度广为流传，多次再版，但涉及东南亚国家的只笼统提及了几句；张允若、高宁远的《外国新闻事业史新编》也是如此。而郭亚夫、殷俊编著的《外国新闻传播史纲》提及泰国新闻传播的仅1000余字。这些著作大多40多万字，未涉及东南亚的新闻史，似乎情有可原。但清华大学教授所著《全球新闻传播史》，洋洋70余万言，也未涉及东南亚新闻史。这部著作吸取20世纪以来"新史学"的理论，思想犀利，论证严谨，很有深度，只是更多地着眼于"西方"，而未拓展到全球，也很少涉及东南亚，未免有些遗憾。不过，我这样说，绝不是要将全球一切国家、地区全写入世界新闻史，而是说，那么多的著作都不提及东南亚，这会带来学术研究的不平衡、不充分。而只涉及美国、英国、法国、日本或俄罗斯，也不能代表全世界，这是史学研究应该注意的。另外，近年出版了系列东南亚国家"概论"丛书，对新闻史有所涉及，但文字也不多。昆明理工大学南亚东南亚新闻传播研究院也许就是带着这种问题意识成立而又研究东南亚各国新闻史的。这说明，组织者和作者有充分的文化自觉意识。《东南亚国家新闻史》的出版，标志着相应的东南亚新闻学术观念的建立，这源自昆明理工大学南亚东南亚新闻传播研究院，无疑可喜可贺！

《东南亚国家新闻史》具有当代价值。中国已经进入新时代，新时代产生新思想、新观念，周边传播、世界传播、全球传播都将发生变化。我国要走进世界舞台中心，要构建"人类命运共同体"，要实施"一带一路"倡议，就要努力推出更多弘扬中国梦主题，传播当代中国价值观念，发扬中华文化精神，集思想性、可读（观）性于一体的新闻传播公共产品，以中国内容、中国制作、中国创意为抓手，以中国新闻媒体为代表，努力改写世界新闻版图，以开放的视野走向世界。而作为云南的新闻传播学术机构，在世界版图的新闻传播研究中，我认为首先应走向东南亚，这就要研究东南亚新闻传播史，为业界提供有价值的成果，引导业界的新闻作品更好地"落地"。因为，一切历史都是当代史，对当今的思想、行动会产生这样那样的影响。所以，这部著作以中国化、现代化阐释，显得尤为可贵。

人文社会学科的本真与自然学科不同，科研活动所用到的方法和手段也不完全一样。根据我个人的体会，研究外国新闻史，有两大难题：一是语言问题。如果语言不通，大量靠翻译，困难肯定不少。东南亚11个国家语言各异，这就不像研究欧美国家那样容易。为什么研究东南亚国家新闻传播的学者比较少？这可能就是其中的一个因素。二是田野调查困难。本来，从云南走向东南亚，路途并不遥远，但难的是办理各种手续。《东南亚国家新闻史》涉及11个国家，研究者大多不熟悉研究对象国家的语言，加之资料缺乏，这就要克服诸多困难，千方百计想办法，下苦功夫，做慢活。所以，《东南亚国家新闻史》的出版实属不易。

近年，我常常思考新闻史、广播电影电视史的表述方式。与学界新闻传播学院的院长、教授、博士交流过，与业界的记者、编辑、总监交流过，也听取了出版社一些编辑、社长和协会一些专家的看法。有的记者、总监包括出版社的编辑认为，写新闻史、广播电影电视史，还是要深入浅出、雅俗共赏，在这方面应学习易中天。但有的教授、博士却认为，易中天的史书没有学术价值，应吸取的是20世纪以来"新史学"的理论，特别是James Harvey Robinson 的"新史学"，应以美国哈佛大学博士伊丽莎白·爱森斯坦（Elizabeth Eisenstein）所著《作为变革动因的印刷机：早期近代欧洲的传播与文化变革》（北京大学出版社，2010）为参照。该部卷帙浩繁的著作88万多字，共有2046条10余万字的注释。全书文献计2000余种，涉及英语、法语、德语、西班牙语、意大利语、荷兰语、拉丁文，几乎参阅了欧洲学者论印刷术的所有著作，涉及历史上的重要人物数以百计，涵盖政治、宗教等众多领域。翻译家何道宽认为，这部著作既是欧洲印刷史和近代史的经典著作，也是传播史类的经典之作。但是，学界的一些教授、业界的一些编辑记者觉得这样的"经典"发行量不大、影响力有限，喜欢读这类书籍的读者不多。

我国的历史著作，历来以多样化、形象化著称。先秦诸子百家著书立说，文体、表述方式多种多样，真可谓百花齐放，且史观鲜明，人物鲜活，故事生动。汉魏六朝的策论、政论、诗论、文论，明清的杂记、评注、序跋、曲论、曲评，种类繁多，名篇不少，且代代相传。但不知什么原因，从什么时候开始，我们的文史学术在西方论文格式的语境下，从理论框架到理论框架，或用西式理论框架来阐释中国当代生活。新闻传播类也不例外，一些在CSSCI来源期刊发表的论文以长取胜，内容枯燥，文字乏味；一些新闻通史、广播电影电视通史越写越长，见之令人生畏。其实，我并不反对长篇巨著，一些长篇巨著往往会变成"高峰"，但也绝不是篇幅长就可成为万人景仰的"高峰"。我觉得，新闻史、传播史类的著作，还是要提倡多样化，什么表述方式都可以，该长则长，该短则短。但总的来说，还是以雅俗共赏、短论为宜。从这方面看，《东南亚国家新闻史》40万字左右，写了11个国家，对11个国家新闻传播的产生、发展历程进行了系统、清晰的梳理，对新闻传播现状进行了简要的全面介绍，对重要新闻媒体等进行了重点介绍，资料准确、权威，可以算作东南亚11个国家的新闻简史，能方便广大读者阅读。

《东南亚国家新闻史》的出版开了一个好头。东南亚国家新闻史还有诸多领域可研究，如广播电视史、新闻国别史、新闻断代史等。我相信，有昆明理工大学南亚东南亚新闻传播研究院一批年富力强的学者的共同努力，还会出现更多的东南亚国家新闻史研究成果。

是为序。

2018 年 3 月 18 日

（作者为中国广播电视社会组织联合会学术委员会副主任，昆明理工大学艺术与传媒学院特聘教授，云南广播电视台原台长、党委书记，云广传媒集团有限公司原董事长，高级记者）

# 目录
CONTETS

**第一章 缅甸新闻史 / 001**

第一节 缅甸概况 / 001

第二节 英国殖民统治时期的新闻事业（1826—1942）/ 003

第三节 日本法西斯统治时期的新闻事业（1942—1945）/ 027

第四节 二战后及独立时期的新闻事业（1945—1962）/ 030

第五节 革命委员会和社会主义纲领党执政时期的新闻事业
（1962—1988）/ 035

第六节 新军人政府执政时期的新闻事业（1988—2010）/ 041

第七节 民主转型时期的新闻事业（2010—2016）/ 061

**第二章 越南新闻史 / 091**

第一节 越南概况 / 091

第二节 越南新闻传播的发端 / 094

第三节 南北分裂时期的越南新闻传媒 / 097

第四节 南北统一后越南新闻媒体的发展 / 104

第五节 越南新闻传媒的特性 / 121

**第三章 老挝新闻史 / 125**

第一节 老挝简史与概况 / 125

第二节 老挝的媒介体制与组织机构 / 127

第三节 老挝报刊发展的历史与现状 / 129

第四节　老挝广播电视的诞生与发展　/　139
　　第五节　老挝互联网的发展与现状　/　143

第四章　泰国新闻史　/　**146**
　　第一节　泰国概况　/　146
　　第二节　泰国报业发展史　/　148
　　第三节　泰国广播电视发展史　/　161
　　第四节　泰国新媒体发展史　/　171

第五章　柬埔寨新闻史　/　**180**
　　第一节　柬埔寨概况　/　180
　　第二节　殖民统治时期（1863—1953）：新闻事业的产生与起步　/　187
　　第三节　柬埔寨王国时期（1953—1970）：新闻事业的发展与上升　/　189
　　第四节　高棉共和国时期（1970—1975）：新闻事业的挫折与倒退　/　196
　　第五节　民主柬埔寨时期（1975—1979）：新闻事业的灾难与低谷　/　198
　　第六节　柬埔寨人民共和国时期（1979—1990）：新闻事业的复苏与重建　/　201

第七节　新柬埔寨王国时期（1990年至今）：新闻事业的
　　　　　发展与走向繁荣 / 205
　　第八节　柬埔寨的华文媒体 / 230

**第六章　马来西亚新闻史 / 237**
　　第一节　马来西亚概况 / 237
　　第二节　马来西亚报业发展史 / 241
　　第三节　马来西亚广播电视业发展史 / 262
　　第四节　马来西亚的新媒体 / 276

**第七章　新加坡新闻史 / 285**
　　第一节　新加坡概况 / 285
　　第二节　新加坡报业发展史 / 287
　　第三节　新加坡广播电视与新媒体发展史 / 297

**第八章　文莱新闻史 / 300**
　　第一节　文莱概况 / 300
　　第二节　文莱的新闻出版管理 / 303
　　第三节　文莱报业发展史 / 308
　　第四节　文莱广播电视发展史 / 315
　　第五节　文莱新媒体发展现状 / 323

## 第九章　菲律宾新闻史　/　325

第一节　菲律宾概况　/　325

第二节　菲律宾报业发展史　/　328

第三节　菲律宾广播电视发展史　/　344

第四节　菲律宾新媒体的发展简介　/　350

## 第十章　印度尼西亚新闻史　/　354

第一节　印度尼西亚概况　/　354

第二节　印度尼西亚报业发展史　/　356

第三节　印度尼西亚广播电视发展史　/　369

第四节　印度尼西亚新媒体发展现状　/　378

## 第十一章　东帝汶新闻史　/　386

第一节　东帝汶概况　/　386

第二节　东帝汶新闻发展史　/　388

**参考文献　/　392**

**后　记　/　400**

# 第一章　缅甸新闻史

## 第一节　缅甸概况

缅甸（Myanmar[①]），全称缅甸联邦共和国（the Republic of the Union of Myanmar），是东南亚国家联盟（简称东盟）成员国之一。缅甸地处亚洲东南部，中南半岛西部，东北与中国接壤，西北与孟加拉国、印度为邻，东南与泰国、老挝搭界，西南濒临孟加拉湾和安达曼海，隔海与印度尼西亚的苏门答腊岛遥遥相望，战略地位十分重要。缅甸是东南亚面积第二大（仅次于印度尼西亚）、中南半岛上面积最大的国家，土地面积676578平方公里。缅甸资源十分丰富，自然条件优越。

缅甸是个多民族国家，人口有5141.9万人[②]，共有135个民族，主要有缅族、克伦族、掸族、克钦族、钦族、克耶族、孟族和若开族等。其中缅族约占总人口的65%，是缅甸的主体民族。华人华侨大约有250万人。缅

---

① 在英国殖民统治时期，缅甸的英文名为"Burma"，并一直沿用到缅甸新军人政府上台之前。1988年9月，缅甸新军人政府上台以后，认为"Burma"一词是殖民时期使用的词语，带有浓郁的殖民色彩，应该停止使用；同时认为，缅甸是一个多民族的国家，缅族只是其中的一部分，单单用表示缅族的一个词来代表一个国家（有一种说法，"Burma"出自缅甸最大的民族缅族"Burmans"），既不利于民族团结，也不能反映缅甸的多民族特色，于是向联合国提出申请将缅甸的英文名称由"Burma"改为"Myanmar"，以象征着它与英国殖民统治时代的决裂，同时国名正式改为"缅甸联邦（Union of Myanmar）"。但在当时，一些西方政府、媒体、非政府组织及缅甸政治流亡人士以当时的缅甸军政府政权没有合法性为由，拒绝接受缅甸政府提出的新英文国名，继续使用"Burma"。但联合国、中国和世界上的其他许多国家则在当时就接受并认可了"Myanmar"为缅甸的官方名称。2010年10月21日，缅甸联邦更换国号为"缅甸联邦共和国（the Republic of the Union of Myanmar）"。因此，历史上，缅甸媒体的英文名称中有"Burma"，也有"Myanmar"。
② 2014年的人口普查数据。

甸的少数民族都有自己本民族的语言，其中克钦族、孟族、克伦族、掸族等少数民族还有自己的文字。虽然少数民族人口仅占缅甸总人口的三分之一强，但其居住地区面积超过了缅甸整个国土面积的一半。由于多方面的原因，目前缅甸少数民族地区的社会经济发展水平相对落后。缅甸也是一个宗教信仰众多的国家，其中87.9%的人口信奉佛教，6.3%的人口信奉基督教，4.3%的人口信奉伊斯兰教，0.8%的人口信奉多神教，0.5%的人口信奉印度教。佛教是缅甸超过80%的人口的宗教信仰，也是大多数缅甸人道德教育的重要源泉。佛教在缅甸的政治、经济、文化以及社会生活等各方面都具有重要影响。但近年来，缅甸一些地区发生的宗教冲突和族群冲突严重影响社会的稳定和安宁。

　　缅甸是一个拥有悠久历史的文明古国，经历了曲折坎坷的历史发展。11世纪时，缅族正式建立起统一的封建国家——蒲甘，此后又经历了东吁、贡榜两个封建王朝。19世纪，英国先后经过三次侵略战争，最终吞并了缅甸，将缅甸占为自己的殖民地。1942年5月，日本帝国主义军队攻占缅甸。1945年3月缅甸光复，但不久又被英国重新掌控。经过缅甸人民长期坚韧不拔的艰苦斗争，1948年1月4日，缅甸终于摆脱英国殖民统治，获得了独立建国，成立了缅甸联邦，在政治体制上实行多党民主议会制。从1948年1月至1962年3月，缅甸联邦大多数时间主要由缅甸反法西斯人民自由同盟执政[①]。1962年3月2日，缅甸国防军总参谋长奈温发动政变，推翻当时的吴努政府，成立缅甸联邦革命委员会，接管了国家权力。1974年1月，缅甸组建社会主义纲领党（简称纲领党），奈温任党主席，成立人民议会，颁布新宪法，改国名为"缅甸联邦社会主义共和国"。1988年9月，在全国政局动荡数月后，缅甸军队再次接管国家权力，成立"国家恢复法律与秩序委员会"（后改为"国家和平与发展委员会"）管理国家，改国名为"缅甸联邦"，并宣布将实行多党民主制。1990年5月，缅甸举行全国多党制大选，

---

① 从1948年1月至1958年5月，缅甸一直由缅甸反法西斯人民自由同盟执政。1958年，缅甸反法西斯人民自由同盟分裂为以吴努、德钦丁为首的廉洁的反法西斯人民自由同盟和以吴巴瑞、吴觉迎为首的巩固的反法西斯人民自由同盟。1960年2月，廉洁的反法西斯人民自由同盟在缅甸大选中获胜。同年3月，廉洁的反法西斯人民自由同盟改名为联邦党。

结果反对党全国民主联盟（简称民盟）获胜，但军政府坚持先制定宪法后交权。2004年，中断8年之久的制宪国民大会复会。2008年5月，缅甸通过新宪法草案，规定缅甸国名为"缅甸联邦共和国"，国体为联邦制，政体为多党民主制度。2010年11月7日，缅甸根据新宪法举行了多党制全国大选。时任总理吴登盛领导的联邦巩固与发展党（简称巩发党）在大选中获胜，缅甸正式开始由军政府向民选政府转型。2015年11月8日，缅甸举行了新一轮全国大选，民盟在省邦议会、民族院和联邦议会人民院都获得了最多的席位，因而依法享有组建新政府的权力。3月15日，缅甸联邦议会投票选举民盟资深成员吴廷觉为总统。4月1日，新政府正式履职。缅甸政治翻开了新的一页。

缅甸新闻事业的发展已有较长的历史，从第一次英缅战争之后英国殖民统治者在缅甸境内创办出版第一张近代报纸（1836年3月3日）算起，至今已有180多年。缅甸的新闻事业是随着英帝国主义对缅甸的入侵和殖民统治而产生的。进入20世纪以后，缅甸国内的政治体制、政治环境变动很大，起伏很大，对新闻体制、新闻法规和新闻事业的发展影响非常大。缅甸的新闻事业随着19世纪以来缅甸坎坷的历史遭遇、起伏的政治形势而曲折发展。缅甸的新闻事业发展历程可以大致划分为以下几个阶段：英国殖民统治时期（1826—1942）、日本法西斯统治时期（1942—1945）、战后及独立时期（1945—1962）、革命委员会和社会主义纲领党执政时期（1962—1988）、新军人政府执政时期（1988—2010）、民主转型时期（2010—2016）等几个阶段。

## 第二节　英国殖民统治时期的新闻事业（1826—1942）

缅甸最早的近代报纸是随着英帝国主义的入侵和殖民统治而产生的，是英帝国主义对缅甸的入侵和殖民统治的附带产品。

缅甸报业的发展也是随着英帝国主义对缅甸入侵和殖民统治的步步深入而由沿海向内地、由下缅甸向上缅甸发展的，并且最先是英文报纸，后来产生了斯戈克伦文、缅文等本国文字的报纸，再后来还出现了华人创办的华文报纸，印度人创办的泰米尔文报纸等。早期的报纸大多是英国殖民统治的工具、传教士传教的工具和资产阶级冒险家赚钱的工具，但它们客观上起到了沟通信息、传播知识、促进工商业发展、开阔人们眼界和推进缅甸社会近代化进程的作用。

进入20世纪后，世界民族主义运动高涨，英国殖民统治者与缅甸人民之间的矛盾进一步加剧，一批先进的缅甸青年知识分子成立爱国组织，出版书籍，创办报刊，揭露殖民统治的罪恶，宣传民族主义思想和爱国精神，鼓吹民族独立。报刊成为缅甸青年爱国知识分子领导民族解放运动的重要武器，新闻事业空前活跃。而英国殖民统治者为了维护其对缅甸的殖民统治，则颁布一系列法律禁锢革命报刊，迫害革命报人，钳制新闻自由，压制反英舆论。

## 一、缅甸的第一份报纸——《毛淡棉纪事报》

缅甸境内最早创办出版的报纸是英国殖民统治者创办的英文报纸《毛淡棉纪事报》("The Moulmein Chronicle")。

1824年3月5日，英帝国主义对缅甸发动第一次侵略战争。1826年2月，战败的缅甸朝廷被迫与英国签订了丧权辱国的《杨达波条约》。该条约规定了缅甸将南部德林达依（亦称丹那沙林）、若开两省割划给英国，允许英国船舰在缅甸港口自由航行，接受英国派遣的代表常驻缅京以及通商、巨额赔款等一系列不平等条款。英国发动的第一次侵缅战争是缅甸历史上的一个重大转折点。战前，缅甸是一个完整的独立的封闭的封建国家；战后，英帝国主义侵入缅甸，缅甸逐步沦为半封建半殖民地社会，直至完全成为英国的殖民地。

为了便于实施殖民统治，英国派驻德林达依的行政专员勃兰德尔（E.A.Blundell）决定出版一份报纸。于是在1836年3月3日，在缅甸南部重要港口、当时英国殖民统治的中心城市毛淡棉[①]正式出版了英文报纸——

---

① 毛淡棉（Moulmein，新音译为"摩拉棉"），是缅甸第三大城市，缅甸南部重要港口和孟邦首府。位于莫塔马湾东岸、萨尔温江入海口，距海约40公里。外有比鲁君岛为屏障，为一避风良港，一度为缅甸最大港口。由于地居要津，交通方便，这里也是帝国主义入侵缅甸最早的城市。1826—1852年，是英国殖民统治的中心城市。

《毛淡棉纪事报》。报纸每周一期，首任编辑是美国传教士贝内特（Rey Cephas Bennett）。1837年4月15日，来自印度加尔各答市的传教士豪夫（George Henry Hough）接替贝内特担任《毛淡棉纪事报》的编辑。当时报社比较小，仅有10名拿薪职员，经费主要来自广告收入和出版发行其他出版物的收入。报纸刚创办时，每份售价为8安那，每月订报费为1卢比8安那①。1844年以后，每月订报费涨到2卢比，全年为20卢比。《毛淡棉纪事报》作为英国殖民政府出版的一份官方报纸，主要刊登英国殖民政府及其官员提供的消息，为英帝国主义的侵略扩张政策和殖民统治服务。

## 二、英文报纸的发展

英帝国主义通过第一次英缅战争（1824—1826）、第二次英缅战争（1852）、第三次英缅战争（1885）由沿海向内地、由下缅甸向上缅甸一步步侵吞缅甸，英文报纸也随着英帝国主义侵略、殖民的步伐一步步由缅甸沿海城市向内地城市、由下缅甸向上缅甸发展。

### （一）毛淡棉的英文报纸

第一次英缅战争后，缅甸南部重要港口和孟邦首府毛淡棉一度是英国殖民统治的中心城市，也是缅甸报业发展中心之一。在《毛淡棉纪事报》创办之后，在毛淡棉市相继创办的其他英文报纸主要有：《毛淡棉年鉴》（"The Moulmein Almanac"）（1844年）、《毛淡棉自由报》（"The Moulmein Free Press"）（1846年）、《缅甸之友报》（"The Friend of Burma"）（1846年）、《毛淡棉广告报》（"The Moulmein Advertiser"）（1846年）、《毛淡棉时报》（"The Moulmein Times"）（1850年）、《毛淡棉观察家报》（"The Moulmein Observer"）（1865年）、《拉摩那时报》（"The Ramena Times"）（1908年）等，这些报纸主要刊登军事消息、当地新闻和商业信息等内容。

### （二）仰光的英文报纸

1852年，英国发动第二次侵缅战争，并吞了包括仰光在内的整个下缅甸。跟随着英国殖民统治的步伐，缅甸报业也从毛淡棉向下缅甸的英国殖

---

① 安那（也有人译成"安""安纳"）、卢比，都是当时缅甸的币制单位，一卢比等于十六安那。

民政府机构所在地、缅甸最大城市仰光发展。

1853年1月5日，仰光第一份英文报纸《仰光纪事报》("The Rangoon Chronicle")创办发行。该报为周二报，每周三、六出版，共有4个版面，每月订报费为8卢比。著名律师刘易斯（H.W.Lewis）任该报编辑。《仰光纪事报》从创刊之日起，就经常刊发批评英国殖民政府的文章，故而引起英国殖民政府的强烈不满。1854年7月1日，马歇尔（Marshall）律师接替刘易斯负责该报出版。6个月后，马歇尔把报纸卖给商人戈弗里（R.Godfrey）。戈弗里将《仰光纪事报》改名为《勃固报》。戈弗里缺乏办报知识和经验，于是他又将《勃固报》卖给柯兰（George J.Cuvran）律师。柯兰是一位想认真办好报的人，他专门从当时的英属印度首都加尔各答市聘请了一位富有办报经验的行家来主持办报事务，但由于当时报纸读者太少，发行量太小，以至《勃固报》一度停办。1858年6月2日，道森博士（Dr.Dawson）成为《勃固报》的老板，他将该报改名为《仰光时报》("The Rangoon Times")出版。与报纸前几任老板不同，道森注意与英国殖民政府搞好关系，利用报纸讨好吹捧当权者。道森自己在报纸上撰写各种专题文章，比较全面地介绍缅甸的税收、法律法规及各种管理制度等，吸引了越来越多的读者，在报纸上刊登广告的商人也不断增多，《仰光时报》的影响越来越大，渐渐有了名气。1883年，《仰光时报》改周三报为日报，发行量大增，行销全缅甸。该报存续时间比较长，一直到1945年才停办。缅甸新闻界名人、曾任缅甸新闻处总编辑的吴盛，曾在《仰光日报》工作多年，是担任英文报纸记者的第一位缅甸人。

1861年，一些英国商人又在仰光创办了《仰光报》("The Rangoon Gazette")。该报为周二报，每周出两期，每期约16个版。该报在政治倾向上代表资产阶级。首任编辑兼经理是凯迪（Caddy）。4年后，钱特（J.C.Chamter）接任去世的凯迪担任编辑。钱特主持编务期间，报纸发行量增长较大。后来，该报又多次转手。1884年，《仰光报》从周二报改为日报出版。《仰光报》站在英帝国主义立场，充当英帝国主义侵略扩张的吹鼓手。在英国发动第三次侵缅战争前夕，该报大造舆论，蛊惑英国政府出兵全面侵占上缅甸。战争爆发后，该报又极力为英国的侵略战争辩护，大肆诋毁缅甸人民的反侵略斗争。该报在 1945 年第二次世界大战结束后停办。

1878 年、1879 年，在仰光还先后出版了《仰光每日邮报》（"Rangoon Daily Mail"）和《每日评论》（"Daily Review"），但都在半年后停止出版。在仰光出版的英文报纸还有：1899 年出版的每周一期的《缅甸时报》（"The Times of Burma"）；1908 年出版的《缅甸星期日时报》（"Burmese Sunday Times"），该报开辟了两个版面的缅甸专栏。

第一次世界大战后，在仰光出版的英文报纸有《仰光时报》《新缅甸报》《国家利益报》《头人纪事报》《瑞比道报》等。

### （三）曼德勒的英文报纸

1885 年，英帝国主义发动第三次侵缅战争，攻入缅甸封建王朝的京城曼德勒，俘虏了缅王锡袍。1886 年 1 月，英国宣布上缅甸为英国属地，至此缅甸整个国家都成为英国的殖民地。此后，随着英国殖民政府的进入，英文报纸也在上缅甸的政治经济文化中心曼德勒逐渐发展起来。

在曼德勒诞生的第一份英文报纸是《上缅甸报》（"The Upper Burma Gazette"），它是威尔金森（H.J.D.Wilkinson）和弗泰内斯（Vertannes）公司于 1900 年 5 月 1 日合股创办的。该报刚创办时是周三报，五个月后改为日报。该报主要在上缅甸发行，发行范围很大。

曼德勒的第二份英文报纸是《缅甸评论家报》（"Burma Critic"）。它是 1907 年 4 月利贝特（W.T.Lidbetter）创办的。1912 年，利贝特将《缅甸评论家报》从曼德勒搬到仰光出版，每周出两期，由汉达瓦底报社印刷。但不久，利贝特又将《缅甸评论家报》转交给了阿诺德（Arnold），自己又返回曼德勒创办了一份新的英文报纸——《缅甸磁铁报》（"Burma Magnet"）。该报出版周期较长，一月仅出两期，全年售价为 6 卢比。

### （四）其他地区的英文报纸

自 1852 年的第二次英缅战争导致整个下缅甸沦为英国的殖民地后，英文报纸也在实兑、皎漂、勃生等缅甸西部、西南部商业比较发达的港口城市发展起来。

1553年至1854年间，缅甸西部港口城市若开①首府实兑出版发行有英文报纸《阿恰布②商业广告报》（"Akyab Commercial Advertiser"）；1892年至1893年间，出版发行有英文报纸《阿拉干辩护士报》（"The Arakan Advocate"）、《阿拉干回声报》（"The Arakan Echo"）以及《每日广告报》（"The Daily Advertiser"）。1897年，这三份报纸合并改名为《阿拉干时报》（"The Arakan Times"）。其他还有《国家栋梁报》（1892年）、《阿拉干新闻报》（"Arakan News"）（1900年）等。

1896年，若开邦的皎漂创办出版了英文报纸《阿拉干之友报》（"Friend of Arakan"）、《皎漂广告报》（"Kyaukpyu Advertiser"）。

1906年6月，在伊洛瓦底省的省会勃生创办出版了英文报纸《勃生新闻报》（"Bassein News"）。1909年，又创办发行了《勃生广告报》（"Bassein Advertiser"），它用英文、缅文、克伦文等三种文字出版。

### （五）缅甸人、印度人出版的英文报纸

进入20世纪后，在缅甸也出现了一些缅甸人创办的英文报纸。

1910年，吴梅昂和吴巴顿两人在仰光合伙创办了英文报纸《缅甸人报》（"The Burman"）。不久吴巴周买下该报，改为英缅文合一的报纸。

1918年，吴钦貌、吴巴林、吴锐等任编辑，出版了英文报纸《缅甸广告报》。由于该报刊登一些反对英国殖民政府的言论而受到罚款处罚，1925年被迫停刊。

1919年，吴伯莱、吴吞丹等人出版了英文报纸《新缅甸报》（"The New Burma"），第二次世界大战爆发后停办。

此外，20世纪初，还有印度人在仰光创办了《仰光每日新闻》（"Rangoon Daily News"）和《仰光邮报》（"Rangoon Mail"）等英文报，

---

① 若开位于缅甸西部，以主要居民为若开人而得名。巴利语称若开为叶卡（Rekkha）或叶卡补罗（Rekkhapura），印度人称其为阿拉干（Arakan），若开人自称巴若开（Barakhain），缅甸语称为若开（Rakhain）。在公元前266年，若开就已经是独立自主的文明古国——阿拉干国（Arakan），其古时的领土远比现在的大；1784年，缅甸贡榜王朝国王波道帕耶消灭了阿拉干国。1974年，缅甸奈温军政府建立了现代的若开邦（Rakhine State）。因此，若开（Rakhain）也称阿拉干（Arakan），若开人（Rakhaings）也称阿拉干人（Arakanese），这是英国殖民统治时期在若开出版的一些报纸名称中有"阿拉干"的原因。

② 阿恰布，缅甸西部港口城市，若开邦首府，英国统治时期名为"阿恰布"（Akyab），缅甸独立后恢复原名"实兑"（Sittwe）。

但第二次世界大战爆发后都停办了。

总之，缅甸的英文报纸最先是由英帝国主义侵略缅甸和对缅甸实行殖民统治的需要而创办的。随着英帝国主义先后发动三次侵缅战争，逐步由下至上吞并了整个缅甸，英文报纸也随着英帝国主义的侵略、殖民步伐由下至上在缅甸的一些商业发达的中心城市、港口城市发展起来。当然，英文报纸的创办者、办报宗旨和报纸的性质比较复杂，但除了少数由传教组织、传教士创办的宗教报刊外，主要有两大类：一类是英国殖民政府为实施其侵略扩张政策和殖民统治而创办的，代表英国政府的利益，是英国殖民政府的喉舌，主要为英帝国主义对缅侵略扩张、奴役缅甸人民、掠夺缅甸的资源、镇压缅甸人民的反抗服务。另一类是西方资本家出于商业目的而创办的。随着英帝国主义一步步侵占缅甸和对缅甸进行殖民统治，一大批西方资产阶级冒险家揣着发财的梦想来到缅甸，创办报纸或是基于其沟通商业信息、推销商品的需要，或是直接作为赢利发财的工具。这些报纸主要是商业报纸，虽然本质上也是代表资产阶级利益的，但主要是为了赢利，虽然有少数报纸曾为英帝国主义扩大对缅甸的侵略而煽风点火、出谋划策，为英帝国主义的侵略行径摇旗呐喊和百般辩护，但在一般情况下商业色彩比政治色彩更浓。个别报纸甚至为了迎合当地读者，扩大发行量，有时也发表一些批评英国殖民政府的文章。这些英文报纸虽然有些充当了英帝国主义侵略缅甸和奴役缅甸人民的帮凶，但客观上将西方近代报业的办报观念、办报模式带到了缅甸，促成了缅甸新闻事业的产生。同时，这些报纸传播了西方文化，开阔了缅甸人特别是知识分子的眼界，促进了缅甸国内外信息的交流和商业流通等，客观上促进了缅甸的发展。

此外，随着缅甸国内懂英文的读者不断增多，一些缅甸人或出于政治目的或出于商业目的也创办了一些英文报纸。除了占领缅甸的英国军队、殖民政府工作人员、英商公司雇员，以及来自英国及其他西方国家的资本家、传教士等外，自19世纪以来，缅甸本国懂英文的读者也不断增多。自1721年起，罗马天主教廷就加强了针对缅甸民众的传教活动。1757年英国使节首次来到缅甸。1807年英国基督教传教士来到缅甸组织英国浸礼传教会，西方文化进入缅甸，缅甸也出现了一些通晓英文等西方文字的知识分子。1885年英国占领了全缅甸，英国殖民主义者在缅甸推行殖民化统治，缅甸传统文化受到打压和摧残，英语被提升到比母语缅语更高的地位，在政府机关中，英文取代缅文成了官方文字，英语取代缅语成为行政用语。英国人开办的学校也培养出了一大批受过西方文化教育、懂英文的知识分子，使英文报纸的发展有了读者基础。正是看中了这一点，进入20世纪，一些懂英文的缅甸上层人物或基于政治需要或基于商业目的创办了英文报纸。

## 三、缅文报纸及其他本土文字报纸

### （一）最早的本土文字报纸

缅甸最早用本土文字出版的报纸是《晨星报》（"The Morning Star"）（斯戈克伦文为"Sah muh taw"，译作"克伦晨星"），它是一份用斯戈克伦文[①]出版的报纸，于1841年由基督教传教组织和传教士创办，是一份宗教报纸，主要为基督教传教组织和传教士在斯戈克伦地区和群众中传教服务，每月一期。它也是缅甸最早的少数民族文字报刊。

在英国征服下缅甸后的两年，即1826年，一些美国浸礼教会传教士开始进入克伦族地区传教。在此之前，克伦族民众大多信仰原始的拜物教或万物有灵论，他们虽有自己的语言但没有自己的文字。1830年，美国浸礼会传教士威尔博士深入到斯戈克伦族中进行传教。他借用部分缅文字母创造文字，记录斯戈克伦语，最终创造了斯戈克伦文。在1840年左右，另一位传教士博叶丹又帮助波克伦族创造了波克伦文。

为满足在斯戈克伦族中传教的需要，1841年在土瓦市，美国浸礼会传教团负责人费扬西·梅松博士用斯戈克伦文创办和出版了报纸《晨星报》。该报是一份宗教报纸，主要为传教服务，一直出版到1941年，因日本军队入侵缅甸才停刊，出版了将近100年时间。《晨星报》作为一份由传教团创办、为传教服务的斯戈克伦文报纸，它"鼓舞了种族情感，宣扬了一个新

---

[①] 缅甸克伦族分为山区克伦和平原克伦两种。平原克伦包括与缅族杂居的克伦（叫作斯戈克伦或称缅族克伦），与孟族杂居的克伦（叫作波克伦或称孟克伦）和被称为勃欧的半山区民族。

的基督教民族的诞生"①，对于激发斯戈克伦族的民族意识、培养斯戈克伦族的民族情感、民族认同，以及促进其改信基督教等方面都发挥了重要作用。

1853年，梅松将《圣经》译成斯戈克伦文。梅松、瓦特、布拉德、巴耶丹等人还从事将《圣经》翻译成波克伦文的工作。但直到1879年9月，才由巴耶丹完成了《圣经》的波克伦文翻译工作。1883年，波克伦文版《圣经》由仰光的浸礼会出版。

以上这些出版活动，有力地促进了新教浸礼宗在缅甸克伦族中的传播。1919年，信奉新教浸礼宗的克伦人已达5.5万人之众。到1939年，全缅甸的新教浸礼宗信徒增加到25.5万人。②

**（二）最早的缅文报纸**

最早的缅文报纸也是基督教传教组织创办的。1842年，基督教传教组织为传教需要，首次用缅文创办了《宗教先驱报》（"The Religions Herald"）。

在各大宗教中，基督教（包括天主教和新教）是最后传入缅甸的。有文献可考的天主教传教士进入缅甸的时间是1511年，但由于语言、文化方面的差异，他们的传教活动总的来说成效不大，于是他们一方面学习、研究缅语等本地语言，另一方面将基督教教义翻译成缅文，试图借助图书出版来辅助传教工作。

从1721年开始，罗马天主教廷加强了针对缅甸民众的传教活动，传教士主要集中在仰光一带活动，并出版了一本缅语语法书和《圣经》个别章节的缅文译本。

从19世纪开始，随着英帝国主义对缅甸的侵略野心日益膨胀，英国籍新教传教士不断进入缅甸活动。1807年，英国传教士马登（Mardon）和查特（Chater）从印度潜入缅甸。不久，又由英国传教士菲力克斯·卡雷（Felix Carey）来到缅甸接替马登。在此后的4年中，查特和卡莱学会了缅语，并把《圣经》的一些章节译成缅文。

---

① Jessica Harridan, "Making a Name for Themselves": Karen Identity and Politicization of Ethnicity in Burma, The Journal of Burma Studies, 2002, Vol.7, P.96.
② 李谋、姜永仁编著：《缅甸文化综论》，北京大学出版社，2002，第96页。

1813年7月13日，美国浸礼会传教士贾德森（Adoniram Judson）夫妇从印度来到仰光，开始了他们在缅甸漫长的传教生涯。为了方便在缅甸传教，贾德森学会了缅甸语。1817年以后，贾德森开始用缅文翻译《圣经》，并用印刷机印出部分章节。1832年12月15日，毛淡棉的宗教组织出版了由贾德森翻译的缅文版《新约全书》；1835年12月16日，缅文版《旧约全书》在仰光出版；1849年由贾德森编纂的世界上第一部《缅英辞典》在印度加尔各答出版。

1842年，基督教传教组织首次用缅文出版了《宗教先驱报》。报纸共有12个版面，每月1期，全年收费1卢比。这份报纸是由基督教传教组织和传教士创办、出版的，主要是为传教服务，因而大都刊登一些宗教教义以及与传教有关的内容，此外也登载一些缅甸境内消息和世界新闻。

### （三）缅文报纸的发展

《宗教先驱报》之后出版较早的缅文报纸是1871年1月7日创刊的《缅甸先驱报》（"The Burman Herald"）。该报由约翰·亨内带一名缅甸翻译创办和主持，为周一报，每期有八版。该报的报头左下区刊登有报纸出版日期和购买报纸的人数。该报的版面设计为每版三栏，文章标题下面同时刊登英文标题。报纸的内容主要有国内消息和外国电讯，国外消息通常刊登在报纸的头版。1878年，约翰·亨内将《缅甸先驱报》卖给了吴伯屋。吴接手后对报纸的文风和版面设计进行了大胆革新，结果受到读者的欢迎。后来，缅甸的许多报纸都模仿该报的文风和版式。

1871年5月8日，缅文报纸《缅甸人报》（"The Burman Gazette"）在仰光创办。该报同样为周一报，每期售价2安那，全年售价5卢比。在版式设计上，《缅甸人报》模仿《缅甸先驱报》，但《缅甸人报》的报头下不刊英文日期，只刊缅文日期。该报除报道仰光市的新闻、地方消息外，还比较注重经济方面的报道，刊发有商业消息、市场价格等。该报在第二版设有"外国新闻"专栏，登载外国特别是英国的电讯和消息。

1872年5月31日，英国商人创办了《缅甸新闻报》（"The Burma News"）。该报为周一报，每周五出版。《缅甸新闻报》的版面设计模仿《缅甸人报》，但其头版通常刊登外国新闻。

1889 年，精通缅文的英国人里普利（Philip H. RilPey）在仰光创办了缅文报纸《汉达瓦底①每周评论》（"The Hanthawaddy Weekly Review"）。该报为周一报，星期六出版。该报内容丰富，第一、第二版主要刊发广告和电讯，第三版主要刊登社论，然后依次刊发仰光消息、通讯、综合消息和印度新闻。社论涉及的主题十分广泛，包括国内事务、宗教、治安、道德、商业、农业、语言等等。该报在仰光市售价为每年 6 卢比，在地方上售价为 7 卢比 11 安那。《汉达瓦底每周评论》在 1906 年初改为周二报，每周三、六出版。1936 年 7 月 14 日《汉达瓦底每周评论》被吴妞收购，一直出版到第二次世界大战爆发才被迫停刊。1945 年 10 月 29 日，《汉达瓦底每周评论》复刊以《汉达瓦底报》（"Hanthawaddy"）为名出版发行，主编为吴翁敏。1969 年 1 月 31 日，该报被缅甸革命政府收归国有。

1900 年，在曼德勒出版了《缅甸之星报》（"The Star of Burma"）。该报为周二报，每周三、六出版，报纸规格为 28 厘米 × 45 厘米。该报头版的四分之三版面刊登的是罗尔公司的广告，刊登的消息主要包括曼德勒消息和电讯。从 1946 年起，该报改为周一报，直到 1948 年停办。

1902 年，缅文报纸《摩诃婆帝新闻报》（"The Mahabodi News"）在仰光创办。该报由吴班乌负责出版。该报每月只出四期，每期 14 版，在缅甸持戒日出版。报纸内容比较丰富，设有电讯、社论、法规、诗集、稻谷价格、巴利语等栏目。报纸文风清新，有些文章还讲究押韵。该报于 1926 年停办。

在此期间，曼德勒创办有《曼德勒时报》，毛淡棉创办有《缅甸时报》，勃生创办有《道格里新闻报》（"The Daw-Ka-Lee News"）、《蒲桃报》等缅文报纸。

此外还有《缅甸镜报》《缅甸之友报》《缅甸瓦底报》《商人时报》《吉祥报》《三藏经报》《勃固时报》《罗巴甘达报》《处世报》《宗教报》《汉达乌晓报》《传教报》《莱帝德耶报》《岱龙桑婆报》等缅文报纸。这些报纸刊登的消息通常是从《毛淡棉纪事报》《仰光时报》《仰光报》等英文报纸上的外电和报道翻译过来的，只有社论和文章栏目用丰富的语汇、押韵的手

---

① 汉达瓦底即仰光的古称。

法来描写国内发生的事情。①

### （四）官方缅文报纸

在缅甸还出版了两份官方缅文报纸，一份是英国殖民政府出版的《现代知识报》，一份是缅甸封建王朝出版的《雅德那崩京报》。

1873年1月11日，在缅甸的英国殖民政府创办了缅文报纸《现代知识报》（"The Modern Knowledge"）。该报每周星期六出版，规格与公文纸相仿，每版分两栏，版数不固定，每月售价为6安那，书刊登记号为第一号。《现代知识报》的内容主要包括仰光、勃生、毛淡棉、卑谬等地的消息，有时也刊载社论。该报只登缅甸主要是仰光商人的广告，广告售价为每行字5安那。该报作为英国殖民政府主办的一份缅文报纸，是为维护其殖民统治服务的，常常刊文吹捧英国女王和英国政府官员。②

缅甸贡榜王朝的敏东王（King Mindo，1853—1878年在位）是缅甸历史上一位比较开明的君王。他自1853年夺得王位后，面对国内日益尖锐的矛盾，特别是英帝国主义步步入侵的亡国危险，在其弟、属于改革派的加囊亲王的支持下，实施了一系列改革措施，其中包括向西方国家学习，引进和翻译外国科技著作，向国外派出青年留学生，开设西式学校，发展与外国的关系等。他在阅读了《缅甸先驱报》（约翰·亨内于1871年创办）后，就产生了在京都曼德勒创办一份缅文报纸的想法。1874年4月22日，在敏东王的支持下，《雅德那崩京报》（"Yadanapon Naypyidaw Thadinsa"）③在京城创刊。该报版面大小为24厘米×29厘米，报头为弧形的缅文"雅德那崩京报"字样和"THE"和"Mandalay Gazette"两行英文字（该报出到第二卷第七号时，报头中的"THE"被一个孔雀图案代替，其他不变），报头下方标有报纸卷数、序数和出版日期。该报每月出四期，全年售价为10卢比。敏东王"提倡新闻出版自由"，"允许报刊总编Pho Waziya对国王和王后进

---

① 钱伯良：《缅甸报纸概况》，载《东南亚研究》1987年第4期。
② 钱伯良：《缅甸报纸概况》，载《东南亚研究》1987年第4期。
③ 曼德勒（Mandalay）是缅甸第二大城市。1857年，缅王敏东王由阿玛拉普拉（Amarapura）迁都曼德勒后，将曼德勒改名为"雅德那崩"（Yadanapon，巴利语，聚宝城、多宝之城之意），是缅甸末代封建王朝的都城。因缅甸历史上著名古都阿瓦（又译"茵瓦"）在其近郊，相距很近，因而，旅缅华侨又称曼德勒为"瓦城"，《耶德那蓬京报》又称《瓦城报》（姚秉彦、李谋：《缅甸文学概述》，载《国外文学》1982年第1期）。

行真实报道，而且并不避讳负面的描写"。① 这对于一位封建君王来说，是非常难能可贵的。

被敏东王授权主管《雅德那崩京报》的吴阿黑，具有中国血统，擅长六种文字。根据敏东王的命令，吴阿黑为《雅德那崩京报》制定了十一条办报方针，并规定全国所有的谬蕴（即县令）必须订阅该报。《雅德那崩京报》作为朝廷的官报，主要刊登朝廷发表的官方文件和消息，也刊载一些电讯、报刊摘要、连载文章等。1878年敏东王病危时，该报休刊暂停。锡袍王（1878—1885）继位后，该报复刊，继续由吴阿黑负责出版。1885年，英军攻破曼德勒，占领上缅甸，俘虏锡袍王，缅甸最后一个王朝灭亡，《雅德那崩京报》作为朝廷的官报也随之消失在历史的长河中。

### （五）20世纪初民族解放运动中的缅文报纸

进入20世纪，世界民族主义运动高涨，并对缅甸青年知识分子产生了很大影响。在缅甸国内，英国殖民统治者与缅甸人民之间的矛盾进一步加剧，缅甸人民民族民主意识进一步觉醒，一批先进的青年知识分子成立爱国组织，领导民族解放运动，并创办报刊，出版书籍，宣传民族主义思想和爱国精神，鼓吹民族独立。因此，这一时期，缅甸的新闻事业更加活跃。

1. "佛教青年会"阶段

进入20世纪后，受世界上风起云涌的民族独立运动的启发和国内形势的影响，缅甸一些先进青年知识分子逐步觉醒，开始寻找争取民族独立的道路。1906年，缅甸的一些爱国青年知识分子发起成立了缅甸佛教青年会（Youth Men's Buddhist Association），并在全国各地建立了分支机构。该会以"为促进民族语言、宗教和教育的发展而努力"为宗旨，是一个以宗教团体面目出现的青年组织，从性质上来看，它是缅甸第一个民族主义团体。缅甸佛教青年会成立后，开设了数量众多的图书馆，并在1908年创办出版英文周刊《缅甸人》和缅文、英文、巴利文月刊《缅甸佛教徒》。②

为开阔缅甸人民的眼界，提高缅甸人民的觉悟，宣传民族主义爱国思想，争取缅甸人民从英国殖民统治之下解放出来，缅甸佛教青年会领导人

---

① 陈力丹：《缅甸新闻业的历史与面临的制度变化》，载《新闻界》2012年第12期。
② 张旭东著：《缅甸近代民族主义运动》，泰国曼谷大通出版社，2006，第67页。

吴巴佩和成员吴拉佩等缅甸青年知识分子于1911年7月4日创办了缅文报纸《太阳报》("The Sun")。该报头版报头印有"The Sun"几个英文字，下面是一幅光芒四射的太阳图案，图案上印有缅文的"太阳报"几个字，然后是英缅文的报纸日期。《太阳报》是一张全国性的缅文报纸，为周三报，每周二、四、六出版，每期有24个版面，每期售价2安那。《太阳报》的版面多，内容丰富，有社论、仰光消息、外国消息、综合消息、地方新闻、法律、教育、商品价格、家庭主妇指南、小说等。该报的创办对佛教青年会的发展和在促进缅甸民族觉醒方面都起到了显著的作用。

1914年第一次世界大战爆发，为满足广大读者对世界形势特别是战场变化方面的信息需求，《太阳报》将相关电讯翻译成缅文，印成活页进行零售，报纸发行量也随之大幅度增加。

1919年3月2日，《太阳报》改为日报出版。《太阳报》经常刊发文章，支持缅甸佛教青年会的进步活动，启发缅甸民众的政治觉悟，鼓动缅甸人民摆脱外国统治，并且刊登文章介绍发展民族经济的方法，因而赢得了缅甸民众的拥护，享有很高的威望。

除创始人吴巴佩和吴拉佩外，先后在太阳报社工作过的还有塞耶基德钦哥都迈[①]、吴钦貌、塞耶基吴标周、吴巴格礼、吴登貌、卯比塞耶登、吴都基、唐埃基吴巴莱、吴吞佩、吴巴佩（汉达瓦底）、塞耶基比莫宁、吴巴登、塞耶基瑞乌党、吴盛、杜姗丈夫吴巴丹、吴布格礼、吴安伯琴、吴巴丹（U.D.I）、吴巴丹格礼、格龙吴梭等。

后在格龙吴梭的操纵下，《太阳报》背离了原来的正确方向，失去了人民的信任和支持，于1954年10月12日停办。

1912年1月，吴瑞周在仰光创办《缅甸之光》月刊。1914年8月15日，改为《缅甸之光报》("The Light of Burma")出版，吴貌基任编辑。该报于1916年停办。

1916年，任《缅甸之光报》主编的吴貌基因报纸停办而创办《知识之光》杂志。1918年，改为《知识之光报》出版。

1920年以前出版的报纸还有吴布格礼主办的《彗星报》、梅辛任编辑

---

① "塞耶基"是缅甸对男子的尊称。

的《辛度盖报》，以及《缅甸星座报》《缅甸商业知识报》《达耶瓦底报》《爱国报》《新缅甸报》等。

2. "缅甸人民团体总会"阶段

为了适应政治斗争形势的发展，1920年10月29—31日，缅甸佛教青年会在卑谬召开第八次年会。会上决定把佛教青年会改名为缅甸人民团体总会（The General Council of Burmese Association），吴漆莱和吴巴佩分别当选为总会的正副主席。缅甸人民团体总会成为当时领导民族解放运动的主要政治组织。1921年5月，英国殖民当局宣布在缅甸实行"二元政制"改革①，并不顾缅甸人民的反对，于1923年1月1日正式实施。缅甸人民团体总会在这个问题上分裂成两派，吴巴佩等人主张参加选举，但遭到另一派反对。吴巴佩等人遂退出缅甸人民团体总会，另起炉灶成立人民党，又称二十一人党。《知识之光报》站在以"都达顶"（吴巴都、萨伯达、吴顶）为首的元老派一边，反对以吴巴佩、吴佩、吴梅貌、吴苏等人为首的青年派。1924年，《知识之光报》停办。

1919年5月1日创刊的《新缅甸之光报》（"The New Light of Burma"），吴哥哥基任社长，塞耶都任编辑，初为周三报，从当年7月1日起改为日报出版。在政治上，《新缅甸之光报》和《太阳报》都支持二十一人党。由于该报支持进步力量，加之办报有方，因而受到人们欢迎，《新缅甸之光报》成为当时发行量最大的报纸之一。吴赛、吴巴周、塞耶顶、约盖吴顶、班都拉吴威、吴漆貌、吴貌貌钦、吴登（泽瓦那）、吴丹顶（都温）、吴觉敏、吴漆乌、吴党纽（瑞卑东）、吴布格礼、吴吞欣、吴苏乌（贡耀）、吴约貌、吴巴宁、吴拉吞漂，以及前大臣吴顶等都曾在《新缅甸之光报》任过职。《新缅甸之光报》的编辑塞耶顶因撰写连载小说，揭露黑暗统治而遭杀害。第二次世界大战前，该报改名为《缅甸之光报》。1969年1月31日，《缅甸之光报》被收归国有。

---

① "二元政制"改革，即英国殖民政府把一部分主管民政事务的部门，例如地方行政、教育、公共卫生、公共工程、林业和农业等部门移交给缅甸地方政府管理。但是，警察、司法、税收、财政、防务等关系殖民利益的重要部门仍由英国殖民政府独揽。英国殖民政府这样做是为了缓和与缅甸人民的矛盾，削弱和分化缅甸的民族解放运动，继续维护其对缅甸的殖民统治。

随着缅甸国内民族主义政治运动日益高涨，报业也有很大发展。1922年，缅甸人民团体总会创办了《温达努报》①，报头有两只孔雀、耕农和织机组成的图案。此外还有《缅甸胜利报》《缅甸职员报》《现代缅甸报》《先驱者报》《克伦时报》《缅甸鲁道（即枢密院）报》《阿拉干新闻报》《因帝宾旬报》《真理者报》《商人协会报》《班都拉报》《冒罗瓦底报》《商人眼镜报》《瑞南纽报》《莫利耶报》《缅甸日报》《德钦报》《缅甸青年报》《帝都报》《管理日报》《学生报》《世界电讯日报》《战争新闻报》《星期六报》《每日镜报》等。在曼德勒出版的报纸有《阿都灵报》《中央报》《爱国者报》《缅甸桂冠报》等。这些报纸中，只有为数很少的报纸维持到第二次世界大战爆发。②

3. "我缅人协会"阶段

1930年5月初，缅甸爆发了第一次缅甸人和印度人之间的冲突，导致缅甸人民民族主义情绪空前高涨，并促成了"我缅人协会"（又称"我缅人党"）的诞生。"协会"成立之初，成员们均自称为"德钦"。"德钦"这个词意为"主人"，最早在缅甸是被用来称呼英国人。"协会"的成员在名字前面加上"德钦"或"德钦玛"（用于妇女）这个词代替惯常的称呼③，是为了表示他们不愿意当英国殖民者的奴隶，而要做自己国家的主人。所以"我缅人协会"又被称为"德钦党"。"我缅人协会"成立后主要采取聚会讨论、散发传单标语、进行公开演讲并教唱"我缅人之歌"的方式宣传民族独立的思想。

1933年1月21日，德钦党人创办了第一份会刊《多巴马新闻周刊》（"Dobama Thadinzin Hmattan"），宣传民族独立，反对英国殖民统治。

1936年2月，仰光大学学生会主席哥努（即独立后缅甸首任总理吴努）因对时任仰光大学校长的英国人史洛斯提出批评而被仰光大学开除。与此

---

① "温达努"意即爱国主义者。
② 钱伯良：《缅甸报纸概况》，载《东南亚研究》1987年第4期。
③ 在缅甸，对男人的惯常称呼是在名字上添加"貌"（弟）、"哥"（兄）、"吴"（叔伯）等字样。这些附加的词可以根据谈话对象的年龄和对他尊敬的程度而变动。对年轻妇女和中年以上的妇女的称呼是在名字上分别附加"玛"和"杜"。但是，男人或女人在自称或签名时，却不论年龄如何，一律分别使用"貌"或"玛"。

同时，仰光大学学生会刊物《孔雀之声》主编哥昂山①，因拒绝向学校提供二月号登载的一篇矛头指向学校领导的措辞尖锐的匿名文章《地狱的看门恶狗又出来逞凶了》的作者的名字也被开除出校②，从而引发了缅甸第二次学生大罢课。这是"协会"领导的第一次全国范围的政治运动，并促成了全缅学生联合会的成立。

俄国十月革命成功后，马克思主义和各种进步思想开始传播到缅甸。1923年1月10日出版的《京城》杂志，发表署名"金枪"的两篇文章《何谓共产主义？》和《社会主义是何种主义？》。1927年9月7日，署名"基阿"的作者，在《班都拉》杂志发表了《苏联的发展》一文，介绍苏联的革命和建设情况。1927年，学者吴巴吴撰写了《政治学》一书，首次在缅甸比较系统地介绍圣西门、傅立叶、欧文等人的空想社会主义思想。1929年间，德钦巴当主持的《书苑》杂志，连续发表《孙中山——中国政界领袖》《中国的新政体》等文章介绍中国的革命情况。与此同时，《书苑》《班都拉》《猫头鹰》《太阳》等杂志也刊登文章介绍一些国家的政治形势、政治斗争。这些文章使广大青年了解了国外的情况，开阔了眼界，提高了思想觉悟。1930年以后一些缅甸青年开始与英国共产党建立联系，并将英国共产党出版的书刊寄给"我缅人协会"。协会成员阅读这些书刊后，又撰文刊登在1931年12月创办的《我缅人新闻》上，向缅甸人民介绍科学社会主义思想。参加伦敦圆桌会议（1931年11月27日—1932年1月12日）的登貌博士还将《列宁文选》带回了缅甸。当时，人们还偷偷地传阅由留学生带回缅甸的各种书籍，其中有约翰·里德埃描写俄国十月革命的《震撼世界的十日》、雷诺兹的《印度的白人先生》以及印度尼赫鲁的《致女儿的信》等等。这些著作中的新思想、新观点深深地吸引了缅甸国内争取民族独立

---

① 昂山（Aung San, 1915—1947年），缅甸独立运动领袖。1932年，考入仰光大学文学系，后担任仰光大学学生会刊物《孔雀之声》杂志的编辑、主编。1936年初，《孔雀之声》2月号上刊登的题为《地狱的看门恶狗又出来逞凶了》的匿名文章激怒了仰光大学校方，主编昂山因拒绝向学校提供文章作者的姓名，被仰光大学校方开除，自此投入民族解放运动，先后担任全缅学联主席、"我缅人协会"总书记、缅甸共产党第一任总书记（后退党）、"缅甸自由联盟"总书记、缅甸反法西斯人民自由同盟主席等。

② 瓦西里耶夫：《缅甸史纲（1885—1947）》（上册），中山大学历史系东南亚历史研究室、外语系编译组译，商务印书馆，1975，第353-354页。

的人们。

20世纪30年代下半期英国的"左翼读书俱乐部"（Left Book Club）出版发行的一些进步书籍很快传到缅甸；埃德加·斯诺报道中国共产党领导下的中国革命的名著《西行漫记》也传到缅甸，成为缅甸爱国者爱不释手的读物。

1937年巴莫政府上台后，撤销了禁止进步书刊进口的命令。约翰·斯特雷奇等撰写的有关社会主义的著作开始大量进入缅甸。

1937年11月4日，德钦努、德钦丹东和德钦登佩敏等"协会"的骨干成员、《缅甸时代报》的吴翁钦、《缅甸新光报》（"New Light of Myanmar"）的吴丁，以及部分著名作家模仿英国的左派读书俱乐部在仰光正式成立了红龙书社。红龙书社是一个左翼进步文化出版团体，是缅甸第一个传播社会主义思想的组织，是缅甸传播先进思想、动员青年参加民族解放运动的基地。它不仅向缅甸人民介绍世界受压迫的各国人民反对殖民主义、反对帝国主义、争取民族独立的斗争情况，而且向他们介绍苏联、宣传社会主义思想。红龙书社成立不久就明确宣布："书社旨在：一、向全体缅甸人民灌输争取独立的思想；二、引导人民把争取独立的要求付诸实践，争取早日实现独立的目标；三、反对限制言论自由，争取自卫的权利；四、要求建立、巩固和发展为多数人拥护的、公平合理的管理制度；五、反对使贫苦大众受罪，少数资本家发财的战争；六、主张人人享有最基本的生存权利。"在征集社员的通知中，红龙书社指出："缅甸充满着贫困、疾病和愚昧。红龙书社向您提供消除上述三项罪恶弊端，建设一个在自由、进步、和平基础上的新社会所需要的知识。"[①] 由上可见，红龙书社是一个宣传民主思想和社会主义思想，反对帝国主义，争取民族独立的政治组织。

红龙书社的宣传策略是：

一是翻译出版国外著作或撰文介绍国外的新思想、新理论、新事物，特别是马克思主义理论。书社先后出版过英国工党斯特雷奇所著的《社会主义理论与实践》，以及马克思、尼采、印度左派思想家M.N.罗伊等人的著作和帕姆·杜德的《世界政治》；在介绍马克思列宁主义重要著作方面，

---

① 姚秉彦：《缅甸红龙书社》，载《东南亚》1984年第4期。

吴努翻译了《资本论》的部分章节，德钦巴欣翻译了一套介绍马克思主义的小册子以及《列宁传》等。1938 年间，德钦昂山、德钦觉盛等在担任《新缅甸报》编辑时，不仅选登外国具有进步观点、反对帝国主义和宣传社会主义的文章，同时还连载了《苏联新宪法》。

二是广邀当时著名的作家、学者和学生会领导人著书、撰文介绍或论述当时国内外重大事件，揭露黑暗现实，抨击殖民统治，宣传社会主义，鼓动民族独立。书社在 1937 年出版了吴巴概的《缅甸政治史》，详细介绍了自缅甸沦为殖民地到 1936 年这五十年间所发生的历次政治斗争，对动员缅甸青年积极投身政治运动起到了推动作用；1938 年出版了德钦梭撰写的《社会主义》，用通俗的语言介绍了社会主义思想。1938 年，当缅甸发生缅甸人与印度侨民大规模冲突事件时，书社就印发了吴登佩敏撰写的小册子《印缅冲突与我们的任务》，抓住时机进行反对英印殖民统治的宣传，发行量超过十万份，产生了广泛、深远的影响。书社还出版了吴漆貌的《独立斗争》、德钦丹东的《新缅甸》等政治性书籍。这些书籍对当时蓬勃发展的民族主义发挥了重要的指导作用。书社还出版了揭露现实的文艺书籍《摩登和尚》和名人传记《吴龙①传》，在缅甸社会都引起了强烈反响。

概括起来，红龙书社出版的书籍大致可以分为以下五大类：一是有关指导独立斗争的理论书籍；二是介绍各国独立斗争情况的书籍；三是激发人们追求独立自由的小说、剧本等文学著作；四是激发人们爱国热情、振奋斗志的名人传记作品；五是论述当时国内外重大事件的小册子。②

红龙书社成立时，为了做好书籍宣传、发行工作，创办、出版了《红龙新闻》月刊。随着影响的扩大，红龙书社还创办了半月刊《红龙杂志》。杂志上经常刊登反映当时国内外重大事件的时事要闻以及从《列宁文集》中选出的经典篇章，连载有关爱尔兰起义进展方面的报道和文章。这些报道

---

① 吴龙，即缅甸爱国诗人德钦哥都迈，1875 年生于卑谬县，1964 年病逝。吴龙从小在寺庙中读书，十九岁开始当排字工人，后任校对，同时开始写作；其后担任过报刊编辑，巴罕国民学院的缅文与历史教授；1934 年参加"我缅人协会"，任名誉主席，易名为德钦哥都迈，投身于争取独立和反英、抗日的斗争；1948 年缅甸独立后，积极从事世界和平与国内和平运动。缅甸政府为了表彰其文学上的成就，于 1950 年授予吴龙"文学艺术卓越者"荣誉称号。1955 年吴龙获苏联斯大林和平奖。
② 姚秉彦：《缅甸红龙书社》，载《东南亚》1984 年第 4 期。

和文章使缅甸青年能够及时了解国内外发生的重大事件和政治形势。

红龙书社一直活动到第二次世界大战爆发前夕,在促进缅甸的反帝独立斗争,普及科学社会主义思想方面做出了不可磨灭的贡献。缅甸史学家波巴信在其著作《缅甸史》中,谈及红龙书社时,这样写道:"这些进步书籍,无疑给缅甸国内人民,特别给青年以一种新的政治教育和一种新的鼓舞力量。"缅甸政治活动家德钦漆貌在《政治剖析》一书中也给予红龙书社很高的评价,认为它具有重要的历史地位,是导致1936年学生罢课斗争和缅历一三〇〇年运动的重要因素之一,并为1948年赢得独立做出了贡献。①

### 四、华文报纸

这一时期居住在缅甸的华人也创办了一些报刊。

在缅甸最早出版的华文报纸是《仰江日报》,1903年②在仰光创刊,主办人为谢启恩,主要出资人为闽商庄伯英,闽商庄银安为经理。报社股东较多,人员复杂。1902年,康有为到仰光进行"保救清光绪帝"的宣传活动,并于1903年成立"缅甸保皇分会",庄银安被推选为会长。在康有为的鼓动下,庄伯英于1904年出资接办《仰江日报》,更名为《仰光新报》,变为保皇党的机关报,宣扬保皇,鼓吹君主立宪。1905年5月,东京《国民报》记者、革命党人秦力山来到仰光,加入《仰光新报》编辑部。在秦力山的影响下,报纸转向革命,并刊登秦所著的《革命箴言》宣传革命,在缅甸华侨界产生较大影响,但由于康派股东的反对,只刊出24章中的16章。该报后来因股东内部意见不合而停刊。

这一时期在缅甸创办出版的华文报纸主要有:《光华日报》(1908年)、《商务报》(1909年)、《互惠报》(1909年)、《进化报》(1910年)、《缅甸公报》(1910年)、《觉民日报》(1913年)、《仰光日报》(1921年创办,后改为《新仰光报》)、《缅甸晨报》(1923年创办,1924年改组为《缅甸新报》)、

---

① 姚秉彦:《缅甸红龙书社》,载《东南亚》1984年第4期。
② 黄重远的《缅甸华侨新闻事业记略》(刊载于1981年第3期的《新闻研究资料》)说是1905年创刊,[缅]咸基耶基纽的《四个时期的缅甸华文报》(刊载于1983年第2期的《东南亚研究资料》)认为是1906年创刊,方汉奇的《〈清史·报刊表〉中的海外华文报刊》(刊载于2005年第10期的《国际新闻界》)和方积根、胡文英的《缅甸华文报刊史略》(刊载于1988年第1期的《东南亚》)等认为是1903年创刊。

《兴商日报》(1930年)、《新芽小日报》(1930年)、《中国新报》(1938年)、《曼德勒指南》(1939年创办，周报，1940年改为《缅京日报》，后又改为《华商报》)、《国民日报》(创刊年月不详)等。

此外还有一些华文期刊和小报:《商务调查月刊》(1906年)、《经济评论》(1906年)，以上两刊都只发行两期就停刊了;《中缅周刊》(1923年创办，用中缅两种文字印刷出版)、《仁声日刊》(1923年)、《米港》(1923年)、《南洋华侨丛刊》(1923年)、《如是周报》(1930年)、《闽山新闻》(1936年)等；还有《晦鸣周刊》《新国》《岩石》《新知周刊》等杂志。

进入20世纪后，到缅甸谋生的华人不断增加。1911年全缅有华侨122000人，1921年有149000人，1931年有193594人，1936年已超过220000人，抗战胜利后已近300000人，大多数集中在仰光。[①] 华文报刊也以缅甸华人主要聚集地和商业比较发达的仰光为中心，大多数华文报刊在仰光出版发行。此外也有少数华文报刊在曼德勒出版。

这一时期缅甸的华文报刊与中国国内的政治联系非常紧密。特别是在辛亥革命之前，缅甸的中文报刊受中国国内的政治影响非常大。许多报刊是以康梁为首的保皇党和以孙黄为首的革命党派人创办或受其影响创办的，是保皇会或同盟会缅甸分会的机关报，主要目的是向在缅华人宣传其政治主张。如1904年的《仰光新报》是缅甸保皇分会的机关报，主要向缅甸华侨宣传保皇，鼓吹君主立宪；而《光华日报》《进化报》《缅甸公报》以及同盟会会员居正、陈汉平等创办的《互惠报》是同盟会缅甸分会的机关报，主要向缅甸华侨传播旧民主主义思想，宣传反清、革命。两派报纸还发生笔战，如革命派报纸1909年复刊后的《光华日报》与保皇派报纸《商务报》论争数月。保皇派和革命派对缅甸华文报刊的争夺也非常激烈，如对《仰光新报》《光华日报》等报纸，两派发生过激烈的争夺，导致报纸性质几次发生变动。但总的来看，由于顺应了时代潮流，革命派报纸相比保皇派报纸不但在数量上更多，影响也更大，它们为推翻清王朝，取得中国旧民主革命的胜利做出了贡献。缅甸学者戚基耶基纽评价说，"缅甸华文报的出现，与中国人民反满斗争运动同时发生。它与推翻清朝的革命斗争紧紧地联系

---

① 方积根、胡文英:《缅甸华文报刊史略》，载《东南亚》1988年第1期。

在一起。华文报在促进缅甸华人参加推翻清朝的斗争中发挥了组织、动员、教育和宣传的战斗作用。"①

七七事变后,《觉民日报》、《曼德勒指南》(1940年改为《缅京日报》,后又改为《华商报》)、《中缅周刊》、《如是周报》、《晦鸣周刊》、《新知周刊》等缅甸华文报刊,积极揭露日本帝国主义的法西斯面目和侵略野心,报道中国人民奋起反抗侵略者的英雄事迹,宣传抗日救亡,号召抵制日货。如这个时期的最后一份华文期刊《新知周刊》,就刊登了其负责人黄雨秋报道中国华北抗战前线斗争的文章。

## 五、广 播

1920年11月2日,美国匹兹堡KDKA广播电台开始播音。这标志着广播事业的正式诞生,同时拉开了世界广播事业历史的大幕。广播产生以后,迅速在世界许多地方发展起来。到了20世纪30年代,广播几乎遍及世界各地。

1937年,在仰光诞生了缅甸第一家广播电台,从此翻开了缅甸广播事业的历史画卷。但当时由于缅甸拥有收音机的家庭非常少,主要集中在大城市的少数官僚和有钱人家里,因此广播的影响非常有限。

## 六、新闻法

### (一)第一部新闻法

缅甸历史上最后一个封建王朝贡榜王朝(1752—1885)第十代,即倒数第二代缅王敏东王,是在第二次英缅战争(1852年)结束之后的第二年,也即缅甸半壁江山被英国占领的危难情势下登基的。在西方资本主义列强争相染指、英帝国主义侵略步步紧逼的情况下,敏东王认识到民族危机的深重和缅甸在工业、科技,以及贸易等方面的落后,他顺应时局变化,积极实施行政管理制度、财税、军事等方面的改革,试图通过改革,奋发图强,挽救国家;同时他鼓励学习西方科学技术,努力促进上缅甸商品经济和科学文化发展。正是敏东王的努力,在一定程度上推迟了第三次英缅战争

---

① 咸基耶基组:《四个时期的缅甸华文报》,载《东南亚研究资料》1983年第2期。

的发生，推迟了上缅甸沦亡的时间。后世的缅甸人称赞敏东王"在贡榜王朝中，他是一位富有远见卓识的英明君主"，"历史上著名的贡榜王朝的英明圣君"。①

值得注意的是，1873年8月15日，敏东王颁布了缅甸历史上最早的新闻法。该法对新闻媒体、新闻报道的意义和价值有相当高的认识。如第三条认为，新闻媒体有益于国民"获得来自欧洲、印度、中国和暹罗的一般新闻，以丰富他们的思想，改进他们的贸易与交流"②，并鼓励新闻媒体报道国外新闻，为缅甸国民获取国外新闻而努力。

该法鼓励报纸报道真相，允许报纸报道皇宫，甚至还在一定程度上赋予了报纸评论政事和批评政府的权利。如其中写道："如果我做错了，可以写我。如果我的后妃做错了，可以写她们。如果我的儿女做错了，可以写他们。如果法官和市长做错了，可以写他们。任何人不得因为报刊叙说了真相而抵制报刊。他们（报刊记者）可以自由地出入王宫。"( If I do wrong, write about me. If the queens do wrong, write about them. If my sons and my daughters do wrong, write about them. If the judges and mayors do wrong, write about them. No one shall take action against the journals for writing the truth. They shall go in and out of the palace freely. )③

这部新闻法共包括17条保障新闻自由的条款，因此，被认为是"东南亚地区第一部本土的新闻自由法"④，是当时"亚洲最先进的新闻法"⑤。

## （二）英国殖民统治者制定的新闻法

1852年，英国通过第二次侵略战争，占领了包括仰光在内的整个下缅甸，并将其作为英属印度的一部分来进行殖民统治。为了钳制反英舆论，维护殖民统治，1857年，印度总督查尔斯·坎宁子爵（1856—1862年任印

---

① 王介南：《试论十九世纪的缅王敏东》，载《外语研究》1984年第1期。
② IRRAWADDY. Chronology of Burma's Laws Restricting Freedom of Opinion, Expression and the Press, http://www2.irrawaddy.org/research_show.php?art_id=3534, 2004-05-01。
③ 陈力丹：《缅甸新闻业的历史与面临的制度变化》，载《新闻界》2012年第12期。
④ IRRAWADDY. Chronology of Burma's Laws Restricting Freedom of Opinion, Expression and the Press, http://www2.irrawaddy.org/research_show.php?art_id=3534, 2004-05-01。
⑤ 展江、黄晶晶：《开明、威权与自由之光——160年缅甸新闻法制史管窥》，载《杭州师范大学学报》（社会科学版）2013年第5期。

度总督）重新引入孟加拉决议的限制性规定，用来规范新闻和限制书籍报纸的发行。这个法律被称为"闭嘴法"。

1878年，为了更好地管控使用地方语言出版的报纸，钳制反对英国政府的煽动性宣传，英国殖民统治者制定了《地方语言新闻法》（"The Vernacular Press Act"），该法案要求所有使用地方语言出版的报纸在出版之前提交样张。

1923年，英国殖民统治者颁布《官方机密法》（"Official Secrets Act"），限制媒体对官方信息的报道，以维护其殖民统治。

1933年，英国殖民统治者颁布《缅甸无线电报法》。该法规定"未经官方许可，任何拥有无线电报设备装置都是一种犯罪行为"，对通信自由加以限制；该法还规定"没有官方许可，不允许拥有任何无线电设备"，对广播自由加以限制。[①] 而实际上，直到1937年，缅甸境内才产生第一家广播电台。也就是说，直到英国殖民统治者颁布《缅甸无线电报法》四年后，缅甸的广播事业才正式起步。英国殖民统治者颁布《缅甸无线电报法》限制通信和广播自由，是为了维护其殖民统治。

从上可以看出，为维护对缅甸的殖民统治，压制反英舆论，英国殖民统治者通过制定法律来钳制新闻自由。英国入侵缅甸后，特别是1885年英国占领全缅甸之后，缅甸国内出版的报纸除了刊登新闻、文学、语言、社会等方面的内容外，许多报纸还刊登文章，揭露殖民统治的罪恶，反对英帝国主义的统治，号召缅甸人民不当奴隶。特别是进入20世纪后，世界民族主义运动高涨，缅甸人民民族民主意识进一步觉醒，一批先进的青年知识分子利用新闻媒体，宣传民族主义思想和爱国精神，鼓吹民族独立，动员民众为摆脱殖民统治、争取民族解放而斗争。英国殖民政府为了维护其殖民统治，制定新闻法压制新闻自由，钳制反英舆论，迫害新闻工作者。"有的报纸受到指责，被罚款，编辑、记者遭逮捕或杀害，报纸机器设备被毁坏"，"虽然广大报人勤奋工作，但人权得不到保障，经常受到枪杀、处

---

① IRRAWADDY.Chronology of Burma's Laws Restricting Freedom of Opinion，Expression and the Press.http：//www2.irrawaddy.org / research _ show.php?art_id=3534.2004-05-01。

罚、入狱、封闭报社等遭遇"。①

## 第三节　日本法西斯统治时期的新闻事业（1942—1945）

　　1942年1月4日，日军大举进攻缅甸。在幻想通过联日抗英谋求独立的"缅甸独立军"的配合下，只用了短短6个月时间，日军就击溃了英军，占领了缅甸。为了满足日本侵略战争的需要，日本占领军全面控制了缅甸的经济，疯狂掠夺缅甸的资源，缅甸国内工农业生产遭到严重破坏，大批工人失业，粮食和消费品奇缺，物价飞涨，民不聊生，苦不堪言。

　　为镇压缅甸人民的反抗和奴役缅甸人民，日本占领军一方面对缅甸实行残暴的法西斯统治。日本占领军在缅甸建立各级地方伪政权（在乡村实行保甲制度），在全国设立334个警察署，警察人数达15968人，并从日本调来受过专门训练的警官，以加强警察机构对缅甸人民的控制。日本占领当局还建立起亲日军事组织包括昂山将军任司令的"缅甸国民军"（1942年6月10日由原缅甸独立军改编而成）和准军事部队"竹矛队"，用来协助镇压缅甸人民的反抗。日军不但残酷围剿、屠杀缅甸爱国志士，还任意屠杀平民百姓。据统计，在日军占领期间，共有3万多名缅甸人惨遭日军杀害。②

　　另一方面，日本占领军对缅甸人民进行法西斯宣传和奴化教育。包括建立亲日的政治和文化组织，如睦邻协会、东亚青年联盟、作家联合会、血汗营、僧侣协会等；废除缅甸的英国式教育制度，禁止使用英语教科书，代之以日本的课程设置和教材；拉拢收买佛教上层人士，利用佛教组织来为其殖民统治服务，如鼓动和操纵僧侣成立"缅甸振兴佛教联盟"，1944年初又成立"缅甸僧侣联盟"，并召开了第一届大会，在会上将"与日本合作""强化日缅亲善"作为主要内容进行宣传。

　　日本占领军在缅甸的宣传机构"仰光情报部"（后来改为宣传部）则完全掌控了缅甸的宣传机器，并取缔反日报刊，收买亲日报刊，创办御用报刊。同时，日本占领军利用各种宣传手段向缅甸人灌输"日本是缅甸的解

---

① 钱伯良：《缅甸报纸概况》，载《东南亚研究》1987年第4期。
② 王士录：《太平洋战争时期日本法西斯在东南亚的统治方式》，载《东南亚》1997年第2期。

放者""日缅合力建设大东亚共荣圈"等谬论。日本占领军还组织翻译出版了《士与军队》《武士道》等法西斯书籍，利用各种形式鼓吹法西斯思想。

日军占领期间，缅甸的文化教育、新闻出版事业遭到严重摧残，报业跌入低谷，报刊数量锐减，只剩下日本侵略军出版的报刊和在其授意控制下出版的傀儡报刊。这些报刊的宗旨就是充当驻缅日本侵略军的传声筒和宣传喉舌，主要刊登驻缅日军发布的布告，报道日军在各处的"胜利"消息，宣传"大东亚圣战"，鼓吹"大东亚共荣圈"，欺骗缅甸民众和在缅的华人华侨，为日本帝国主义的侵略战争和法西斯统治效劳。

### 一、主要的新闻媒体

在1942年至1945年日本法西斯统治时期，缅甸境内出版的报纸主要有：

（1）日本占领军出版的英文报纸《大亚洲报》("Greater Asia")。

（2）傀儡政权缅甸巴莫政府出版的《缅甸时代报》。

1943年以后，由于国际形势的发展对法西斯越来越不利，为了缓和缅甸民众的不满和平息缅甸人民的反抗情绪，日本占领当局就玩弄起"以缅制缅"的伎俩，通过收买、拉拢等手段，操控当地某些有影响的上层人士拼凑起伪政权，让其为日军卖命。1943年8月，在日本占领军的操纵下，在缅甸拼凑起以巴莫为国家元首兼总理的傀儡政权——"缅甸政府"，并且日本占领军宣布准予缅甸于1943年8月1日"独立"，但缅甸的独立只是名义上的独立，统治权仍牢牢掌握在日本侵略军手中，缅甸得到的不过是"独立"的空名而已。巴莫政府成立后，创办了《缅甸时代报》。

（3）德钦吉敏在土瓦出版《土瓦日报》("The Tavoyan")、《胳膊报》。

（4）日本占领后，在缅甸继续出版或新创办的报纸还有《太阳报》、《缅甸之光报》、《爱国报》、《曼德勒太阳报》、《每日镜报》、《三角洲报》、《战争新闻报》、《缅甸时代报》、《甘婆查报》、《金鹰报》（包括克钦文、缅文、掸文）、《胜利之地报》、《缅甸前进之路报》、《土瓦人报》、《缅甸经济报》、《捍卫民族报》、《风神报》、《缅甸新闻报》（日文）、《正谊报》（华文）等。

（5）日本占领缅甸后，没收了仰光的广播电台，并以"缅甸广播电台"

的呼号播出广播节目。节目内容主要是为日本帝国主义的侵略战争和殖民统治服务。

## 二、华文报纸

中国抗日战争爆发后，缅甸的爱国华侨同仇敌忾，积极支持中国的抗日斗争。缅甸的华文报刊刊发大量文章揭露日本侵略者的暴行和野心，号召华人华侨团结起来支持中国的抗战。有些爱国华侨团体还创办新的华文报刊宣传抗日。如在中国抗日战争初期，在缅甸曼德勒和仰光的缅甸新腾冲分社与和顺崇新会就创办了《旅缅腾侨月报》《和顺崇新会刊》和《和顺乡》等刊物，这些刊物宣传抗日思想，揭露日寇恶行，成为缅甸华人华侨声讨日本侵略者、号召华人华侨团结起来共同抗战的重要舆论阵地。旅缅华人华侨还成立了各种社团，开展各类活动，宣传抗日思想，动员华人华侨积极投身抗日运动；同时华人华侨知识分子还相继成立了一些宣传抗日的文学团体，如朱波、晨光、裁云、似梅、天南、白花等诗社，这些社团对于唤起民众，团结华人华侨支持抗日起到了积极的作用。[①]

日军占领缅甸之后，"华侨成为日军残杀的主要对象，使得缅甸华侨人数急剧下降"[②]，华人华侨四处逃难，经济遭受重大摧残，华文报刊无一幸存。为了欺骗、奴役在缅华人华侨，大约在1942年底，侵华日军从中国派遣张正藩、郭钝庵来到缅甸，两人都有在缅甸长期活动的历史，郭钝庵是后期《仰光日报》的编辑。侵缅日军指使张正藩、郭钝庵与在缅的陈起森一起创办傀儡报纸《正谊报》。该报是日军控制下的日军宣传喉舌，主要内容是鼓吹所谓的"大东亚共荣圈"，发布驻缅日军的布告，报道日军在各处的"胜利"消息，为日本帝国主义的侵略战争和法西斯统治卖力吆喝，为虎作伥，遭到广大华人华侨的鄙视、斥责和唾弃。

总之，由于日本占领缅甸后，实行残酷的法西斯军事统治，缅甸各方面事业均遭到严重破坏，报业也受到严重摧残，陷入低谷，不管是报纸种

---

① 禹志云：《对缅甸东吁抗战文化现象的思考》，载《云南师范大学学报》（哲学社会科学版）2006年第2期。
② 云南省委统战部课题组：《缅甸华侨华人社团研究及工作对策》，见《中国社团发展与统一战线工作研讨会论文集》，华文出版社，2004，第286—295页。

类还是发行量都大幅度减少，剩下的主要是日本侵略军出版的报纸和在其授意下出版的傀儡报纸，充当日本侵略者法西斯统治的帮凶，是缅甸新闻史上的黑暗时期。

## 第四节 二战后及独立时期的新闻事业（1945—1962）

第二次世界大战结束后，英国政府重新占领缅甸并恢复殖民统治，遭到了缅甸人民的强烈反对。经过反复的斗争，直到1948年1月4日，缅甸才正式宣告独立，成立缅甸联邦，实行多党议会民主制，苏瑞泰出任缅甸联邦首任总统，吴努任政府总理。缅甸独立后的十年，一直由缅甸反法西斯人民自由同盟执政。除1956年6月至1957年2月吴巴瑞短期担任总理外，吴努一直担任总理。1958年9月，吴努因形势所迫辞去总理职务，由国防军总参谋长奈温将军组成看守政府。1960年2月，吴努大选获胜再度出任总理，直至1962年3月被奈温领导的缅甸国防军发动政变所推翻。吴努执政期间，国家初建，政局不稳，加之执政集团内部派系斗争十分激烈，对国家重大问题处理不力，导致国家发展缓慢，人民生活不见好转，社会秩序十分混乱。

就这一时期的新闻事业来看，第二次世界大战结束后，缅甸的新闻事业很快恢复到第二次世界大战前期水平，并有很大发展。特别是1948年脱离英国取得独立、确立民主政体后的短暂时期内，"缅甸国内的报刊市场十分繁荣，有缅甸语、英语、印地语和中文四种语言的报刊存在"①。

### 一、主要报刊

第二次世界大战结束后，英国人返回缅甸。英军作战部在1945年下半年出版了《仰光解放者报》（"The Rangoon Liberate"）。后改为《缅甸新时代报》（"The New Times of Burma"），吴顶突买下该报。他去世后，由他的后代继续出版，1960年7月底停办。

---

① 张云飞、杜鑫宇：《多种私营日报在缅甸通过审批"横空出世"》，环球网，网址：http://world.huanqiu.com/exclusive/2013-04/3787853.html，2013-04-02 02：35。

英国人返回缅甸后恢复殖民统治，缅甸民族主义运动再度高涨起来，也激起了缅甸人民办报宣传民族主义、争取民族独立的热情。这一时期缅甸人创办出版的英文报主要有《缅甸报》（"The Burmah"）、《商人报》（"The Businessman"）、《仰光镜报》（"The Rangoon Mirror"）、《监察日报》（"The Monitor Daily"）、《晨星报》（"The Morning Star"）、《前进报》（"The Advance"）、《民族报》（"The Nation"）、《守卫者报》（"The Guardian"）、《缅甸之声报》（"The Voice of Burma"）、《联合快报》（"The Union Express"）等。这些报纸中，除《民族报》和《守卫者报》外，其他报纸后来都自动停刊。

1948年缅甸脱离英国取得民族独立，建立起了民主政体的缅甸联邦，为缅甸新闻事业的发展提供了一个比较宽松的政治环境。缅甸联邦制定的第一部宪法——《1947年宪法》规定了缅甸人民的基本权利，它明确规定人民享有思想、表达、信仰、宗教、结社等方面的自由。缅甸独立后政治上的民主自由带来了缅甸新闻界的活跃。1948年后，市场上出现的缅文、英文、中文报纸共有56家，它们大多数独立于政府。政府也允许国内报纸对国内外新闻进行报道、与国外新闻界进行交流。虽然缅甸联邦政府在1950年3月9日颁布和实施了《紧急条款法》（"Emergency Provisions Act"），规定散播虚假新闻以及造成人们对政府公务人员或军队人员不敬不忠的行为为刑事犯罪，但是从1948年独立至1962年军事政变这14年间，"缅甸还是很好地践行了新闻自由这一原则，维持了新闻的多样性"[①]。这一时期缅甸产生了一些有影响的报纸，如创办于1957年的《镜报》（"Kyemon"）最高发行量为9万份，是当时缅甸发行量最大的报纸。此外，《中华商报》《人民报》《新仰光报》《中国日报》等中文报纸也具有一定的影响力。

从1945年第二次世界大战结束到1968年间，在仰光、曼德勒、勃生、锡袍等市用缅文、克伦文、掸文出版的报纸达一百多种。其中有《缅甸时报》《缅甸新闻报》《联邦日报》《缅甸前进报》《镜报》《缅甸之声报》《新时代报》《人民报》《瑞曼昂悉报》《瑞棉之声报》《当代人报》《缅甸

---

① 展江、黄晶晶：《开明、威权与自由之光——160年缅甸新闻法制史管窥》，载《杭州师范大学学报》（社会科学版）2013年第5期。

之星报》《指南报》《仰光报》《人民之声报》《经济报》《中央日报》《缅甸路线报》《人民舆论报》《独立报》《缅甸主义报》《泽瓦那日报》《公平报》《共产党报》《毛淡棉时报》《乌威报》《曼德勒吼声报》《联合快报》《谬马貌报》《社会日报》《领袖报》《联邦报》《毅力报》《人民吼声报》《毛淡棉观察家报》《播种者报》《农民之声报》《人民镜报》《新闻简报》《名誉报》《我工人之声报》《邮瓦底日报》《克钦邦报》《新生活报》《光辉日报》《雷鸣日报》《人民先锋报》《风暴报》《正确之路报》《忠于人民报》《紧急报》《律师报》《雄鹰报》《胜利报》《新缅甸报》《快报》《阿拉干之光报》《阿拉干之声报》《布科库日报》《瑞兴塔报》《观察家报》《红龙报》《路线报》《火炬报》《人民时代报》《德林达依报》《天称宫报》《卑道苏报》《曼凯报》《新国家报》《兴实塔日报》《儿童报》《摩词达德报》以及《每日报》("Daily Gazette")、《联合报》("The Burma Star")、《商业广告和新闻报》("Commercial Notes and News")等。[①]

## 二、广播电台

1945年，赶走日本侵略者以后，"缅甸广播电台"改名为"仰光广播电台"。1946年2月15日，正式创办国家广播电台，初创时名为"缅甸广播公司"（Burma Broadcasting Service）。1954年2月12日，缅甸广播电台移至仰光PYRY路。1958年更名为"缅甸之声"（Myanmar Radio）。从创办之初至1980年前，电台只有新闻和音乐两个栏目，用缅语和英语广播，为国内听众播报国内、国际重大新闻和提供一些音乐娱乐节目。1997年，缅甸广播电视台（Myanmar Radio and Television，简称MRTV）成立后，"缅甸之声"成为缅甸广播电视台的广播部门。"缅甸之声"一直是缅甸唯一的国家广播电台，在缅甸广播事业发展史上具有极其重要的地位。

## 三、华文报刊

战后一批华文报刊相继复刊、创办。"缅甸独立后，华人华侨拥有兴办

---

① 钱伯良：《缅甸报纸概况》，载《东南亚研究》1987年第4期。

华文报刊的权利，出版者只要向当局注册登记，领取出版执照即可"①，因此缅甸境内又创办了一些华文报纸。这一时期是缅甸华文报刊的繁荣期。

战后创办的首家华文报纸是 1945 年 7 月 6 日创刊的《中国日报》，其首届正副董事长分别为曹缵卿和柯梓能，编委会主任为李哲仁，编辑有赵宣扬等。缅甸独立后，该报在原刊名前增添一个"新"字继续出版。这是一家外表中立实际是为国民党政权捧场的报纸。

战后复刊最早的报纸是 1945 年 8 月 5 日复刊的《新仰光报》，首任董事长是福建侨商陈守金，第一任总编辑是杨水源，第二任总编辑是邱巴宁，社务负责人是徐四民。复办之初，报纸言论是拥护蒋介石的，希望战后的中国能在蒋介石的领导下实现和平民主统一。后来在事实的启发和教育下，该报从拥蒋转变为反蒋，成为缅华社会民主进步的一面旗帜。《新仰光报》是战后东南亚华侨社会中异军突起的一份华文报。

1946 年，中国共产党员朱家璧、张子斋在仰光创办《人民旬报》。朱、张回中国参加革命武装斗争后，滇缅贸易股份有限公司经理周禾书②接手续办。办报经费主要由周禾书在其腊戌分公司的职工中筹措，周是主要出资人、经理，同时负责编辑工作。1947 年 7 月 17 日，《人民旬报》更名为《人民报》，以日报的形式正式发行。《人民报》创办的初衷是为了对抗国民党在缅甸办的华文报纸——《国民日报》，目的是揭穿蒋介石的阴谋，使侨胞不再听信国民党的蛊惑，不受其蒙蔽。因此，该报最初的主要任务是"向侨胞宣传、介绍祖国解放区的民主政治生活及解放战争发展的真实情况，唤起侨胞的爱国热情，使他们心明眼亮，从而能够明是非、辨真伪、识道路"③。最初，因《人民报》所登载的内容大部分是针对国民党在仰光办的《中国日报》和《国民日报》，很多侨胞因思想上有顾虑，怕担风险而不敢订阅，所以发行量不大；直到 1948 年末，随着中国共产党在解放战争中节节胜利，革命形势逐渐明朗，报纸内容日益丰富，发行量也随之增加。新中国成立

---

① 范宏伟：《自由同盟时期缅甸华人社会地位探析》，载《东南学术》2003 年第 2 期。
② 云南腾冲人，中国民盟会员，爱国民主人士，任缅华文化工作者协会主席，缅甸南洋中学校长，云南旅缅同乡会会长等职，1964 年从缅甸回到中国。
③ 何开智：《回忆〈仰光人民报〉办报情况》，云南省南华县委员会：《南华县文史资料选辑·第 3 辑》，1955，第 114–117 页。

后,《人民报》在支持中国政府的华文报纸中一直居于领导地位,直到 1965 年才停刊。

1948 年开始酝酿筹备,1949 年 1 月 1 日在仰光创刊的《中华商报》,首任董事长为曹凤美,社长为曹缵卿,总经理为李启我,经理兼发行人为李卓平。该报起初持中立立场,后倾向新中国。报社资金雄厚,日出对开两张,星期日加出画报。当时缅甸的华文报纸一般发行量为五六千份,据说《民国日报》连赠送在内发行不足三千份,但《中华商报》平时发行量为八九千份,节假日接近万份,创造了当时缅甸华文报纸发行量的新纪录。①

此外,这一时期的华文报纸主要还有《先声日报》(1945 年)、《觉民日报》(1946 年)、《自由日报》(1950 年)、《亚洲日报》(1950 年)、《生活周报》(1950)、《华青周报》(1950)、《中国论坛报》(1951 年)、《民众呼声报》(1952 年)、《时代报》(1956 年)、《东南日报》(1961 年)、《伊江周报》(1961 年)等。还有《青霜日报》《观察报》《南国周报》《旋风报》等发行时间不长的报纸和一些中文杂志。

这一时期的中文报刊与中国国内政治联系紧密。有些报刊是由中国共产党党员或中国国民党党员或中国其他政治组织(如民盟)成员或中国国民党远征军退伍军人创办或参与其中,是中国国内政治组织向缅甸华侨华人宣传其政治主张的阵地,大多政治倾向明显,有的支持中国国民党,有的支持中国共产党;新中国成立后,有的属亲台报纸,有的倾向新中国。不同政治倾向的报纸之间时常发生论战。有些报纸随着中国国内政治形势的发展或因报社负责人的变化而在政治倾向上发生改变。总之,这一时期缅甸的华文报刊受中国国内的政治影响非常大,报纸言论和内容反映了中国国内的政治斗争和政治形势变化。

## 四、印度人办的报刊

这一时期居住在缅甸的印度人出版的报纸有《勃拉缅甸》("Bala Burma")(1945 年)、《山悉》("Santhi")(1945 年)、《布拉奇》("Purachi")(1945 年)、《山德翰德拉》("Sandhamdra")(1946 年)、《帕拉奇普拉卡什》

---

① 朱仲玉:《回忆缅甸中华商报》,载《新闻与传播研究》1980 年第 4 期。

("Parachi Prakash")(1945 年)、《帕拉瓦什》("Parawash")(1946 年)、《得拉加帝》(1945 年)、《德阿-依-加地德》("Dua-e-Jadded")(1945 年)、《安德哈拉密特拉》("Andhra Mitra")(1945 年)等报。

总之，20 世纪 50 年代，缅甸报业进入了鼎盛时期，发行的报纸种类多，所使用的语言文字种类多，独立性强，绝大多数为私人独办。这一时期的缅甸被称为亚洲新闻出版最自由的国家之一。

## 第五节 革命委员会和社会主义纲领党执政时期的新闻事业（1962—1988）

1962 年 3 月，奈温领导的缅甸国防军发动政变，推翻吴努政府，成立了缅甸联邦革命委员会，接管了国家政权；同年建立缅甸社会主义纲领党（Burma Socialist Programme Party，简称 BSPP），并宣布国家实行一党制，此后一直由该党执政。直到 1988 年 7 月，因经济恶化爆发全国性群众游行示威，奈温和吴山友（总统）辞职。在奈温政权执政 26 年间，推行"缅甸式社会主义"制度，采取过激政策和措施，实行国有化和中央包揽一切的计划经济，使国民经济走到了崩溃的边缘。

缅甸社会主义纲领党执政后，"为巩固其统治，在文化教育、舆论宣传、宗教信仰等领域实施较为严格的管控"[1]。缅甸新闻政策发生了巨大变化，缅甸报纸逐步全部实行国有，新闻事业被纳入计划经济体制。

### 一、新闻政策变化及主要报刊

1958 年，奈温强迫当时在任总理吴努成立"看守政府"。在其后两年间，《波他腾报》("Botahtaung")、《镜报》和《仰光日报》("Rangoon Daily")纷纷被关闭，其总编辑都因同情共产党或被指控进行反军方报道而被投进监狱。[2]

---

[1] 贺圣达：《缅甸社会主义初探》，载《亚洲探索》1984 年第 20 期。
[2] ARTICLE 19. State of Fear: censorship in Burma (Myanmar). http://www.ibiblio.org/obl/docs3/State-of-Fear-minus.Pdf.1991-10.

1962 年 3 月，缅甸全国尚拥有报纸 40 家，其中有缅文报纸 20 家，英文报纸 4 家，中文报纸 6 家，印度人办的报纸 9 家，以及 1 家钦族文报纸，这些报纸均为私人所有。自 1962 年 3 月 2 日革命政府成立后，缅甸联邦革命委员会为缅甸社会主义报纸制定了五项原则：

（1）报纸必须赢得劳动人民的信任和拥护。

（2）报纸应在政府和劳动人民之间起纽带、桥梁作用。

（3）报纸的自由权应为劳动人民利益服务。

（4）报纸不仅要组织、教育劳动人民，还要坚持原则。

（5）报纸要实行人民所有。

为实施以上原则，政府采取了以下具体措施：

**（一）创办缅甸通讯社**

1963 年 6 月 6 日，缅甸政府成立缅甸通讯社（Myanmar News Agency, MNA，简称缅通社），作为国家通讯社，接管所有私人新闻业务。此后，缅甸通讯社一直是缅甸的国家通讯社。

**（二）创办机关报**

1963 年 10 月 1 日，革命政府创办了第一份缅文报纸《劳动人民日报》（"The working People's Daily"），发行量为 16000 份。1964 年 1 月 12 日，又出版了英文《劳动人民日报》，发行量为 6500 份。此外，还创办了《前进周刊》（"Forward Weekly"）和《工人日报》（"Working People's Daily"）充当缅甸社会主义纲领党的喉舌。

**（三）将一些私人报纸收归国有**

根据革命政府有关报纸要实行人民所有的规定，从 1964 年 9 月开始，缅甸政府将《镜报》《缅甸之光报》《汉达瓦底报》《先锋报》以及英文报纸《卫报》等私人报纸收归国有。到 1965 年 12 月，除了停办的外，所有的私人报纸都被国有化，这些报纸在新闻部的领导下继续出版。

**（四）停止一些私人报纸的出版**

从 1963 年 7 月起，一些私人报纸被停止出版。其中有《联邦日报》《人民报》《国民报》《光辉日报》《仰光报》《曼凯报》《新国字报》《缅甸路线报》《德宁达日报》《女青年报》《德玛帝报》以及英文报纸《民族报》等。

1978年,最后一份外省日报《汉达瓦底报》被关闭。

### (五)禁止华人、印度人出版报纸

从1966年1月1日起,缅甸革命委员会政府禁止所有华人和印度人出版报纸,华人、印度人办的报纸全部被取缔、关闭,无一幸免。自1903年第一家华文报纸《仰江日报》创办始,已有60余年的缅甸华文新闻事业至此中断。

### (六)禁止外国新闻机构在缅活动

缅甸革命委员会政府认为,国外新闻机构是传播西方新殖民文化的源头,只会给缅甸带来有害的影响。"文化帝国主义"的宣传必须在它们尚未腐蚀整个社会之前就把它堵塞住。① 因此,缅甸革命委员会政府禁止外国新闻机构在缅活动,禁止收听英国广播公司(BBC)向缅甸青少年定期播放的缅语节目,对从国外引进的影片,更是严格审查。

经过以上一系列措施后,政府垄断了整个报业和新闻业,只允许出版发行官方报纸,报纸种类大幅度减少,报业从繁荣走向没落。缅甸全国出版的报纸总共只有六种:缅文报《镜报》《先锋报》《缅甸之光报》《汉达瓦底报》,缅、英文报《劳动人民日报》,以及英文报《卫报》。后来发展到只有五家六种,即四家缅文日报:《劳动人民日报》(缅文版)和《镜报》《先锋报》《缅甸新光报》;两家英文日报,即《劳动人民日报》(英文版)和《卫报》。

## 二、广播电视

这一时期,缅甸仍然只有一家广播电台,即国家电台——"缅甸之声"电台。

1972年3月26日,缅甸政府合并了广播部门和信息部门,成立了缅甸信息广播处,负责管理广播电台。

1980年后,除英语和缅语节目外,"缅甸之声"电台新增设了8种主要少数民族语言节目,每天播出时间为20小时45分钟,其中缅语节目10小

---

① F. K. Lehman, eds." Military Rule in Burma since 1962: A Kaleidoscope of Views" Maruzen Asia Maruzen Investment, 1981, p.12.

时,英语节目2小时45分钟,少数民族语言节目8小时。播出的节目内容包括9档新闻节目,主要是缅通社播发的国内外新闻;32种娱乐节目,主要有音乐、戏剧等内容,以及27种教育节目。如遇到独立日升旗仪式、联邦节升旗仪式、建军节阅兵仪式以及国际、地区或国内足球赛等重大节日或活动时也进行直播。节目的内容普遍带有很强的政治性。电台不播送广告,所有节目都来自仰光唯一的一个节目制作中心,电台建有中继发射站。

缅甸电视事业起步比较晚。1979年,由日本政府捐赠设备和贷款在仰光建设缅甸电视台(缅甸国家电视台);1980年1月11日开始播出电视节目;1980年6月3日正式开播,采用NTSC制式;1982年,日本政府提供资金进行扩建,只有一个频道,但是彩色电视。电视台和广播电台合用六个制作室,制作各种节目。电视台播出时间有限,仅在晚间和周末播出少量的电视节目,每天约有两小时的电视节目,包括十几分钟的新闻和一个故事片。电视新闻中有国际、国内新闻,而以国际新闻为主。1988年前电视台也不播出广告。国际新闻的解说完全用原文。电视节目收视图像清楚,效果很好。1980年,电视节目只在仰光播出,此后缅甸建立了15家转播台,至1988年电视已覆盖全国人口的53.95%。1988年以后又增加了119座转播台,节目覆盖人口达到了82.45%。

电台和电视台都不播广告,也没有收入,经费完全由政府负责,纯粹是事业单位。

后来为了提高缅甸人民的文化水平,便于人民了解国外科技文化信息,促进同外国的经济、贸易和文化交流,缅甸广播电台和电视台开办了各种英语初级和中级训练班,供人们通过收听广播和收看电视学习英语。

### 三、新闻管理机制体制

这一时期缅甸实行高度集中统一的新闻体制,全国只有一家通讯社、六家报纸、一家电台、一家电视台,全部由宣传部统一领导。宣传部是新闻事业的最高领导机构,宣传部下面分别由几个局和几个公司具体领导各事业和企业单位。管理新闻事业主要是一家新闻期刊公司和一个广播电视局。

报纸是企业单位，归宣传部下面的新闻期刊公司领导管理。新闻期刊公司，除主管全国报纸的宣传外，还负责接待来访的外国新闻代表团和联系驻仰光的外国记者。缅甸通讯社是缅甸国家通讯社，几乎是缅甸的唯一新闻来源。它在国内有一个记者网，每天发布国内新闻，报纸基本上没有自己的记者网，都采用缅通社的国内消息，进行编辑加工。缅通社在国外没有派出自己的记者，它主要依靠和世界上一些大通讯社订立新闻协定，转发这些通讯社的国际新闻。别国的通讯社在缅甸不能直接播发新闻，必须通过缅通社转发。缅通社在收到这些通讯社的新闻后，先进行挑选，然后将挑选出来的新闻转发给各报，供他们选用。各报在刊登这些新闻时，可直接使用原通讯社的电头。六种报纸都在仰光出版，每天通过飞机和火车运往其他大城市。六种报纸都是四开八版，内容有消息、评论，不登广告。报纸遵循宣传部和新闻期刊公司确定的新闻工作指导思想："积极宣传缅甸纲领党的路线方针和政策，即宣传国家经济和文化建设的新成就，教育工人、农民、学生和社会各阶层人民为国家提供自己的力量。"① 它们都以大量篇幅来报道缅甸国内经济建设的成就，例如农业上稻谷高产的经验，工业上石油天然气的开发，教育上扫盲运动的开展，维护民族文化保护文物采取的新措施，等等。另外，它们还报道同外国经济、贸易来往的各种消息。为了配合这些宣传，各报还针对建设中存在的问题，发表评论和读者来信，并配有一定数量的图片。报纸印刷质量不错，大报发行量一般在十四万份左右，其他报纸一般六七万份。

缅甸过去有过一所新闻学院，后因为报纸、通讯社、电台等传播工具不多，对新闻工作人员的需求有限，后来停办了。"在 2007 年之前，任何学校都不允许开设有关新闻教育的课程。"② 缅甸新闻工作者完全靠在实践中锻炼成长起来。缅甸报纸、通讯社、电台和电视台的负责人全都是任命退伍军人担任。一般新闻工作人员，大都经过考核后才被录用，竞争非常激烈，大都是大学毕业生，且具有较高英语水平。缅甸新闻单位都设有顾问。顾

---

① 刘正学：《访缅甸新闻界》，载《新闻战线》1983 年第 7 期。
② 王鲁婴：《缅甸新闻界：痛并快乐着》，财富中文网，网址：http://www.fortunechina.com/business/c/2014-02/28/content_195155.htm，2014 年 2 月 28 日。

问大都为有丰富工作经验的六七十岁老人。他们每天中午均列席新闻期刊公司主持召开的由各报主编参加的编前会，对当前宣传中心和第二天报纸版面安排和电台、电视台播放的节目提出意见，供各媒体编辑参考。新闻界对他们非常尊重。①

### 四、新闻法

为了确保高度集中统一的新闻体制的实行，缅甸联邦革命委员会及其革命政府制定了一系列法律，对新闻媒体实行严格管控。

1962年8月23日，缅甸联邦革命委员会颁布《印刷商与出版商登记法》（"The Printers and Publishers Registration Law"）。该法规定："所有出版物必须登记，并且在出版或生产之前必须提交书籍、杂志和报刊的原稿给新闻审查委员会或公安局（PSB）审查。"②《印刷商与出版商登记法》确立了事前新闻审查制度，赋予了缅甸政府统制新闻媒体的权力。"公安局是负责家庭和宗教事务的政府部门，它拥有广泛的权力去禁止出版物的出版，或者要求出版者按照它认为合适的方式进行修改，这对于出版者来说代价巨大。"③

1974年，军政府又修订宪法，对新闻出版与言论自由加以限制。新修订的宪法第157条规定："每个公民享有言论自由、表达自由和发表自由，前提是这些自由不会与工人和社会主义的利益相抵触。"④

1975年，印刷与出版注册中央局颁布了《关于所有印刷商与出版商提交原稿审查的备忘录》（"Memorandum to all Printers and Publishers Concerning the Submission of Manuscripts for Scrutiny"）。该备忘录明确禁止以下材料："（1）任何不利于缅甸社会主义纲领的材料；（2）任何危害国家意识形态的材料；（3）任何不利于社会主义经济的材料；（4）任何可能危害国家团结和统一的材料；（5）任何可能危害安全、法治、和平和公共秩

---

① 刘正学：《访缅甸新闻界》，载《新闻战线》1983年第7期。
② IRRAWADDY. Chronology of Burma's Laws Restricting Freedom of Opinion, Expression and the Press .http://www2.irrawaddy.org/research_show.php？art_id=3534.2004-05-01.
③ IRRAWADDY. Chronology of Burma's Laws Restricting Freedom of Opinion, Expression and the Press .http://www2.irrawaddy.org/research_show.php？art_id=3534.2004-05-01.
④ IRRAWADDY. Chronology of Burma's Laws Restricting Freedom of Opinion, Expression and the Press .http://www2.irrawaddy.org/research_show.php？art_id=3534.2004-05-01.

序的材料;(6)任何不正确的观点和不符合时代的意见;(7)任何虽然确实是正确的,但由于写作时间与语境等方面的原因而导致其不适宜的描述;(8)任何淫秽(色情)文字;(9)任何鼓励犯罪和违背人性的虐待和暴力的文字;(10)任何对政府部门的工作的非建设性的批评;(11)任何诋毁和诽谤他人的材料。"① 该备忘录由印刷与出版注册中央局制定指导方针和负责对外做出公开解释,由公安局执行。

1975年,军政府颁布《国家保护法》("State Protection Law"),授予政府权力逮捕任何危及国家和平的人,打击一切企图引起颠覆政府行为的人。许多新闻工作者被政府以违反《国家保护法》的理由逮捕。

总之,1962年缅甸革命政府成立和缅甸社会主义纲领党执政后,为巩固其国家政治制度和推行其经济政策,实行高度集中统一的新闻体制,制定了一系列法律管控新闻媒体,钳制不利言论,限制新闻自由。"自1962年奈温将军发动政变并成立军政府之后,媒体便开始经受极为严格的审查。任何有可能中伤政府形象的信息都会被禁止发布,其中包括对于民主的讨论,军政府的合理性,以及官员腐败问题等","过去的50年间,在缅甸,记者是一个极度危险的职业"。② 在政府的严密控制下,缅甸所有的新闻媒体的内容千篇一律,大都是对缅甸社会主义纲领党的宣传或政府和军方的指令。

## 第六节 新军人政府执政时期的新闻事业(1988—2010)

1988年9月18日,国防部长苏貌率军队接管政权,成立"国家恢复法律与秩序委员会",作为缅甸国家最高权力机构,并宣布废除宪法,解散人民议会和政权机构,放弃缅甸式的社会主义道路,开始进行政治、经济改革;1997年11月15日,"国家恢复法律与秩序委员会"改名为"国家和平与发展委员会";2003年8月,缅甸政府公布旨在实现民族和解、推进民主

---

① IRRAWADDY. Chronology of Burma's Laws Restricting Freedom of Opinion, Expression and the Press .http://www2.irrawaddy.org/research_show.php? art_id=3534.2004-05-01.

② 王鲁婴:《缅甸新闻界:痛并快乐着》,财富中文网,网址:http://www.fortunechina.com/business/c/2014-02/28/content_195155.htm,2014年02月28日。

进程的"七点民主路线图计划",开始有步骤地推进民主化进程;2008 年 5 月通过了新宪法;2010 年 11 月 7 日,举行了全国多党民主制大选。从政治上来看,1988 年到 2010 年,是新军人执政时期。这一时期,政府对新闻媒体实行严格的管制,除了为数不多的官方媒体充当政府喉舌外,私营媒体受到控制和打压,新闻事业发展缓慢。

### 一、新闻法规

新军人执政时期,为了实现其政治目标,制定和颁布了一系列法律法规,其中有些涉及新闻出版。新军人政府在沿用前政府时期的新闻法的同时,还根据新闻传播事业的发展和政治形势的需要制定了一系列新的法律法规来管理新闻媒体,特别是互联网等新媒体。

从 1988 年 9 月政变后直到 1992 年 9 月,新军人政府对全国实行戒严,并发布《戒严令》取代《国家保护法》。《戒严令》第 2 条第 88 款、第 3 条第 89 款和第 8 条第 88 款分别对公共集会、印刷品出版以及言论进行了限制。如第 3 条第 89 款规定:"在未经事先登记的情况下出版任何出版物都是违法行为,需要出版出版物的组织必须从家庭和宗教事务部获得豁免证书";第 8 条第 88 款则禁止"任何旨在分裂国防力量的活动、文学、演讲"。①

1988 年新军人政府上台执政以后,继续沿用奈温政府 1962 年制定的《印刷商与出版商登记法》。根据这项法律,政府有权在任何时候撤销任何媒体的许可证;所有图书和杂志在出版前,必须先将复印件提交公安局审查,并按其要求修改后才可以出版;任何未经审查的照片、绘图、美术、文章、小说和诗歌,一旦出版就将受到处罚,处罚包括没收出版物及将编辑投入监狱;未经注册的媒体出版发行,其相关人士可被判坐牢七年。

新军人政府还修订了 1933 年英国殖民统治者制定的《缅甸无线电报法》,在"拥有任何未经官方许可的'无线电报设备'是有罪的"基础上,于 1995 年 10 月新增了"传真机",在 1996 年又新增了"计算机调制解调器",规定任何人未经官方许可拥有这些设备,都会面临长达三年的监禁或

---

① IRRAWADDY. Chronology of Burma's Laws Restricting Freedom of Opinion, Expression and the Press .http://www2.irrawaddy.org/research_show.php?art_id=3534.2004-05-01.

高达 30000 缅元（约 5000 美元）的罚款。此外，英国殖民政府于 1923 年颁布的《官方机密法》、1950 年的《紧急条款法》中限制新闻自由的条款都被新军人政府沿用，成为新军人政府钳制新闻自由的工具。

1996 年 6 月 7 日，新军人政府颁布第 5 号法律《保护国家负责地、和平地、有步骤地变革以及国民会议成功履行其功能而不被扰乱和反对法》。该法第二章禁止任何破坏国家稳定、社会和平安宁、法律法规实施的言论、煽动、示威、演说、口头或书面声明等。

1996 年，新军人政府颁布《电视与录像法》("The Television and Video Act")，规定所有电视、录像机以及卫星电视的拥有者都必须到交通、邮政和电信部注册备案获得执照。同时，录像审查委员会负责对所有进口的和缅甸自制的录像作品进行审查。同年还颁布了《电影法》("The Motion Picture Law")，规定所有电影都要经过事先审查才能发行放映。

虽然互联网在缅甸起步晚，发展缓慢，但是，缅甸新军人政府一直非常重视针对互联网的立法和管控。1996 年 9 月 20 日，颁布了《计算机科学发展法》("The Computer Science Development Law")，规定"所有电脑都需要到交通、邮政和电信部登记备案"，并且"一切分发、散布和获得有害国家安全、统一及民族文化的信息都将触犯法律"。同年，缅甸政府还颁布了《电子法案》("Electronics Act")管理互联网，规定进口、持有和使用调制解调器必须事先得到官方许可，否则会被判处 15 年有期徒刑。2000 年，缅甸政府又出台了《互联网法》("Internet Law")，禁止在网上发布任何有损联邦利益、政策和安全的作品和内容，违反规定的人将受到处罚。

总之，新军人政府上台后，继续像奈温政府一样不断制定法律法规，对新闻事业实行垄断和严格管理，甚至更加严厉。如在 1989 年，将依据《印刷商与出版商登记法》判决的刑期提高到七年有期徒刑，罚款 30000 缅元（相当于当时的 5000 美元）。

## 二、新闻管制

宣传部是缅甸新闻事业的领导和管理机构。它下设 5 个部门：广播电视部，负责国家广播电视台的经营管理；信息和公关部，负责经营管理国有图书馆；新闻和期刊公司，负责 3 家国有报纸的经营出版；出版和发行公司，负责书刊的发行管理；影视部，负责娱乐节目、教育片、电影、录像等的管理。

新军人政府上台后制定的一系列限制新闻自由的法律法规，为政府对媒体的审查提供了法律依据，给予了多个政府机构监管新闻传媒的权力。缅甸政府对于新闻内容生产采取严格的审查制度，对敏感话题的管理甚为严格，不允许媒体擅自报道敏感事件，对反对派领袖昂山素季①的报道控制则更为严格。但是，当遇到某些重大事件时，一些私营媒体会顶着巨大风险，突破官方禁令，对具有重大新闻价值的新闻事件进行报道。如 2010 年 11 月 13 日，缅甸当局释放已被软禁 15 年的著名反对派领袖、全国民主联盟主席昂山素季时，缅甸国内官方报刊和大多数民营报刊都严格按照官方报道框架进行了报道，但是有 9 家民营周刊不顾禁令，对这一事情进行了大量报道。这些周报结果因"违规"大幅度渲染报道，而被宣传部分别责令停刊 1~2 周。②

新军人政府对于违反规定的新闻记者实行严厉的处罚。如缅甸颇负盛名的记者 WinTin 被判刑 19 年。2008 年出狱后，也一直被政府软禁在家，不得接触任何试图探访他的外国记者。虽然后来外国记者能够在缅甸自由采访，但是接受采访的人却面临被官方惩罚的风险。缅甸博客作者扎加嘎纳（Zarganar）就因接受 BBC 记者访问时批评政府处理纳吉斯飓风不力而被政府逮捕。

新军人政府除了利用法律手段阻止网民在互联网上发布批评政府的文章外，还通过其他手段对网民上网行为进行管控和限制。

首先，利用软件限制网民接触任何包含反政府内容的网站。在全国

---

① 昂山素季（Aung San Suu Kyi），1945 年 6 月 19 日生于仰光。1988 年 9 月，缅甸全国民主联盟（NLD）成立，作为创始人之一担任秘书长。1990 年带领民盟赢得大选的胜利，但选举结果被军政府作废；其后被军政府断断续续软禁于寓所长达 15 年，于 2010 年 11 月 13 日获释。2015 年 11 月 8 日，领导民盟再次在大选中取得压倒性胜利。2016 年 3 月 30 日，缅甸举行新政府宣誓就职仪式及总统权力交接仪式，昂山素季同时担任 4 个部门的部长职务。

② 伍庆祥：《缅甸社会运动中的媒体行动——以昂山素季事件报道为例》，复旦大学硕士论文，2013。

12284个IP地址中，只有118个网址可以登录互联网；缅甸政府一直屏蔽所有涉及缅甸国内敏感政治内容的国外网站和社交媒体，包括境外的流亡媒体。缅甸的网络供应商也只有国营的Bagan Cybertech一家，属"电信、邮政、电报部"管辖。虽然一些网民可以通过代理服务器翻墙上网，但人数极少。

其次，政府还会通过降低网络连接速度或切断网络来管控和限制网民上网。[①]2007年9月，缅甸发生了被称为"藏红花革命"[②]的游行示威运动。互联网和新媒体在运动的动员、组织和报道方面发挥了重要作用。由于新闻媒体被禁止报道，一些记者和民众就将运动的图片和视频通过博客发到网上，传送给国外媒体、境外流亡媒体，因此，游行一开始，有关游行示威的消息和图像就通过互联网传遍世界，并且抗议活动的图片和影像源源不断地从缅甸国内传播出去，外国记者依靠从缅甸网民的博客上获得有关运动发展的图像资料，点击一个网站就可以看到上百条有关抗议活动的视频。9月26日，缅甸军政府封锁了博客网站，但是缅甸网民利用代理网站Glite依然能够进入被封锁的网站，如以缅甸新闻为主的网站Irawaddy.com点阅次数达到3000万，是平时流量的3倍，因此有人将这场运动称为"Glite革命"。缅甸民众还通过互联网争取世界人民对抗议活动的支持。为了阻止来自互联网的动员和传播，缅甸政府切断了国内网与国际互联网的连接。作为缅甸军政府的一个下属机构的国内最大的ISP供应商，将"断网"解释为水底光缆出现技术故障进行掩盖。[③]

2007年之后，缅甸政府进一步加强了对互联网的监控和管制，专门成立了网络犯罪办公室，并配备了由俄罗斯、以色列等国训练的职业技术专家来监视国民对互联网和电话的使用。

---

① 展江、黄晶晶：《开明、威权与自由之光——160年缅甸新闻法制史管窥》，载《杭州师范大学学报》(社会科学版)2013年第5期。
② 2007年8月中旬，因物价涨幅过大，影响人民生活，仰光、瓦城等多个缅甸城市出现了游行示威抗议活动；9月23日，在上千名和尚和尼姑的带领下，仰光10万市民走上街头；24日，游行人数暴增至50万人，游行群众将象征僧袍的深红色带子别在衣服上表达对僧侣的支持。这是一场带有明显政治诉求的民主运动，外国人权组织、西方媒体称为"藏红花革命"或"袈裟革命"(Saffron Revolution)。
③ 东乌：《缅甸"藏红花革命"中的"Glite革命"》，人民网－读书频道，网址：http://book.people.com.cn/GB/69399/107423/207171/13142287.html，2010年11月05日15：02。

缅甸政府对新闻媒体的严苛管控导致新闻事业发展缓慢。在政府的严厉控制下，虽然也有极少数私人媒体发出过抗争的声音，但大多数媒体只是充当政府和军方的传声筒，甚至成为政府攻击敌对势力的工具，经常刊（播）发抨击西方的文章、讲话、漫画、标语口号等。

### 三、报　刊

从1988年3月起，缅甸国内爆发大规模要求民主的抗议活动。缅甸媒体随之开始呈现复苏态势，仅曼德勒就创办了40多种新报纸。但是，1988年9月，以苏貌为首的军方接管政权后，这些报刊出版物都被查禁，新闻工作者受到迫害。这一时期，缅甸全国的日报数量仍然非常有限，全国共出版发行7种日报，包括3种全国性日报、3种地方性日报和1种军方日报。

3种全国性日报，包括《缅甸新光报》缅文版、英文版和1992年复刊的《镜报》。由于具有政府背景，这3种报纸的内容无须经官方审查，所以能来得及每天印刷出版，成为缅甸独有的"日报"。这3种日报的消息来源于缅通社。缅通社隶属于缅甸宣传部，没有实际权力，只是一个提供新闻信息的通道，主要向3种日报提供宣传部允许播发的新闻。

3种地方性日报，包括在仰光出版发行的《首都报》，在曼德勒出版发行的《曼德勒新闻报》和《雅德那崩报》。这3种地方性报纸不向全国发行，只在所在城市发行，且主要面向城市读者，它们的管理部门是所在城市的城市发展委员会。

1种军方日报，即军方所办的《妙瓦底日报》（"Myawade"），代表军方立场，主要报道一些符合官方舆论导向的新闻。

这7种日报作为政府的喉舌，受到政府的领导和严密控制，只能按照政府的执政方针报道新闻，传播信息，所有不利于政府的言论都不能出现在报纸上。缅甸政府严格控制新闻媒体对政府腐败、天灾人祸等负面新闻的报道，更难得有批评执政党或政府的声音。因此，这7种日报的新闻一般都是报道执政党和政府出台的新政策，宣传执政党的功绩和国家所取得的成就，以及执政党和政府举行的会议，领导人出席的活动，等等。"由于它们的内容与官方口径大体一致，与其说它们是'Newspaper（报纸）'，倒不如说是'Newsletter（政府通讯）'。"① 正因为如此，官方报纸的公信力比较低，很多民众不相信官方报纸刊发的新闻，相比之下，他们更相信私营报纸、杂志的新闻。私营报纸、杂志也更受缅甸民众的欢迎。

在新军人执政期间，虽然允许有私营媒体，但日报均为官方出版。之所以没有私营日报，主要是因为政府的审查，由于需要给审查员留有充裕的时间来仔细审读报章内容，导致私营报纸无法每天出版。"私人确实可以办报办刊，但是由于审查耗时长久且难以捉摸，导致所有私人报刊都只能办成周报、周刊或者月刊的形式，而所有的7家日报都是国营。"② 私营媒体都必须经政府审查后才可出版发行。私营周报每逢周五就需要向政府提交初稿，之后的第二周周二要向政府呈交最后稿件，经批准后才能排版，到周三才可以出版。由于私人无法办日报，导致私人周报畸形发展起来。1988年时，民办的定期刊物只有12种，杂志有23种。③ 到2009年7月，有187种周报在信息部的新闻审查和登记处注册。在新军人执政期间，200多种私营周报形成了一个兴旺的类群，周刊的兴起让民众在官办日报之外找到了替代品，因为后者更像是古板的政府信息通讯。

对于私营媒体，政府采取特许制，对媒体出版执照的下发管制甚严，严格控制私营媒体的执业资格。获得媒体出版执照的或为"官二代"，或与官方关系密切的人或集团，或有官员持有股份的集团。如出版《十一新闻周刊》（"Weekly Eleven News"）与其他三份周报的十一传媒集团的股东包括缅甸前领导人丹瑞大将的办公室主任；《七日新闻》（"7day News"）的拥有者为前外交部部长之子；《缅甸时报》（"Myanmar Times"）原由前缅甸军情局高层将领与一个澳大利亚媒体人所创办，目前由与宣传部关系密切的媒体人持有最大股份。一般人若想出版报刊，只能向拥有执照的人士"租赁执照"后"冠名"出版。缅甸全国只有一家媒体即《缅甸时报》获准偶尔谈及敏感的政治内容，如出现昂山素季的名字，而其他媒体均很少涉及政治类新闻，有多达15家报纸只报道无涉政治的足球资讯。2009年，缅甸

---

① 《〈缅甸时报〉副总编：捱来的新闻自由缅甸人更珍惜》，联合早报网，网址：http://www.zaobao.com/wencui/politic/story20120328-179578，2012年3月28日。
② 张睿：《缅甸后解禁时代 政府像在"放养"媒体》，载《云南信息报》2013年3月18日。
③ 王以俊编译：《缅甸信息媒体部门取得新进展》，载《印刷世界》2011年第4期。

达诺佛塔发生倒塌事故,由于当时的领导人丹瑞的老婆在达诺佛塔倒塌前搭建过天棚,导致媒体对这一事故的报道和图片均无法刊登。"私人经营的周报、杂志、月刊等,除了难得执照、报道需要接受严格审查外,更是常面临处罚、停刊、记者被捕等问题。"①

但值得注意的是,2000年5月,缅甸第一家合资报纸即由澳大利亚人和缅甸人合资创办的英文周报《缅甸时报》在缅问世,这是30多年来外国人同缅甸人合资创办的第一家报纸。澳大利亚籍的罗斯·邓克利（Ross Dunkley）②是报纸创始人之一和总编辑。该报全年共出52期,每周星期一出版,同时向国内外发行,国内的定价为每年每份80美元,国外的定价为每年每份284美元,发行量为3万份。该报共有24版,内容涉及国内国际政治、经济、文化、体育和广告等内容,所刊登的内容要呈送缅甸有关部门审查后方可出版。和其他索然无味的报道不一样,《缅甸时报》头版没有将军视察的消息,它第一个公开讨论艾滋病毒,也率先讨论昂山素季的反对党。该报在其创刊词中称,该报将作为一个窗口,让世界了解缅甸,让缅甸了解世界。2011年,邓克利从国外回仰光时在机场被捕,一个名叫Tin Tun Oo 的人接管了该报。③

这一时期出版的杂志种类繁多,在刊期方面涵盖了月刊到半年刊,在内容方面有缅甸传统医药、佛教、天文学等等;出版者不但包括缅族,也包括非缅族群（如掸族、若开族等）。但与报纸相比,缅甸杂志的市场较小。④

---

① 《缅甸新闻自由突然降临 媒体发行物剧增竞争无序》,中国新闻周刊网,网址:http://media.sohu.com/20130503/n374,2013-5-3 09:35。
② 据《缅甸时报》的记者 Nan Tun（化名）介绍,邓克利在加州度假时,正好碰上军情局高官登瑞（Thein Swe）的儿子桑尼瑞（Sonny Swe）,后者帮其打入缅甸。2004年,钦纽在和丹瑞的权争中失败,登瑞也在整肃中遭殃,获刑149年。此后,媒体审查与注册局也从军情局移至宣传部。由于缺乏靠山,《缅甸时报》免于事先审查的特权不再,境遇逐渐恶化。2011年,邓克利从国外回仰光时在机场被捕,被控殴打妓女,羁押于因盛监狱。不到三星期,一名叫 Tin Tun Oo 的当局裙带人士,接管了他的报纸。见季天琴、孙炯、李欣欣:《缅甸:自由之路》,载《南都周刊》2013 年第 9 期。
③ 《缅甸第一家合资报纸在缅问世》,载《东南亚南亚信息》2000 年第 5 期;季天琴、孙炯、李欣欣:《缅甸:自由之路》,载《南都周刊》2013 年第 9 期。
④ Non-publishing journals to be closed. Myanmar Times 24(477). 29 June –5 July 2009.

## 四、广播电视

军政府上台后,缅甸经济凋敝,缅甸国内的电力服务大约只能覆盖国土面积的10%,全国能够使用收音机和电视机的人很有限。但在传播技术和世界广播电视事业发展的带动下,缅甸的广播电视事业缓慢向前发展。

1988年12月,缅甸广播电视台开始播出广告,依靠商业投资发展广播电视事业。1988年以后,在15家转播台的基础上又增加了119座转播台,节目覆盖人口达到了缅甸总人口的82.45%。

新军人政府上台后,为加强对边境地区的开发,采取了"通过广播、电视和书刊加强对边境地区各民族的政策宣传,增强他们的国家意识,稳定当地的社会秩序"[1]的措施。从1988年到1998年的10年间,缅甸政府在边境地区和少数民族地区投资修建了电视转播站77个。[2]

从1990年5月26日至1998年5月26日,缅甸电视台租用亚洲一号卫星传送缅甸电视节目。

1990年3月12日,缅甸内政部同意各注册参选政党自该日起利用国有电台、电视台进行竞选演讲。

1991年7月24日,缅甸政府改缅甸信息广播处为缅甸广播电视处,负责管理广播电视。

1996年6月,军方的妙瓦底电视台(Myawady Television,简称MWD TV)建成开播。

1997年,改缅甸广播电视处为缅甸广播电视台(Myanmar Radio and Television,简称MRTV)。缅甸广播电视台由广播部、电视部、技术部和管理部等4个部门组成。"缅甸之声"电台、缅甸电视台分别成为缅甸广播电视台的广播部门和电视部门。它们的职责包括传播政府和各州、地区的政策以及正在实施中的计划,本国本地区新闻和国际新闻,教育全国人民,丰富大众知识,为大众提供娱乐等。缅甸广播电视台的口号是"甜美怡人的声音,清晰愉悦的图像,真实、准确,MRTV永远呈现精彩"[3]。

---

[1] 韦红:《缅甸政府在民族问题上的策略调整》,载《当代亚太》2001年第9期。
[2] 韦红:《缅甸政府在民族问题上的策略调整》,载《当代亚太》2001年第9期。
[3] 国家广播电影电视总局培训中心编著:《东盟广播电视发展概况》,中国广播电视出版社,2008,第68页。

从1998年5月26日起,采用Shinawatra卫星有限公司的泰星三号（Thaicom3）卫星传送电视节目,节目覆盖127个国家。

从1998年7月1日开始,缅甸广播电视台的电视节目利用信号传输为地区站发送信号,并通过卫星与美国CNN、日本NHK和日本广播公司合作直接报道新闻、产品服务信息、体育节目和其他重大事件。

进入21世纪后,缅甸的广播听众和电视观众有较大增长。有资料估计,到2001年,缅甸大约拥有330万台收音机和8万台电视机。广播电视的基础设施也不断改善。到2010年,电视发射台由1988年的1座增加到2座,电视中继转播站由1988年的15座增加到216座,并新增缅甸电视台4频道转播站29座,调频广播电台6家,调频广播电台转播站27座。①

广播电视人才队伍也不断壮大。21世纪初,缅甸广播电视台工作人员达到1800多名。其中,技术部有工作人员1100多名,负责广播节目和电视节目的制作播出,由一名总工程师负责,下设播出、制作、转播、卫星传送、技术保障、广播技术、技术管理、发射台等8个部门。其采编系统采用BETACAM-SP和SVHS格式,并逐步引进电脑动画系统和非线性编辑系统;通过中波、调频和短波、电视微波,以及能够覆盖127个国家的泰星3号（Thaicom3）卫星传送广播电视节目。

广播部有工作人员150多名,由节目部、新闻部和音乐部组成;所播出的内容,新闻节目占26%,包括国内国际新闻;教育节目占31%,包括政治、经济、社会和宗教等方面;娱乐节目占43%,包括歌曲、广播剧及其他娱乐节目。周一至周五播出10小时缅语节目,3小时45分英语节目,4小时少数民族语言节目。周末播出10小时30分钟缅语节目,4小时英语节目,4小时少数民族语节目。由于广播具有廉价、便捷的传播优势,且对受众的文化水平要求不高,进入21世纪后,越来越多的城市人和农村人使用收音机收听广播。从2004年到2010年,缅甸使用收音机的人数从18%上升至34%。此外,出租车司机和乘客也是一个不断扩大的受众群体。因此广播的受众范围不断扩大,影响也不断扩大。

电视部有工作人员230多名,由一名主任负责,分为节目制作部门、新

---

① 王以俊编译：《缅甸信息媒体部门取得新进展》,载《印刷世界》2011年第4期。

闻和外拍电影部门、英语部门、节目播出部门等。电视部周一至周五播出10小时节目。其中，早间节目2小时，晚间节目8小时。周六、周日分别播出14小时节目，其中早间节目2小时，午间节目4小时，晚间节目8小时；其节目制作包括新闻节目制作、演播室节目制作、外拍节目和其他节目制作；其国内新闻节目包括早间新闻（早7:30）、晚间新闻（下午16:00）、国内新闻（晚间20:00）、周六日间新闻（早11:00）等；国际新闻则包括美国CNN新闻节目、日本NHK新闻节目、中国中央电视台的新闻节目、每周国际新闻等。其中接收中国中央电视台第4套节目以后，翻译成缅甸语播出；播出的国内国际新闻可通过有线和通信卫星接收。电视部还播出流行音乐、戏剧、教育节目和广告等内容。节目审查由电视部主管、各部门主任、总工程师、副主任和相关节目制片人层层把关。缅甸全国各地共有电视转播站177个，全国各省邦大部分地区都能收看电视节目，并推出了付费电视频道，播放体育、电视剧、电影等节目，收看费可以年付或一次性买断。但是由于费用较高，普通工薪阶层较难承受，目前普及程度较低。据官方数据，全缅甸2002年大约有6万卫星电视注册用户，但从仰光居民区屋顶林立的卫星天线来看，实际数字远高于此。缅甸居民通过卫星电视除了观看全球新闻，许多用户也收看欧洲足球比赛和中国拍摄的电视剧。①

2008年1月，政府大幅度上调卫星电视收看费用，不少人因无力支付高额费用而不能收看，导致他们获取新闻信息受限。除了由政府严密控制的缅甸广播电视台报道电视新闻外，其他一些私营的小型电视台通常避谈政治，不报道新闻时事，只播放肥皂剧和流行音乐。

截至2009年，缅甸有两家国有电视台（即缅甸电视台、妙瓦底电视台）和两家公私合营的付费电视台，有一家国有广播电台（即"缅甸之声"电台）和六家公私合营的调频电台。

政府控制所有的国内广播电视媒体，对广播电视台所播放的内容进行限制。广播电台只能播出得到批准的节目，不包括西方歌曲和其他与政府政策相对立的广播节目。电视台也只能播出政府许可的内容，以致完全充

---

① 国家广播电影电视总局培训中心编著：《东盟广播电视发展概况》，中国广播电视出版社，2008，第65—68页。

当了政府的传声筒。如 2009 年,在报道法庭对昂山素季的审讯过程中,官方媒体完全没有播出昂山素季本人的辩词,而是一边倒地迎合政府对她"罪行"的揭发。在很多时候广播电视台起到官方传声筒的作用,帮助官方塑造形象。例如,2007 年,军政府希望通过增选佛教徒来增加其政权的合法性,于是政府控制的广播电视媒体便经常播放军队官员访问寺庙、赠送方丈金钱和宗教材料以及公开为重建佛教纪念碑筹款的画面和内容。

由于国有电视台都被政府控制着,这些电视台一般都是根据政府的意愿来制作新闻,而且由于成本问题,国有电视台制作的电视节目质量很差,因此缅甸人民并不喜欢收看这些电视节目,导致电视收看人口呈现下降趋势。据研究资料显示,缅甸人口中收看电视的比例从 2004 年的 57% 下降到 2010 年的 36%。但缅甸广播电视台自称,缅甸电视覆盖率达到 92%。[1]

虽然政府对国内广播电视媒体严加控制,但缅甸民众通过短波收音机收听国外电台,获知国内外的新闻。在 20 世纪 90 年代,人们开始安装卫星电视信号接收器,只要收看外国台的人不散布不利于政府的消息,政府也不加以限制。不过,分析人士认为,缅甸国内 95% 的卫星电视信号接收器都是未经注册的。因此,该技术是非法的,可以在任何时候被政府屏蔽。据估计,目前缅甸大约有 1000 万人能够观看卫星电视(这个数字指的是观众,而不是电视机的所有权)[2]。他们不但收看缅甸的本土电视节目,而且收看国外电视节目,有的"可以接收全世界 400 多个电视台"[3],包括美国、欧洲、阿拉伯国家的电视台,甚至境外反缅甸政府的流亡电视媒体的节目,如位于挪威的缅甸民主之声电视台,"它几乎每天都在大张旗鼓地骂缅甸当局政府,说它独裁",说缅甸人民"一直生活在水深火热之中","也没有对其进行任何形式封杀"。"自缅甸 1988 年引入卫星信号开始,只要有一台电视或收音机,缅甸民众便可以自由地接收来自世界各地不同思想、不同意识形态的讯息。BBC 和 VOA 几乎可以排进缅甸青年收听榜前十位";对

---

[1] Khin Maung Win.Democratic Voice of Burma(DVB): strategies of an exile media organization, Media on the Move. 2011.
[2] Khin Maung Win.Democratic Voice of Burma(DVB): strategies of an exile media organization, Media on the Move. 2011.
[3] 张睿:《缅甸后解禁时代 政府像在"放养"媒体》,载《云南信息报》2013 年 3 月 18 日。

于"大多数 80 后"来说,"花样繁多的电视节目"几乎陪伴他们"度过了整个青少年时期"。①而穷人一般是去租借一些娱乐节目或电影的 VCD 或 DVD 来消磨时光。

### (一)妙瓦底电视台(Myawady Television,MWD TV)

妙瓦底电视台是属于缅甸军方的电视台,1993 年 6 月开播。它是中国政府和缅甸政府合作建立的。1989 年 11 月 18 日,缅甸联邦国家和平与发展委员会主席丹瑞对中国进行友好访问。访问期间,中缅双方签订了国家发展互惠互助双边协定,共建妙瓦底电视台是双边协定的重要内容之一。该台由北京建筑设计研究院、北京广播器材设备厂、缅甸工业部联合修建,共耗资 1150 万美元。1993 年初第一批员工进驻,6 月正式开播;1995 年使用亚洲一号卫星于早间 7:00 到 11:00 传送节目;1997 年开始独立租用卫星并发展众多转播台向更多地区播送它的节目;同年开播晚间节目,并租用亚洲 2 号卫星传送节目。1999 年 1 月 4 日缅甸独立节时,已经建立了较为广泛的转播网,能够覆盖整个缅甸,覆盖人口达到了 70%。目前,该台分早间、晚间两次播送节目。早间节目从 7:00 到 8:30,节目包括歌曲舞蹈、音乐和国内新闻;晚间节目从下午 4:00 开始,播送古典、民族和流行歌曲以及时事节目和纪录片;从晚间 6:00 至晚间 8:00,播送新闻节目和天气预报以及教育、健康节目。现在该台已成为缅甸观众最喜欢的电视台之一。②

### (二)永远集团有限公司(Forever Group)

永远集团有限公司是缅甸的一家多媒体广播电视服务商,对推动缅甸广播电视事业的发展特别是在数字化方面发挥了作用。

1988 年,该集团组织视频、音频及系统领域的技术专家,为 CD 建立起视频和音频标准,使对声音和影像的记录成功地摆脱了传统的模拟方式,建立了 ISO / IEC1172 压缩编码标准,并制定出 MPEG 格式,使视听传播领域进入了数字化时代。

1995 年,该集团与文化大学(University of Culture)联合创建了颁发证

---

① 张睿:《缅甸后解禁时代 政府像在"放养"媒体》,载《云南信息报》2013 年 3 月 18 日。
② 国家广播电影电视总局培训中心编著:《东盟广播电视发展概况》,中国广播电视出版社,2008,第 68-69 页。

书的多媒体学术培训课程。此外,该集团还为缅甸教育部制定了一套电子教育系统。

2001 年,该集团为缅甸广播电视台创建了 MRTV-3 流视频(streaming Video)网站 www.mrtv3.net.mm,其特点是拥有一套全部内容管理系统。该系统中包括一套由永远集团设计开发的视频信息库管理软件。该集团还创建了一个面向全世界互联网用户,出售缅甸电子图书、电子绘画、电子照片、电子电影和电子音乐的电子商务网站 www.foreverspace.tom.mm。

2004 年,该集团与缅甸广播电视台合作,建设了一个新的 MPEG-4 标准的基于 IP 的流视频(streaming TV)MRTV-4 频道,并且与"缅甸永远的六月"公司(Myanmar Forever June)共同制作了缅甸媒体盒(Myanmar Media Box),用于接收缅甸广播电视台流视频 MRTV-4 频道,可以让观众储存喜爱的电视节目,以便于随时观看;此外还为个人电脑用户提供了一种具有成本效益的 SKY 接收卡(类似于无线网卡),来接收流视频 MRTV-4 的视频节目。

2005 年 5 月,该集团在仰光地区建立了第一套缅甸数字广播系统(Myanmar Digital Broadcasting System)DVB-T,用来以 MPEG-2 标准播出 MRM 频道节目;还开发了 DVB-T 接收机系列产品,因而在 2006 年,DVB-T 的信号覆盖拓展到曼德勒和其他大城市。①

### 五、新媒体

缅甸的互联网起步比较晚,发展比较缓慢。截至 2009 年,缅甸的网民近 11 万人,约占全国人口的 0.2%(缅甸目前有大约 5500 万人口),且上网价格昂贵。缅甸政府对互联网的管制非常严格,对认为总是"负面报道"和"攻击"其国家和政府,与其国家和政府"过不去"的网站实施网络屏蔽。2004 年以前,网络管制由缅甸军情局负责;2004 年军情局长钦纽下台后,网络管制改由缅甸通信部负责。②

---

① 国家广播电影电视总局培训中心编著:《东盟广播电视发展概况》,中国广播电视出版社,2008,第 69-70 页。
② 季天琴、余茜:《专访缅甸末代新闻审查总长:我们不可能再掩耳盗铃》,载《南都周刊》2013 年 7 期。

缅甸民众拥有手机的数量非常少，直到 2011 年宣布开放时，缅甸的人均拥有手机数量仍然位居全球最低行列，甚至排在朝鲜之后，全国只有不到 1% 的人能上网。且手机卡昂贵，2004 年在仰光仅购买一张 SIM 卡约需 2000 美元，2008 年便宜了不少，但也需 700 美元左右。①

虽然如此，一些缅甸民众仍然利用互联网和新媒体的跨国界传播的特点，冲破政府的控制，传播信息，争取民主。如 2007 年，在"藏红花革命"期间，一些缅甸民众将游行示威场面用手机拍成图片和录成视频上传到网上，或是用博客将所见所闻发布出去，从而成功地突破了缅甸当局对新闻的封锁，让世界及时获知缅甸国内所发生的重大事件。

### 六、流亡媒体

一些受军政府迫害流亡国外的缅甸新闻工作者、反对派人士，在西方的支持下，创办新闻媒体，向世界和缅甸民众报道缅甸国内新闻，从事反政府宣传，争取民主自由。这些媒体被称为流亡媒体或缅甸境外独立媒体。在有关缅甸国内的新闻报道方面，特别是一些重大新闻事件的报道方面，流亡媒体往往得到缅甸国内一些新闻工作者和民众的支持，依靠他们采写和提供稿件，一些记者和民众因此被逮捕和判刑。流亡媒体主要有创办于挪威的缅甸民主之声电视台、创办于泰国的《伊洛瓦底》杂志和创办于印度的"密兹玛新闻社"。

#### （一）缅甸民主之声电台

缅甸民主之声（Democratic Voice of Burma，简称 DVB），是缅甸政治反对派创办的媒体，位于挪威首都奥斯陆，主要传播媒介有广播、电视和网络，主要以短波播送缅甸的各类新闻资讯、社会焦点、节目时间表、节目预告、在线新闻观看等。网站语言为英语和缅语。

1988 年，缅甸民主运动遭到军队镇压后，缅甸知名媒体人艾钱南（Aye Chan Naing）流亡挪威。四年后，他和朋友在奥斯陆成立了缅甸民主之声电台，此后一直得到挪威政府和美国、欧洲等基金会的支持。从 2005 年 5 月起，每逢周末还提供电视节目；2007 年变成日播，逐渐发展成电视台。这个

---

① 季天琴、孙炯、李欣欣：《缅甸：自由之路》，载《南都周刊》2013 年第 9 期。

当年让缅甸政府视为国家公敌的独立媒体,坚持采用和播发缅甸境内独立记者的报道,最终导致17人被捕,其中有些人被判监禁60年。2011年缅甸民选政府上台后,开始民主化转型,也逐步放宽对境外反政府媒体和流亡记者的限制。2012年1月,缅甸当局释放了当年逮捕的艾钱南的17名同事;2012年2月,艾钱南获得了短暂的5天回国签证。到2013年时,缅甸民主之声的境遇大为改观;除了在奥斯陆和泰国拥有办公室外,缅甸民主之声已经可以在缅甸境内发行刊物了,并筹划在仰光设立分支机构,争取获得政府的播出执照,从而让节目正式落地缅甸境内。

### (二)《伊洛瓦底》杂志

《伊洛瓦底》("The Irrawaddy"),是一家流亡泰国的缅甸独立新闻媒体,由缅甸流亡者昂载(Aung Zaw)[①]于1993年底在泰国曼谷创立,最先是双月刊,后改为月刊。刚开始用英文出版,主要报道缅甸,后来使用英语和缅语两种语言出版,报道面也扩大到东南亚地区,但仍然主要关注缅甸,内容涉及缅甸的政治、社会、经济和文化发展,经常报道有关缅甸少数民族武装的新闻。除了新闻之外,《伊洛瓦底》杂志的独特性在于其对缅甸政治深入的分析,并刊登有大量对缅甸专家、商界领袖、民主人士和其他有影响力的人物的采访。该杂志是一份非营利性出版物,宣称其目的是"促进新闻自由,提供中立信息",它在世界各地分发给缅甸活动人士团体、非政府组织、联合国机构、外交使团、运动团体、学者、个人和积极关注缅甸事务和东南亚的机构。1995—1996年,《伊洛瓦底》杂志办公室迁至泰国北部的清迈。在缅甸军人政府统治时期,该杂志在缅甸被禁止出版发行。2000

---

① 昂载(Aung Zaw)曾是缅甸仰光的一名学生活动人士,参与过仰光的民主运动和学生抗议活动。1988年9月,缅甸军方发动政变后,昂载离开缅甸。两年后,他在泰国曼谷创立了缅甸信息集团(Burma Information Group, BIG)。这是一个独立的信息组织,主要记录和发布缅甸的人权侵犯情况,向国际组织和媒体提供新闻和信息。1993年,昂载开始为《国家报》("The Nation")和《曼谷邮报》("Bangkok Post newspapers")撰写政治评论。他后来成为《国家报》的定期通讯记者,为该报撰写与缅甸有关的文章和评论直到1997年。1993年底,昂载在曼谷创办了新闻杂志《伊洛瓦底》,报道缅甸事务。1995—1996年,缅甸信息集团总部搬到了泰国清迈。1999年缅甸信息集团改名为伊洛瓦底出版集团,意在覆盖东南亚范围各国。从1997年到2005年,昂载担任自由亚洲电台特约记者。2000年,昂载开办了一个在线新闻服务,提供缅甸的每日和最新新闻。昂载现在是位于清迈的《伊洛瓦底》杂志的总编辑。(参见Aung Zaw Official Website: Aung Zaw,网址:http://www.aungzaw.net/index.php)

年,该杂志上线,现网址为: https://www.irrawaddy.com/。

### (三)密兹玛新闻社

密兹玛新闻社(Mizzima News),是一家缅甸境外多媒体新闻机构,由流亡印度新德里的一批缅甸记者于1998年8月创办。其主要传播媒介有数字报纸、杂志、广播、电视、网站等,其宗旨宣称是"促进缅甸民主和言论自由,改善缅甸的新闻环境",目标是通过提升缅甸民众对当前局势的认识,改善进出的信息流来推动缅甸的民主和言论自由。密兹玛新闻社以缅语和英语两种语言出版传播,包括每日电子邮件服务,准确、及时的新闻推送(网址为: www.mizzima.com, www.mizzima.tv)等。密兹玛新闻社是流亡海外的缅甸人获取信息的有效来源,特别是那些生活在泰国与缅甸西部边境的民众。

境外流亡媒体特别是缅甸民主之声在2007年爆发的"藏红花革命"、2008年的纳吉斯风灾以及2010年的大选中都发挥了其作为独立媒体的优势,它们突破了政府的媒体封锁,深入地报道了缅甸国内的民主运动、灾难、社会现状和选举情况,从而推动了社会的民主转型。

## 七、华文新闻媒体

1998年11月,经缅甸华侨有识之士的不懈努力,华文报纸《缅甸华报》在缅甸的华文新闻事业中断30多年后创办,但在2005年又被迫停刊,一直到2007年10月《金凤凰》中文报创刊。同年11月,缅甸第一家中文网站——缅华网创办开通,当时是以博客的形式问世。2010年1月6日,缅甸当局屏蔽了所有博客,缅华网改为正式网站的形式出现,并于2011年4月开通了缅华文化网。从以上华文新闻媒体的发展历程可以看出,一是缅甸华人华侨有识之士一直在努力争取创办和出版华文新闻媒体;二是华文新闻媒体受缅甸政局的影响,创办和出版非常艰难。但缅甸华人华侨有识之士一直不放弃,只要缅甸政策稍有松动,就想方设法创办华文媒体。

### (一)《缅甸华报》

1998年11月4日,华文报纸《缅甸华报》在仰光创刊。这是自1966年所有华文报纸被政府关闭后所创办的第一家允许公开发行的华文报纸,由缅甸华侨赵业华创办，赵任社长，其妻赵曹秀珠任董事长。该报为周报，周三出版，版面是25厘米×36厘米，连封面封底的彩色版，共20页。发行量开始为6000份，后来略有下降，但能保持在四五千份。订户70%在以曼德勒为中心的上缅甸，30%在以仰光为中心的下缅甸。除了在缅甸销售之外，也发行到中国、美国、加拿大、新加坡等国家和中国台湾、香港等地区。由于当时缅甸几乎只有五十五岁以上的华人可以读懂中文报纸，所以读者以上了年纪的华人为主。赵业华的办报初衷是在缅甸华人中发展华文教育，"让更多缅甸华人掌握华语"。《缅甸华报》每期专门用两个版刊登华文教育参考资料，受到缅甸华语学校的欢迎。[①]《缅甸华报》加强了缅华社会的信息沟通、相互了解和联系，促进了中缅友谊的发展，在缅华社会中传承了中华文化。

2005年，缅甸政局发生变化，当局禁止所有外文刊物（包括华文）出版，《缅甸华报》被迫停刊，缅甸的华文新闻事业再次中断。

### （二）《金凤凰》

2007年10月1日，由缅甸华侨华人慈善会出资创办的华文报纸《金凤凰》创刊，是目前缅甸唯一的华文报纸，其办报宗旨是"友谊之桥梁、信息之平台、华教之园地"，现执行总裁为张翀（缅甸名：吴哥哥）。该报从最初的月刊、半月刊，发展到双周刊、周刊，现每周一期，日常版面为38版，内容涵盖政治、经济、文化、教育等诸多方面。该报主要通过超市、中餐馆及华人社团发行，发行数万份，在仰光、曼德勒等大城市的华侨华人中具有一定的影响。

《金凤凰》致力于传播中缅友谊。无论是中缅两国高层互访，还是中缅建交60周年，《金凤凰》都以专题社论或特刊形式报道两国高层交往和建交以来的重要时刻，并出版了中缅建交60周年纪念图集。中资企业在缅履行企业社会责任、捐款捐物奉献爱心时，该报也不遗余力地加以报道。《金凤凰》中文报除了报道缅甸新闻与国际新闻外，还推出"大陆社会""台湾新闻""两岸焦点"和"港澳新闻"等版块，向缅华社会介绍中国大陆、台

---

[①] 曾嘉：《让〈缅甸华报〉帮助培养更多华语人才》，中国新闻网，网址：http://www.chinanews.com/news/2005/2005-09-10/8/624025.shtml，2005-09-10-19:05。

湾、香港、澳门四地的最新动态。《金凤凰》还一直致力于在缅甸华人华侨中推广汉语，免费为全缅华文学生开辟"学生园地"栏目，让学生有空间训练自己的汉语能力。此外，《金凤凰》每年都举办不少于3次的各类有奖知识竞赛活动，拓展汉语教学领域，活跃华教氛围，受到各华文学校的广泛好评。《金凤凰》作为一份资讯类报纸，颇受华人欢迎，在传播中缅友谊、弘扬中华文化方面发挥了独特的作用。①

近年来，《金凤凰》中文报社与云南的媒体和地方政府的合作日益增多。2013年8月，金凤凰中文报社与云南日报报业集团签订合作协议，在《金凤凰》上开办"美丽云南"新闻专刊，并随《金凤凰》在缅甸全境发行，每周一期，每期四个版；2015年11月，金凤凰中文报社与云南省临沧市签订媒体战略合作协议；2016年12月，金凤凰中文报社与云南省德宏傣族景颇族自治州州委外宣办签署合作谅解备忘录，双方达成战略合作，并继续在《金凤凰》上开设"美丽德宏"专版。云南的媒体和地方政府通过与金凤凰中文报社的合作，借助《金凤凰》这个平台和窗口，向缅甸民众传播云南的社会经济发展信息，以增强缅甸民众对云南的了解，促进双方的交流与合作。

2011年10月，《金凤凰》开通中文官方网站，中文网址是：http://www.mmgpmedia.com/，并且现已开通了缅文网站，网址是：http://www.mmgpmedia.com.mm。

**（三）缅华网**

2007年11月11日，缅甸第一家中文网站——缅华网在仰光市创办开通。它是在缅甸华人华侨团体——缅华互助会会长陈民昆的建议下创办的，是缅华互助会②的下属机构。现任董事长为缅华互助会董事长陈民昆，荣誉董事长为缅华基金会董事长赖松生。因条件所限，缅华网当时是以博客的

---

① 汤先营：《缅甸飞出〈金凤凰〉》，载《光明日报》2012年9月2日。
② 缅华互助会（Chinese Mutual Help Association），前身为在仰光成立的"缅甸华侨店员救亡联合会"，成立于1939年9月17日；1947年8月改称"缅华店员联合会"；1982年10月2日改为"缅华互助会"。其宗旨是：团结广大职工群众，谋取福利，服务社会，争取职工的正当权益，曾在曼德勒、纳不达、阜谬和瓦溪等地设有分会，会员最多时达4000多人，绝大多数会员为小业主。

形式问世，网址为：http://blog.163.com/mhhzhh。缅华网的宗旨是"真实反映缅华新动向，服务缅华社会，加强与世界各地缅甸同侨联系，增进友谊，促进缅中友好关系"。缅华网是当时缅甸唯一的中文网站，它真实反映缅甸华人华侨的近况，正面报道缅甸消息，图文并茂，资料丰富；同时还以网站为基地，积极开展各种公益活动，加强缅甸华人华侨之间、缅甸华人华侨与世界各地华人华侨之间，以及与祖籍国同胞之间的联系。

2010年1月6日，缅甸当局屏蔽了所有博客。缅华网决定采用正式网站的形式，在厦门大学海外教育学院的帮助下，缅华网重新建立了一个过度网站——新缅华网，网址为：http://www.myanmarchinese.com，备用网址为：http://www.mhw123.com，其宗旨不变。原来的缅华网博客作为资料保存，不再更新。新的缅华网继续为缅甸华人华侨服务。

为了使缅华网的功能更加完善，2011年4月12日又创建了缅华文化网，网址为：http://www.mhwmm.com，其宗旨是让世界更好地了解缅甸，让广大的网友更好地了解缅甸华人华侨。缅华文化网内容比较丰富。网站首页设有：缅华资讯、缅甸要闻、华文教育、师生园地、缅华文苑、散文诗集、医药健康、生活常识、趣味科学、饮食烹调、侨团侨史、论文栏目、美术摄影、最新视频、我们的故事、缅华企业、缅华侨团等20多个栏目。缅华文化网自从开通以来，日点击率平均300人次左右，最高点击率765人次。浏览缅华文化网的缅甸本土网友约占三分之一，曼德勒及缅北的网友比仰光多；除来自缅甸本土网友以外，还包括中国、美国、新加坡、泰国、澳大利亚、法国、加拿大等国家的网友。缅华文化网如实报道缅华各社团的活动，正面报道缅甸重大新闻，帮助各侨校师生联系中国的院校，为缅甸本土侨校师生到祖籍国接受华文教育培训、师资培训提供诸多服务，得到了侨界的好评。缅华文化网提高了缅甸华社的透明度，它让世界正面了解缅甸华人，了解缅甸，也让当地老百姓和政府更加了解缅甸华人。①

缅华网比较重视并越来越重视对中国的报道。但其涉华报道以经济、教育、文化等领域的报道为主，不重视政治领域的报道。从报道倾向来看，

---

① 《〈缅华网〉〈缅华文化网〉简介》，缅华文化网，网址：http://www.mhwmm.com/Ch/NewsView.asp？ID=498，2011年08月12日。

缅华网的涉华报道以正面报道为主，但也有少量负面报道，负面报道主要集中在贩毒、走私、拐卖人口等犯罪方面。①

从整体来看，这一时期的缅甸华文媒体与以前的缅甸华文媒体在办报宗旨和内容上有很大不同。以前的缅甸华文媒体受中国国内政治的影响非常大，许多报纸都是受中国国内的政治影响而创办的，办报骨干甚至是由中国国内政党、政治组织所指派的，其报道重点也主要是中国国内的政治，是为了向缅甸华人华侨宣传，以团结和号召缅甸华人华侨支持中国国内的某个政党或参与中国国内的政治经济活动。而1988年缅甸新军人执政后，由于绝大多数的华侨已加入了缅甸国籍，已发生了由华侨变成了华人、由他乡变成了故乡的历史性转折，因而其办报的人员、办报的方针和办报的内容都与过去有了本质的区别。与以前的华文媒体（属于侨民报）不同，这一时期的缅甸华文媒体受祖籍国中国的政治影响比较小，它们大都是缅甸华人自发创办的，更重视报道缅甸国内特别是缅甸华社的新闻，更重视发挥联系和团结在缅华人的作用；同时，由于1966年缅甸政府下令取消华文学校，华文教育长期受到缅甸政府的打压，缅甸年青一代华人中懂华文的非常少，华文媒体的受众规模有限，所以华文媒体也非常重视推动华文教育，以传承中华文化为己任。近年来，随着中国的影响不断扩大，加之缅甸的政治环境日益宽松，华文媒体对中国的报道也越来越重视。此外，随着中国经济实力的不断增强、对世界的影响不断扩大，以及缅甸政治环境的改善，华文教育又逐步兴起，学习华文的年轻人在增加，华文媒体的生存和发展环境不断改善。

## 第七节　民主转型时期的新闻事业（2010—2016）

2010年11月7日，缅甸举行了全国多党民主制大选。2011年1月31日，缅甸新议会首次召开会议；2月，联邦议会选举吴登盛为总统；3月30日，国家和平与发展委员会宣布停止运作，缅甸由军人政府转型为民选政府，

---

① 王勇、孟光升、王磊：《缅甸华文网站缅华网涉华报道研究》，载《文化与传播》2018年第2期。

并开始了一系列大刀阔斧的民主化改革。2015年11月8日，缅甸举行了五年一次的全国大选，反对党民盟在联邦议会人民院、民族院和省邦议会获得的席位均占据首位，依法获得组建新政府的权力；2016年2月1日，民盟主导的第二届联邦议会人民院正式运行，民盟中央执行委员会成员吴温敏当选人民院议长；3月15日，缅甸联邦议会投票选举民盟资深成员吴廷觉为总统。这是缅甸54年来第一位民选产生且没有军方背景的总统。3月30日，新总统吴廷觉宣誓就职；4月1日，新政府正式履职。从政治上来看，2010年到2016年，是缅甸民主转型时期。这一时期，随着缅甸在政治上由军人执政向民主政府转型，政府一步步放松对新闻报道的管制，特别是2012年8月取消对新闻媒体的审查制度和2013年4月允许私人创办日报后，新闻界空前活跃，各种新闻媒体大量涌现，新闻事业进入了发展的快车道。

## 一、新闻政策变化

自2010年11月开始，缅甸进入了一个重要的转型时期。2011年，缅甸结束了长达20多年的军政府统治，成立民选文职政府。新政府上台后，在政治、经济等领域开始了一系列大刀阔斧的民主化改革，新闻体制改革是民主改革的重要领域之一。废除新闻检查制度、推动新闻自由是吴登盛政府实施政治改革的重大举措之一。新政府上台后，采取了一系列措施放宽对新闻事业的管制，一步步解放新闻事业。

### （一）逐步废除新闻审查

2011年3月，民选政府执政后，对报刊内容的审查开始松动，对"敏感内容"的查禁尺度开始放宽。反对派领袖昂山素季及民盟由"禁忌"变成可公开谈论、可在报刊中出现的新闻内容，以往不刊登有关昂山素季的新闻的报刊"行规"逐渐被打破，报纸杂志基本上可以无限制地报道有关昂山素季的新闻，唯一的官方英文日报《缅甸新光报》也开始刊登有关昂山素季以及西方国家的新闻。

2011年6月，缅甸新政府迈出了废除新闻审查的第一步，解除了对体育、娱乐和彩票等期刊的审查，并且从6月10日开始，有关教育、娱乐、科技、健康，以及儿童文学等方面的新闻报道从"事先审查"逐渐转变为

"报道之后审查"①，时政、经济类的媒体虽然还需经过审查手续，但对言论的限制已大大放宽。

10月，具体负责新闻审查的缅甸媒体审查与注册局（Press Scrutiny and Registration Division）副局长，被称为缅甸"末代审查总长"、"缅甸纸媒至高无上的顶头上司"的丁瑞（Tint Swe）通过自由亚洲电台向世界宣布："鉴于新闻审查与民主实践不相协调，在实行了40多年后，缅甸新闻审查不久将寿终正寝。"②一年后，面对BBC，丁瑞又主动称"新闻审查在世界上没有地位"③。媒体审查与注册局隶属于缅甸宣传部，在军政府时期"受缅甸军政府核心的直接领导，控制普通人的阅读视野和精神生活"④。自由亚洲电台、BBC此前都被军政府视为死对头。

12月9日，54种商业和罪案类期刊及书籍获准不经事先审查出版，但是其他新闻出版物还需事先审查。

2012年2月，政府表示正在准备推出新媒体法，解除半个世纪以来的新闻审查制度，并表示一些新闻机构已应邀提出意见和建议。现有媒体法是1962年由奈温军政府制定的，根据这项法律，政府有权在任何时候撤销任何媒体的许可证；未经注册的媒体，其相关人士可被判坐牢七年。

从5月15日起，所有小说类出版物采取先出版后送审的办法审查。

从6月30日开始，包括报纸杂志在内的所有出版物将全部免于全部免于审查。但在7月初，《声音》（"The Voice"）和《特使》（"Envoy"）杂志先后因为个别文章未经送审就出版发行，被审查与注册局宣布无限期停刊。后在媒体人抗议后改为停刊2期，也有人说是由于"总统办公室的干预"⑤。

7月19日，缅甸媒体审查与注册局副局长丁瑞召集缅甸各大报纸杂志的主编和出版商，告知一个月以后新闻审查制度将被废除。自那时起，总

---

① 张建中：《抗争的动力：新媒体与缅甸的民主化》，载《东南亚研究》2012年第3期。
② 季天琴、余茜：《专访缅甸末代新闻审查总长：我们不可能再掩耳盗铃》，载《南都周刊》2013年7期。
③ 季天琴、余茜：《专访缅甸末代新闻审查总长：我们不可能再掩耳盗铃》，载《南都周刊》2013年7期。
④ 季天琴、余茜：《专访缅甸末代新闻审查总长：我们不可能再掩耳盗铃》，载《南都周刊》2013年7期。
⑤ 季天琴、余茜：《专访缅甸末代新闻审查总长：我们不可能再掩耳盗铃》，载《南都周刊》2013年7期。

编们不必再把写好的稿子提交到媒体审查与注册局进行事先审查；他们不用再等待7个工作日的审稿时间，不用为一不小心就变成"政治犯"而忧心忡忡。他们唯一要做的就是"对自己的报道负责"①。

8月20日，媒体审查与注册局自即日起停止运作，政府宣布取消对新闻媒体的事前审查制度，媒体自即日起不需要在发稿前交由政府审查部门审查，从而结束了已实行近50年的新闻审查制度。

但8月9日，宣传部组建了新闻委员会。有媒体人抱怨，媒体审查与注册局撤销后，只是将新闻委员会取代了媒体审查与注册局的审查功能。新闻委员会还有权审查外国刊物，以及对记者进行刑事及民事起诉。

2012年9月17日，缅甸政府撤销了严格审查媒体的新闻委员会，代之以更为开明的新闻委员会，该委员会有28个成员，新增了一些记者担任委员，由一名退休的最高法院法官任主席。新成立的委员会被解除审查外国刊物和对记者进行刑事及民事起诉的权力，此举被认为是缅甸朝言论自由的方向再次迈出一步。②新闻委员会还负责起草媒体法（Media Law）和出版法（Press Law）。

但也有新闻委员会的成员抱怨，宣传部经常要求他们下文件处理媒体。宣传部要求处理媒体的原因，主要是认为媒体违反了职业道德和新闻伦理。③

2013年1月24日，缅甸联邦政府召开内阁会议，同意解散"媒体审查与注册局"，并拟成立新的"版权与注册局"，设置在缅甸信息与公共关系部之下；在新媒体法正式签署实施前，媒体监管将由新成立的过渡机构"新闻委员会"负责，实行"新闻事后追责制"。

2014年通过的《媒体法》规定"新闻报道机构的刊物不接受审查"，新闻报道机构"可以向政府索取被指定为机密以外的任何信息"，以法律的形式明确规定废除新闻审查制度，保障新闻自由。

---

① 季天琴、余茜:《专访缅甸末代新闻审查总长：我们不可能再掩耳盗铃》，载《南都周刊》2013年7期。
② 《缅甸：释放政治犯、让新闻更自由》，载《青年参考》2012年9月19日。
③ 季天琴、余茜:《专访缅甸末代新闻审查总长：我们不可能再掩耳盗铃》，载《南都周刊》2013年7期。

总之，自 2011 年新政府上台后，从放宽报刊审查的内容开始，到逐渐解除对一些意识形态性不强的报刊的审查，再到解散政府新闻审查部门，直至最后制定新的《媒体法》，以法律形式明确规定废除新闻审查制度，一步步废除了存续近半个世纪的新闻审查制度，从而"为缅甸实施新闻自由铺平了道路"。

### （二）逐步开放媒介市场

2012 年 11 月 7 日，缅甸官方报纸《缅甸新光报》和《镜报》宣布，从 2013 年开始允许私人参股，读者可以自由投稿。缅甸政府还允许私人媒体从事电视播放业务，与国外媒体合作开展业务。

12 月 28 日，缅甸政府宣布自 2013 年 4 月起，缅甸允许私人办日报，报纸语种不限。任何想创办日报的缅甸公民，可在 2013 年 2 月提出申请；如获批准，便可于 2013 年 4 月 1 日开始发行。但在新的媒体法律制定之前，严苛的"1962 年《印刷商与出版商登记法》"依然有效。该法案规定，未经登记擅自出版印刷，责任人将被处以 7 年监禁，政府有权随时收回出版执照。

3 月 25 日，缅甸政府宣布，允许缅甸最大在野党民盟领袖昂山素季等 8 名个人及公司自 4 月 1 日起发行日报。昂山素季即将发行的日报《民主浪潮》（"D-Wave"）将代替 2012 年 1 月起每周发行一次的民盟机关报。该报主要刊登昂山素季的动向及民盟活动的新闻和照片，在 4 月底开始发行。此次加上已获批的 8 家报社，有 16 家民营报社在约半个世纪后再次发行日刊。

4 月 1 日，有关私人可以办日报的规定生效，任何缅甸公民或持有缅甸国籍的居民且年龄在 18 岁以上者，可申请出版日报，发行区域可以是地区或全国，语言可用本地语或其他外国语种。有 16 家新报纸获准每日发行，但只有 4 份报纸做好了发行准备。执政党联邦巩固与发展党的机关报《联合日报》（"Union Daily"）、《声音日报》（"Voice Daily"，从《声音》周刊衍生而来）、《标准时报》、《金色新土地》等 4 家日报于当日开始发行，主要在缅甸最大城市仰光发行。新发行的 4 份缅语日报，由周报转变而来，这被视为缅甸新闻改革的里程碑。这些报纸 2013 年 4 月 1 日在仰光街头的报摊上刚刚面世，就吸引大批市民争相购买，大家一睹为快。"4 月 1 日，民众一大早到报摊买民营日报创刊版。当天发行的日报销量可观，其中一份报纸印了8万份，还没到中午就被抢购一空。"①

总之，进入转型期后，政府从允许私人参股国营媒体开始，到解除民营日报的禁制，使民营日报得以在约半个世纪后再次获准出版发行，一步步开放了媒介市场。正如缅甸前政治犯、专栏作家梭民登在2013年3月接受采访时所说："与以前的态度完全不同，现在的政府更像是在'放养'媒体。"②

**（三）逐步转变打压新闻工作者的态度**

从总体来看，在2011年前，政府对广大新闻工作者特别是私营媒体的新闻工作者抱着一种猜忌、提防、敌视和高压的态度。许多新闻工作者或博客写手因反对军政府，或因发表被军政府认为损害政府形象、危害国家和社会的报道或言论而被逮捕、关押，有的被迫逃亡国外。2011年民选文职政府上台后，逐渐改变猜忌、敌视和打压新闻工作者的态度。吴登盛就明确说："我相信，媒体是政府重要的联系渠道。"③并认为，新闻舆论监督有益于政府的工作，"媒体了解了政府正在做的工作后，可以批评，可以提建议出主意。其后，媒体可以告诉人民，人民知道了，也可以评论，出主意。在这样的基础上，政府就能干得更好"。"与过去对媒体的严格监督和刻意漠视不同，吴登盛现在甚至把媒体提升到了'第四支柱'的地位。"④

新政府对新闻媒体和新闻工作者态度的转变突出表现在以下三个方面。

一是陆续释放被关押的新闻工作者或博客写手。

2011年10月11日，吴登盛总统签署特赦令，陆续释放6000多名服刑人员，其中包括属于新闻工作人员或博客写手的政治犯，如博客写手、喜剧演员扎加嘎纳。扎加嘎纳曾因公开批评政府处理导致14万人丧生的纳吉斯飓风不力，于2008年被捕。可是，2011年10月12日，仰光法院却又判处其中一名在押记者增加10年有期徒刑。

---

① 《缅甸新闻自由突然降临　媒体发行物剧增竞争无序》，中国新闻周刊网，网址：http://media.sohu.com/20130503/n374，2013年05月03日09：35。
② 张睿：《缅甸后解禁时代政府像在"放养"媒体》，载《云南信息报》2013年3月18日。
③ 张睿：《缅甸后解禁时代政府像在"放养"媒体》，载《云南信息报》2013年3月18日。
④ 张睿：《缅甸后解禁时代政府像在"放养"媒体》，载《云南信息报》2013年3月18日。

2012年1月13日，缅甸政府又释放了一批记者和博客作者。因报道2007年"藏红花革命"而被捕的视频记者，以及因报道2008年纳吉斯风灾而被捕的视频记者也都被释放。

2013年1月中旬，缅甸政府废除了前军政府对异议分子实行长期监禁的法律。该法律是军政府于1996年起草国家宪法准则时制定的，根据该法律，那些"写作或发表可能破坏国家和平与稳定言论的人"最高可被判处20年监禁。

二是解除流亡国外的新闻工作者的回国禁令。

2011年8月，吴登盛总统呼吁流亡海外的媒体人回国，共同发展国家的新闻事业。

2012年2月，曾经被视为威胁国家安全的流亡媒体——缅甸民主之声的负责人艾钱南，在政府的邀请下获得进入缅甸工作的签证。时隔20年后艾钱南首次回国访问，并打算在缅甸建立缅甸民主之声分支机构。

2012年8月30日，缅甸政府宣布解除935名缅甸国民（大部分为流亡国外的反对派政治人士）和1147名外国人出入缅甸的禁令，其中包括一些新闻记者。

总之，民选政府执政后，逐步转变以前军政府对新闻工作者的猜忌、提防、敌视和高压态度，陆续释放被关押的新闻工作者，解除流亡新闻工作者的入境禁令，新闻工作者逐步由前军政府眼中的"国家的敌人""国家的破坏者"转变为新政府眼中的"国家建设者"。

**（四）逐步解除对国外媒体的限制**

2011年前，"军政府不仅严密控制国内出版信息，而且严格封锁外部信息。在缅甸，买台传真机都得申请许可"①。1996年的《电视与录像法》以及《计算机科学与发展法案》要求使用电视、卫星接收器、录像机、计算机等设备，必须进行事先备案登记。同时，军政府严格限制境外媒体特别是西方媒体和记者进入缅甸。新政府上台执政后，一步步向外国记者打开国门，逐步解除境外媒体进入缅甸的限制。

2011年3月，新政府正式掌权后，开始对外国记者的入境限制有所放

---

① 季天琴、孙炯、李欣欣：《缅甸：自由之路》，载《南都周刊》2013年第9期。

松；到 8 月份，新政府则对外国记者实施开放。

2011 年 12 月，缅甸政府"原则上同意"缅甸国家广播电台可以转播美国之音（Voice of America，VOA）的国际新闻、教育、健康和科技等节目。

2012 年 3 月底，缅甸政府批准美联社、路透社、法新社、日本放送协会（NHK）等四家外国媒体可以常驻仰光市。而在此之前仅有中国的新华社和光明日报社各派一名记者常驻缅甸，其他通讯社和新闻机构仅获准在缅甸当地雇佣缅籍雇员。

2013 年 3 月 30 日，新政府批准美联社在仰光开设一个功能齐全的办公室。自缅甸两年前开展政治改革进程后，美联社成为首家在缅甸设立分社的国际通讯社。之后不久日本放送协会也获准在缅设立分社。

4 月 30 日，缅甸政府批准总部设在巴黎的美国报纸《国际先驱论坛报》按原版在缅甸印刷出版发行，这是自 1962 年以来首次批准外国英文报纸在缅出版。

总之，民选政府执政后，从放宽境外记者入境限制开始，到允许国家广播电台转播西方广播媒体的节目，再到允许西方通讯社常驻缅甸、设立分社，直至批准西方报纸在缅甸出版发行，一步步解除了对国外媒体的限制，一步步向国外媒体打开了国门，使国外记者、通讯社、新闻媒体等可以在缅甸从事新闻采写、新闻传播工作。

### （五）逐步改善政府新闻采访和舆论监督的条件

2011 年 8 月 11 日，官方的英文报《缅甸新光报》发布吴登盛总统签署的行政公告，宣布正式建立发言人制度。公告称，根据缅甸联邦政府法律第二十四条第一款，正式建立新闻发言人制度和新闻发布团队，以便必要时举行新闻发布会，对外发布国家有关政治、经济、安全、军事和自然灾害方面的新闻。宣传部部长担任总发言人，相关部委的发言人则由各部委高官兼任，他们共同组成政府发言人团队。这象征着缅甸正悄然向外界打开舆论之门，有利于增加政府透明度。

2012 年 9 月 7 日，总统办公室宣布设立总统网络在线邮箱，号召公众写信提出意见，揭发官员腐败行为。

2012 年 10 月 21 日，吴登盛总统在国内首次举行新闻发布会，会见了

117 名缅甸媒体和外国媒体记者,回答了记者提出的各种问题。会上,吴登盛说:"过去,政府部门害怕媒体,包括我自己,现在我也鼓励他们,我不害怕了,你们也不要害怕,要如实回答媒体的问题。"[①]吴登盛还赋予新闻媒体采访政府部门的自由,他说:"媒体可以像从人民大众获得信息一样,也可以到政府各部门去了解信息。"[②]

2012 年 11 月 7 日,新上任的宣传部部长吴昂在宣传部网站上发表《宣传部部长吴昂致媒体人的公开信》回应媒体的批评。信中,他不但表示欢迎媒体的批评,而且称"批评不是记者的一项责任吗?"[③]

2013 年 2 月,"开放政府合作组织(Open Government Partnership)"副主席在一次新闻发布会上说,吴登盛总统承诺将在 2016 年加入该组织[④]。

2014 年颁布的新《媒体法》,明确规定新闻报道机构"可以向政府索取被指定为机密以外的任何信息"。

总之,新政府上台后,由建立新闻发言人制度,到举行新闻发布会,增加政府透明度,再到允许记者到政府各部门获取信息,一步步改善政府新闻采访的条件。同时,政府承认新闻媒体对政府具有批评的责任,并设立网络在线邮箱,鼓励民众揭发官员的腐败行为,不断为舆论监督创造条件。

### (六)逐步放宽网络管制

2011 年从 9 月开始,政府逐步放开网络管制,先后解除了包括 BBC、美国之音和 YouTube 等一些外国网站的禁令,并表示将解除对新闻网站的封锁。

自 9 月 16 日起,网民已经可以自由登录多个被封禁多年的国内外媒体网站主页,包括美国之音、BBC、缅甸民主之声、自由亚洲电台(Radio Free Asia, RFA),以及 YouTube 和 Facebook 等网站;以前缅甸大部分人都

---

[①] 张睿:《缅甸后解禁时代 政府像在"放养"媒体》,载《云南信息报》2013 年 3 月 18 日。
[②] 张睿:《缅甸后解禁时代 政府像在"放养"媒体》,载《云南信息报》2013 年 3 月 18 日。
[③] http://news-eleven.com/index.php?option=com_content&view=article&id=16295:2012-11-06-10-20-44&catid=42:2009-11-10-07-36-59&Itemid=167.
[④] 《总统承诺将加入开放政府伙伴组织》(缅文),http://www.thevoicemyanmar.com/index.php/politics/itemlist/user/69-voiceweekly.Html, 2013 年 4 月 18 日。

要靠"翻墙"才能使用 Gmail，现在不"翻墙"使用 Gmail 也开始变得畅通无阻。

政府还开始重视互联网的发展和改善互联网使用条件。2012 年 3 月，吴登盛在议会上特地提到，要让更多的人买得起手机，用得上互联网。2013 年 10 月 2 日，缅甸颁布《电信法》，并向外国电信运营商发放运营牌照，打破国有通信公司 MPT 的垄断，使通信和上网费用不断下降，普通民众也能够用得起电话和网络，由此带来网民数量和网络使用时长大幅度增加。

总之，民选政府执政后，逐步放宽网络管制，并创造条件改善网络使用环境，促进互联网的发展。

**（七）试图将国营媒体改为公共服务媒体，赋予其"自由报道权"**

2013 年 5 月 20 日，新政府通过《缅甸新光报》发布了《公共服务媒体法（草案）》（"Public Service Media Law"），以供公众研究和提供意见、建议。据报道，"制定公共服务媒体法，旨在提高民众的政治、经济和社会利益，使国营媒体改为独立自由的公共服务媒体事业"。《公共服务媒体法（草案）》提出，公共服务媒体法的原则是："媒体有自由报道权；非营利媒体可以有适当的收入；独立自主，不受政治、行政、经济的影响；遵守职业道德，公正地报道国内外消息"。公共服务媒体的权利和责任是："报纸、广播、电视等公共服务媒体，须是不以营利为目的的机构；公共服务媒体委员会依法成立后，接收国营报纸《缅甸新光报》《镜报》以及国营广播电台、电视台的所有权、营业权、投资、账本、合约。"公共服务媒体"依照联邦宪法的规定，有权自由发表信息和观点；除了选举委员会的公告外，不发表其他政治文章。"公共服务媒体委员会"由 15 名成员组成，分别由总统、人民院议长、民族院议长提名，须是非公务、非政党公职、非犯罪人员"。公共服务媒体管理机构"由 11 名具有新闻、法律、经商、行政、财政工作经验的成员组成"，"负责制定守则与规则"。公共服务媒体中"报纸、广播、电视的开支费用，70% 由国家拨款，30% 由广告收入补充。报纸的广告版面，不得超过全部版面的 30%；广播与电视的广告播放时间，不得超过全部播放时间的 7.5%。"禁止与处罚："任何人不得对媒体工作进行干扰和非法追究；违反规定者将被罚款 50 万缅币。"《公共服务媒体法（草案）》明确规定了公共服务媒体（由原国营媒体变更而来）的权利和义务。草案通过后，正式实施的《公共服务媒体法》赋予公共服务媒体"自由报道权"，将成为公共服务媒体的执业标准。①

2014年3月，缅甸宣传部将《公共服务媒体法（草案）》提交给联邦议会。

但在2015年3月18日举行的人民院会议上，缅甸宣传部部长吴耶突提议收回《公共服务媒体法（草案）》，并获得会议通过。吴耶突部长表示，将对收回的《公共服务媒体法（草案）》重新做出调整，之后再提交给议会。"最终制定涉及媒体的新法律需要两年辩论时间。"②

总之，随着缅甸国内的政治民主化进程，在国内外的政治、舆论压力下，在新闻界的大力抗争下，缅甸的新闻政策一步步进行改革，政府对新闻事业的管制一步步放松，禁锢之手一步步从新闻报道领域收缩，权力一步步从媒介市场退却，虽然中间有阻力、有反复，但最终废除了新闻审查制度，废除了对私人日报的禁制，缅甸一步步走向新闻自由。

## 二、新闻媒体

### （一）报　刊

从2010年11月开始，缅甸在政治体制方面一步步向民主政治转型，作为民主改革的重要内容，新闻管制也一步步放松，直至废除新闻审查制度和解除对"民营日报"的禁制，解放了新闻媒体，激发了媒体人的活力，也带来了新闻事业的大发展，特别是报刊市场井喷式的发展。

截至2011年3月，缅甸共有周报170种、杂志182种，以周刊、半月刊、月刊等形式出版，每年出版数量在4000万份以上。新闻类、体育类这两种周报是市场份额最大的周报。新闻类中销售较好的周报有《十一新闻周刊》《七日新闻》《声音》《缅甸时报》《仰光时报》等。其中《仰光时报》有英文版（缅甸唯一一份英文时事周报）及缅文版。另外，缅甸每年出版各

---

① 《〈公共服务媒体法（草案）〉公布》，《金凤凰》中文网站，网址：http://www.mmgpmedia.com/buz/3545-2013-05-28-11-49-36。
② 雷诺德·伊戈里图斯：《缅甸的国会发展：2011—2016年联邦国会综览》，随缘译，《南洋资料译丛》2017年4期。

类书籍 4000 多种，400 多万册。

2012 年 8 月 20 日报刊事前审查制度的废除，解除了对缅甸媒体人的束缚，激发了媒体人创办报刊的热情，其中最直观的表现便是直线上升的新增报刊数量。从 2012 年 8 月到 2013 年 4 月，"缅甸新增了 400 多份周刊，几乎和过去 50 年来所有新闻刊物的总数相等"[①]。像新闻周刊《第一媒体》等著名媒体就是这一时期创办的。因此，占缅甸报刊市场份额较大的是周报，最受缅甸民众欢迎的是新闻类和体育类周报，这两类周报加起来有 80 多种。比较有名的新闻类周报有《十一新闻周刊》《仰光时报》等。缅甸官方出版的第一份周报是《内比都时报》("Naypyitaw Times")。目前缅甸唯一的一份中文报纸是周报《金凤凰》，2007 年创办。私营报刊由于人员、资金、设备等条件较差，发行量一般在 1 万份至 3 万份之间。[②]

2013 年 4 月以前，政府不允许私人办日报，全缅只有 7 种国营日报，即全国性日报缅文报《镜报》和《缅甸之光报》，英文报《缅甸新光报》，地方性日报《首都报》《曼德勒新闻报》《雅德那崩报》，还有隶属国防部的军报《妙瓦底》。《镜报》的发行量约 20 万份，《缅甸之光报》的发行量约有 14.4 万份，《妙瓦底》的发行量约为 5 万份。[③]国营日报所报道的新闻与政府新闻发布稿没什么两样，通常是了无生趣的话题，如参加新大桥落成典礼的官员名单等等。国营日报的言论通常也都非常保守。私人日报的出现对国营日报是一大挑战，而国营日报对此也很清楚。因此，随着政治民主化转型，特别是随着民营日报禁制取消后所带来的冲击，国营日报也积极谋求改革。《镜报》《缅甸之光报》《缅甸新光报》等 3 种全国性日报积极寻找合资伙伴，谋求进行股份制改革，计划政府控股 51%，私人控股 49%，[④]以求改变报纸的面貌。2014 年 9 月 1 日，《缅甸新光报》改为合资经营，合

---

[①]《缅甸新闻自由突然降临　媒体发行物剧增竞争无序》，中国新闻周刊网，网址：http://media.sohu.com/20130503/n374，2013 年 05 月 03 日 09：35。
[②] 王磊、张阳：《缅甸新闻业发展现状》，中国记协网，网址：http://news.xinhuanet.com/zgjx/2013-09/11/c_132711032.htm，2013 年 9 月 11 日 10：57：25。
[③] 王磊、张阳：《缅甸新闻业发展现状》，中国记协网，网址：http://news.xinhuanet.com/zgjx/2013-09/11/c_132711032.htm，2013 年 9 月 11 日 10：57：25。
[④] 王磊、张阳：《缅甸新闻业发展现状》，中国记协网，网址：http://news.xinhuanet.com/zgjx/2013-09/11/c_132711032.htm，2013 年 9 月 11 日 10：57：25。

作方为日资公司,并更名为《缅甸全球新光报》(英文版,"The Global New Light Myanmar"),并由新成立的合资公司负责主办。该公司由缅甸宣传部下属部门新闻和期刊公司持股51%,私营Global Direct Link公司持股49%,并由日本共同社提供技术及人力资源支持。

2013年4月1日,有关私人可以办日报的规定生效。缅甸公民办报只须向缅甸宣传部提交书面或网上申请,一般1至2天就可以得到批复。但报纸每年都需要进行年审。虽然较之军政府时期,新闻环境大为宽松,但下列内容仍被禁止:(1)涉及种族、宗教及影响社会稳定的内容;(2)和东方传统文化冲突,不被大多数民众所接受的内容,比如色情;(3)涉及赌博、毒品等犯罪的内容;(4)违反国家宪法的内容。媒体如果违规,新闻管理部门将向法院提起诉讼,经审理可处以100万至300万缅币①的罚款。②

截至2013年5月,共有26家私营日报获准出版,其中有24家缅文报纸和2家英文报纸。新增的缅文日报有《民主浪潮》《缅甸日报》《十一日报》等;2份英文报纸为《国际先驱论坛报》和《缅甸自由日报》。到2013年9月,私营日报已达30家。

目前缅甸国营全国性日报有:《缅甸新光报》(缅文)、《镜报》;地方性日报有:《首都报》(仰光)、《曼德勒报》(曼德勒)、《雅德那崩报》(曼德勒);军方日报有:《妙瓦底》;公私合营日报有:《缅甸环球新光报》(英文);私营日报有:《十一日报》《标准时间》《声音日报》《七日日报》《今日民主》《莲花》等;党报有:《联邦日报》(巩发党)、《民主浪潮》(民盟)。另外多种英语私营日报也在缅甸正式发行,如《海峡时报》《国际先驱论坛报》《缅甸自由日报》等。

目前,占缅甸报刊市场份额较大的已变成日报。许多日报都是由周刊社在私营日报解禁后创办,同时仍保留了自己的周刊继续出版。此外,《边疆》《密祖玛》《妙瓦底》《秀玛瓦》《威达意》《视野》《财富》《时尚》等刊物在缅甸也有一定的影响。

---

① 1美元约合1000缅币。
② 王磊、张阳:《缅甸新闻业发展现状》,中国记协网,网址:http://news.xinhuanet.com/zgjx/2013-09/11/c_132711032.htm,2013年9月11日10:57:25。

民营报刊大量创办，特别是民营日报不断涌现，导致缅甸报刊市场竞争日趋激烈。相比私营日报，国营日报具有价格便宜、覆盖面广的优势。一些得到政党、财团、富人支持的民营报刊也不用担心资金问题。比如执政党联邦巩固与发展党的报纸《联盟报》就具有资金优势，联邦巩固与发展党得到许多企业界大亨的支持。①而许多独立报刊则面临着资金、人才、市场等方面的压力。

**（二）广播电视**

1. 广　播

缅甸的无线电广播主要有调频电台（FM）、调幅电台（AM）和短波电台（SW）等三种，有国营电台、私营电台两种经营形式。主要有缅甸之声、城市、曼德勒、波达妙、瑞、彬萨瓦底、樱桃、蒲甘、德仁等10多个调频电台，主流的广播电台主要有两家：缅甸之声和城市电台。缅甸之声是国营电台，城市电台是私人经营的广播电台。

缅甸政府规定私人电台必须用缅语播报，且必须播出一定数量的政府新闻。为了不被政府审查，私人电台播出的节目内容多为娱乐新闻，对于国外新闻也很少报道。

由于缅甸贫困群体买不起电视机，因此他们获取新闻信息的主要渠道是广播。据缅甸2014年《人口与家庭普查报告》，全缅35.5%的家庭拥有收音机。广播媒体在缅甸的影响比较大，缅甸总统吴登盛每次向民众发表重要讲话总是通过广播。

目前，缅甸没有专门的少数民族语言广播电台，只有缅甸之声广播电台在1980年后设立有8种主要少数民族语言节目。为了改变这种局面，最近政府允许克伦邦建立一个自己民族的电台。在一小部分少数民族地区，少数民族瞒着政府私下建立了使用自己民族语言的电台。

此外，流亡媒体缅甸民主之声电台，在2011年缅甸政治转型后已在缅甸国内设立记者站，美国VOA、英国BBC、印度All India Radio、中国国际广播电台以及泰国都设有缅语广播。

---

① 张云飞、杜鑫宇：《多种私营日报在缅甸通过审批"横空出世"》，环球网，网址：http://world.huanqiu.com/exclusive/2013-04/3787853.html，2013-04-02 02：35。

## 2. 电 视

到 2013 年 9 月，缅甸有国家电视台 1 家，即缅甸广播电视台，有军方电视台 1 家，即妙瓦底电视台，还有几家私人电视台。

电视覆盖率达到 92%。国家电视台当时只有一个频道，是该国唯一不收费的频道，年广告收入约 200 万美元。国家电视台当时正在进行改革，一方面将增开 3 个频道，另一方面要进行改制，将从 100% 国有，改为政府拨款 70%，另 30% 自筹（可通过广告、租赁设备等方式获得）。缅甸国内可收看的电视节目日趋多元化，主要频道有凤凰卫视、CCTV、HBO、CNN、NHK 等。[①]

经过近几年的改革和发展，目前，缅甸国内共有 5 个电视台，分为国有、军队所有、政府与私人共有、私人所有等几种类型，有国营、私营和公私合营等三种经营形式。

国有国营的电视台有国家电视台缅甸广播电视台和军方的妙瓦底电视台两家。

缅甸广播电视台拥有 MRTV（新闻频道）、MRTV-3（国际频道）、MRTV-4（生活娱乐频道）、MRTV-ART、Channel-5 等频道，其中 MRTV（新闻频道）、MRTV-3（国际频道）、MRTV-ART、Channel-5 等频道属于国有国营，后 MRTV-3 改版成独立频道——缅甸国际频道（Myanmar International TV，MITV），MRTV-4 由缅甸宣传部与私营企业永远集团有限公司合作创办，属于公私合营。

缅甸广播电视台曾以翻译字幕的方式播出印度和日本等国的电视剧。缅甸广播电视台尤其重视引进中国的电视剧，并译成缅语，配好音后在黄金时段播出，深受观众喜欢。如中国的电视剧《包青天》《西游记》《婚姻保卫战》等在缅甸广播电视台黄金时段播出深受缅甸观众欢迎，取得了很高的收视率。2013 年，缅甸宣传部国家影视管理局还与中国中央电视台、中共云南省委宣传部、云南广播电视台等合拍了电视剧《舞乐传奇》，并在

---

① 王磊、张阳：《缅甸新闻业发展现状》，中国记协网，网址：http://news.xinhuanet.com/zgjx/2013-09/11/c_132711032.htm，2013 年 9 月 11 日 10：57：25。

缅甸广播电视台播出，非常成功。① 目前缅甸引进国外的电视节目和可收看的电视节目日趋多元化，主要有凤凰卫视、CCTV-4、CCTV-9、阳光卫视、HBO、CNN、HBO、DW、阿里郎、NHK 等电视台的节目。

妙瓦底电视台有 MWD-1、MWD-2 两个频道，属于军方所有，军方经营。

在私营的电视台中，私营企业史丹瑞集团（Shwe Than Lwin）旗下的天网电视台（Sky Net-TV）和永远集团有限公司旗下的 MRTV-4 电视台是两个比较大的电视台。

天网电视台成立于 2010 年，是缅甸唯一一个提供直接到户卫星服务的电视台（DHT），提供的本国和国际频道有 100 多个，有付费和免费频道，主要有 Up-to-date、宗教频道、议会频道、Hadaya 等频道。其电视信号覆盖率在缅甸达到 100%，是缅甸国内最有影响的主流媒体之一，曾多次到中国国内拍摄。天网电视台的母公司史丹瑞集团与缅甸政府和军方保持着良好的关系。

MRTV-4 电视台有 51 个频道，可免费接收的国际频道有 Bloomberg、CCTV、Fox News 等。与天网电视台是竞争对手，市场占有率不如天网电视台。MRTV-4 电视台与西方合作较多。

2015 年 8 月 26 日，缅甸联邦议会通过第一部广播电视法。该法实施后，宣传部门就可以依法审核私营电视台的开办申请，给条件合格者发放运营执照，从而为开办更多私营电视台打开了方便之门。

另外，在缅甸军政府时期由反对派人士创办的两个境外流亡电视台，即位于挪威的缅甸民主之声电视台和位于泰国的伊洛瓦底电视台，在缅甸国内现在也可以收到，并允许观看。

### （三）新媒体

在缅甸，网络媒体起步晚，互联网基础设施比较薄弱。到 2010 年，缅甸大约有 40 万网络用户，占总人口数的 0.8%，使用互联网的人群分布在各个阶层。缅甸固定网络使用费用较贵，网速慢，服务质量低。到 2011 年

---

① 朱晓磊：《缅副部长回应缅媒对华错报：当事人可提诉讼》，环球网，网址：http://www.CRNTT.com，2015-04-12 14：42：55。

时，缅甸的人均手机数量位居全球最低行列，甚至排在朝鲜之后，全国只有不到1%的人能上网。[①] 到2013年，全国还只有1%的人口能接入互联网。到2014年，据缅甸《人口与家庭普查报告》，缅甸全国拥有电脑的家庭为377403户，占总户数的3.5%，接入互联网的家庭为675272户，占总户数的6.2%。全国拥有电脑和接入互联网的家庭虽不断增长，但仍然非常有限，所占比例较低，而且这些家庭绝大部分是城市家庭。

随着政治环境的宽松，对互联网禁制的解除，以及经济逐渐对外国资本开放，近年来，缅甸网民人数增长迅速，特别是上网的速度相比2013年互联网"解禁"前有了明显的改善。目前内比都的网速和世界上许多大城市的网速没有多大差别，但是一些省（邦）首府的通信基础设施还是比较落后，网速依然较慢。在大城市中也有一些网吧营业，营业时间为早上9点至晚上11点。

2013年10月2日缅甸颁布《电信法》，主要用于发展电信行业，并规范网络通信行为。在该法颁布之前，缅甸的通信业由国有通信公司MPT垄断经营，一张电话卡价格高至200美元，在军政府时期甚至最高可卖到1500美元；一张手机SIM卡2011年的售价达3000美元，堪称天价。《电信法》的颁布使外国通信公司能够进入缅甸市场。之后缅甸政府首次向外国电信运营商发放了运营牌照，缅甸国营MPT公司、挪威Telenor公司、卡塔尔Ooredoo公司等三大电信运营商大打价格战，通信和上网费用不断下降。电话卡的价格降至每张1.5美元，普通民众能够用得起电话；手机SIM卡的价格也由2011年的一张售价3000美元，降到2013年的一张售价250美元，再到降到2017年的一张售价0.28美元，甚至白送，通话及上网流量等费用也大幅度下降。SIM卡的普及与流量资费的下降，使得缅甸移动互联网的普及率呈爆发式的增长，截至2017年10月缅甸智能手机普及率已经超过80%。自推行电信改革以来，缅甸国内的互联网用户数量2016年猛增至3900多万，手机SIM卡销售量也暴涨4倍。流动通信覆盖率已从2011—

---

[①] 季天琴、孙炯、李欣欣：《缅甸：自由之路》，载《南都周刊》2013年第9期。

2012年的6.99%，增至2016年7月的89.38%。①

由于缅甸互联网基础设施落后，宽带上网费用过去一直比较高，智能手机上网成本反而远低于电脑上网；而且在缅甸，使用手机上网比通过电脑上网速度快，所以，越来越多的缅甸人选择使用手机而不是电脑上网。加之近年来，缅甸通信基站的建设大幅度扩大了网络覆盖面，也有力地推动了智能手机和手机上网的普及。亚洲科技网2014年的调查报告显示，49%的缅甸互联网用户仅通过手机上网。因此，在缅甸，大部分人通过手机首次接触了互联网；而且固定网络用户也在不断流失，使用手机上网的人数则在不断上升，目前使用移动上网的人数已超过了固定网络用户。这意味着缅甸网民跨越了台式机上网的时代，直接进入移动互联网阶段。

目前，在缅甸已有190多家企业获得进口手机及相关通信产品进入缅甸市场销售的许可证。中国华为、欧珀、维沃，韩国三星、乐金，日本索尼等品牌手机均已获得缅甸通信管理司的销售许可。在市场充分竞争的作用下，智能手机价格不断下降。2015年爱立信移动通信的市场调查报告显示，缅甸仅次于印度、中国和美国，成为全球移动通信市场发展速度排名第四位的国家。2016年，缅甸使用手机的人数已达65.35%，即每100人中已有65人使用手机。目前，在缅甸，手机已相当普及，不再是奢侈品，大部分缅甸人能够通过智能手机熟练地登录社交网络。②

社交媒体Twitter、Facebook、微信、QQ等，目前在缅甸已可以自由使用，并逐渐成为缅甸民众信息传播的重要媒介和社交工具，尤其是Facebook，已经成为缅甸民众获取信息的重要来源，截至2015年11月15日，缅甸大约有710万Facebook用户。缅甸排名前三的Facebook专页为《七日新闻》、十一媒体集团（Eleven Media）和BBC缅语频道。其中《七日新闻》的粉丝最多，已达到670多万。一些重量级政治人物如国防军总司令、宣传部部长等，以及一些政治组织如民盟、巩发党等，均已建立了

---

① 《缅甸移动互联网超过80%的覆盖率，移动时代已经到来》，搜狐科技，网址：https://www.sohu.com/a/201186140_382093。
② 云南大学缅甸研究院：《当前缅甸舆论生态及美欧日影响缅甸媒体的方式》；张若谷、祖红兵：《缅甸媒体发展及中国在当地面对的舆论现状》，载《影响力·云南传媒》2017年第11期。

自己的 Facebook，并通过其发声，抢占舆论阵地。至 2016 年 5 月，缅甸的 Facebook 活跃用户已超过 970 万，这意味着 19% 的国民活跃于 Facebook 之上。在缅甸的 Facebook 用户中，九成是在仰光和曼德勒两个大城市及其周边地区使用的，在 970 万活跃用户中，41% 位于以仰光为中心的 40 公里半径之内，而 47% 在曼德勒；在男女比例上，几乎是 2∶1，也就是说使用 Facebook 的缅甸男性有近 650 万，而女性为 320 万左右。Facebook 这一社交平台现已成为缅甸全国性的新闻发布、紧急救助协调平台及社区沟通交流的角色，同时也夹杂着隐私侵犯以及网络欺诈等问题。Facebook 用户猛增与缅甸无线通信发展有关。现在缅甸使用电脑的人越来越少，使用手机的人越来越多。①

此外，越来越多的缅甸人使用微信进行联络，包括一些政府公务员也装上了英文版微信。腾讯公司也于 2015 年对微信进行了升级，使其支持缅文字体。QQ 则主要是华人以及与中国联系较多的商人、官员和学者使用。

尽管缅甸的互联网尚不是很发达，但许多媒体人对互联网时代的到来充满乐观，很多媒体积极为网络新闻时代做准备。许多报纸都跟竞争对手比拼，看谁先把新闻发到 Facebook 的网页上，尽管没人清楚这样做能否带来收入增加。《七日新闻》周刊大约在 2000 年的时候就发布了自己的 Facebook 网页，不久粉丝就超过 16 万。这家报社每周都在网上发布新闻内容，还开发了苹果手机的 APP；《声音》周刊也发布了苹果客户端，并努力通过广告盈利。有些媒体不但希望向网络进军，甚至谋划着建立跨媒体平台。2014 年，缅甸广播电视台台长吴丁瑞甚至表示："在数字化时代，只做单一媒体注定要失败，只有发展全媒体才会有出路。"②

此外，流亡媒体缅甸民主之声电视台、伊洛瓦底杂志社、密祖玛新闻社都建有自己的网站，通过网络传播新闻消息。但在军政府时期，它们的

---

① Catherine Trautwein：《"脸书"攻陷缅甸：近 20% 人口"被网络" Facebook 几乎"无所不能"》，胞波网，网址：http：//www.webaobo.com/index.php?m=article&f=view&id=1458，2016-06-15 23：56：00。
② 辛甜：《缅甸国家广播电视台台长：只有发展全媒体才会有出路》，国际在线专稿，网址：http：//www.chinadaily.com.cn/hqgj/jryw/2014-04-11/content_11576974.html，2014-04-11 10：49：17。

网站在缅甸国内是禁止浏览的,是被缅甸政府所屏蔽的。目前,缅甸民众可以随意上网浏览这些网站,许多缅甸流亡媒体人士也陆续回到了缅甸国内。缅甸民主之声电视台、伊洛瓦底杂志社先后在仰光设立了办事处,密祖玛新闻社已迁回了缅甸。

总之,互联网、手机、社交媒体等已逐渐成为缅甸民众获取外界信息、发表意见、交流观点、分享经验、建立和维持关系的重要渠道,已成为缅甸普通民众参与政治、改善生产生活的重要手段。互联网、手机、社交媒体等对缅甸社会政治、经济、文化和民众的生活的影响越来越大。但是也出现了一些个人和组织为了自身利益,通过互联网、手机、社交媒体等制造谣言、散播虚假信息的现象,还有一些人和组织利用互联网、手机和社交媒体对他人进行诬蔑抹黑、攻讦诋毁,有的甚至在宗教冲突、民族冲突、劳资纠纷中制造矛盾,散布仇恨,煽动暴力,导致社会撕裂、国家动荡等一系列问题。

### (四)通讯社

缅甸有国家通讯社——缅通社、从印度迁回来的密祖玛新闻社、新创办的民间独立新闻通讯社——缅马卡新闻社(Myit MaKha News Agency)等。

2011年6月,缅甸资深新闻人梅·登延·喜(May Thingyan Hei)在仰光创立了缅甸第一家本土的民间独立新闻通讯社——缅马卡新闻社。缅马卡新闻社的主要业务是以月费的形式向客户提供新闻,报纸杂志每月200美元,广播月费500~700美元,电视1000美元。购买新闻服务的客户目前有30个左右,包括7家报纸,17家月刊,4家电台,2个电视频道等,其中有中国的《环球时报》、澳大利ABC、美国之音等知名媒体。缅甸政府在2013年也购买过它们的新闻,但政府会对新闻进行删节修改,缅马卡新闻社觉得有悖于自己的理念,后来便不再卖给政府。目前缅马卡新闻社提供的新闻中,经济和商业新闻位居第一,人权话题位居第二,同时新闻社兼做一些记者培训业务。由于军政府统治时期,缅甸新闻业停滞了50年,人才断层严重,专业的新闻人才比较紧缺。缅马卡新闻社针对市场需求开设了记者培训班,光2013年一年,就培训了将近120名新闻从业者。它们的培训比较简单,每周一到周五,每天早上8点到9点,培训一个月,然后结业进入各种媒体。

梅·登延·喜是缅甸掸邦人，出生于掸邦精英家庭。她在军政府时代就开始新闻工作，1993年她就为一家商业杂志撰写新闻报道。1997年，她创办了一份商业杂志。由于关注劳工和人权问题，杂志在2004年被军政府关闭，她的名字也上了军政府的黑名单，无法再用真名撰写新闻报道。2004年，她去了泰国清迈，接受了短期的新闻专业训练。回国以后，她继续用化名撰写新闻报道。2007年，她获得了美国的一个新闻奖，她用其中的500美元创办了缅马卡新闻社，但当时这家通讯社还是非法的，只有4名记者，梅·登延·喜还在军政府的黑名单上，不能用真名撰稿。当时他们采集的新闻，国内媒体不敢使用，主要提供给当时还在泰国清迈的《伊洛瓦底》杂志。2011年6月，缅马卡新闻社正式登记注册，拿到了政府颁发的牌照。这也是缅甸第一家拿到牌照的独立通讯社。合法化后，当年他们有关缅甸大选的报道，就受到了各方的关注和青睐。

缅马卡新闻社很注意培养年青一代的少数民族新闻记者，目前有50名左右签署了合同的少数民族新闻记者（类似于中国的通讯员或特约通讯员），且都是新闻社自己培养出来的。因此，缅马卡新闻社在报道少数民族方面具有优势，自称能够向世界媒体提供中立平衡的缅甸新闻，比如在这两年缅甸发生的严重的宗教种族冲突中，缅马卡新闻社在冲突双方都有自己的记者撰写新闻。

缅马卡新闻社目前共有48名记者，都是年轻人。目前有30名在仰光，18名在他们各自的家乡。每名记者都有定额任务，每人每天要写15条新闻。此外，缅马卡新闻社还临时将自己的记者租借给其他媒体。

目前，缅马卡新闻社也面临着资金、人才、专业素养等方面的困难和挑战。[1]

## 三、新闻事业的发展及其面临的挑战

随着在政治上由权威政治向民主政治转型，缅甸一步步放松新闻管制，

---

[1] 朱学东：《困境中谋生的缅甸独立通讯社》，腾讯·大家，网址：http://dajia.qq.com/blog/388193086606848.html，2014年3月26日10:34。

直至废除新闻审查制度，解除了私人办日报的禁制，一步步实行新闻自由，新闻政策的革新给缅甸新闻事业带来了巨大的发展。概括起来，主要有以下几点：

### （一）新闻媒体大量创办，媒体种类丰富多样

随着新闻管制一步步放松，特别是废除新闻事前审查制度和解除对私人日报的禁制后，媒体创办的门槛大幅度降低，"只要你具备一定的经济基础和文学素养，通过了宣传部审查团组织的简单'面试'，就可以自己开办周刊杂志，可以说几乎没有什么门槛"[①]。这极大地解放了媒介市场，激发了媒体人的活力，掀起了人们创办新闻媒体的热潮，也带来了新闻事业的大发展，特别是报刊市场井喷式的发展。从2012年8月20日废除新闻审查制度起到2013年3月18日半年多的时间里，缅甸"新增刊物数量""直线上升"，"新增了400多份周刊，几乎和过去50年来所有新闻刊物的总数相等"[②]。而自2013年4月1日起解除对私人日报的禁制、私人可以办日报后，即有16种民营日报申请出版；到2013年5月，共有26家私营日报获准出版，其中有24家缅文日报和2家英文日报；到2013年9月，缅甸的私营日报已达30家。缅甸的媒体市场从由官方主导变为以私人媒体居多。

而解除对国外媒体和资本的限制后，国外媒体和资本也开始涌入缅甸，或创办新媒体，或参股合办媒体，或将内容引入缅甸媒体，或将原媒体直接在缅甸出版发行。

因此，新闻管制的放松不但给缅甸带来新闻媒体在数量上的急剧增长，而且在媒体种类上空前丰富。从经营上看，有私营媒体、国营媒体，还有公私合营媒体；从内容上看，有时政、经济、社会、文化、科技、体育、教育、娱乐、宗教等等，彻底颠覆了过去日报和广播电视由政府垄断，媒体数量少，由官方主导、内容单调乏味的媒介市场格局。

### （二）新闻从业人员大量增加，新闻工作者队伍不断壮大

大量新创办的新闻媒体招聘了大量的新闻从业人员，原有媒体为应对新媒体的竞争也不断扩大规模，吸收人才。"在读者争夺战打响之初，报社

---

① 张睿：《缅甸后解禁时代 政府像在"放养"媒体》，载《云南信息报》2013年3月18日。
② 张睿：《缅甸后解禁时代 政府像在"放养"媒体》，载《云南信息报》2013年3月18日。

还要雇佣大批新记者。许多报社都计划把采编团队人数扩大一倍以上"①，"不仅私营媒体在大举招人，连缅甸的官方媒体也在向社会招聘作者"②。而政府对新闻工作者态度的转变、日益宽松的新闻工作和舆论监督环境也吸引了大量有志于从事新闻工作的人员加入新闻工作者队伍。

此外，随着政治环境和新闻政策的一步步放松，许多过去被关押、被软禁或被剥夺从事新闻工作资格的新闻从业人员又重新回归新闻队伍，一些被迫流亡国外的新闻工作者也陆续回到了国内重新从事新闻工作，新闻工作者队伍规模急剧扩大。"根据美国《大西洋月刊》的统计，缅甸报纸如今雇佣的新记者，是曾经员工人数的两倍。"③

### （三）新闻报道空前活跃，新闻媒体的内容日益丰富

随着新闻政策的宽松，特别是新闻审查制度的废除，缅甸的新闻报道空前活跃，新闻媒体的报道范围一步步突破以前的禁区，由反对党、反对党领袖，扩大到示威游行、政府官员腐败等过去新闻报道的禁忌。正如缅文杂志"shade"的负责人Tharzaw所说的，"在过去，示威游行这类新闻是绝对不能说，也不能写的禁忌"，"现在不但可以报道，编辑甚至还可以在事件报道下方，写下评论进行总结"；"现在基本上所有你能采访到的内容，都可以刊发，不会因为涉及敏感题材或政府官员，就被毫不留情地毙稿删稿"④。

新闻报道的广度、深度也是以前所无法比拟的，新闻媒体的内容也空前丰富。"在军政府统治时期，媒体无关新闻，只有不涉及时事政治的话题，例如宗教、艺术或者行业信息等，才可以被报道和宣传。"⑤而新闻审查制度废除后，新闻报道题材包括政治、经济、娱乐、电子、科技、汽车、选美、漫画……什么都有。特别是批评政府的文章，揭露、讽刺政府官员的报道、评论乃至漫画都大行其道。比如原反政府的流亡媒体英文月刊《伊洛瓦底》

---

① 李洪声：《缅甸兴起私人办报潮》，载《世界博览》2013年7期。
② 苏洁：《缅甸新闻界当自由突然降临》，载《中国新闻周刊》2013年4月22日（第14期）。
③ 苏洁：《缅甸新闻界：当自由突然降临》，载《中国新闻周刊》2013年4月22日（第14期）。
④ 张睿：《缅甸后解禁时代 政府像在"放养"媒体》，载《云南信息报》2013年3月1日。
⑤ 王鲁婴：《缅甸新闻界：痛并快乐着》，财富中文网，http://www.fortunechina.com/business/c/2014-02/28/content_195155.htm，2014年02月28日。

由泰国迁回仰光后,"就对政府一直持批评态度"。在 2014 年 3 月的一期杂志上,刊发的社论《缅甸:生活在谎言中的国家》"言辞犀利"。而缅文版的《伊洛瓦底》周报,封面上常常刊登很夸张的政治漫画,如总统和议长"掰手腕"博弈,军政府时代的首脑的大漫画,等等。"这种漫画在过去是不可想象的。"①

总之,自新闻政策变革以来,缅甸媒体的新闻报道空前活跃,媒体内容空前丰富,以至于普通缅甸民众对"新闻解禁"这个词语的理解,就是新闻媒体上"什么新闻都有了"的直观感觉。②

**(四)新闻媒体的舆论监督作用得到发挥并日益突出**

在民主改革之前,在严格的新闻管制之下,官方媒体是政府和军方的传声筒,充当政府和军方的宣传喉舌,其内容大致与官方口径一致;而私营媒体,在严苛的特许制和事前审查制度下,要么充当政府和军方的传声筒,要么就远离政治,专注于体育、娱乐等不会冒犯政府和军方的新闻。"对军方势力或政府腐败稍有微词,都会被删除。"③缅甸国内的新闻媒体基本上没有发挥其应有的舆论监督作用。随着民主政治转型,特别是新闻审查制度废除后,新闻媒体特别是私营媒体不但打破了以前有关政治报道的禁忌,而且讨论和批评政府决策,揭露政府部门、政府官员腐败的报道也大量出现。"自 2011 年 3 月起,仰光的许多记者就发现,他们的表达空间开始扩大,'越敏感的东西越繁荣,大家都在比谁能走得更远'。"④新闻媒体的舆论监督作用得到发挥,并日益突显,新闻媒体对社会舆论的影响,对国家政治、经济、外交等方面的影响日益突出。新闻媒体逐步从政治的附属品(更确切地说是政府或执政者的附属品)转向一个相对独立的行业,甚至与立法、行政、司法并立的一种社会力量,对立法、行政、司法这三种政治权力起制衡作用的"第四权力"。

---

① 朱学东:《缅甸独立媒体印象》,腾讯·大家,http://dajia.qq.com/blog/350124031528428.html?from=timeline&isAPPinstalled=0,2014 年 3 月 12 日 11:45。
② 张睿:《缅甸后解禁时代 政府像在"放养"媒体》,载《云南信息报》,2013 年 3 月 18 日。
③ 《缅甸末任新闻审查长:新闻审查与世界格格不入》,中国新闻出版网,http://news.ifeng.com/world/detail_2012_09/27/17954008_0.shtml,2012 年 09 月 27 日 17:32。
④ 季天琴、孙炯、李欣欣:《缅甸:自由之路》,载《南都周刊》2013 年第 9 期。

此外，随着缅甸新闻政策的转变和对国外媒体与记者解禁和开放，国外媒体和记者逐步进入缅甸国内，不但将缅甸国内的真实情况向世界进行报道，而且使缅甸民众更好地了解外面的世界，当然也使缅甸民众能及时获取多渠道、多角度的信息和多元化的观点。

总之，自进入民主转型期，缅甸改革新闻政策，废除新闻管制，实施新闻自由，新闻政策的变化极大地解放了新闻行业的活力，带来了新闻事业的巨大发展。它突出表现在新闻媒体大量创办，媒体种类空前丰富；新闻从业人员大量增加，新闻工作者队伍不断壮大；新闻报道空前活跃，新闻媒体的内容日益丰富；新闻媒体的舆论监督作用得到发挥并日益突出，以及缅甸民众获取的信息和观点日益多样化、多元化等。

当然，缅甸放开新闻管制，推行新闻自由，在给新闻界带来巨大活力的同时，由于法制不完善、管理不到位、行业自律尚未建立等原因，也给新闻事业和社会带来了一些挑战。

**（五）媒介市场压力大，独立媒体生存困难**

长期的报禁突然解除，极大地激发了媒体人乃至全社会创办报刊的热情，加之进入门槛极低，导致媒体呈爆炸式增长，媒体数量的激增导致媒体竞争激烈，媒体市场压力大，恶性竞争不可避免。"报刊之间的恶性竞争"是"新闻解禁带来的""一个现实问题"。[①] "对于刚刚发行的日报而言，竞争从面市的第一天就已开始"："（2013 年）4 月 1 日发行的日报中，3 份是免费的，另外一份售价为 150 元缅甸币（约合人民币 1 元）。"[②]

而恶性竞争导致独立媒体生存困难，威胁新闻行业的独立性。缅甸独立媒体的收入来源通常有发行收入和广告收入两种。但是当前，一方面是缅甸的基础设施不完善，报刊运送、投递困难，发行范围受到限制，特别是能够运送和发行到乡村的报纸杂志数量极少，报纸发行主要集中在仰光、曼德勒等少数几个大城市。另一方面由于报刊数量大幅度增加，竞争激烈，一般报刊发行量有限；加之恶性竞争，大打价格战，特别是有些得到政府或财团、富人支持的媒体为了发行量甚至免费赠送，给独立媒体带来巨大

---

① 苏洁：《缅甸新闻界：当自由突然降临》，载《中国新闻周刊》2013 年第 14 期。
② 苏洁：《缅甸新闻界：当自由突然降临》，载《中国新闻周刊》2013 年第 14 期。

的竞争压力。因此就发行收入来说，独立媒体非常有限。而由于缅甸当前的商业环境不成熟，商业不太发达，导致独立媒体的广告收入也非常有限，"现在缅甸的媒体广告基础非常薄弱，除了官营媒体，个体媒体很难拿到广告资源"①。因此，独立媒体生存非常困难，有的难以长期生存。"在这样的环境中，有足够经济来源或者政党支持的媒体可以生存，小媒体公司可能很难生存"②；"在缅甸，成功的媒体，主要是电视台和电台，都是属于政府或者富人所有"，"独立媒体的财政困境显而易见"，"在独立媒体做记者，收入都相对较低"，"独立媒体不尽如人意的财政状况"甚至"令年轻人对记者这个职业望而却步"。③这显然不利于新闻行业的健康发展，特别是不利于保持新闻行业的独立性。

### （六）新闻人才严重缺乏，新闻从业人员良莠不齐

在军政府统治时期，缅甸新闻事业发展停滞了50年，新闻人才断层严重。报禁解除后，缅甸媒体数量急剧增加，导致有经验的合格记者非常缺乏。"经历了长达半个多世纪军政府统治下严格的新闻审查制度之后，缅甸媒体忽然自由了。但人才奇缺、入不敷出成为缅甸媒体发展的两大现实阻碍"；④"许多报社都计划把采编团队人数扩大一倍以上。但令主编们挠头的是，缅甸的记者实在太少了"⑤。根据迈克尔收集的数据显示，"2013年中期，缅甸媒体行业对记者的需求量急剧增加，高峰时期曾忽然出现大约500个职位空缺"；"这几年，在缅甸经营媒体，要面临的最大问题就是，严重缺乏有经验的记者"，而"这事实上是缅甸媒体管理者们的普遍共识"，"更是整个缅甸新闻界的致命伤"。⑥

由于在军政府时期，缅甸取消了正规的新闻教育，大学里没有开设新闻专业，因此当新闻管制取消，新闻媒体大量增加，需要大量的新闻记者

---

① 苏洁：《缅甸新闻界：当自由突然降临》，载《中国新闻周刊》2013年第14期。
② 苏洁：《缅甸新闻界：当自由突然降临》，载《中国新闻周刊》2013年第14期。
③ 王鲁婴：《缅甸新闻界：痛并快乐着》，财富中文网，http://www.fortunechina.com/business/c/2014-02/28/content_195155.htm，2014年02月28日。
④ 王鲁婴：《缅甸新闻界：痛并快乐着》，财富中文网，网址：http://www.fortunechina.com/business/c/2014-02/28/content_195155.htm，2014年02月28日；
⑤ 李洪声：《缅甸兴起私人办报潮》，载《世界博览》2013年第7期。
⑥ 王鲁婴：《缅甸新闻界：痛并快乐着》，财富中文网，http://www.fortunechina.com/business/c/2014-02/28/content_195155.htm，2014年02月28日。

的时候，就无法提供经过严格新闻训练的新闻记者，新闻人才严重缺乏，媒体只好退而求其次，招聘一些"充满理想的文学爱好者"，以至"不少加入新闻队伍的是文学爱好者，水平良莠不齐"①，特别是他们由于缺乏起码的新闻专业训练，"很容易被一些别有用心的势力鼓动，发出不明真相的报道，进而蒙蔽更多普通群众"②。更糟的是，"很多人来应聘是为了获取赚钱机会，而非真正热爱这个行业"③。因此，"新闻解禁后，各类刊物越来越多，新闻从业人员也从原来的'职业老记'变为了现在的'大杂烩'"④，新闻队伍整体素质下降，新闻从业人员良莠不齐，导致新闻报道质量得不到保证，严重影响新闻媒体乃至整个新闻界的声誉和健康发展。

### （七）新闻管理滞后，新闻报道出现失范现象

社会学家涂尔干认为，在现代社会，当传统的规范和标准遭到了破坏，而新的传统和规范又没有取而代之；在社会生活的某一特定领域中，如果没有明确的标准指导人们的行为，失范就会出现。⑤新政府大刀阔斧进行新闻政策改革，废除旧的新闻管理制度，但"缅甸官方，似乎也并未完全准备好应对'开放'的媒体"⑥，没有建立起新的管理制度，导致出现一种短暂的无序状态。"自缅甸政府开放'报禁'后，新闻审查局一夜之间消失了，但新的新闻主管部门并未出现。再加上适应目前形势的《新闻法》尚未出台，涉及新闻从业者的权利、职业道德、出版商和发行商的注册细节，以及对违法者的处罚的详细规定尚未制定。与其说目前的缅甸新闻界自由奔放，不如说是处于一种无序状态。"⑦

新闻管理跟不上，新闻自律机制又没有建立，合格的新闻专业人才又非常缺乏，加之缅甸放开新闻管制后，媒体数量激增，市场竞争激烈，导致新闻报道质量没有保障，出现低俗化，甚至新闻失范现象。"如雨后春笋般不断崛起的媒体，像是进入了一个原始而残酷的丛林中。一切伦理标准

---

① 《缅甸报人迎来新时代》，载《时代人物》2013年第6期。
② 张睿：《缅甸后解禁时代 政府像在"放养"媒体》，载《云南信息报》2013年3月18日。
③ 苏洁：《缅甸新闻界：当自由突然降临》，载《中国新闻周刊》2013年第14期。
④ 张睿：《缅甸后解禁时代 政府像在"放养"媒体》，载《云南信息报》2013年3月18日。
⑤ 王勇：《大众传媒与社会越轨行为》，光明日报出版社，2010，第14页。
⑥ 《缅甸报人迎来新时代》，载《时代人物》2013年第6期。
⑦ 张睿：《缅甸后解禁时代 政府像在"放养"媒体》，载《云南信息报》2013年3月18日。

和道德逻辑，都在为'优胜劣汰'这样的生存铁律服务"，"为了在竞争中胜出，媒体负责人的追求变成了经济效益，而非新闻的真实性"，"某些媒体不顾事实真相，一味追求发行量"，"……很多都是夸大其词。为了好卖，他们怎么抓眼球就怎么写"①，导致虚假报道、歪曲报道、夸大其词的情绪化、煽情性报道盛行，有些媒体甚至不惜用暴力、血腥，甚至造谣、捏造新闻、制造噱头来赚取发行量。以至备受私人媒体追捧称赞的昂山素季也曾两次在公开场合批评道："有些媒体无节制地滥用权力，进行捕风捉影式的报道，伤害了他人，这是非常不负责任且不道德的。"②

**（八）政治势力侵入新闻业，媒体沦为政治势力操控舆论的工具**

随着民主政治的转型，缅甸国内各种政党、政治团体、政治组织纷纷成立，原来一些被迫流亡国外的反政府组织也陆续回到国内，一些国外势力、政治组织、非政府组织也争先恐后进入缅甸。他们为了操纵舆论，影响缅甸的政治、经济、外交政策，谋取政治、经济利益，有的创办新闻媒体，有的通过提供经费支持或入股的形式操控新闻媒体，有的在新闻界培植代言人，从而使一些新闻媒体沦为政治势力政治斗争、相互攻讦的工具，有的丧失基本的新闻职业操守，肆意攻击、抹黑对手，甚至诬蔑、造谣、诽谤，有的成为国外势力的棋子。如美国"在缅甸培养了一批服务于美国利益的媒体人"，"对缅甸的社会稳定和中缅关系造成了负面影响"；日本也"通过控制缅甸的""传媒"，"从而影响缅甸在政治和外交方面的决策"。③最典型的例子就是缅甸十一媒体集团，它表面上的合作机构是泰国《民族报》，但其背后的真正金主是日本财团。作为日本财团的舆论代理人，缅甸十一媒体集团代表日本政治及经济利益发声，肆意操控舆论，甚至以虚假报道影响缅甸民众的思想。《十一新闻》不实报道居多"，"在缅甸舆论界早已劣迹斑斑，缅甸外国记者俱乐部许多成员对其感到不满"；甚至为投其金主所好，"多次发表断章取义、竭力抹黑中国的新闻"，"被缅甸民间称为

---

① 张睿:《缅甸后解禁时代 政府像在"放养"媒体》，载《云南信息报》2013年3月18日。
② 张睿:《缅甸后解禁时代 政府像在"放养"媒体》，载《云南信息报》2013年3月18日。
③ 赵瑾:《2010年以来缅甸的改革:成就、挑战与展望》，载《印度洋经济体研究》2014年第6期。

'反华急先锋'"。①

### (九)滥用媒体和新闻自由,威胁国家稳定和社会安定

"在西方,言论自由经历了很长的过程,报纸表面上看可以发表任何它们想要发表的言论,但是这种自由并非没有规则,它仍然是有自我约束的。"②而随着民主政治转型,缅甸社会和新闻舆论"瞬间高度自由开放",新闻媒体一时仿佛置于监管的真空,加之缺乏自我约束机制,于是一些政治、宗教组织和个人滥用媒体和新闻自由,大肆制造和传播谣言,夸大族群矛盾和冲突,散播仇视和攻击其他族群的言论,撕裂社会,煽动暴力,严重威胁国家的稳定和社会的安定。以至新加坡国立大学东亚研究所研究员亚利斯泰尔·库克认为,"缅甸目前最糟糕的是,不受约束和不负责任的言论会对缅甸社会产生冲击"③。

特别是"随着吴登盛政府自 2011 年 3 月上台后实施的媒体改革,缅甸废除了新闻审查制度,也放弃了对'脸谱''推特'等社交网站的审查","此举让缅甸国内每天都在发出激烈对立的声音"④;"虽然互联网等新媒体在缅甸尚处于起步阶段,但少数人的不道德、不真实甚至蓄意捏造或渲染的假新闻假消息欺骗误导民众,挑起宗教或民族冲突,扰乱了社会的正常秩序"⑤。比如自解除新闻管制以来,缅甸一些宗教组织和信徒就通过 Facebook、Twitter 等新媒体散播佛教徒和穆斯林对彼此的不满和仇恨,由于 Facebook、Twitter 等新媒体在缅甸的受众已达 300 万之众,因此影响非常大。"关于宗教冲突的夸大言论和谣言四起,血腥图片充斥网络,使两派矛盾火上浇油,使个别人的小冲突非常容易刺激起更大规模的区域骚乱",甚至引发血腥宗教暴力冲突。2012 年发生在若开邦的骚乱中,"社交媒体就

---

① 赵瑾:《2010 年以来缅甸的改革:成就、挑战与展望》,载《印度洋经济体研究》2014 年第 6 期。
② 《社交媒体激化缅甸宗教冲突》,人民网,http://world.people.com.cn/n/2013/0730/c157278-22379690.html,2013 年 07 月 30 日 13:35。
③ 《社交媒体激化缅甸宗教冲突》,人民网,http://world.people.com.cn/n/2013/0730/c157278-22379690.html,2013 年 07 月 30 日 13:35。
④ 《社交媒体激化缅甸宗教冲突》,人民网,http://world.people.com.cn/n/2013/0730/c157278-22379690.html,2013 年 07 月 30 日 13:35。
⑤ 胡帅:《缅甸拟规范国民在新媒体上的行为》,载《计算机与网络》2014 年第 17 期。

在缅甸扮演着破坏者的角色"[①];2013年3月下旬在密铁拉爆发的宗教冲突中,大量血腥暴力的画面以及宣扬宗教极端思想的言论,通过缅文的Facebook、Twitter等社交媒体散播,"对事件的演变和升级起了推波助澜的作用"[②];而2014年7月在曼德勒发生的宗教冲突,起因就是有人在互联网上散布一名穆斯林强奸了一名女佛教徒的虚假消息,从而酿成2人死亡、14人受伤的宗教流血冲突。

在缅甸,"最近两年,每次宗教冲突从'星星之火'快速演变成'熊熊烈火',都与媒体发布煽动性言论、张贴血腥冲突画面息息相关"[③]。有学者甚至断言,缅甸"在民主转型迅速推进的大背景下,媒体与言论自由、示威集会自由是民主社会的标志,政府无法用高压方式予以压制,因此,社会上的教派对抗言行恐将继续蔓延,宗教冲突在可预见的未来仍将此起彼伏"[④]。滥用媒体和新闻自由成为民主转型时期缅甸宗教冲突加剧不可忽视的原因之一。

因此,自民主转型以来,缅甸"媒体环境也跟着开放,言论自由空间放宽也带来如何防范有人利用这个工具破坏社会稳定和谐的新挑战"[⑤]。

总之,自民主转型以来,缅甸进行新闻改革,实施新闻自由,使缅甸的新闻事业既焕发出前所未有的生机与活力,但也给缅甸的新闻事业和社会带来了一些挑战,需要缅甸新闻界、政府乃至全社会积极应对。

---

[①] 《社交媒体激化缅甸宗教冲突》,人民网,http://world.people.com.cn/n/2013/0730/c157278-22379690.html,2013年07月30日13:35。
[②] 《社交媒体激化缅甸宗教冲突》,人民网,http://world.people.com.cn/n/2013/0730/c157278-22379690.html,2013年07月30日13:35。
[③] 宋清润:《宗教冲突阻碍缅甸转型》,载《中国新闻周刊》2014年总第670期。
[④] 宋清润:《宗教冲突阻碍缅甸转型》,载《中国新闻周刊》2014年总第670期。
[⑤] 胡帅:《缅甸拟规范国民在新媒体上的行为》,载《计算机与网络》2014年第17期。

# 第二章　越南新闻史

## 第一节　越南概况

越南位于印度支那半岛东部，面积为331688平方公里。它濒临泰国湾、北部湾和南海，与中国、老挝、柬埔寨接壤。越南是中国的邻邦，毗邻中国南疆，位于南海交通的要冲，在历史上是中国海上出航的必经之地。中越两国有着悠久而紧密的历史联系。"一部越南史，既是越南各民族生存发展，不断创造物质文明和精神文明的历史，也是中越两国人民相互交流，彼此促进，并肩奋斗的历史。"[①]

越南的史前文化与中国南方有悠久的密切的联系。越南旧石器和新石器的文化遗址中出土的许多实物与中国华南发现的文物属于相似的类型。自公元前3世纪末至10世纪中叶，越南历史进入隶属于中国王朝统辖下的"郡县时期"，越南学界称为"北属时期"。10世纪中叶中越关系发生重大变化，越南脱离中国封建王朝的直接统治，成为中国南方的一个重要邻邦[②]，但其历朝历代统治者均采用中国式的制度治国，文化方面融合了儒、佛、道三教。进入13世纪，越南仿造汉字的形声、假借、会意等造字方式创造了一种记录越南语的文字，名为喃字，但由于喃字系统自身存在缺陷（如字形复杂，要掌握很困难等），汉字仍然被广泛使用。自此越南进入汉字与喃字共用的时期，这使越南文化有着深厚的中国色彩。

---

[①] 梁志明、刘志强:《关于越南历史发展轨迹与特征的几点思考》，载《东南亚研究》2016年第5期。

[②] 梁志明、刘志强:《关于越南历史发展轨迹与特征的几点思考》，载《东南亚研究》2016年第5期。

19世纪中晚期，法国逐渐吞并越南，对越南进行殖民统治，这促使越南文化发生剧烈变革。第二次世界大战期间，越南被日本帝国主义占领，但由于时间较短，未在文化上产生较大影响。不过，殖民统治的高压催生了越南的民族主义和进步思想，推动了越南民族文化的发展。

1945年越南共产党发动"八月革命"，成立越南民主共和国（即北越）。越南由此开始了延续30年的南北分裂格局。1975年，北越统一全国，并在第二年改名为越南社会主义共和国。为促进经济发展，越南政府自1986年以后大力推行"革新开放"，积极与中、美及世界各国改善关系。

在越南独特的国情中，以下几方面因素对越南新闻事业的发展产生了重要影响。

## 一、越南深受外来文化影响

从历史上看，越南是一个"外源性"的国家。其历史发展长期受到外力的推动。在古代，越南受到中国儒家文化的影响，近代又成为法国殖民地。统一后，由于经济基础非常薄弱，不得不更多依靠外来（主要是苏联和中国）的资金和援助。在中苏对抗时期，越南采取全面倒向苏联的外交政策。苏联不仅在经济、技术上和管理模式上，同时也在文化、意识形态乃至新闻事业的发展模式上对越南产生了深远的影响。20世纪90年代开展"革新开放"后，为了融入全球化浪潮，吸引外资，推动经济转型，越南不断改善本国的投资环境，对贸易、投资、金融等领域进行改革，同时制定新的政策以便更好地参与地区和国际事务，由此对新闻事业也进行了相应的主动调整。

## 二、长期的战乱

1858年9月法国武装侵入越南。之后，在第二次世界大战期间，越南又成为日本的殖民地。1945年9月，法国军队卷土重来并于1946年对越南发动全面进攻。越南的抗法战争一直持续到1954年。1955年，美国取代法国，在越南南方扶植建立傀儡政权"南越共和国"。1965年，美国对越南发动了一场长达八年的"局部战争"，战争一直持续到1973年。越南统一后没几年,又于1978年对柬埔寨发动了大规模进攻,直至1989年9月越军才彻底撤出柬埔寨。1979年中、越两国发生边境军事冲突;20世纪80年代,两国继续军事对抗,时间持续达十年。长期的战争给越南的生产造成巨大破坏,夺去了大量青壮年的生命,使得越南的国内建设严重落后。而落后的经济和长期混乱的社会秩序使越南的新闻事业发展水平也严重滞后。

### 三、强烈的民族主义

在抗法与抗美救国战争中,胡志明和越南共产党人反复强调依靠民族主义来激起人们的革命热情。"革新开放"以后,在经济发展的同时,一些人心中的共产主义理想与道德规范日渐丧失,开始对社会主义制度产生了动摇。因此,越南共产党一方面大力发展经济,另一方面大力弘扬民族主义,聚集全民力量,推动越南走向"民富国强、社会公平、民主、文明",同时在全球化浪潮中力求保持民族的独立与发展。媒体成为越南共产党宣传民族主义的重要工具。

### 四、众多的宗教信仰

越南宗教众多,主要有佛教、天主教、基督教、儒教、道教、和好教、高台教、福音教和伊斯兰教等,其中佛教和天主教影响最大,其次是基督教和儒教。其中儒教、佛教、道教、天主教等属于外来宗教,高台、和好教等属于本土宗教。本土宗教往往有很浓的政治色彩。和好教在美伪统治时期有教徒约150万人,教徒拒绝服兵役,并参加反对美伪统治的斗争,配合越南人民军推翻了西贡伪政权。由于特殊的地理和历史原因,越南各宗教之间的分野不清,宗教的相互演变、融合现象比较普遍。截至1997年年底,越南宗教教徒达1500多万人,占总人口数的21%,约每5人中就有1人信教。[①]越南实行"革新开放"政策以后,越南共产党提倡无神论,但不排斥党员信教。

---

① 余翔:《越南民族宗教概况》,载《国际资料信息》2003年第10期。

### 五、庞大的海外侨民群体

由于战争的影响,越南的海外移民和侨民众多。2012 年,越南侨民达 450 万人,同期越南人口为 8877 万人。越侨在越投资企业众多,为越南贡献了大量侨汇。在越南的新闻事业中,这些侨民也是不可忽视的、重要的传播对象。由此也形成了越南独特的海外传播格局。

## 第二节 越南新闻传播的发端

### 一、由法国殖民者开启的新闻传播事业

1858 年法国殖民者入侵越南,法国殖民当局采取的是鼓励地方自治的模式。为了切断越南与中国的密切联系,法国将报刊作为殖民统治的重要手段,并因此开启了越南的新闻传播事业。"在法国殖民者入侵前,越南没有报纸。政府向人民通报信息用告示、榜文等","从法国殖民统治开始直至第一次世界大战结束,越南所有的报纸均为法国人或是'归化'的越南人所办。越南南部是越南新闻事业的发源地。法国殖民者占领越南后,把印刷机带到了越南"。①

1861 年,法国海军上将博纳德(Admiral Bonard)创办了越南最早的报纸,名为《南圻远征军公报》。这是一份法文报刊,主要用来刊登南圻殖民当局的一些决议、公文、法规、指示等等。随后于 1863 年、1864 年,又分别出现了法文报刊《乡村纪要》《西贡信息》。这三份报纸都是公报,只登载一些命令、规定和远征军的消息,且只在法军内部和为法军工作的通晓法文的少数越南人中流行,发行量很小。

1865 年,张荣淇在越南创办了第一份越南语和华文双语报《嘉定报》。他也因此被认为是越南新闻界的鼻祖。张荣淇是最早主推拼音文字的越南人和推广法国文化的第一个越南知识分子,他所创办的《嘉定报》在推进越南文拉丁字母化方面起了很大的作用。

此后越文报刊开始逐步涌现。在越南北方,由欧内斯特·巴布特创办

---

① 陈氏美河(Tran Thi My Ha):《越南互联网管理模式探析》,华南理工大学硕士论文,2011。

发行、陶沅浦担任主笔的《大越新报》于1905年诞生。这是第一份全越南语的报纸。而创办于1913年的《东洋杂志》是越南的第一份杂志。"这段时间的报纸较为著名的还有当时的越南民族资本家所办的《实业民报》《开化日报》等","到1922年，全国已有96份报纸杂志，1925年有121份，到1929年有153份"。① 自从法国殖民统治开始至一战结束，越南大部分报纸主要是为殖民统治下的傀儡政权服务，为殖民制度进行辩护。

但与此同时，一些受到西方民主思想影响的人士利用法国《新闻法》的空子，创办了宣扬资产阶级自由主义思想，甚至批评殖民制度的报纸，如阮富凯、辈光炽主办的《土著论坛》、法籍律师莫宁主办的《印度支那报》等，还有一些在法国的越南留学生创办了越语的《越南魂报》《复国报》《再生报》等等。这些报纸宣传西方民主思想并批评殖民制度，传入越南国内后都产生了较大的影响。

### 二、革命报纸的酝酿、诞生及发展

19世纪末20世纪初，世界革命形势发生了急剧的变化，尤其是中国的维新运动和辛亥革命等对越南民族解放运动产生了深远的影响。可以说，"在越南报刊诞生之初，越南的知识分子就看到了新闻传媒对越南社会所具有的重要影响，于是尽心尽力地建立、发展与普及越南报刊，并将之作为推动社会进步的重要工具"②。这些革命报纸的酝酿、诞生和发展促进了越南民族的觉醒并推动越南抗法运动走向高潮。

在这样的思潮下，越南形成了"革命派"与"改良派"两个政治派别。革命派以潘佩珠为首，改良派以潘周桢为代表。潘佩珠本人还亲自担任《云南杂志》的编辑工作。1907年3月，潘佩珠与梁文开、阮权等爱国志士一起创立了东京义塾，专门成立了"鼓动组"这个机构，并出版了《登鼓丛报》，传播西方资产阶级思想文化，介绍中国的维新变法，并鼓吹在越南开展维新运动。但由于其所宣传的思想威胁到法国的殖民统治，于1907年11

---

① TS.hoàng Văn Quang: Đề cương chi tiết bài giảng Lịch sử báo chí Việt Nam，Học Viện Chính Trị Quốc Gia Hồ Chí Minh Phân viện báo chí và tuyên tryền，trang12.
② 黄永福:《从"儒学"到"现代"：越南的新文学/文化运动及其与中国现代文学/文化的关系》，上海大学硕士论文，2011。

月遭到了查封，创办人梁文开、阮权、黎琐等被逮捕。该报纸虽然仅仅存在了九个月，但却具有非常重要的影响和示范意义，为越南的革命报刊播下了火种。

此后，越来越多的革命报纸纷纷面世，有阮安宁1924年在交趾支那出版的法文版《破钟》，有黄素环1927年在安南创办的《人民之声报》，这些报刊宣传进步思想，揭露殖民者的虚伪与残暴，积极宣传抗击殖民主义。

1925年6月1日，由胡志明创办的《青年报》第一期发行。《青年报》是越文周报，连续但是不定期地出版到了1929年。其目的是向懂得"国语字"的越南人进行革命宣传。报纸每期100份，但是刊发后被大量传抄，并通过秘密渠道，发行到青年革命会在国内、国外的基层组织，因此保证了宣传的覆盖面，为越南无产阶级政党的诞生做了政治、思想和组织上的准备。《青年报》不仅致力于揭露法国殖民者残暴的统治，激励越南人民的爱国精神和斗争意志，还特别注重宣扬在马克思列宁主义方法的指导下进行革命。《青年报》的宣传形式也十分丰富。考虑到受众的知识水平及宣传效果，报纸注重运用消息、社论等新闻体裁，以及诗歌、答疑、散文等文学手法进行思想宣传和知识普及，并大量使用简单明了的图画进行宣传和报道。"《青年报》的文章结构短小、紧凑，观点鲜明、文字简洁。它虽然印刷简陋，在蜡纸上刻写"[1]，但该报的文风、版面布置、发行和传播模式都深刻影响了此后的越南革命报纸。

1930年2月，胡志明在香港成立了越南共产党，进而开启了越南共产党的新闻事业。在非常艰苦的条件下，革命报纸克服了种种困难在国外或在国内秘密出版发行。1930年8月15日，越共机关报《斗争报》在河内秘密发行。在民主运动时期，除了如《共产》杂志、《红色》杂志等10多种中央报刊外，还有许多诸如《斧头与镰刀》《印度支那共产党的人类》《工农》《安南共产党的红旗》等基层组织报刊，这些报刊让群众初步了解到马克思列宁主义的基本理论，鼓舞了越南人民投身到自身的民族解放的道路上。

1936年，"印度支那民主阵线"公开成立，这给了民主阵线和印度支那

---

[1] Nguyễn Thành: Sự nghiệp báo chí của chủ tịch Hồ Chí Minh, Nhà xuất bản Lý luận Chính trị 2004, trang 196-220.

共产党公开出版报纸的短暂时机,产生了一批如《前锋报》《民众》等有较大影响的报纸。这些报纸在越南社会产生了广泛的影响。

1941年1月8日,胡志明创办了《越南独立报》。1942年,越南独立同盟的机关报《救国报》创刊;同年10月10日,党中央机关报《解放旗帜报》创立。这些报纸推动了越南革命高潮的到来,也与1945年"八月革命"的胜利有很大的关系。

值得一提的是,从1930年开始直到1945年"八月革命"胜利,许多越南革命者被投入殖民者的监狱。这些革命者在狱中出版了许多报纸,包括河内火炉监狱党支部的《监狱岁月》、昆仑岛监狱党支部的《公议》等共计约四十三种。这些报纸的出现体现了革命者不屈的斗志和高超的斗争艺术。

### 三、华文媒体

这一时期也同时出现了华文媒体,出于商业利益的考虑以及对传播中华文化、中国故乡消息的热情,越南华人于1918年创办了第一张华文报纸《南圻日报》。此后,华文媒体不断出现并在战争中曲折成长。1920年,《华侨报》创办,但直到转让由华侨接办后,才开始刊登关于中国的新闻。1929年,侨商梁康荣出资筹办《民国日报》,次年改名《中国日报》。它是纯商业性报纸,经历了法国殖民统治、日军占领和法军重新侵略时期,一直出版到1965年才改组编辑部并更名为《建国日报》。抗战爆发后,出于对祖国时事的关心,越南华文侨报不断涌现。在八月革命之前,影响较大的有1931年10月创刊的《民报》、1938年创刊的《全民日报》和1940年创刊的《远东日报》(早、晚两刊)等。

## 第三节 南北分裂时期的越南新闻传媒

越南媒体从诞生之初到20世纪80年代,都一直在战争与动荡的环境下发展。特殊的环境造就了越南媒体特殊的发展历程。每一次标志性的历史事件都会带来越南媒体的发展,由此造就了越南当时别具一格的新闻格局。

## 一、抗法战争时期

这一时期的越南党派林立,势力众多。在南部,日军向英国军队投降。随后在英军支持下,法国重回越南,却无力控制局势,最终拉拢了已经退位的保大皇帝建立了君主制的"越南国"。在北部,越南北部日军向中华民国军队投降后,在进入越南的国民党军队协调下,成立了由越南国民党、越南革命同盟会和越盟共同组成的联合政府。纷繁复杂的局面给予了南北媒体较大的发展空间。

### (一)南方法国控制区的媒体

**1. 法国殖民当局采取松散的管理体制,意图通过媒体拉拢越南知识分子**

1945年,法国殖民当局成立了"安民委员会",为拉拢南越的文人学者,由该委员会主导出版了一系列报纸,如《联盟》《秩序》《新民》等等。这一时期报纸数量增长较快,主要是办报有利可图。多数报纸内容都以大量的小道消息为主,而不涉及政治。这些报刊存在时间非常短,往往突然出现,又突然消失,生存的周期仅以月计数。还有一些报刊以刊登蛊惑人心的新闻以及贪污腐化、敲诈勒索的丑闻为主,内容变得十分粗俗。不稳定、低俗化和投机取巧成为这一时期媒体的特征。

**2. 印度支那共产党西贡党部领导下的爱国报纸十分活跃**

这一时期,在印度支那共产党西贡党部的领导下,南部同时还活跃着数十份爱国报纸,这些报刊积极关注政治话题,围绕民族独立和争取民主展开讨论。他们积极揭露殖民者分裂越南的企图,要求法国政府与胡志明政府展开谈判。其中,较为著名的有《回声报》《电讯报》《钟声》等报纸。1946年,在印度支那共产党的领导下,南部之声广播电台成立。到1948年,南部地区已有2个广播电台,一个是南部抗战台,一个是五联区广播台。与此同时,爱国的媒体人士在1948年成立了新闻联合会,以此团结南部、中部和北部的记者力量。但这些革命报纸和电台的活动一直受到法国殖民者的破坏和打击,很多记者和编辑因此牺牲,部分媒体被迫停止活动。

### (二)北部越南民主共和国的媒体

1945年9月2日,越南民主共和国正式成立。这一时期的新闻报刊配合政府的中心任务，积极宣传抗战建国。同时，他们也配合当时的各种运动，提倡健康的新生活、节俭等。

1. 全国扫盲运动与北部越南民主共和国报纸的发展

在建国之初，越南的文盲率达到了 95%，胡志明政府充分认识到这个问题，并组建了平民教育委员会。"从 1945 年 9 月到 1954 年抗法战争结束，北部就有共 1400 万成年人脱盲，占总人口的 80%。"[1] 正是由于识字率的提升，才带来了北部报纸的大发展。

2. 短暂的复杂时期

1945 年 9 月，越南民主共和国宣布成立。这是由越南国民党、越南革命同盟会和越盟组成的联合政府。这一时期，由于越南民主共和国出台的新宪法鼓励新闻事业的发展，在这样的背景下，各党派都成立了自己的宣传报刊，各种思潮和意识形态相互碰撞、极为活跃，对临时政府形成了一定的压力。临时政府也积极整合这股重要的舆论资源，于 1945 年 12 月，组织来自各媒体的 100 名记者在河内代表全国的报界成立了"越南新闻团"。

与此同时，印度支那共产党和越盟的报刊也得到大发展。党中央的机关报《真理报》（现在劳动党中央机关报《人民报》的前身）创刊。除此之外，还有八月革命前所创办的越盟阵线的机关报《救国报》、妇女救国会创办的《妇女之声》、越南工人劳动联合会创办的《劳动报》等。

这一时期，越南的通讯社和广播电台也开始建立。1945 年 8 月临时政府成立了宣传部，其中包括越南通讯社。1945 年 9 月 2 日，胡志明在河内巴亭广场庆祝大会上宣读的《独立宣言》通过越南通讯社以越、英、法三种语言向全世界发布，也成为越南通讯社发布的第一条消息。9 月 7 日，越南之声广播电台成立，用有声无线电和莫尔斯电码传播秘密和公开信息。除越语外，刚开始只有英语和法语两种语言，后来又增加了华文、老挝语的对外广播。

3. 印度支那共产党与越盟报纸成为主流

1946 年，抗法战争全面打响。临时政府各党派都表示不再互相攻击，一致拥护抗战，所有新闻媒体也积极投入抗战，成为动员、鼓舞以及组织

---

[1] 陈立：《越南高等教育发展研究》，浙江大学出版社，2011，第 79 页。

实现抗战任务的强大舆论武器。在这样的背景下，政府对报刊进行了严格检查与整改合并，从战前的117家报社合并为52家，私人报刊纷纷停办，或转为集体所有。新的报刊创办受到限制。

**二、南北对峙时期的新闻事业**

从1954年7月签订《日内瓦协议》，以北纬17度线为界的临时军事分界线把越南分为南北两个部分到1964年美国扩大侵越战争。这期间，越南的战争主要集中在南方，这使得北方可以有近10年的时间开展社会主义建设，而南方则在北方的攻势下社会动荡，政权频繁更迭。

**（一）北方社会主义建设时期的新闻事业**

北方进入短暂的社会主义建设时期，越南劳动党先后提出了恢复经济的三年计划（1955—1957）：进行土地改革、鼓励和帮助私营工业和小手工业发展生产等。发展经济、改造经济和发展文化的三年计划（1958—1960）：继续建设、完善和巩固社会主义生产关系，推行农业合作化，对手工业、资本主义工商业实行社会主义改造等。第一个五年计划（1960—1965）：初步实现社会主义工业化、初步建立社会主义的物质和技术基础，同时完成社会主义改造。为配合这一系列社会主义建设计划，当时的越南劳动党十分重视宣传工作，"没有哪一个国家几乎全部国家领导人——从胡志明到他的战斗伙伴和学生都是媒体的大师"。由此，北方的新闻事业进入规范有序的发展。

1. 通过《人文》-《佳品》事件取消民营报刊

1956年，出于对前一阶段"土改"运动中对"阶级敌人"滥用暴力以及"思想改造"知识分子政策的不满，北越知识分子通过《人文》《佳品》《百花》《新地》等一批刊物，对越南劳动党的政策进行了尖锐的批评。其中最有影响力的是《人文》和《佳品》，由民办的明德出版社出版。这些刊物还呼吁越南的言论、结社和迁徙的自由，甚至要求追究政府的责任。

针对这些批判，越南党和政府采取了坚决的否定态度予以回击。胡志明和长征等中央领导在讲话中明确提出"艺术必须为政治服务"和"文化是抗战的一条战线"等要求。同时，党和政府组织力量与《人文》-《佳品》

作家进行激烈辩论。到 1956 年 12 月，北越发布主席令，以违反存档制度为由，河内市政府停止了《人文》和《佳品》的出版，关闭了出版这两份杂志的明德出版社，没收了出版的杂志刊物。同时，颁布了针对报纸的规定，其中包含 5 个内容：一是不得反政府、制度；二是不得挑拨、煽动混乱；三是不得丑化各兄弟国家；四是不得泄露国家秘密；五是不得违反淳风美俗。对违反者将加以处罚，没收部分或全部财产。1958 年，越南劳动党中央通过了《政治局关于文学问题的决定》，对私人报刊进行整改。到 1960 年，越南的私人报纸被完全取消。

2. 新闻事业围绕建设社会主义的主题得到大发展

1961 年，胡志明提出"想要建设社会主义，首先要有社会主义的人"。这一时期的报刊，根据越共中央的要求，着重围绕越共中央的中心工作任务，进行思想宣传和组织发动。各大报纸的重心一方面集中在发动和组织劳动生产竞赛，表彰劳动生产先进典型。另一方面积极宣传土地改革，呼吁农民参加互助合作组、合作社；号召人民勤俭节约、增产、互助；在报纸上大力开展扫盲运动；针对农村的婚丧嫁娶、家庭邻里关系等倡导健康的生活方式、良好的人际关系。为确保宣传的效果，越共中央积极支持各大报刊的发展，原有的《人民报》《人民军队报》《救国报》《劳动报》《妇女报》《前锋报》等在规模上和现代性上都得到发展，一批新的如《消息报》（1954）、《每日河内》（1957）、《首都报》（1957 年）等报纸创刊。"到 1962 年，北方已有 120 多个各类新闻机关，其中近 50 份的中央和地方报纸，50 份的各行业的报刊，24 份社会组织的报纸，有新闻工作者约 1500 人。"①

1955 年初，越南通讯社正式成为越南政府的直属机关，负责对外发布越南党和政府的信息和文件。1957 年，越南通讯社的摄影分社成立。从 1952 年到 1957 年，通讯社已经有常驻在中国北京、苏联莫斯科、缅甸、法国巴黎的机构，还派有记者常驻印度、英国伦敦。

**（二）南方进入媒体的混乱时代**

1955 年，美国扶持吴庭艳成立了"越南共和国"。1963 年，"越南共和

---

① 资料来源：1959 年 4 月 17 日《第二届越南记协大会》会议资料。

国"再次发生政变,吴庭艳被杀。此后到1965年越南实行军管前,共发生了6次政变。动荡的政治环境,各种政治力量的激烈博弈,导致了这一时期的南方媒体进入混乱时代。

一是政府对媒体的管制缺乏政策延续性。由于政权更迭频繁,在上任之初,新政府往往会对媒体采取较为宽松的态度,但很快又会转而采取制裁措施。吴庭艳担任总统后,立即在宪法中承认言论自由,随后又签署赦令,停止对越语报刊的检查。但随后又颁布13号令,规定了对"违令"报纸的制裁措施。

二是官方报刊受到美国的控制和影响。政府出于巩固政权需要,由各部门负责出版了一系列刊物,如军队心理战局的《前线》,越南通讯社所办的《刚强》,还有以佛教徒为对象的宗教报纸,如《建设》等。这些官方所办的报刊,在纸张分配、广告发行上受到政府的优待照顾。

三是出现众多中间派报刊。在政府时松时紧的政策下,批评政府,但同时也反对共产主义的报刊大量出现。比较有代表性的有宗教界人士所办的《晨报》《电信报》等。但这些报纸还是受到了当局的严厉制裁,如《晨报》,曾100多次被查抄,多次被起诉、关闭。由于这一时期西贡政权频繁更迭,政治派别、宗教派别间的冲突激烈,每个派别都有自己的报纸,数量增长很快(仅1963年11月、12两个月,就有25家日报出版),越南学者称为"报纸的混乱时代"。其中有很多报纸寿命很短,有的甚至只出一期就停刊了。

四是南部民族解放阵线的报刊广播出现。1960年,越南南方民族解放阵线成立。在北越的帮助下,南部民族解放阵线很快就拥有了40家报纸和杂志,如《统一》《全国抗日报》等。1962年,越南南部民族解放阵线成立了"解放广播台",和越南之声台一起服务于南部解放和祖国统一的事业。

### 三、全面抗美救国战争时期

1965年,美国直接派遣军队进入越南,把在越南南方的战争扩大到对整个越南的战争,全面抗美救国战争爆发。

### (一)北方新闻事业在战争中建立完善的体系

一是确立"一边生产,一边战斗"的宣传方针。很多记者同时又是战士,"一手拿笔,一手拿枪"。在内容上,一方面聚焦劳动生产,大量刊载爱国劳动竞赛中涌现的先进模范,宣传先进科技、改进工具和增进劳动效率的办法;另一方面大量报道战争进展和战斗情况,传递捷报、宣传战斗英雄。特别是在战事的后期,媒体大量集中报道战事胜利消息,并介绍一些省市解放后的情况。这样的报道模式极大地鼓舞了群众打赢战争的信心。

二是广播和电视媒体得到较大发展。为满足人民群众了解战事进展的迫切心情,广播电台记者采取各种方式确保在第一时间播报战事讯息,一些记者还在现场录音报道,收集了枪声、飞机声、爆炸声以及军队在第一线的战斗实况的声音。1968年,在战斗最激烈的阶段,越南无线电视影片厂成立。1971年,北越在派出干部前往古巴学习后,建立了越南中央电视台,并开始试播。1972年到1973年间,由于美国B52轰炸机重返北越河内,形势紧张,电视台遂停播节目。至1973年签订《巴黎协定》,统一南越后再次开播。1975年,越南电视台第一次实现直播,播出了庆祝越南全国统一解放的游行。

三是初步确立苏联新闻事业模式。自1965年战事开始后,苏联对北越的援助稳步上升,苏联制度与文化思想对越南的影响力也不断增强。北越的新闻事业也模仿了苏联的思路和管理运行机制,即媒体是党的思想战线的一部分,所有媒体均为国有,成为行政部门的一部分,完全听从党的领导,完成上级确定的宣传任务。

### (二)南方媒体面临美国和政府的压力,逐渐转向革命

1969年,阮文绍政府颁布《新闻法》,规定未经司法机关决定不能对报纸暂时停刊或是永久停刊,同时允许报纸批评政府。该法被认为是南越时期最进步的法律。但仅实行了三年,就颁布了更为苛刻的007号赦令,其中规定了保证金制度、罚款与停刊处罚制度。据统计,1972年007号赦令公布后,就有736家报纸受罚和被起诉。根据保证金制度,还造成许多报刊因为交不起保证金而集体停刊,导致约70%的记者失业。这引发了1974年10月10日的"记者上街乞讨日",这是越南新闻史上一场声势浩大的斗争,

引起了国内外的巨大反响。这一系列严苛政策造成南越最高峰时的 52 份日报降到了 1973 年的 18 份。①

在全面对越战争开始后,美国加大了对南越媒体的控制力度。改组或组建新的传播机关,动用了全部现代化宣传和广告技术,宣传美国的价值观和生活方式,试图用美式价值观影响和塑造越南,并投入大量资金,改进设备,在当时的西贡就拥有了最先进的办报设备,如 1967 年就有了彩色的印刷机。1966 年开办了越南第一个电视台。该电视台有两个频道,其中一个播放与美国电视台共同制作的娱乐节目,观众主要是美军官兵。"随后又在西贡和序苴、芽庄、归仁、顺化等周边城市建立了自己的电视台,作为战争宣传工具之一。到 1971 年,在美国扶持下,南越拥有了 9 座广播电台,500 万部收音机,50 万台电视机。"②

但面对政府的禁令和美国的拉拢,南越的中间派媒体却更加清醒,不断组织号召针对腐败政府的抗议活动。这一时期,还出现了一些如《黑白》《自强》等纯粹的商业报纸,大量刊载黄色新闻和小说连载,也有如《百科》《文学杂志》等一些专门领域的刊物。

与此同时,南部解放阵线的媒体影响力也在不断增强,紧跟形势发展,记录南部反抗运动,营造有利于革命的声势,形成保卫越南民族文化、保卫妇女的品德等运动,较好地推动了南越的解放运动。

## 第四节　南北统一后越南新闻媒体的发展

1975 年 4 月 30 日越南南北统一后面临着良好的发展机遇,但是越南没有抓住这一历史的发展机遇。一是忽视了刚统一的越南存在着的显著的南北差异。自 1978 年起,对南方进行了彻底的急风暴雨式的社会主义改造,极大地破坏了生产力。二是不顾本国国情,盲目照搬照抄苏联计划经济模式。三是发动侵柬和挑起中越边境战争,不仅耗费了大量的物力与财力,而且使得国际援助急剧减少,社会和经济危机更加严重,经济已经处

---

① 易文:《当代越南新闻传媒研究》,人民日报出版社,2012,第 67 页。
② 张顺洪、孟庆龙、毕健康:《英美新殖民主义》,社会科学文献出版社,1999。

于崩溃的边缘，迫使越南政府于 20 世纪 80 年代初开始对经济政策进行调整，然而见效不大。1985 年下半年，由于"价格－工资－货币"同步改革操之过急，引发了国内市场的混乱，物价飞涨，人民生活更加困难，最终在 1986 年越南共产党六大上，党和政府决定启动全面的"革新"。

## 一、统一后到"革新"前的越南新闻媒体

### （一）以胡志明、长征为代表的越南共产党新闻思想为指引

在《越南报人的幸福》的文章中写道："没有哪一个国家几乎全部国家领导人——从胡志明到他的战斗伙伴和学生都是媒体的大师。"[①] 由于越共中央的领导人胡志明、长征等人都接触、从事过新闻传播工作，对新闻事业十分重视。他们十分具体地对新闻传播工作提出很多要求，而他们对新闻事业的看法也代表了"革新"前越南共产党新闻思想的主要内容和基本观点。总的来说，他们的主要新闻思想是在吸收了苏联，特别是列宁关于党报的理论的基础上，与越南革命的实际相结合之后逐渐发展和成熟起来的。比较有代表性的观点有：

1. 新闻媒体须具有"政治性、战斗性、群众性"

胡志明认为，越南革命报纸"首先要体现战斗性和表现最高的党性，这是越南革命报纸的本质和最高的标志，战斗性不仅只是针对进攻敌人，而且也集中表扬一些榜样鼓舞人民踊跃参加革命。基本思想就是动员和教育群众自觉革命，团结他们使之成为民族解放和人类解放事业中的巨大力量"[②]。作为胡志明新闻思想的继承者，长征也提出"报纸是阶级斗争锐利的武器"，同时也一再强调"办报的干部是拿笔的革命战士"，"是思想战线上的突击战士"[③]。

2. 办报、写报是为了服务人民

胡志明认为："报纸应该解释政府的政策让人民清楚和陈述人民的愿望

---

① ĐỗPhượng: Hạn hphúc của những người viết báo Việt Nam，Học Viện Chính Trị Quốc Gia Hồ Chí Minh Phân viện báo chí và tuyên tryền：80 năm báo chí cách mạng Việt Nam —— những bài học lịch sử và định hướng phát triển，Nhà xuất bản Chính trị Quốc gia2005，trang 87.

② Hồ Chí Minh ToànTập，tập 5，Nxb Chính trị Quốc gia，Hà Nội 1995，trang 620.

③ Nguyễn Thành：Đồng chíTrường Chinh với báo chí：Nhà xuất bản Thanh Niên 2006，trang 431.

让政府知道，从中鼓动、训练人民组织自己的力量。"① 而长征认为，"记者应该以一种生动的方式普及党的第三次全国代表大会决议和会后党中央的各种指示和决议，普及国家的各种法律规范文本，传播1957年和1960年共产党和工人党在莫斯科的各种会议精神②，解释国内和世界上每天的事件以引导舆论，以便群众了解后有正确的行动，在力所能及的范围内为群众解决疑虑和思想问题"。③

3. 重视批评和自我批评

胡志明认为不断提高批评与自我批评的精神，是越南革命报纸发展的重要规律。他还特别指示各报应增设"读者意见"栏目，甚至建议办报者把"欢迎读者批评报纸"的文字写在每天报纸的头版上。

可以说，这一时期的新闻事业正是在胡志明、长征为代表的越南共产党新闻思想下发展的。

### （二）对南部媒体的改造与社会主义新闻体制的正式确立

在具体的实践中，越南共产党新闻事业的制度、结构和组织也与苏联、中国等社会主义国家的新闻传播事业的发展轨迹几乎一脉相承。

1975年4月30日，北越人民军攻占西贡后，迅速控制了西贡的各类媒体，并通过电台、电视台发布了一系列宣布解放、安定人心的信息。随后，又接管了芹苴、顺化等南部各省的媒体，并通报军管会的相关政策和主张，取得了安定思想、稳定社会的积极作用。

也是从1975年4月30日那一天起，西贡所有的报纸都奉命停刊。与此同时，在南部各解放区和各个游击根据地的革命报纸或是自动停刊，或是并入北方的报纸，在全国统一发行，如北方的《救国报》和南方的《解放报》合为《大团结报》。同时，越共中央成立新闻局。由该单位决定各媒体的报道方向和内容，确定每份报刊的印数、周期、发行量，由政府向各媒体统一拨款，并统一分配纸张数量。1975年8月10日，私营报纸《晨报》再版。

---

① Hồ Chí Minh Toàn Tập，Tập 6，Nhà xuất bản Chính trị Quốc gia 2000，trang 88.
② 1957年11月14—16日，在莫斯科召开了社会主义国家共产党和工人党代表会议；1960年11月，在莫斯科召开了世界各国共产党和工人党代表会议。
③ Nguyễn Thành：Đồng chí Trường Chinh với báo chí，Nhà xuất bản Thanh Niên 2006，trang 431.

这也是解放后越南仅存的一份私营报纸。1975—1976 年间,越南共产党从北越抽调了一批新闻工作者到南越。同时开办紧急短训班,接收南越的媒体设备和人员,并对他们进行社会主义改造,以期尽快统一思想、用社会主义的意识形态取代资本主义的意识形态。

伴随着对南部媒体的改造,越南开始逐步建设起社会主义性质的公营新闻事业系统。到 1975 年 4 月,越南北部已有 130 家报纸。1976 年,越南通讯社与越南南方解放通讯社合并为"越通社"。合并后的"越通社"拥有 40 个国内分社,13 个国外分社,1000 多名新闻干部和记者,以 6 种语言发送新闻资讯。

1977 年,越南广播电视委员会成立。在广播方面,确立越南之声作为国家电台。在电视的发展方面,最早的越南电视台是 1970 年 9 月 7 日由波兰和苏联援助,在河内成立的。该台于 1977 年除夕向河内观众试播,每周播出 3~4 次。由于各方面条件的限制,试播一直持续到 1986 年。而这段时期,基于原南越电视台发展起来的胡志明市电视台已具有基本完备的现代化设备。除此之外,芽庄、归仁、岘港、顺化等经济较发达之地也逐步创办了电视台。

1976 年 7 月 7 日越南记者协会成立。该协会是由越南北方的河内记者协会和越南南方爱国民主记者协会合并而成,属于祖国阵线的成员。在胡志明和长征新闻思想的指引下,宣传与鼓动成为媒介职能中最重要的部分。

### (三)危机中酝酿的新闻传媒革新

这段时间越南错误的发展道路使其经济社会危机进一步加深。有学者认为:"1976 年至 1980 年阶段,是越南经济由于持续了 30 年战争的影响和在经济指导、战略主张上的主观错误所造成的危机时期。"[①]

越南在进入 20 世纪 80 年代以后,通货膨胀率居高不下,始终保持在三位数。1985 年 9 月的"价格-工资-货币"改革,非但没有止住经济下滑的势头,反而使通货膨胀率进一步上升。1986 年通货膨胀率竟然为 774.7%。

经济的困难表现在新闻领域,首先是新闻纸数量的减少以及随之而来的报纸印刷数量的减少。新闻纸从 1976 年的 11000 吨减少到 1985 年的

---

① 陶文集:《越南经济 45 年》,许志生、李宁等译,广西人民出版社,1992,第 102 页。

6600 吨。随之又造成了新闻传媒的从业人员工资、稿费的大幅下滑，甚至难以维持温饱。

迫于经济的压力，越南政府不得不默许报纸为了生存而进行的自主探索，比如在接受国家补助的同时，通过制作迎合市场的内容获得更大的销量。1982 年，越南通讯社出版了《Espanha 快讯新闻稿》，集中报道在西班牙举行的世界杯足球赛，采取了自由价买纸和协商价印刷，有利销售的模式。结果供不应求，在越南通讯社的总部前排满了买报纸的读者，取得了意想不到的成功。这是第一次报纸有了利润。紧接着越南通讯社推出《体育与文化》报，大受读者欢迎。此后又出现了《科学技术和世界经济出版》《每周消息》等。这些报纸通过提供国外的经济、政治、社会信息以及时事新闻来吸引读者。各种娱乐和体育信息的出现打破了政治信息一以贯之的严肃，适应了群众多方面的需求。因此，这 3 份报纸迅速拥有了几百万读者。但直到 1986 年，《体育与文化》等才真正获得出版许可证。

总之，这段时期越南媒体自下而上自发的探索成为新闻传媒业革新的先声。虽然这种变化的直接推动力是为了解决媒体的生存问题和经济困难，但也切实带来了媒体的运营方式的转变、报道内容的拓展和形式的改进，以及媒体功能的丰富。

## 二、"革新"后越南新闻传媒的快速发展

1986 年 12 月，越共六大召开。改革派阮文灵当选为总书记。加之受到苏联戈尔巴乔夫"新思维"的影响，越南国家领导人提出了把经济建设作为工作中心、继续经济体制改革、争取越共有利的国际环境，逐步扭转困难局面的大政方针。根据这个思路，越南开始推动新闻媒体改革，同时通过新闻传媒的变革来推进"革新"，由此带来对新闻传媒功能看法的转变。越南共产党在六大上正式提出："媒体是党的喉舌，同时也反映人民群众的声音。人民各方面的程度都在提高，要求报纸和其他通信工具必须保证真实性、提高质量，增强群众性和战斗性，克服简单、单调、肤浅、空洞、片面的情况。"在这一思路指导下，越南媒体的改革开始了"革新"探索之路。

虽然在 1996 年，越共八大上就已经提出"应当大力发展和大力扶持非

社会主义经济"。但直到 2001 年越共九大上，越南共产党才第一次在党的文件中明确指出："社会主义定向的市场经济是越南在社会主义过渡时期的总的经济模式"，并把它界定为"社会主义方向、有国家管理、按照市场经济机制运行、多种成分的商品经济"①。随着越南政治民主化进程的加快，引发了越南媒体深入的变革。

**（一）越南新闻传媒革新的发端**

1."人民论坛"观对新闻媒体功能认识的拓展

1987 年，阮文灵总书记在中央机关党报《人民报》上发表系列文章《当务之急》。这标志着越南新闻事业"革新"的开始。其中阮文灵所提出的"新闻媒介既是党和政府的喉舌，同时又是人民的论坛"的观点（以下简称"人民论坛"观），影响尤其巨大。这一观点是新形势下越南共产党新闻思想的新发展，标志着越南的革命新闻事业步入了一个新阶段。

尽管"苏东剧变"之后，越南对媒体上的"反消极"有所收紧，但新闻传媒是"人民论坛"的提法却延续了下来，写在各种相关法律文本中，并且为新闻媒体的"反腐败"功能的出现奠定了基础。正是新闻思想的解放，使得越南媒体与党和政府的各项工作相互配合，共同推动了"革新"开放的顺利进行。

2.1989 年《新闻法》的出台奠定了新闻传媒体制转变的法律依据

越南能在 1989 年酝酿和出台"革新"后的第一部《新闻法》是有一定的历史渊源的。早在 1989 年《新闻法》立法之前，就曾经在越南这块土地上出现过许多的新闻法律法规文本。

从 1858 年至 1954 年的法属殖民时期，"尽管北圻、中圻、南圻各地实施了不同的新闻政策，但是越南新闻体系并未发生巨大变化。法国殖民政府的有关新闻的法规文件有上百份，包括颁布于法国而生效于印度支半岛的各项法律、法规、公款令和法属印度支总督为印度支半岛、越南特地颁布的法规，赦令"②。较为典型的代表有：法国殖民者在 1881 年颁布《新闻

---

① 古小松：《2008 年越南国情报告》，社会科学文献出版社，2008，第 76 页。
② 阮氏恒秋：《越南〈新闻法〉与 20 年实施新闻法的现状研究》，华东师范大学硕士论文，2012。

自由法》，在1898年颁布关于限制新闻自由的赦令，在1914年颁布《战时新闻法》，在1927年颁布《表示政治观点限制法》，等等。

从1955—1975年的20年美伪政府期间，为了打消吴庭艳政府给民众留下的打压新闻界的印象，美伪政府总统阮文绍下令编撰《越南共和国新闻法》，并于1969年12月30日于西贡颁布。该法分为8章，总共有69条例，也称019/69《新闻法》。在生效3年之后被007/72新闻法取代。019/69《新闻法》比法属殖民时期的新闻法律、法规更加进步。"第一，该法的第一章的第一句就肯定了新闻自由权利：'新闻自由权是越南共和政体之基本自由权。'第二，该法明确规定新闻的权责与义务，如新闻可提出和评论政治社会的各个问题，甚至'可不以宣传为目的地指责政府'。然而，该法禁止提供和侮辱个人生活。019/69《新闻法》的内容相当开放，推动了新闻出版蓬勃发展。可是，经过实行，西贡政府发现了其过度开放，所以三年后就用更加严厉的007/72来取代。"①

1945年8月越南共产党夺取政权，成立了越南民主共和国的革命政府后，宪法规定"越南公民具备言论自由、出版自由的权利"。然而，很长一段时期内，管理新闻的主要都只是一些概括性的赦令（如暂时维持现行新闻法的1945年10月10日主席令）或者新闻制度（如1946年41号主席令《关于新闻制度》）。直到越南第八届国会第六次会议讨论通过1989年《新闻法》。具体内容如下：

> 该法分7章，共31条。第1章《总则》之前有一段类似序言的文字，说明制定该法的目的，是保障符合社会主义利益和人民利益的公民新闻自由权和新闻方面的言论自由权。《总则》第1条规定，新闻媒介是各党组织、国家机关和社会组织的言论机关，是人民的论坛。第2条规定，国家保护新闻工作者在法律范围内的活动，同时，任何人也不得利用新闻自由权侵犯国家、集体和公民的利益。新闻在印刷和播放前不经审批。第2章《公民的新

---

① 阮氏恒秋：《越南〈新闻法〉与20年实施新闻法的现状研究》，华东师范大学硕士论文，2012。

闻自由权和新闻方面的言论自由权》，规定公民有权对国内外形势，对党的路线、方针及国家法律发表"建设性意见"，向新闻媒介提供的各类作品"不受任何组织与个人的审查"，不对新闻内容负法律责任。

第3章为《新闻媒介的任务和权限》，要求新闻媒介"忠实报道"国内外形势，宣传党的路线、主张和政策，宣传建设成就，为发展社会主义的民主、加强全民团结、建设社会主义做出贡献；反映和引导社会舆论，成为实现人民的言论自由权利的讲坛；表扬社会上的先进榜样和新因素，与各种违法行为和其他社会消极现象做斗争。同时规定，新闻媒介不得煽动人民反对国家，破坏全民团结，不得煽动暴力、宣传侵略战争，不得煽动淫诲、颓废和罪恶，不得泄露国家机密；不得报道与事实不符的消息；不得损害各组织和公民的名誉。报道失实或出现歪曲事实的现象时，新闻媒介必须及时更正和道歉，否则受损害者有权向新闻媒介的主管机关提出申诉或要求法院审判。对于尚在审判过程中的案件，新闻媒介"有权按自己的材料来源进行报道"，并承担法律责任。这一规定与许多国家的新闻法规是不同的。

这一章还规定，除非省或省级以上检察院院长或法院院长因调查和审判的需要外，新闻媒介有权为消息来源保密。此外，还赋予新闻媒介要求各级组织和负责人回答公民通过新闻媒介提出的问题的权功，但是当这种要求如被拒绝时，新闻媒介可采取何种措施，该法未做出明确规定。

在第4章《新闻和新闻工作者的组织》第12、13条中，该法规定新闻媒介的领导人须"完全符合国家规定的各项政治、道德和新闻业务标准"，并向主管机关，即出面为该媒介申请新闻活动许可证和直接管理该媒介的组织负责，同时还需承担所在新闻媒介一切活动的法律责任。第14条要求新闻记者必须进行忠实的报道，"反映人民的意见和愿望"，实现公民的新闻自由权和新闻方面的言论自由权。记者对自己的新闻作品内容负责。这一章中，还有关于越南新闻记者协会的权力和义务的条款，赋予记者协会参与制定新闻报道政策的权力和保护记者合法权益的义务。

第5章《国家对新闻的管理》明确规定，由部长会议和各省市分别对全国及地方新闻媒介实行分级管理，制定有关法规、政策、发放许可证，引导和检查新闻媒介的方向和任务，并负责处理违法行为。新闻管理机关接到申请之日起，须于30日内发放或说明不予发放许可证的理由，申请许可证的组织有权向部长会议主席提出起诉。新闻媒介必须严格依许可证的内容活动。广告须与新闻内容分开，不得混淆。各级组织或公民欲召开记者招待会，应事先向新闻管理机关提出申请。

这一章里，未列专门条款，对新闻媒介的创办程序做出明确规定。关于新闻媒介的创办权，仅属于"组织"，即各党组织、国家机关和社会组织。（目前越南除共产党外，尚有民主党、社会党、越南祖国阵线等其他合法政党。）换句话说，就是公民个人无权创办新闻媒介。这一点与越南1957年5月的《新闻法》不同，也是越南第8届国会第6次会议讨论《新闻法》时激烈争论的核心问题。

第6章《奖励和处理违法行为》规定，成绩突出的新闻媒介或新闻工作者可获国家的嘉奖和荣誉称号；报道内容或活动违反本法规定者，将按情节轻重分别给予警告、罚款、没收出版物、吊销许可证等处理，直至纪律处分、行政处罚或追究刑事责任。阻碍新闻媒介从事合法职业活动的责任者，也要受到相应处理。另外，从第5章看，违法行为的裁定权及处理权属于各级政府。对于一些具体问题，如罚款数额、吊销许可证的时限等等，则均未做明确规定。

第7章《最后条款》指出，外国在越南的新闻活动和越南新闻媒介的涉外活动规则，由部长会议另行颁布。也就是说，此类活动将作为具体政策，而不是作为具有较稳定形式的正式条款列入《新闻法》内。该法的实施细则，由部长会议制定和颁发。①

---

① 伍耐：《越南新闻法简介》，载《新闻与传播研究》1990年4期。

综上所述，1989年越南"革新"后第一部《新闻法》的颁布，标志着那种主要依靠政策和指示管理新闻传媒的方式，开始转变为依据法律对新闻传媒的调控。虽然后来苏联解体引起越南领导人的警惕，并对媒体加以限制，对创办媒体及新闻报道的内容做出了更加严格的限制，但不可否认的是，1989年《新闻法》的颁布和实施，为越南媒体下一步快速而有序的发展奠定了法律依据。

**（二）快速发展的越南媒体及其现状**

1. 媒体机构数量与经营的全面增长

随着越南全面"革新"的启动，各类媒体机构蓬勃发展。无论是在数量上，还是在质量上都有了显著进步。"具体而言，新闻机构数量从1990年的350家发展为2011年3月的745家，745家新闻机构共出版了1003种印刷品，2011年全国有67家广播电视台，其中中央台4家（VTV，VCTI，VTC，VOV），地方台63家，此外，越南还有46家电子期刊，287家新闻机关网站以及上千家党、政府、社会团体的网页。"①如下图所示，从1990年到2011年，越南全国报纸机关的总数增长了一倍多。

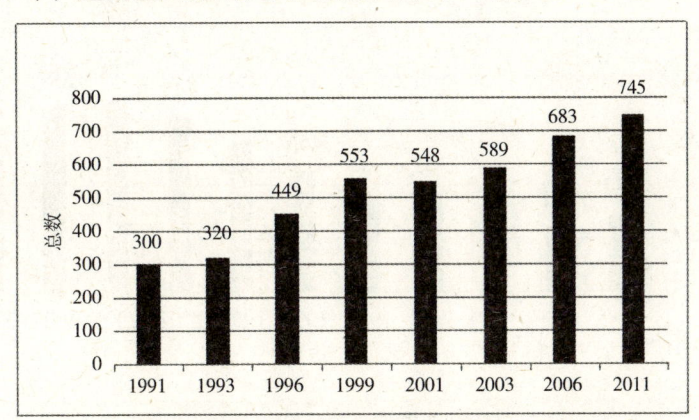

图1  1990—2011越南全国报纸机关的总数（单位家）②

越南媒体的经营性收入，尤其是其中利润最大的广告收入，也呈现爆发式增长。

---

① 阮氏恒秋：《越南〈新闻法〉与20年实施新闻法的现状研究》，华东师范大学硕士论文，2012。
② 资料来源：《综合信息与传媒部报告》。

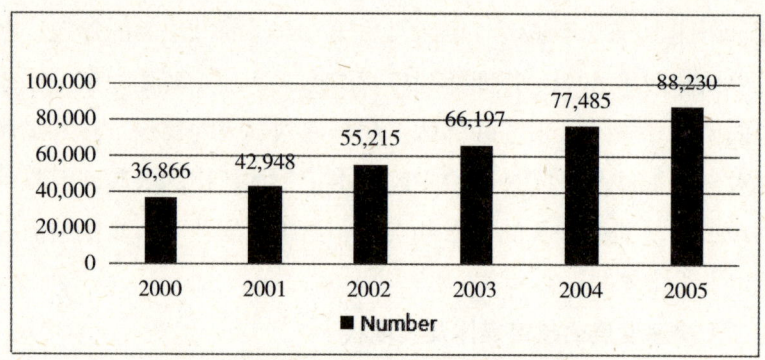

图 2　越南广告经营额（单位：千美元）①

2. 不同类型媒体的发展情况

我们来具体考察一下"革新"后越南各种类型的媒体各自的发展概况。

（1）报纸杂志

伴随经济的恢复，越南的报纸杂志业迎来了较快的发展。据越南文化信息部统计，2009 年越南境内已经有 553 家报业机构，报纸杂志的种类达到 700 多种。比 1986 年报纸的数量增加了近 3 倍。

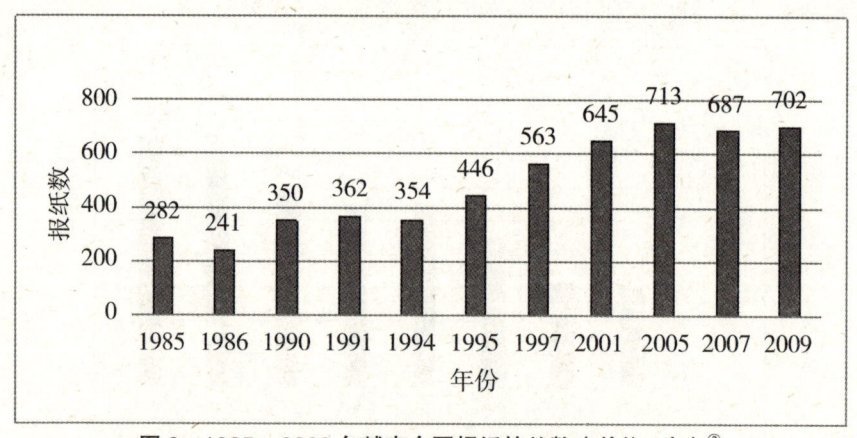

图 3　1985—2009 年越南全国报纸的总数（单位：家）②

这一时期，报纸从品类上也呈现多元化发展的局面，逐渐形成了以党报和行业报为主体，综合报及专业报为补充的多样化发展体系。其中，党

---

① 资料来源：TNS Media Vietnam。
② 阮成利：《革新开放以来越南新闻传媒业的革新与发展研究》，中国人民大学博士论文，2007。

报系统由中央以及各省、市的党委机关报、团委机关报构成，如越南党中央报《人民报》；行业报由各部门和行业发行，如《胡志明市公安报》；综合报是面向社会大众需求发行的，如《消息报》；专业报是根据特殊的市场需求而发行的，如《足球报》《法律报》等。

不仅如此，报纸的内容也更加丰富，表现形式也更加多样。在内容上，从"报喜不报忧"，只说好的、正面的，到关注社会存在的消极现象；从关注政治到也关注经济、金融和文化娱乐信息。在形式上，也积极学习国外经验，采用更有吸引力和冲击的表达方式。"国外现代的电脑照排、印刷技术开始得到采用和普及，报纸的版面编排方式也已经有了很大的改观，图片的运用越来越多，并开始在版面上占有突出的位置，套色和彩印的报纸开始出现。"① 与此同时，国外的杂志也进入越南市场，如"ELLE"等。这些国外刊物的出现，不仅进一步丰富了越南的传媒市场，也加剧了媒体的竞争。

这一时期较为著名的报纸有：

越南共产党中央机关报《人民报》，创办于1951年3月11日。1994年，越共在《明确党报在"革新"阶段的职能和任务》的决定中将《人民报》定义为人民的论坛。《人民报》每天出8版，发行量10余万份。1998年，《人民报》开始发行电子版。

作为"越南青年联合会的讲坛"的《青年报》，创刊于1986年1月3日，每周6期。

创刊于1975年5月5日的胡志明市委机关报《西贡解放日报》，在2002年左右的发行量能达到每期10余万份，被誉为"胡志明市人民的声音"。此外，该报社还办有《西贡解放日报》华文版。

胡志明市团委机关报《年轻人报》，创刊于1975年。初始为周报，后为每周4期。到2002年该报每期发行量达到26万份；到2008年，每期发行量上升到30余万份。该报在越南的发行量和广告量都是最大的。在国外设立了记者站，派有驻外记者。

另外，河内市委党报《新河内》《越南经济时报》《人民军队报》《胡志

---

① 易文：《越南革新以来新闻传媒改革历程及特点分析》，载《新闻大学》2014年第5期。

明市公安报》等也在当时的越南国内有着较大的影响。

（2）广播电视

作为社会主义国家，越南广播电视事业也一直是党和政府的"喉舌"，是国家的公益性事业单位，实施国家财政直接拨款，按照"单一宣传性"的模式来运营，采用的是一种"制播合一"模式。进入20世纪90年代后，越南广播电视传媒也开始了管理体制的改革，从财政拨款逐渐转型为自支自收、自主经营的企业化经营模式。这是一个逐步发展的过程："1993年至2004年越南广播电视实行从'收支两条'管理制度到'支出预算包干'，到2005开始改为'财政自主权'管理制度。"① 体制机制的调整带来了广播电视事业的迅速发展。

根据文化通讯部广播电视局报告，"1990年，全国广电系统总支出为2799万VND（VND是越南盾），其中广播电台占1300万VND，中央电视台占1352万VND，地方电视台占147万VND，到1993年这个数额增长到7500万VND。从以上的数据可以看到政府财政拨款的数额一年比一年多"②。

表1  越南电台、电视台1990—1993年支出情况表

单位：万VND

| 年份 | 1990年 | 1991年 | 1992年 | 1993年 |
| --- | --- | --- | --- | --- |
| 广播电台 | 1300 | 1800 | 2300 | 3000 |
| 中央电视台 | 1352 | 1500 | 1000 | 1250 |
| 地方电视台 | 147 | 720 | 1550 | 3250 |
| 总共 | 2799 | 4020 | 5850 | 7500 |

先来看越南广播电台的具体发展情况："革新开始时越南的广播系统分为中央、各省、直辖市，各县、市以及乡镇，坊四级。到1991年10月，全国有49个地方广播电台，288个市县的调频台，到2007年61个省都有自

---

① 武氏渊：《越南电视业发展简史》，南京师范大学硕士论文，2012。
② 武氏渊：《越南电视业发展简史》，南京师范大学硕士论文，2012。

己的广播电台，有 612 个县市台。"① 数量较 1991 年增长了 1 倍。越南的中央电台是越南之声，有 6 套节目，每天有 452 个广播节目，播出时长总计达到 159 小时 30 分钟，覆盖越南全国 97% 的人口。2008 年，越南之声不仅办广播，还开办了电视节目，并且覆盖了印刷和网络，成为一个全媒体平台。这标志着越南广播电台的发展已经和世界主流的发展趋势，即融合发展的方向接轨。

再来看越南电视业的发展。越南电视台是 1971 年从越南之声电台中分化出来的，1980 年开始播出彩色电视。到 1990 年，越南中央电视台只有一套越语节目，一套转播的俄语节目，共两套节目，内容十分单调。"革新"之后，越南电视台的频道不断增加，设备不断更新，节目也越来越多样化。

一些重大新闻事件带来的机遇和设备的进步促进了越南电视业的发展。例如为转播 1990 年第 11 届北京亚运会的实况，越南电视台购买了地面卫星接收装置。这在客观上丰富了越南的电视节目。1991 年，越南又租用了印度尼西亚的发射机应答器卫星，这使得越南获得了用卫星电视来辐射全国，向全国播放电视节目的可能。最早出现的卫星电视频道就是 VTV1 频道。

现在，越南一共有 67 家电视台，包括 1 家国家电视台和 66 家地方电视台，形成了频道多样、节目丰富、服务全面的电视生产格局。不仅有新闻类节目外，还有社教类、文化娱乐类和生活服务类等节目类型。以新闻节目为例，除简单的消息类节目，也有专题、重大新闻事件的现场直播等。

在娱乐类节目方面，随着 1996 年《96 年的大学生》节目的问世，娱乐节目正式登上越南的电视荧屏。后来，《登上欧林匹克顶之路》《周末在家》《神话乐园》《文化行程》《我们是战士》等越南本土的娱乐节目纷纷出现，给观众带来很多欢乐与笑声。2001 年，《奇妙的帽子》成为越南的第一档外来电视娱乐节目。这种强调竞争、快节奏，且具有博彩性质的娱乐节目迅速得到了巨大的关注。接着，《谁是百万富翁》《幸运超市》《请选择对价格》《谁比五年级生聪明》等从国外引进版权的节目纷纷登场，给越南观众带来了精彩的电视大餐。

除此之外，谈话节目如《当时的人》《年轻的梦想》等也陆续出现。电

---

① 易文:《当代越南新闻传媒研究》, 人民日报出版社, 2012, 第 147 页。

视剧无疑是最受观众欢迎的节目类型。除了引进剧外,越南电视台和越南电视电影中心等机构也自制连续剧,较有代表性的有《C21号房的专案组》《A6房间的楼梯》等等。

随着节目类型的细分,电视频道的设置也越来越专业化和对象化。以国家级的越南电视台为例,到2002年已有5套节目。具体情况如下:

> VTV1是综合频道,主要播出新闻节目,此外还有专题节目、电视剧、电影和音乐。
>
> VTV2是科教频道,在执行发展教育以培养、提高民智的国策中有着比较重要的地位。该频道播出很多教育节目让没有条件没有钱到学校授课的人可以通过看电视而学到知识,特别是对在高山地区的少数民族。
>
> VTV3是综艺节目,包括文化、体育、娱乐、信息经济的节目、国内外电视剧、选秀节目,同时也播出国内外的新闻和一些热门专题。
>
> VTV4是服务于对外工作和在国外的越南人。播出节目内容包括时政、经济、文化、社会等。从1998年2月,VTV4使用C波段,每天播2个小时覆盖全亚洲和欧洲。1999年,使用C波段和KU波段,每天播4个小时覆盖全亚洲和欧洲。2002年使用KU波,每天播4个小时段覆盖北美和加勒比海。2002年使用C波段和KU波段,每天播8个小时覆盖亚洲、欧洲、美洲。
>
> 2002年2月,VTV5出现,这是少数民族的电视节目频道。通过卫星播出,每天播10个小时,使用11个少数民族语言。节目由少数民族电视编辑部门负责。VTV5的节目内容由地方电视台制作,内容反映了少数民族的生活,由少数民族编辑员、记者编辑的,在越南电视台播出。[①]

2007年4月29日,越南电视台成立了VTV6(青少频道),每天播出24小时;同年10月8日VTV9(南部频道)开播,主要面向东南部地区,

---

① 武氏渊:《越南电视业发展简史》,南京师范大学硕士论文,2012。

如胡志明市周边地区。2016年1月1日VTV7（教育频道）、VTV8（中北部频道）开播。

除越南电视台外，自2013年起，越南在各省、直辖市也成立了自己的广播电视台。例如河内广播电视台（Hanoi TV）、胡志明市广播电视台（HTV）、海防广播电视台（THP）、岘港广播电视台（DRT）、芹苴广播电视台（THTPCT）等。省级广播电视台有莱州广播电视台、奠边广播电视台、老街广播电视台、河江广播电视台、高平广播电视台等等。

近年来，除了播出电视节目之外，越南电视台还发展出如电视购物、网络电视、杂志等更加多样化的业务。越南电视台设备的数字化进程也在不断地推进。越南不仅拥有了越来越多的转播车、数字摄像机、机械手自动播出系统等，采录制作设备已经逐步实现全面的数字化。

值得注意的是，越南广播电视的管理体制也越来越灵活，国际的合作也越来越深入。"中国国际广播电台与越南之声广播电台，中国中央人民广播电台与越南之声广播电台，中国中央电视台与越南电视台都互相签订了交流合作协议，中国地方一些电视台如广西电视台、云南电视台等都与越南的广播电视机构建立了良好的合作关系，通过定期互访、节目互换、人员干部交流等形式，进一步加强两国在广播电视领域的交流与合作。"①

（3）互联网媒体的发展

1992年底，第一个国际的互联网链接终于在越南建立。1997年3月，政府总理签署决定成立国家因特网调配办公室，颁行了《在越南管理、设立和使用因特网的暂行管理规则》的决定。随后，越南于1997年11月正式引入因特网。20多年以来，越南的互联网事业取得了长足的发展。据《人民邮电报》的报道，2016年越南互联网的大致情况如下：

> 越南通信管理局（VNTA）日前透露，目前超过4730万越南居民可以访问互联网，约占总人口的52%。其中，宽带用户数为3630万，而2014年仅为2230万。越南六大移动网络现已有1.206亿用户，移动网络仍然占据市场主导地位。2013年，固定电话用

---

① 武氏渊：《越南电视业发展简史》，南京师范大学硕士论文，2012。

户数为950万，2015年进一步缩减至670万。

根据监管机构数据，包括河内电信、FPT电信、有线电视运营商VTV Cab和SCTV在内的运营商在2015年都经历了强劲的增长，但是市场依旧被越南最大的移动运营商越南军用电子电信公司（Viettel）、越南邮电集团（VNPT）及其子公司越南移动电信服务公司（MobiFone）所垄断。FPT是最近一个申请进行4G测试的运营商。

Viettel、VNPT和MobiFone公司已经获得进行4G测试的许可，不久前还在越南军用电子电信公司在巴地－头顿省部分地区开展了LTE-A测试。[1]

根据《全球移动互联网市场数据大揭秘之越南篇》所做的调查，"在越南，3G网络甚至走在了许多发展中国家前面。使用3G打开图片、视频，进行视频对话，基本不需要等待，即使是一段长达5分钟的视频，缓冲时间可能也只需要几秒钟。很多时候，越南的3G甚至比10Mb的Wi-Fi都要快许多。越南不仅网速快，网络基础设施建设也很不错。在一些偏远乡村，上网也没有问题。越南是Wi-Fi覆盖非常广的国家，在大城市几乎都是免费。越南移动手机渗透率高达140%，达1.40亿台；智能手机数2200万台以上，智能手机普及率23.25%。截止到2014年底，越南市场主流的智能手机操作系统主要是ios、Android、WP，其中Android和ios增长较快。智能手机方面，iphone的份额增长较快，安卓手机中三星份额较大，还有LG，这两年OPPO、小米、魅族等国产品牌也在越南比较火爆。虽然智能机普及率还不是很高，但其实越南很大一部分功能机处于非活跃状态，因此智能机在活跃手机中占主要构成部分"[2]。

在网络媒体的发展方面，越南最早的网络媒体是《家乡》杂志网络版。1997年2月6日，该报连上了互联网，当时的地址是：http://home.vnn.vn/quehuong。1999年2月《家乡》电子报首次将内容上传网络，每月出三版，

---

[1] 张晴、王辉：《越南互联网覆盖率达52%》，载《人民邮电报》2016年1月6日。
[2] 《全球移动互联网市场数据大揭秘之越南篇》，网址：http://mt.sohu.com/20150916/n421298693.shtml。

后增加为八版。其主要的服务对象是越南的海外侨胞。《家乡》电子报到 2002 年时，已拥有近 8000 万网络用户。

进入 21 世纪，除了《家乡》电子报外，以"越南每日快讯""越南网"为代表的主流媒体纷纷上网。如今，越南网已经成为越南国内的一个龙头网站，该网站的几十个专题涵盖政治、经济、教育、社会、文化、科学、体育等。

除党媒外，越南的网络媒体的大部分是商业媒体。据 2011 年 10 月越南互联网中心 VNNIC 发布的报告，越南总共约有 3100 家商业网站。这其中较有代表性的商业网站是民智网。每当越南国内外重大新闻发生时，它总能在第一时间进行报道。

## 第五节 越南新闻传媒的特性

### 一、《新闻法》的优点与实施中的困惑

《新闻法》作为越南法律体系中的重要法律之一，对国家政治、经济社会生活和新闻传播事业产生了巨大的影响。

1989 年《新闻法》的出台，对于科学管理现代新闻事业是极其必要的。然而，1989 年《新闻法》在立法与实施的过程中仍然存在着许多问题。首先，《新闻法》只是一个框架，在实践中因为不够具体带来了许多操作上的问题。其次，随着媒介技术的进步，20 世纪 90 年代以来，网络媒体和新媒体开始飞速发展。然而，1989 年新闻法对于这些新兴媒体出现后引发的许多新现象、新问题却有许多不能适应的地方。同时，虽然越南 1989 年出台的《新闻法》在第十五条，第一目，d 款规定：记者"按照国家规定在工作期间可以享受一些必要的优惠待遇"，e 款规定："其业务活动受到法律保护，任何人不得恐吓威胁其生命和干涉其搜集报道资料，不得影响新闻记者合法的业务活动"。但事实上，由于新闻工作者没有公务人员的身份，新闻工作者的新闻自由权常常无法得到保障。

正是因为 1989 年《新闻法》存在着各种各样的问题，所以 1999 年越南第 10 届全国代表大会第 5 次会议又进行商讨并于当年 6 月 26 日通过了由越

南社会主义共和国国家主席陈德良签署生效的《修正新闻法》。经补充修改的新闻法，总体结构更加科学、严谨，而且条理清晰，易于主管单位根据法律内容进行管理。然而，该法对于新兴网络传播中大量存在的抄袭现象仍缺乏相应的处罚方式。于是2008年，政府让信息传媒部继续修改，形成了《新闻法修订（草案）》，并进行了多次公开征集意见。直到2015年越南13届国会10次会议上，《新闻法修正案（草案）》才首次受到讨论。修改该法旨在具体落实2013年版宪法的精神和内容，同时让新闻事业更加健康、有效的发展。2016年正式宣布的《新闻法修正案》明确条款："公民有权依法从事新闻活动并受到国家保护；记者和公民有权获取国家按照信息获取法规定未予禁止的信息，服务在媒体上发布信息的工作。"2017年，《新闻法》新增关于公布信息来源的规定。该法第二章四大条款规定了公民的新闻自由和新闻的言论自由。为保护信息来源和记者职业活动，新法规定，记者只需在省级或以上检察院或法院在调查审理严重刑事犯罪案件时检察长或审判长书面要求提供信息时披露信息来源。

### 二、媒体反腐败功能的强化

自1986年越南"革新开放"以来，越南经济获得了快速发展。但同时一些官员的贪腐行为也日益严重。在这样的背景下，越南的新闻媒体成为反腐斗争中的利器。越南把对负面消息的报道和揭露性报道称为"反消极"，在大多数情况下，"反消极"都指的是"反腐败"。揭露性报道中的近七成都是批评、揭露官僚阶层贪污腐败的新闻报道。许多后来被查处的贪腐大案都是媒体先发现的。根据越南政府在2002年公布的数据，"90%的媒体反映的消极案件是符合事实的"。

最典型的是被称为越南建国后最大涉黑案的张文甘案。胡志明市一个庞大的黑社会集团的"黑老大"张文甘，为给自己的犯罪活动寻找保护伞，用金钱、美色等各种手段收买军队、公安等各级领导干部。对此，越南的《年轻人报》《青年报》等新闻媒体不惧各方面压力，进行了持续的跟踪报道。最终使得大批高级官员落马、获刑。

此外，1997年，发生在越南的第一经济大案明凤-EPCO案，涉案企业向银行和政府官员行贿，从而获取巨额银行贷款。从 1993 年开始，越南媒体《劳动报》等就刊登消息和评论，警告明凤集团，这是非常危险的赚钱方式，可能会引发其他相关部门的经济危机。结果，后面发生的事确实和媒体所说的一致。

除此之外，越南的许多记者还针对污染破坏自然环境、矿产林木资源的乱采滥伐、卖淫嫖娼等社会时弊，写出一部部深入调查的新闻作品。

除《劳动报》以外，《年轻人报》《青年报》等报刊的调查性长篇报道都对越南各界的社会问题起到了监督的作用。因此，越南记者协会每年都会举办"国家新闻奖"来奖励那些最优秀的新闻报道和记者。

### 三、相对滞后的新闻传播教育

受胡志明新闻思想的影响，越南一直以来重视加强新闻专业人才的培养，尤其注重加强记者的专业技能培训。但从世界范围来看，越南的新闻教育起步较晚。最早的新闻专业培训是 1949 年 4 月由越南共产党领导人提议开办的"黄促抗新闻培训班"（黄促抗是当时的爱国志士、著名记者）。1962 年，越南成立了中央宣教校，以短训班的形式来培养新闻传播人才。1969 年，中央宣教校升级为大学，并改名为中央第一宣训校，用于培训在媒体工作的干部和从业人员，性质类似于中央党校。1990 年以前，越南仅有这一所能培养新闻传媒人才的大学。

1990 年，越南新闻本科教育正式起步。宣教大学（原名为中央第一宣教校）于当年 11 月开始面向社会招生。到 1993 年，该校已经成为越南规模最大的新闻传播专业院校。除该学院外，河内国家大学、胡志明市综合大学、顺化科学大学等 5 所高等院校陆续开设了新闻专业或者传播专业，培养新闻人才的学历层次也开始不断丰富。如今，越南宣传与传播学院和社会科学与人文大学已经具备了培养硕士和博士学历层次人才的能力。

虽然发展迅速，但"革新开放"以来，越南新闻教育仍有许多无法适应新闻事业发展之处，集中体现在以下方面：第一，高校本身的硬件设施、教学设备陈旧、不足，导致了学生动手能力不足。第二，教材建设落后，缺乏与时俱进的统一教材。第三，教师队伍的数量、素质及教学能力等都亟待提高。第四，缺乏系统的、高水平的科学研究。这导致业界对于学界培养的人才质量并不满意。用人单位普遍认为刚毕业的学生大部分都不能达到媒体的要求，甚至不经过几年的实践不能办报。

对于这些问题，越南新闻学界也在积极寻求解决之道。除了增加对办学硬件设施的投入，学界更多地在探寻对大学新闻教育模式的改革。其中值得一提的，一是在课程设置中突出实践性较强的专业课程，以及对外语、计算机等现代新闻工作者基本技能的培养，甚至广告、公共关系、市场营销等课程也在大学中出现。二是教育模式不断走向开放——不仅向研究机构和媒体开放，也对国际合作办学开放。

目前，许多国际知名新闻传播院校如法国里尔大学、德国汉堡综合大学以及中国传媒大学南广学院都与越南高校的新闻系建立了合作关系。在新闻教育中增强与国际合作，越南正在逐步建设现代的新闻传播教育体系。

# 第三章 老挝新闻史

## 第一节 老挝简史与概况

老挝是中南半岛上一个古老的内陆国家,土地面积 23.68 万平方公里,人口接近 700 万人,与周围国家相比人口最少。老挝历史悠久,但因缺乏史料,目前学术界对 14 世纪前的老挝历史有较多争议。1353 年,法昂①(Fa Ngum)创建老挝历史上第一个统一的多民族国家,史称澜沧王国。1698 年之后,澜沧王国先后分裂为万象王国、琅勃拉邦王国和占巴塞王国,而东邻越南的川圹地区的情况相对特殊,越南人曾在此设立了镇宁府。1778 年后,分裂后的老挝诸王国逐渐附属于暹罗王朝的统治。

1893 年,法国以武力迫使暹罗签订《法暹条约》(又称《曼谷条约》),根据条约,暹罗割让湄公河东岸的老挝领土给法国,划湄公河西岸 25 公里及马德望、暹粒二省(今属柬埔寨)为中立区,开启了老挝历史上的法国殖民时期。殖民之初,法国人在政治上采取"以老治老""分而治之"的方式,扶持傀儡政权实施其殖民统治;在经济上以原料掠夺和税收为主,在文化与教育方面,愚民和同化是其主导策略。

1940 年 6 月,法国在欧洲战场失利并向纳粹德国投降,法国在老挝的威信下降。1940 年 9 月,日本军队入侵印度支那并控制该地。

1945 年 3 月,日本占领军驱逐法国人。1945 年 9 月 15 日,琅勃拉邦王国副王兼首相佩差拉在万象宣布老挝(旧称"寮国")独立。

1946 年 2 月法国重返老挝,8 月 27 日,法国与老挝签订临时协定(Modus

---

① 又译法努、华努等。

Vivendi），在法兰西联邦范围内承认老挝为一个君主立宪制国家。①

1947年4月，琅勃拉邦国王西萨旺冯在法国扶持下，成立老挝王国，实行君主立宪制。尽管法国对外承认老挝是法兰西联邦内的独立国家，但此时法国仍掌握老挝国防、外交大权。

1953年，法国与老挝签订《法老友好联合条约》，在设置种种苛刻条件的前提下，法国"承认"老挝的独立。

1954年，法国在奠边府战役中战败，迫于国际舆论压力，法国在《关于印度支那问题的日内瓦协议》上签字，承认老挝独立和完整。法国撤军后，美国积极在老挝扶植亲美势力。

1957年至1974年间，老挝各派组建了三次联合政府。

1975年12月2日，老挝人民民主共和国成立。苏发努·冯任国家主席、最高人民委员会主席，凯山·丰威汉任总理。

老挝实行社会主义制度。老挝人民革命党（The Lao People's Revolutionary Party）是老挝唯一的政党，在东南亚地区有一定影响力。第十届中央委员会于2016年1月产生，有69名中央委员和8名中央候补委员。本扬·沃拉吉（Bounnhang VORACHITH）为党中央总书记、通伦·西苏里（Thongloun SISOULITH）为政府总理。

老挝国会原称为最高人民议会，1991年8月改名为国会，为当前老挝国家最高权力机构和立法机构，有权决定国家各项基本事务，同时监督国家行政机关和司法机关的活动。②"本届（第八届）国会于2016年4月选举产生，国会议员149名，主席巴妮·雅陶都（女）。"③

在外交与对外合作方面，截至2018年老挝已同140个国家建交。④1997年7月老挝正式加入东盟，此外，老挝是大湄公河次区域经济合作（GMS）

---

① 格兰特·埃文斯：《老挝史》，郭继光、刘刚、王莹译，上海东方出版中心，2011，第81页。
② 《老挝国会》，中国人大网。网址：http：//www.npc.gov.cn/npc/xinwen/2011-06/13/content_1658593.htm。
③ 《老挝国家概况》，中华人民共和国外交部网站，网址：http：//www.fmprc.gov.cn/web/gjhdq_676201/gj_676203/yz_676205/1206_676644/1206x0_676646/。
④ 《老挝国家概况》，中华人民共和国外交部网站，网址：http：//www.fmprc.gov.cn/web/gjhdq_676201/gj_676203/yz_676205/1206_676644/1206x0_676646/。

成员,并与联合国、世界银行、亚洲开发银行等国际机构保持良好合作。2016年,老挝与其他5个国家共同加入澜湄合作机制,加强与澜湄国家之间的合作往来。

就经济发展而言,老挝经济以农业为主,工业基础较薄弱。1975年,老挝建国,实施社会主义改造。1986年起推行革新开放政策,经过30多年的发展,取得了一定的经济成就,但由于经济基础薄弱,当前老挝经济仍需不断发展才能逐渐摆脱不发达和贫困的困境。

教育方面,老挝国内实行小学到高中的义务制教育,学制分为小学五年,儿童入学年龄为6岁,初中三年,高中四年。高等教育方面,老挝现有4所大学,各类专业学院154所(主要为私立学院)。① 老挝政府重视提高初等教育入学率,并力争2015年后,实现初等教育入学率达到98%,中等教育入学率达75%以上,20岁以下的扫盲率达99%的计划。②

宗教方面,约有65%的老挝人信奉南传上座部佛教,是名副其实的佛国。佛教教派分为玛哈尼迎派(即大部派)和他玛育特派(即法相应部派)。大部派由于传入历史悠久影响甚大,遍及国内各地;后者主要在首都万象郊区和下寮,特别是占巴塞省的一些寺院中流行。老挝是一个多民族国家,全国共有49个民族,包括许多支族或地方支系,各民族风俗既接近也相异。在宗教信仰方面,也有部分人信仰伊斯兰教和基督教。

## 第二节 老挝的媒介体制与组织机构

老挝人民共和国成立以后,新闻和文化事业统一由新闻文化部负责,下设各省(市)、县设新闻文化厅(局)、处(科)。老挝新闻文化部的组织管理体系分三大部分,主要管理新闻出版、广播电视等相关机构与企业、博物馆、艺术表演相关机构与学校。2011年后,原新闻文化部和国家旅游局合并为新闻文化与旅游部,现任部长为Bosengkham Vongdara博士。

---

① 《老挝国家概况》,中华人民共和国外交部网站,网址:http://www.fmprc.gov.cn/web/gjhdq_676201/gj_676203/yz_676205/1206_676644/1206x0_676646/。
② 坎鲁翁:《老挝革新开放以来取得的成就及发展前景》,载《东南亚南亚研究》2011年第3期。

1975年，老挝人民共和国成立之后对媒体进行了整合与管理。就媒体体制而言，老挝长期以来实行国有国营制。其主要特征为，媒体所有权属于国家，所有媒体都由老挝人民革命党管理，其支出由政府财政补贴。"报纸一字不漏地照搬通讯社的稿子。"每周，编辑和部级官员都要碰头讨论审阅报纸上的文章。1993年6月19日，老挝人民革命党政治局通过了第36号决议，针对媒体管理提出了重要的革新举措。该决议提出加强党对新闻工作的领导和国家管理，但同时决议首次提出，媒体可以刊登私营企业的广告。1994年，政府减少了印刷媒体的财政补贴，所有的地方报纸开始自负盈亏，但同时又规定，报纸刊登广告不能超过1/3的版面。广播电台也被允许在娱乐节目中为私营企业产品插播广告，但规定广告时长不能超过总节目时间的1/10。1998年，老挝媒体开始出现了批评报道。2000年1月，老挝政府正式发布《反腐败规定》，允许媒体揭露政府官员的腐败和滥用职权的行为，但老挝国内的媒体鲜见批评性报道。此外，老挝现行的新闻政策规定，"出版者和记者是居住在老挝的老挝人"，"出版者和记者必须遵守党的政策，遵循管理机构的条例"，"禁止刊登违背政府利益的文章"等。老挝国内的媒体组织有通讯社和记者协会。

### 一、通讯社

巴特寮通讯社（Khaosane Pathet Lao，KPL或the Lao News Agency）是老挝唯一的国营通讯社。1968年1月6日，巴特寮通讯社成立于华潘省北部的Viengsay，希萨那·希萨尼任第一任社长。成立之初，通讯社仅有12名记者和技师，当前员工总人数发展到94人。巴特寮通讯社在老挝各省都有分支机构，主要向老挝各级媒体提供新闻。该社同时也是不结盟国家通讯社联盟和亚洲太平洋通讯社组织的成员之一，与成员国展开新闻领域的相关合作。

1979年4月，通讯社下属的《巴特寮》杂志（季刊）发行。1987年，英文版《巴特寮》杂志面世。1999年12月2日，老挝文《巴特寮日报》创刊。当前，通讯社下辖《老挝日报》、《老挝新闻日报》、《寮国》杂志、"KPL News"等报刊，同时在Facebook等平台开设了Pathedlao专页，开发了手机APP新闻订阅程序，每日用老挝语、英语、法语发新闻稿70多条。①

## 二、记者协会

"老挝记协成立于1985年4月8日，目前会员1000多人，工作人员20多名。老挝记协执行委员会由1名主席、6名副主席、1名秘书长和14名执行委员组成。6名副主席分管秘书处（办公和组织事务）、计划与财务、培训与公关、社会福利、对外关系和监督6个方面的工作。"② 从访谈得知，当前老挝国内媒体从业人员约2000人，但凡工作满3年的都可以加入记协，老挝记协也会为会员提供培训、协助其进行新闻采访、组织交流活动等。目前，老挝记协与中国、日本、韩国、古巴、印度等国的媒体和记者组织建立了交流关系。

## 第三节 老挝报刊发展的历史与现状

报刊是当前老挝国内的主流媒体之一，但在历史上，老挝的报刊出现的时间较晚，20世纪40年代以前，除了《老挝行政公报》和1939年创办的《老挝时事信报》（"Chot Mai Het lao"）外，老挝鲜见其他报刊。大体而言，老挝的报刊发展经历了6个时期，分别是近代报业的萌芽阶段（1893—1954）、联合政府时期的初步繁荣（1954—1975）、建国初期的报刊重整（1976—1986）、革新开放初期的报刊发展（1987—1993）、市场化运作初期的报刊发展（1993—2003）、互联网时代的多平台发展阶段（2003年至今）。

### 一、1893—1954年：近代报业的萌芽

1893年，法国以武力迫使暹罗签订《法暹条约》（又称《曼谷条约》），把老挝并入法属印度支那联邦，开启了老挝历史上的法国殖民时期。殖民

---

① 《老挝国家通讯社简介》，新华丝路网．http://silkroad.news.cn/2018/0118/79724.html，2018-1-18 15：26。
② 《老挝记协》，中国记协网．http://www.xinhuanet.com/zgjx/2015-02/15/c_133997001.htm，2015-2-15 09：57：59。

者采取"以老治老""分而制之"的方式,建立统治机构、掠夺资源、销售鸦片、以各种名目向老挝人苛以重税。在文化方面推行奴化政策,强迫老挝人学习和使用法语。老挝最早的一份报刊是殖民政府于1902年创办的月报《老挝行政公报》①("Bulletin Administratif Du Laos")。1917年的一项法令规定,作为"法国的被保护人","老挝人不得享有选举权和被选举权,更没有言论、出版方面的自由。殖民当局禁止老挝人民出版自己的报纸来表达要求与愿望,以防止引起骚乱"②。因此,除了《老挝行政公报》和1939年创办的《老挝时事信报》("Chot Mai Het lao")外,1940年以前,老挝鲜见其他报刊。

20世纪30年代初到40年代中期,泰国、越南等邻国民族主义运动兴起。泰国与日本联合,日益威胁着法国人在老挝的殖民地位。权宜之下,法国人通过办教育与报纸加强老挝人的民族认同感。当时法国的一份形势报告称"如果受保护国的政府不能成功地培养老挝人的独立自主的品格(至少在那些已经受过教育的人当中),那么老挝人就会日益被邻国吸引,而这种形势将会带来新的困难"③。以此为背景,老挝的教育与宣传部门制定了一系列目标,以激发老挝人的意识。《伟大老挝》("Lao Nhay")在此期间创办。同时为抗衡泰国的"泰雅"(大泰国)运动,法国人发动了"老雅"(大老挝)运动,并将《伟大老挝》打造为运动的鼓动机关报。当然,即便如此,"报纸内容也从不被允许偏离法国人的政策,也不允许展示明确的民族主义,它最重要的功能是逐步向读者灌输老挝的空间感,并在其内部创造认同感"④。该时期,老挝出现少量图书和期刊,但种类和发行量都非常有限,出版技术也较落后。《奇纳瑞》("Kinnary")是老挝当时最早的老挝语和法语并用的杂志之一,此外还有《伟大老挝》的一份增刊(1941—1944)——

---

① 格兰特·埃文斯:《老挝史》,郭继光、刘刚、王莹译,上海东方出版中心,2011,第171页。
② 格兰特·埃文斯:《老挝史》,郭继光、刘刚、王莹译,上海东方出版中心,2011,第181页。
③ 格兰特·埃文斯:《老挝史》,郭继光、刘刚、王莹译,上海东方出版中心,2011,第72页。
④ 格兰特·埃文斯:《老挝史》,郭继光、刘刚、王莹译,上海东方出版中心,2011,第73页。

由老挝新兴的知识阶层创办的《巴特寮》("Patheti Lao")报。

1947年11月，老挝进步党（后改名老挝国家党）和老挝联合党成立。"进步党成员多为政府官员和职员。主席为卡代·敦·萨索里特，副主席为方·丰萨万，顾问为梭发那·富马亲王，该党机关报是《人民之声报》，此外，方·丰萨万另办一份《老挝澜沧报》("Lao lane Xang")；联合党成员多为知识分子和下级职员，党的领袖为彭·苏发那冯，创办机关报为《新老挝报》。"①

1948年，多为下级官吏的老挝独立党和老挝民主党成立，独立党创建机关报《大众报》；民主党成员多为工商业者，创建机关报《老挝之声报》②。

1945年，日军武力解除法军武装，夺取法国在老挝的殖民政权。老挝国内独立运动频发。日本宣布投降后，1949年法国人通过签订《法老协定》，规定老挝为法兰西联邦内的独立国并重返老挝。1950年8月13—15日，老挝各地爱国力量重建新的"伊沙拉组织"（即自由寮国民族统一战线，简称巴特寮）创建机关报《解放报》。

1950年8月，桑怒解放区创办了老挝爱国战线机关报《自由寮报》。1954年改名为《老挝爱国报》（1975年更名为《人民之声报》，1983年后改名为《人民报》——笔者注）。

整体而言，该时期老挝报业发展受到各种条件的限制，很难发展壮大。一方面，老挝国内缺少印刷设备，手工油印、石印的方式延长了报纸制作周期、生产效率低下。以《自由寮报》为例，创刊初期，该报一直采用石板印刷的方式印刷报纸，直到1956年之后才改为铅印。另一方面，纸张在当时许多地区并未流行，"在偏僻贫穷的农村，当地人仍然用尖笔在棕榈叶钉成的本子上写字"③；此外，当时老挝的教育非常落后，读者数量难成规模，也无法为新闻行业提供足够的专业人才，直到今天，这个问题仍然制约老挝新闻业发展。该时期，老挝报刊的编辑大多数只受过初级教育，在昏暗、

---

① 秦钦峙、孙晓明：《老挝战后大事记（1945年8月—1984年12月）》，云南省社会科学院东南亚研究所，1985，第3页。
② 秦钦峙、孙晓明：《老挝战后大事记（1945年8月—1984年12月）》，云南省社会科学院东南亚研究所，1985，第4页。
③ 王以俊：《老挝新闻出版印刷业概况》，载《东南亚之窗》2005年第7期

狭小的空间中用简陋的设备进行工作，入不敷出的情况常常使得报刊难以为继。①

## 二、1954—1975 年：联合政府时期的初步繁荣

20 世纪 50 年代以后，老挝处于一个动荡而相对开放的时期。1975 年之前，国内各派组建了三次联合政府，政变不断，战乱不停。在此期间，报纸种类和数量出现明显增长，初步繁荣。老挝各界通过办报发表政治主张、争取舆论支持，华文报刊也在此期间出现。

1958 年以后，日报在老挝出现。1958 年到 1975 年之间，老挝国内的日报有《法新社老挝新闻》（"Agence Lao Presse"）、《协调报》（"Coordination"）、《每日新闻公告》（"Daily News Bulletin"）、《宣传报》（"Khao Khosanakan"）、《每日新闻》（"Khao Pachamwan"）、《老挝澜沧报》（"Lao Lane Xang"）、《老挝新闻》（"Lao Presse"）、《人民之声》（"Sieng Mahason"）、《老法之声》（"Sieng Lao Quotidien"）、《自由之声》（"Sieng se Ree"）、《老挝人民报》（"Xat Lao"）。② 该时期出现的报刊还有《和平党》（"Santiphap"）、《老挝民族报》、《老挝每日新闻》、《老挝日报》③、《巴特寮新闻》④、《大众之声》、《老挝中立之路》等报刊。

1959 年，宋萨宁亲王，时任老挝西北部华孔省（Hua Khong，今琅南塔省和波乔省）的省长，创办了《老挝蒙》（"Muang Lao"）杂志，该杂志以刊登和连载少数民族的文章和照片出名。⑤

1965 年 1 月 20 日，老挝人民军总政治部创办《人民军报》周报，发行量约 10000 份，主要在军队内发行，一张 4 版。⑥

1967 年《朋友》（"Mittasone"）创刊，由留学归来的知识分子创办，

---

① John A.Lent.Mass Media in Laos. Gazette . 172P.
② John A.Lent.Mass Media in Laos. Gazette . 171P.
③ 秦钦峙、孙晓明：《老挝战后大事记（1945 年 8 月—1984 年 12 月）》，云南省社会科学院东南亚研究所，1985，第 121 页。
④ 秦钦峙、孙晓明：《老挝战后大事记（1945 年 8 月—1984 年 12 月）》，云南省社会科学院东南亚研究所，1985，第 122 页。
⑤ 格兰特·埃文斯：《老挝史》，郭继光、刘刚、王莹译，上海东方出版中心，2011，第 118 页。
⑥ 王以俊：《老挝新闻出版印刷业概况》，载《东南亚之窗》2005 年第 7 期。

内容主要讨论几年内老挝社会将要面对的政治、经济和社会问题，言辞坦白。①

1970年，《联合公报：老挝的朋友》（"Bulletin des Amis du Royaume Laos"）开始发行，以文化内容为主。

1971年，老挝第一本英文周刊《万象新闻》（"Vientian News"）创刊。②

1972年，老挝第一本女性杂志《妇女》（"Nang"）发行。③同年，《攀竹》（"Phay Nam"）杂志出现，其主编为老挝的文学家、历史学家西拉·维拉旺（Sila Viravong），该杂志是一份文学和历史杂志。④

1973年《万象邮报》创刊，强调中立的立场，主张协调政府和民众的矛盾。发行量2000多份，但受新闻纸张价格增长的影响，入不敷出，最终在1973年末停刊。⑤

1975年8月11日，老挝人民革命党机关报《人民之声报》在万象创刊。⑥9月1日，万象市宣传新闻文化局创办《新万象报》，发行量4000份，一张4版。同年，老挝第一份英文周报《万象时报》（"Vientiane Times"）诞生。⑦12月2日老挝宣布废除君主制，成立老挝人民民主共和国，老挝人民革命党执政。

"1975年12月10日老挝《人民之声报》报道，老挝卫生部部长昭苏·冯萨在万象华侨理事会代表到老挝爱国战线驻万象代表处致敬意的仪式上说，老挝人民取得的胜利中，也有华侨的一份贡献和支持，他呼吁华

---

① 格兰特·埃文斯：《老挝史》，郭继光、刘刚、王莹译，上海东方出版中心，2011，第132页。
② 格兰特·埃文斯：《老挝史》，郭继光、刘刚、王莹译，上海东方出版中心，2011，第133页。
③ 格兰特·埃文斯：《老挝史》，郭继光、刘刚、王莹译，上海东方出版中心，2011，第133页。
④ 格兰特·埃文斯：《老挝史》，郭继光、刘刚、王莹译，上海东方出版中心，2011，第132页。
⑤ John A.Lent.Mass Media in Laos. Gazette . 174P.
⑥ 前身为《自由寮报》，1983年后改名为《人民报》。
⑦ 格兰特·埃文斯：《老挝史》，郭继光、刘刚、王莹译，上海东方出版中心，2011，第133页。

侨继续支持和帮助人民革命政权。"①值得一提的是,1954年至1978年之间,老挝华人报刊从出现到消亡经历了一个短暂的发展时期,此后华文报刊在老挝销声匿迹,直到2018年才又出现。

中老交往历史由来已久,1893年老挝沦为法国保护国,因殖民开发缺乏劳动力,法国人曾以各种优惠政策吸引华人华工,老挝华侨逐渐增多。1954年,法国撤出老挝时,由于当局政策相对宽松,大量华侨移民涌入老挝,华侨人口超过5万人。其后,美国对老挝的援助带来商业和贸易发展的契机,大批华人又从泰国等地涌入,1970年之后,华侨人口已接近10万人。其中,万象华人数量最多,约6万人,占万象人口的三分之一,为华人报刊的发展带来契机。从现有的资料来看,1959年以前,老挝没有当地创办的华文报刊。由于紧邻越南、泰国、柬埔寨,来自越南西贡、泰国曼谷、柬埔寨金边甚至香港的华报可以空运到万象,每天约1000份。从1959年至1978年,根据出现的报刊名称进行统计,出现约10份华文报刊。②有名字可查的有《寮华日报》(1959年)、香港《自然日报》(老挝版,1959年)、《万众报》(1960年,创刊年代有争议)、香港《虎报寮国版》(1960年)、《华侨新闻》(1965年)、《永珍③日报》(1967年)、《寮声日报》(1971年)、《老华日报》(创刊年代有争议)、"Lao samay"(《老华日报》的前身)、"Sai kang"(可翻译为《中立报》,创刊时间不详——笔者注)。因史料缺乏,是否还有其他华报不得而知。上述报刊的发行量大多为1000份。由于各种原因,大多数华文报刊的经营时间都不长,通常只维持几个月或一年的时间就停刊。如香港《虎报寮国版》在创刊后不到半年的时间,就因亏本而停刊。维系时间超过一年的报刊中,影响最大的是《老华日报》,其次是《中立报》("Sai kang")。④《老华日报》的前身是《老挝时代》("Lao samay"),该报因报道1968年美军在越南美莱村(My Lai)屠杀平民事件而被当局关

---

① 秦钦峙、孙晓明:《老挝战后大事记(1945年8月—1984年12月)》,云南省社会科学院东南亚研究所,1985,第127页。
② 该部分资料主要参考张俞的《老挝柬埔寨越南华侨华人漫记》和 Mass Media in Laos(John A.Lent)两份资料。
③ "万象"当时又译为"永珍"。
④ John A.Lent. Mass Media in Laos. Gazette .175P.

闭。①《老挝时代》("Lao samay")报后改名《老华日报》,并在当局的严密监视下办报。《老华日报》的内容主要以华人社区的商业活动为主,也编译来自 BBC 的国际新闻、老挝政府报刊的新闻和非政府报刊的内容,而刊登商业广告和各类贺喜广告是其主要收入。②

1975 年 12 月 1 日,老挝人民民主共和国成立。由于社会改造和后来的排华运动,1975 年至 1985 年,约 9 万人华侨外逃,③ 大多数华文报刊停刊。1978 年 2 月,老挝以不符合老挝党的对外路线为借口,关闭了《老华日报》,华文报刊一度在老挝绝迹。

在该时间段初期,虽然政局变化,但大环境相对开放,报刊得到一定程度的发展并出现短暂的繁荣。随后,老挝国内连续多年的内乱导致物价飞涨,给新闻事业发展带来阻力。1973 年前后,受全球石油危机影响,新闻纸价格一度攀升至 550 美元一吨,④ 报刊只能用过半的收入购买新闻纸。当时报刊的发行量大多维持在 1000 份到 3000 份之间,受纸张价格影响,加上编辑和记者素质偏低、印刷的技术落后,很多报刊亏本停刊,华报亦未能幸免。1975 年之后,当局对报刊进行整顿,严格控制言论,大多数报刊消亡。

### 三、1976—1986 年:建国初期的报刊重整

初建国的老挝困难重重,经济上一贫如洗,国内矛盾重重,国际环境复杂多变,老挝当局采取的激进政策,致使不少老挝人逃离祖国。1976 年至 1986 年期间,在"取缔所有向政府主张自治权的报社、杂志和期刊等组织"⑤之后,当局以政府部门为单位创建了一批报刊。1979 年,老挝人民革命青年团中央创办《老挝青年报》,老挝新闻文化部创办《万纳辛》月刊。1980 年老挝全国联合工会创办《劳动报》,全国妇女联合会创办《老挝妇女报》月报、巴特寮通讯社创办《巴特寮画报》季刊(英文版、老文版)。

---

① John A.Lent. Mass Media in Laos. Gazette .175P.
② John A.Lent. Mass Media in Laos. Gazette .175P.
③ 张俞:《老挝柬埔寨越南华侨华人漫记》,香港社会科学出版社有限公司,2002,第 234 页。
④ John A.Lent.Mass Media in Laos. Gazette . 175P.
⑤ 格兰特·埃文斯:《老挝史》,郭继光、刘刚、王莹译,上海东方出版中心,2011,第 155 页。

此后几年陆续又有教育部创办《新教育》月刊、卫生部创办《健康》杂志、革命青年团中央创办《少年报》月报、《儿童报》月报等刊物。但影响力最大的还是1975年创刊的老挝人民革命党机关报《人民之声报》。1983年3月,《人民之声报》改名为《人民报》。①

该时期的报刊主要由政府各职能部门创办,经费由政府提供,种类和数量较少,大多数为月刊、月报、季刊。个别报刊,如卫生部创办的《健康》杂志为不定期发行刊物。在发行数量上,多数为2000份到3000份之间,超过5000份的报刊较少。这与1975年以前区别较大,从1970年初的统计数字看,万象当时约41种报刊,"其中11种为日报,18种为周刊,1份月刊,11份刊物不定期出版"②,而1975年之后,不但报刊数量和种类明显减少,大多数报刊在很长一段时间都只发行月刊或月报,日报要到2000年前后才出现。

### 四、1987—1993年:革新开放初期的报刊发展

老挝政府于1986年起推行革新开放政策,改变原来固定僵化的模式,在政治、经济、文化等领域展开一系列革新举措,但此时,国家对大众传媒和政治活动仍然实施严格的控制,因此该时期的报刊增长缓慢。

进入20世纪90年代后,政府对私人贸易和私有经济的限制取消,市场开始活跃起来。邻国的服装、商品在市场上广泛出现,年轻人模仿泰国年轻人的生活方式。1991年8月,老挝党五大召开,确定"有原则的全面革新路线",提出一系列涉及国计民生的政治、经济规划,提出坚持党的领导和社会主义方向等六项基本原则,再次明确了政治方向,同时提出实行对外开放政策,深化老挝革新开放的进程。

1990年,万象市政府主办《万象商业》周报,面向万象市区发行,发行量1200份。③

1991年,老挝人民革命党宣传部主编的《人民报》新增《人民报》星

---

① 秦钦峙、孙晓明:《老挝战后大事记(1945年8月—1984年12月)》,云南省社会科学院东南亚研究所,1985,第175页。
② John A.Lent.Mass Media in Laos. Gazette . 172P.
③ 王以俊:《老挝新闻出版印刷业概况》,载《东南亚之窗》2005年第7期。

期刊。同年新增的刊物还有《万象-经营·社会报》周报（由《新万象报》编辑部主编）、《寮笙之声》（由老挝作家协会主办，不定期出版）、《科学与技术》（由老挝科学院主编，不定期出版）。①

该时期的报刊言论依然受到严格控制，但很多报刊已经由月报升级为周报。

### 五、1993—2003 年：市场化运作初期的报刊发展

1993 年，老挝人民革命党政治局通过第 36 号决议草案，决议允许报刊刊登私营企业的广告，但广告版面不能超过报刊的三分之一。广播电视也允许在娱乐节目中为私人企业产品做广告，只是广告时长不能超过总节目时间的十分之一。第 36 号文件开启了老挝报刊初步市场化运作的时代。但该时期报刊的发行区域依然以城市为主，且主要集中于首都万象市。

1994 年，老挝新闻文化部主办《人民周报》，同年，万象省新闻文化局主办《万象省》月刊，上述两份刊物均面向万象市发行。②

1995 年，老挝贸易部主办《商业消息》半月刊，面向万象市发行。

1997 年，老挝国家安全部主办《国家安全部》月刊并在其安全部内部发行。

1998 年，老挝贸易部主办《贸易》杂志，以每 10 日为周期发行。同年，琅勃拉邦省新闻文化局创办《万象发展报》月刊，面向琅勃拉邦省发行。法文报纸《革新者报》("Le Ré novateur")也于 1998 年开始发行。该报为周报，每周由老挝信息与文化部下属的外语出版社出版，主要内容为工业、旅游、文化、体育等方面的新闻。

1999 年 12 月 2 日，老挝国家通讯社——巴特寮通讯社（Khao San Pathet Lao），出版老挝文《巴特寮》日报及英文、法文版的《每日消息》(《KPL 新闻》)

2000 年以后，尽管大众传媒仍然受到严格控制，但老挝开始出现私

---

① 王以俊：《老挝新闻出版印刷业概况》，载《东南亚之窗》2005 年第 7 期。
② 本部分 1994 年至 1998 年的报刊名称和信息根据郝勇、黄勇、覃海伦编著的《老挝概论》，中国出版集团、世界图书出版公司，2012，第 184—185 页的信息整理。

人刊物,① 如《老挝文化》《老挝探索者》《目标》等,在互联网进入之后,少数私人刊物开设了门户网站。此外一些外国杂志,"例如《时代周刊》('Time')、《新闻周刊》('Newsweek')、《曼谷邮报》('Bangkok Post')在老挝的城市商店里都能够买到。这与20世纪80年代形成鲜明的对比"②。此外,很多报纸由原来的周刊,提升为日报。如英文报刊《万象时报》("Vientiane Times"),1996年以前为每周发行2次,2004年之后,升级为日刊。

### 六、2003年至今:互联网时代的多平台发展

为什么要以2003年作为老挝报刊正式开启互联网时代的时间?原因如下:20世纪90年代末老挝连入互联网,不少报刊也开始尝试建立自己的网站,法文报刊《革新者报》和一些英文报刊也陆续登录互联网。但由于许多计算机软件没有老挝文版本,所以报社只能选用英文版或泰文版的软件,而老挝的英文普及率不高,这在一定程度上影响了老挝报刊的互联网进程。此外,长期以来,老挝文在网页上不能正确显示,导致老挝的网站大多用英文写,网页内容也非常有限。直到2003年,技术人员解决了老挝文显示的问题之后情况才有所改变。以此为时间点,老挝的报刊才全面开启互联网连入模式。随着移动通信时代的到来,以《万象时报》等报刊为代表纷纷推出了智能手机APP订阅服务和手机短信新闻服务。

截至2003年,老挝共有报刊社41家,其中,中央32家,地方9家。超过100种报纸和杂志,其中有9种日报。报纸发行537.3万份,杂志出版3.1万份,书籍400万册(注:可能含学生用教科书),公报193万份。③ 而到2016年时报社数量达到87家、电台64家、电视台37家、杂志社120家。④ 2018年,老挝信息文化旅游部的数据显示,老挝共有144家新闻出版机构,"其中有29家报社(11家日报),111家杂志社及4家专门出版供各

---

① 郝勇、黄勇、覃海伦:《老挝概论》,中国出版集团、世界图书出版公司,2012,第184页。
② 格兰特·埃文斯:《老挝史》,郭继光、刘刚、王莹译,上海东方出版中心,2011,第194页。
③ 王以俊:《老挝新闻出版印刷业概况》,载《东南亚之窗》2005年第7期。
④ 《老挝新闻代表团与吉林省媒体交流座谈会在长举行》,中国新闻网,网址:http://www.jl.chinanews.com/kjww/2016-08-22/5312.html,2016-8-22 09:58。

部委及下属政府机关阅览的简报机构"①。

当前老挝国内最大的报纸主要有以下几家②：《社会经济新闻报》（"Social Economic Newspaper"）、《人民日报》（"Paxaxon Daily Newspaper"）、《军队日报》（"Kongthap Daily Newspaper"）、《万象新报》（"Vientiane Mai Daily Newspaper"）、法语《革新者报》（"Le Rénovateur"）、《教育与运动报》（"Education & Sports Newspaper"）、《老挝发展新闻》（"Lao phatthana news"）。而从网站的排名来看③，排在前列的是《万象时报》（"Vientiane time"）网页，其次是《万象新报》（"Vientiane Mai Daily Newspaper"）、《人民日报》（"Paxaxon Daily Newspaper"）、法语《革新者报》（"Le Rénovateur"）。但整体而言，老挝报刊业的发展与周围国家相比仍有很大的差距。

## 第四节　老挝广播电视的诞生与发展

### 一、广　播

在"前电视时代"，广播是重要的信息传播渠道，也是老挝人了解外面世界的一个重要窗口。早在日据时期，日本殖民者就用广播做过宣传。1952年，老挝王国国家广播电台开始播音。老挝爱国战线也在20世纪60年代创办了自己的电台。广播目前仍然是老挝国内主流媒体之一。

1975年，老挝国家广播电台创建。该广播台由迁入万象的原巴特寮广播电台（1960年始创，由老挝爱国战线中央主办，台址设在桑怒解放区）、老挝之声广播电台（1960年始创，由老挝爱国中立力量主办，台址设在川圹省康开）和原老挝王国国家广播电台（1952年开始播音，台址设在万象市）合并组成。④电台以中波和调频面向首都地区进行广播，用短波和卫星定时向各县市的地方台发送信息。一些面向地方的广播也制作了少数民族语节目，以适应国内少数民族听众。

---

① 孔沙万（Khonesavanh Latsaphao）：《老挝媒体概况》，载《中国投资》2018年第3期。
② Vientiane Time Web. http://www.vientianetimes.org.la/Links.htm.
③ Top Newspapers In Laos by 2016 Newspaper Web Ranking. http://www.4imn.com/la/.
④ 蔡文枞：《老挝的新闻文化事业》，载《东南亚》1999年第3期。

1993年，老挝国家电视台与国家广播电台合并，建立了老挝国家广播电视公司（Lao National Radio and Television）。随后，广播台开设中波调幅广播、短波和调频广播。其中，中波和短波频率播出的节目，主要是新闻类和针对农民、青年、妇女制作的节目，而两个调频广播节目以新闻和娱乐节目为主。[①]

1998年，老挝国家广播电台在首都地区开设调频广播。

1999年8月3日，老挝开设中波调幅广播，并通过卫星向全国播出节目。

2000年4月3日，开设调频频率的节目并通过卫星向全国播出。

2001年，老挝国家广播电台针对国内外听众开设英语、柬埔寨语、法语、泰语、越南语5种语言的调频广播节目。5种语言每天对外广播5小时，主要是新闻和音乐节目。值得一提的是2015年11月30日，老挝国家广播电台开设对华汉语广播。据该台台长西帕·农拉介绍，"老挝国家广播电台汉语节目是该台建台55年来开办的第六种外语节目。汉语广播将制作新闻、常识、文学艺术、政治、经济、旅游等各类节目，使得在老挝乃至世界范围内懂汉语的受众更多地获取老挝的资讯和报道"[②]。

由于报刊主要供应中心城市，收音机又相对便宜，在老挝，听广播成为普通老挝人日常的娱乐活动之一。1975年以后，老挝的广播台数量增长迅速，"到2010年，老挝共有43个广播台，7个调幅电台，22个调频电台和2个转播无线电台"[③]。随后几年，电台数量稳步增长。2018年，根据老挝信息文化旅游部的数据，"除了总部在首都万象的11家电台和9家电视台以外，还有52家电台和28家电视台分布在各省市。广播信号覆盖全国95%的领土，地面电视信号触达率达80%，卫星电视信号覆盖全国"[④]。

老挝国家广播电台每天共播出49小时，合计78套节目。2000年以后，

---

① 国家广播电影电视总局培训中心：《东盟广播电视发展概况》，中国广播电视出版社，2008，第58页。
② 《老挝国家广播电台开播汉语节目》，国际在线，网址：http://www.cri.com.cn/2015-12-3/626fc60a-ef60-51bb-8235-87424e2e50fa.html，2015-12-03。
③ 郝勇、黄勇、章海伦：《老挝概论》，中国出版集团、世界图书出版公司，2012，第187页。
④ 孔沙万（Khonesavanh Latsaphao）：《老挝媒体概况》，载《中国投资》2018年第3期。

电台逐渐引入数字化设备，将模拟信号平台逐渐过渡为数字信号平台。进入互联网时代之后，电台每天在互联网上以老挝语、英语、苗语播出15分钟的新闻摘要节目。目前，老挝省级广播电台包括①：

阿速坡（Attapeu）省级广播电视台、博胶（Bokeo）省级广播电视台、波里坎塞（Borikhamxai）省级广播电视台、占巴塞（Champassak）省级广播电台、华潘（Houaphanh）省级广播电视台、甘蒙（Khammouane）省级广播电台、琅南塔（Luang Namtha）省级广播电台、琅勃拉邦（Luan Prabang）省级广播电台、乌多姆赛（Oudomxai）省级广播电视台、丰沙里（Phongsali）省级广播电视台、沙拉湾（Saravane）省级广播电视台、沙湾拿吉（Savannakhet）省级广播电台、沙耶武里（Sayaburi）省级广播电视台、赛宋本（Saysomboun）行政特区广播电台、塞公（Sekong）省级广播电视台、万象首都（Vientiane Capital）广播电视台、川圹（Xieng Khuang）省级广播电视台。

各省级广播电台隶属国家广播电视台管辖，节目大部分转播国家广播电台的节目。

近年来，老挝的广播机构与中、泰、法、越等多个国家的广播机构展开丰富的交流与灵活的合作，与中国国际广播电台合作制作的节目也备受万象听众欢迎。老挝广播在互联网时代通过手机网站和APP得以更广泛的传播。

## 二、电视

老挝国家电视台创办于1983年12月，起初只有一个频道，全天仅播出3个小时，覆盖首都。1993年，老挝国家电视台与国家广播电台合并，建立了老挝国家广播电视公司（Lao National Radio and Television）。1994年后，老挝国家电视台开始分设LNTV1和LNTV3两个频道，LNTV1主要播放新闻和时政消息等节目。LNTV3频道于1994年播出，与泰国合资创办，播出许多泰国的电视游戏类节目、肥皂剧和电影。2002年，LNTV3频道被老挝

---

① 国家广播电影电视总局培训中心：《东盟广播电视发展概况》，中国广播电视出版社，2008，第58页。

国家电视台正式接管后这种重娱乐的风格淡化了。① 由于泰老两国语言文化接近,再加上泰国的影视节目制作精良,因此在老挝比较受欢迎。为减少泰国影视节目的影响,2004 年,老挝新闻文化部宣布,公共场所(包括机场、酒店、车站、餐厅和市场等)一律禁止播放任何泰国电视和录像节目,违者将遭到严厉罚款。

1995 年,日本政府委托本国的 NHK 的 IETC 机构援助老挝政府建立节目制作室一间和并援助采编设备。②

2002 年,老挝开播了与法国合资的 LNTV 5。但是 2004 年,因为该电视台播出过多的法语节目,与法方的合作终止,LNTV5 停播。③

2005 年,老挝第一家私人电视公司——老挝星空(Lao Star)成立。该公司制作了不少娱乐节目,同时节目也在泰国的部分城市播放。

2007 年 3 月,老挝国家电视台与越南、中国合作建立数字电视,并主要服务于万象、琅勃拉邦、占巴塞、沙湾拿吉 4 个省。④

2009 年 3 月 23 日,电视台创办了克穆语和苗族语两种少数民族语节目,每次播放 30 分钟,每周一到周六在新闻播报节目前播出。⑤

2011 年,在国防部的牵头下,老挝成立国防安全的电视台,24 小时滚动播出节目。

当前,老挝国内有两家有线电视公司——老挝有线电视公司和万象有线电视公司。老挝有线电视公司是中国和老挝文化部合作的一个项目。万象有线电视公司是老挝国内成立的有线网络公司,截至 2012 年有用户 1000多户。

2013 年,老挝又成立两家电视台,即 TVLao 和 MTVLao,这两家电视台分别都只有一个频道,但播的是高清节目。TVLao 是私营的,由于通过 Thaibom 泰国卫星传输,节目可覆盖亚洲和中东地区 26 个国家,包括泰国

---

① 刘琛:《老挝电视传媒:历史,身份与意识形态》,载《国际新闻界》2010 年第 3 期。
② 《世界广播电视概览》,载《广播电视信息》1995 年第 8 期。
③ 刘琛:《老挝电视传媒:历史,身份与意识形态》,载《国际新闻界》2010 年第 3 期。
④ 阿芳:《老挝国家电视台现状与发展建议》,复旦大学硕士论文,2013。
⑤ 阿芳:《老挝国家电视台现状与发展建议》,复旦大学硕士论文,2013。

的一些城市。该频道约 40% 的节目是体育类节目，60% 为文化类节目。①

2014 年 1 月 25 日，中国云南广播电视台国际频道在老挝首都万象宣布正式开播，该频道是老挝首家用老挝语播出的外国电视频道。通过该频道，老挝语新闻和老挝语版的中国电视剧《木府风云》等落地老挝。②

2015 年 11 月 21 日，"老挝一号"卫星发射成功。卫星由老星公司负责经营，目前主营三项业务，一是卫星市场业务，二是卫星电视业务，三是无线宽带业务。卫星给广播电视传输带来便利，老挝的观众只需要装上机顶盒和卫星天线就能收看卫星节目了。老星公司提供 130 个电视频道，其中老挝本土的有 6 个，剩余为其他国家语种的电视频道。截至 2016 年，老挝电台数量达 64 家、电视台 37 家。随着卫星电视的普及，老挝国内将实现电视节目的"村村通""户户通"。同时，卫星电视业务覆盖已从老挝境内扩大至整个周边区域，将合作延伸到了中南半岛其他国家。

## 第五节　老挝互联网的发展与现状

老挝连入因特网的时间相对较晚，直到 20 世纪 90 年代末才在国际援助的情况下，接入互联网。1998 年底，美国公司环球电子有限公司（Globecom Electronics Limited，又名 Globe Net）通过与老挝新闻文化部的合作得到了老挝政府的批准，开始经营因特网接入业务，这可以被认为是老挝互联网正式存在的开始。③ 由于收费较贵，最先只有网吧等一些营业场所联入互联网，但即便如此，Globe Net 的业务还是不断扩张。随后，老挝电信有限公司也开展了通过电话线路连接因特网的业务。Planet Computers 公司和 Lanexang 公司是老挝的第二批因特网服务供应商（ISP），主要是通过无线连接和电话线路连接到因特网。2001 年，东盟各国签署"电子东盟"（e-ASEAN）的框架协议，该协议规定，先加入东盟的 6 个成员国将帮助 4 个比较落后的后来者——柬埔寨、老挝、缅甸和越南发展基础设施建设，进

---

① 阿芳:《老挝国家电视台现状与发展建议》，复旦大学硕士论文，2013。
② 《老挝首家老语中国电视频道正式开播》，新华网，网址: http://news.xinhuanet.com/world/2014-01/26/c_119128331.htm，2014-01-26。
③ 黄勇:《老挝网络发展的历史、现状与前景》，载《东南亚纵横》2005 年第 5 期。

行人员培训,消除数字鸿沟,共同将东盟建成一个大的"网上王国"[①]。

大约与老挝连入因特网的同时,老挝国内就出现了一些网站,主要以英文为主。因老挝文的互联网显示存在问题,老挝国内的计算机软件又大多为英语和泰语版本,导致老挝早期的网站大多以英文为主,有部分法文网站。2003年之后,老挝文的网站陆续出现。2003年12月8日,中国国际广播电台国际在线老挝文网站上线,是全球第一家老挝文动态网站。2013年,老挝原人民革命党中央总书记、老挝国家主席朱马里·赛雅颂在接受国际在线记者独家专访时说:"中国国际广播电台(CRI)以多种媒体形态对老挝传播,广受老挝受众的喜爱。他本人每天都会浏览CRI老挝文网站。"[②]2003年之后,老挝文网站迅速增长,如今老挝国内重要的政府部门、较大的企业、媒体都建立了自己的网站,如老挝电信有限公司(LAOTEL)、老挝国会(NA)、《万象时报》等。但整体而言,老挝的网站整体设计相对简单,大多数网站的内容不够丰富。

近年,老挝国内手机数量增长明显。2011年,来自老挝邮电传媒部门的数据显示,老挝互联网普及率仅为5%,手机号码17.7万个。而到2018年,根据万象国家互联网中心的统计,拥有650万人口的老挝,手机普及率达到70%~80%。在万象等城市,不少人拥有2~3台手机,手机上网人数也逐年递增,但上网人数主要集中于城市。老挝国内主要的运营商有4家,分别是Lao Telecom、ETL、Beeline和Unitel、可提供4G的业务。除了上网看影视节目,Whats APP、Line和We Chat(微信)等社交平台也在老挝拥有较多用户。

"老挝一号"卫星发射成功之后,结束了老挝过去没有互联网国际关口站,需要依赖其他国家的关口接受国际信息的状态,老挝通过卫星地面应用系统解决了国际互联网宽带问题,拓宽了国际数据的传输通道。卫星设计了采用TD-LTE4G技术的无线宽带系统,给老挝用户带来更便捷的移动互联网服务。

---

[①] 阿芳:《老挝国家电视台现状与发展建议》,复旦大学硕士论文,2013。
[②] 《老挝国家主席接受国际在线独家专访:每天都会浏览CRI老挝文网站》,国际在线,网址:http://gb.cri.cn/42071/2013/09/30/6871s4271660.htm,2013-09-30。

总体而言，与东盟大多数国家相比，老挝的新闻事业起步较晚，发展相对缓慢。其中，报刊的发展历程最长，跨度 100 多年，历经了不同的发展阶段。老挝大多数报刊的发行量不超过 5000 份，随着互联网时代的到来，老挝报刊受到一定程度的冲击，但也有不少报刊通过互联网扩大自己的舆论影响力。而老挝的广播和电视在诞生之初就一直受限于经费、设备、技术、人才等因素而发展缓慢。"老挝一号"卫星的发射为老挝实现广播电视"户户通"提供了条件，也给老挝的移动通信、安保、数据传输、互联网服务带来极大的提升。但就广播电视节目质量而言，老挝与周围国家相比仍差距较大。当前，老挝正积极寻求国际合作提高媒体节目的制作水平和更广阔的合作空间。

# 第四章 泰国新闻史

## 第一节 泰国概况

### 一、国家概况

泰国,全称泰王国(The Kingdom of Thailand),位于亚洲东南亚地区中南半岛中部,土地面积约为513115平方公里。泰国的西北部与北部和缅甸交界,西南部是安达曼海,东北部是老挝,东部毗邻柬埔寨和泰国湾,南边狭长的半岛与马来西亚相连。泰国靠近赤道地处热带地区,大部分属于热带季风性气候。泰国地形复杂多变,地势北高南低,拥有丰富的山脉、河流、森林和矿产资源。[①]

泰国全国分为北部、东北部、东部、西部、中部和南部6个区域,共有77个一级行政区,包括76个府和唯一的府级直辖市曼谷,府下设县、区、村。内政部任命各府府尹,曼谷市长由直选产生。曼谷是首都,意为"天使之城",也是泰国政治、经济、教育、文化、科技、交通运输中心,是一个现代与传统相交融的大都市。

### 二、政治概况

泰国原名"暹罗",是一个历史悠久的国家。一般认为,1238年泰族建立了较为统一的国家,先后经历素可泰王朝、阿瑜陀耶王朝、吞武里王朝和曼谷王朝等四个王朝。16世纪,葡萄牙、荷兰、英国、法国等欧美殖民主义国家先后入侵暹罗。1896年1月15日,英法两国在伦敦签订了《英法

---

① 陈晖、熊韬:《泰国概论》,世界图书出版公司,2012,第4页。

关于暹罗和湄公河上游的宣言》，将暹罗作为英属缅甸和法属印度支那间的缓冲国，保证了其形式上的"独立"，暹罗也就成为当时东南亚唯一一个没有沦为殖民地的国家。面对西方殖民主义的侵略，19世纪末拉玛四世王放弃闭关锁国政策，开始实行对外开放。之后继位的拉玛五世，仍然坚持改革，在他亲政的37年间，对政治、军事、教育、法律等进行了较为全面的社会改革。1932年6月24日，以比里·帕侬荣和銮披汶·颂堪为代表的民党发动政变，使君主专制改为君主立宪制国家制度。1939年6月24日，銮披汶·颂堪政府颁布《国民条例》，该条例规定"国家、民族和国家的名称为泰"。后经几次更改，直到1949年，又把国名"暹罗"改为"泰"，意为"自由"。

自1932年6月起，泰国就实行君主立宪制，王室、政党和军人是三大政治势力在国内发挥着十分重要的作用。自实行君主立宪制以来，泰国发生军事政变达20次。泰国宪法修改活动频繁，2017年4月6日，泰国王哇集拉隆功签署新宪法，这是自1932年以来所制定的第20部宪法。泰国宪法明确规定国王为武装部队最高统帅，国家安全委员会为最高国防决策机构，国防部为最高军事行政机关，最高司令部为军队最高指挥机构。

### 三、经济概况

泰国属于中等收入的发展中国家，实行自由经济政策，属外向型经济，比较依赖美国、日本、中国等外部市场。泰国是东南亚汽车制造中心及东盟最大的汽车市场，也是世界天然橡胶最大出口国，也是亚洲唯一的粮食净出口国，世界五大农产品出口国之一，也是世界著名旅游胜地之一。20世纪80年代，泰国电子工业等制造业发展迅速，产业结构变化明显，经济持续高速增长，人民生活水平相应提高，居民的教育、卫生、社会福利状况不断改善。在20世纪90年代泰国经济发展较快，1996年泰国被列为中等收入国家，和马来西亚、菲律宾、印度尼西亚三国并称为"亚洲四小虎"。但泰国在1998年经济危机中遭受重创，之后经济陷入衰退和停滞。1999年，泰国经济开始复苏。2014年，泰国人均GDP约5445美元。近年来，泰国政府制定了经济转型目标，力争将泰国由中等收入国家提升为高收入国家，实现更为平衡及包容性的经济发展模式。

### 四、民族及宗教信仰

截至 2014 年，泰国全国约有人口 6772 万人，城市人口占人口总数的 44.1%，农村人口占人口总数的 55.9%。泰国是个多民族国家，有 30 多个民族，其中泰族为主体民族，占泰国人口总数的 75%，此外还有老挝族、马来族、高棉族、苗族、瑶族、桂族、汶族、克伦族、掸族等民族。在泰国，华人有 400 万人以上，占人口总数的 14%，他们中相当一部分来自广东潮汕地区，可以同泰族通婚。

泰国是一个多宗教信仰的国家，宪法规定民众拥有宗教信仰的自由。据泰国内政部统计办公室统计的数据（2010 年），在泰国 6590 多万的人口中，信奉佛教的有 6150 多万人，约占人口总数的 93.4%，信奉伊斯兰教的有 340 多万人，占人口总数的 5.2%，信奉基督教、婆罗门教、印度教、锡克教等其他宗教的有 90 多万人，约占人口总数的 1.4%。泰国素有"黄袍佛国"之称，相较其他的宗教，佛教在泰国的社会生活中占有主导性的地位，佛教文化也是泰国文化的核心和主要影响因素。①

### 五、对外关系

泰国奉行独立自主的外交政策，重视周边外交，积极发展睦邻友好关系，并维持与大国之间的平衡关系。同时泰国也重视经济外交，推动贸易自由化，积极参与大湄公河次区域经济合作。泰国也积极谋求在世界和平、粮食安全、能源安全、气候变化及禁毒合作等地区和国际事务中的作用。

## 第二节 泰国报业发展史

在东南亚国家中，泰国是一个新闻事业相对发达的国家，报纸、杂志、广播、电视等新闻传播手段出现的时间都比较早，数量也较多。近年来，泰国的传媒业发展迅速，取得了不俗的成绩。泰国的媒体政策相对自由，

---

① 陈晖、熊韬等：《泰国文化概论》，世界图书出版公司，2014，第 94 页。

但事实上泰国政府和军方对媒体控制较严,尤其是电台和电视台。近年来,泰国媒体在国内受到越来越多的限制和审查。2015年的"世界新闻自由日",泰国媒体联合发表声明,呼吁政府尽快取消限制新闻自由的各项命令,恢复泰国新闻报道自由。

## 一、泰国报业发展历程

泰国的新闻出版业距今已有100多年的历史,其中报纸是泰国的主要媒体之一,它出现的时间在东南亚国家中相对较早。泰国报业的发展进程主要受两个因素制约,一是政治体制是否稳定,二是政府是否允许报业充分发展。从泰国百年报业发展历程中,能清晰窥见报业和政治之间的微妙关系。

### (一)早期曼谷帝国时期的报业(1782—1851)

泰国的新闻事业,是在19世纪随着外国传教士进入暹罗后逐渐发展起来的。拉玛一世王统治时没有印刷术的暹罗,政府依靠大量的抄写员来手写法令。1828年,英国人詹姆士·洛船长在新加坡印制出第一本泰文书《暹罗语语法》,因当时泰国尚未有能印刷泰文书刊的印刷所,故新加坡成为美国传教士印刷泰语《圣经》的中心。1835年,查尔斯·鲁滨孙牧师创办了泰国第一份印刷品。1835年美国基督教传教士布拉德利从美国一路传教到泰国,途径新加坡时,购买了印刷工具开始印刷宗教传单,后来改为出版泰文报纸。1839年,三世王传令要布拉德利的印刷社印刷9000份禁止吸鸦片的法令,这是泰国政府第一次使用印刷机印刷政府文件。1841年,布拉德利首次成功铸造泰文印刷体。1844年7月4日,布拉德利出版了第一张报纸《曼谷纪事报》,他希望利用报纸来扩大国王的影响,主要刊登新闻和政府公告。

这一时期,印刷技术刚刚传入泰国,办报者多为外国人。报纸作为一种印刷品出现,其内容多是政府公告,风格没有统一规定,读者主要为皇室或外国人。

### (二)蒙固和朱拉隆功改革时期的报业(1851—1910)

1851年拉玛四世蒙固登上王位后进行了自上而下的改革,开始出版政府公报，并允许印刷王国的法律，主要目的在于启发民众，支持变革。早期蒙固国王在博兰尼夫斯庙印刷出版报纸，并发行书籍，以此对天主教教义进行抵制。1856年，由于传教士的报纸无法满足国王自由发表言论的需要，蒙固国王开始出版发行《皇室公报》，在1858年得以出版，主要发布政府公告、法律条文、警示通知等内容，这份报纸成为泰国人自己办报的开始，因此蒙固国王也被称为泰国新闻界的先驱。然而该报只坚持一年后就被迫停刊。

1873年朱拉隆功五世王即位，他加强了君主制，并且创立了现代军队和国家官僚制。在其执政期间，王室成员经常出现在报刊的版面上。国王乐意甚至渴望在媒体、公共演讲和仪式中直接向他的臣民发表演说。1874年《皇家公报》得以重新出版，朱拉隆功国王将其改为周刊版的《政府公报》。1875年又增加了书籍内容和政府新闻，成为一份日报，旨在发布政府新闻、皇室活动新闻报告及各种定期新闻。

朱拉隆功国王统治期间，采取较为宽容政策，放开言论，泰国报纸因此进入了一个新时期。这一时期，泰国共出版了52份报纸和杂志，包括10种泰文、英文及华文日报。第一张泰文报纸是1874年发行的王室周报《达鲁瓦报》，它是由拉玛五世亲自创办，每周一期。拉玛五世统治时期，美国人塞缪尔·约翰·史密斯建立了第一个摆脱社会控制的私人印刷所，开始发行英文和泰文报纸。其中办得最好的是1868年出版的《暹罗广告日报》和《暹罗广告月报》。1869年他开始发行泰文周报"Sityama Samai"，比较真实地反映泰国当时的社会情况。

1884年，出现了月报《金刚知识报》和《神奇金刚知识报》，是泰国贵族主办的报纸，主要内容包括历史、艺术文化和消遣故事等。这一时期的报纸，主要内容是政府新闻，受众少，商业方面没有什么作为。

从拉玛五世王末期始，普通民众开始进入报业。1897年，G.S.R玫瑰是一个普通百姓，他曾发行了一份报纸，当时还没有广告收入，因此普通百姓办报要同贵族报纸竞争市场。1897年，K.S.R.库拉帕出版一份月刊杂志"Siam Prapet"，主要刊登无关紧要的社会新闻，个人隐私以及对泰国社会问题的批评。1902年，《暹罗自由报》由德国人考特发行，后转卖给一个叫蒂利的爱尔兰人。该报内容较为激进,且经常抨击政府官员,蒂利最后被逐出泰国。此后报纸易主,改名为《曼谷每日邮报》,最终转入泰国王族成员手中。①

泰国的中文报纸出现的时间也较早,最早的一份报纸是《汉境日报》,然而它的创办具体年代不详,泰国广肇医局创立纪念碑文的记载只是表明1903年已有该报的发行,此报由爱国华侨主办,倾向革命,曾连载秦历山《革命箴言》一文,未及刊完,被扣发。之后较有影响力的报纸是创办于1906—1907年的《华暹日报》,它由革命党人萧福成等人创办,以孙中山的"驱除鞑虏,恢复中华,建立民国"为办报宗旨。此后泰国的华文报纸一直持续,最多时达数十份,最少时也有一两份。

拉玛四世王和拉玛五世王锐意改革,意识到报纸既能发表国内外新闻又能启迪民智,于是他们亲自创办了政府报纸,还带领部分王室成员加入报业中来,并同时鼓励普通民众办报,泰国报业因此蓬勃发展起来。这一时期的报纸主要是为国王和政府服务,希望借助报纸媒体的曝光率扩大自身影响,抵制外国宗教,消除人们对国王的不信任,更好地进行改革。但由于改革打破了社会旧秩序,而利益受到影响的人群必然会做出抵制与反对,报纸也出现了猛烈抨击政府官员和国王的内容,这也为新闻自由和报业自由提供了良好的外部环境。

### (三)君主专制走向终结时期的报业(1910—1932)

拉玛六世王在他统治的1910—1925年间,报纸增加到120多份,其中日报19份,包括15种泰文报纸,3种中文报纸和1份英文报纸,人们将他统治的时代称为报纸发展的"黄金时期"。拉玛六世王时期的"四方国"(民主国家模型)发行的《四方时期》日报和《四方思密》季报很受欢迎,内容包括时政新闻和诗歌作品等,报纸成为人们表达思想情感和锻炼文笔的园地。据不完全统计,拉玛六世先后用10个笔名在泰国报纸上刊登309篇文章,其中将近一半都是以"读者来信"的形式发表,内容以灌输泰民族意识、效忠君主思想为主。②

---

① 唐翠妃:《初探泰文报纸发展史》,载《视听》2014年第12期。
② 甘彼隆·素婉那侬:《拉玛六世与泰王国》,泰国朱拉隆功大学硕士论文,1980。

泰国王族办报纸一直持续到20世纪40年代,其中特别有名的是1932年成沙耶空公子创办的《民族周刊》,这份报刊后来成了许多泰国记者的摇篮,为泰国培养了许多记者。

拉玛七世时期,巴差提朴国王卖掉《曼谷每日邮报》,结束了君主直接办泰文报纸的历史。《曼谷每日邮报》卖给了德国人路易斯·柯里维特,到1932年泰国革命后停止发行,柯里维特作为政治犯被捕。

此时泰国的报纸发展到121种,其中《京都日报》办报时间最长。报纸开始向普通百姓普及,部分人开始以办报为职业,政治新闻成为人们的关注点,报纸得到迅猛发展。1919年第一次世界大战后期,泰王国政府为了控制报业,限制言论自由,首次颁发了"新闻条例",规定所有报刊在出版前必须经过检查,严禁发表抨击政府的言论,报业的发展受到限制。到1932年,政变前夕,泰国报业多由外国人控制,多数操纵在英国人和法国人手中。①

**(四)军人独裁时期的报业(1932—1980)**

1932年6月24日,西方化的政治家和军队领导人比里·帕诺荣领导的民党策划并发动了政变,结束了泰国君主专制体制,并于同年10月制定了永久宪法。新法规包括一项保证个人自由和表达言论自由的条款,但是"要受到条款的约束",而新闻自由成了要服从某一特定时期的当权者旨意的陪衬。当时泰国报纸分成两大派系,《民族报》《曼谷日报》等代表的是贵族利益,《大泰报》代表的是资产阶级思想。

1938年,军人銮披汶·颂堪被推选为总理,右派以銮披汶为首形成了以自己为中心的军事独裁统治局面。1932—1934年期间,大约30家报纸被封。1941年9月30日,銮披汶颁布了《新闻出版条例》,该条例规定报社社长、总编及印刷者必须是"泰国人或取得泰国国籍的外国人",并要"常驻泰国,有固定住宅";报刊出版前必须办理"完备的法律手续","接受有关当局的新闻检查";新闻报道"不得危及国家安全,惑乱民心","不得泄露国家秘密";报道内容"必须属实,不得损害国家、政府部门或个人的声誉";警察总监"在必要时有权下令取消一切政治公报和日报关于军事和政

---

① 梁洪浩:《外国新闻事业史》,武汉大学出版社,1992,第251页。

治方面的国际新闻"，"在国家处于紧急状态时有权下令进行新闻检查，有权下令查封问题严重的报刊"等。条例还规定对违反者处以 200~500 泰铢的罚款，关押 2~3 个月。①

1938 年，銮披汶政府上台后，华文学校几乎全部被关闭，华文报纸也因反日言论激烈，而引起泰国政府的不满，由此进入漫长的黑暗时期。1939 年 8 月后，《中原报》成为泰国仅存的一份华文报。1941 年 12 月，在日本占领泰国后又被日军所接管，这时期的《中原报》被称为"伪中原报"。1942 年，华文报纸《新时报》获准重新出版，次年更名为《泰华商报》。日本占领泰国期间，虽然公开发行的报纸受到打压，但仍有约 10 家地下华文报非常活跃，既有周报，也有不定期报，其中最有影响的是宣传抗日的《真话报》。这些地下报纸，在日本投降后，除《中国人民》正式注册外，多数自动停刊。

1946 年 8 月 1 日，美国报人亚历山大·麦克唐纳首次发行了《曼谷邮报》。1963 年英格兰的汤姆逊公爵买下了这份报纸，于是《曼谷邮报》成了汤姆逊大众传播帝国的第一百家分店，也是他在亚洲大陆的第一家机构。这份报纸支持亲政府的立场，其模式和西方的报纸相近，第一版是国内外要闻版，内页有评论版、专题版、体育版、金融版、娱乐版等。该报主要服务对象是在泰国工作的外国人和国内上层人士，版面较严肃，注重新闻，报纸主张报道客观公正，尽量反映国内外最新新闻。②

1950 年，M.R.库克里特·帕拉米创办了《暹罗叻报》，是泰国最主要的严肃报纸，发行量达到 3 万份，其中一半订户在农村，以漫画和讽刺小品吸引了很多读者。他把这份报纸看作是自己的喉舌，经常发表一些有关亲佛教徒观点的文章。但在经济上盈利不多。1950 年 1 月《星暹日报》在曼谷创刊，由南洋巨商胡文虎邀泰华社会侨出资合办，办报宗旨是"以宣传文物、沟通文化、辅导教育、增进文明、促进世界大同"。

国防部长沙立·他那叻于 1957 年 8 月和 1958 年 10 月两次发动政变，最终取得总理、陆海空三军司令和警察总监等三大职位，独揽军政警大权。

---

① 《外国新闻界概况》编辑室：《外国新闻界概况》，新华出版社，1982，第 96 页。
② 潘玉鹏：《泰国报业的当代剪影》，载《国际新闻界》1996 年第 6 期。

沙立在任期间，压制民主，取缔政党，滥杀无辜，进步报刊受到严重摧残，报纸被查封，编辑人员被逮捕，未被查封的也通过收买或撤换全部编辑人员而名存实亡。当时泰国"无一家进步报刊，无任何进步舆论"。新闻界还出现了一种奇怪的现象：由于沙立不允许增加任何新的报纸，于是已有的办报执照就成了"抢手货"，报纸执照成了可以赚钱的商品，连银行家们也加入炒报纸执照的行列，有些人花几百万泰铢买一个执照，然后出租给想办报的人。泰国新闻事业这段"最黑暗的时期"持续到他侬军政府执政时期。

沙立执政期间，关闭华文报开办之门。执政后的他侬仍然执行限制华文报业的政策。一方面查封已有的华文报纸，只要传播中国大陆信息内容或稍为倾向新中国的报纸，都被予以查封，唯有《星暹日报》《世界日报》得以幸存；另一方面，不给新的华文报纸颁发执照，唯有《新日报》（后易名《中华日报》）、《京华日报》两家华文日报获准创办。《世界日报》于1955年7月26日创刊，由中国台湾国民党人和泰华社会名人共同创办的报纸，以"世界报业有限公司"的名义印刷发行华文报纸。20世纪60年代，泰国仅有《星暹日报》《世界日报》《中华日报》《京华日报》四家华文日报幸存，可以说这时期的华文传媒业处于萧条、停滞期。

由于政权的频繁更替，对于报纸的数量、版面和内容上都产生了更为严格的要求，军人政府认为报社越少越利于政府管理，因而限制报纸数量，约束新闻自由，并且以黄色新闻控制人们的政治意识的觉醒。

1973年10月14日，泰国爆发旨在颠覆泰国军政府的"10·14革命"，对泰国的言论自由和新闻自由，产生了积极而有益的影响。泰国的国家权力转向文官政府，因此泰国民众能够享受东南亚各国中最大的"言论自由"。此后，由讪耶探玛塞教授领导的过渡政府解除了报禁，颁布了保证新闻自由的宪法，废除了检查制和只有泰国人才准办报的规定。报纸因此得到了短暂的"解放"，享受到短暂的新闻自由。许多新的报纸出版后热情赞扬群众运动，大胆抨击时政，揭露统治集团的内部矛盾。1974年开始，出现了一批新型的报纸如《民族》《民主》《民声》等，学生把报纸作为参加政治活动的舞台。

1976年10月6日，他宁被任命为总理，利用军事管制法，实行了一系列镇压措施,泰国倒退到比以往君主专制制度更极端的维权主义时期,并且再次开始控制报业,报纸被查封,此时泰国报纸比君主专制时期的报纸更缺少新闻自由。他宁,泰国历史上第一个禁止所有报纸出版的人。他以社会危险分子等罪名逮捕了大批记者、编辑和专栏作家。在白色恐怖中,有些新闻工作人员被迫转业,有的逃到外地避风,有进步思想的记者则投奔了泰国共产党。为了将媒介置于严密的监控之下,他宁政府除宣布《新闻出版条例》继续有效外,还采用了政变集团颁布的第42号命令,规定"所有新闻报道,广播电视都必须忠君爱国,维护宗教,不得冒渎国王和侮辱政府,政府各部门和政府成员","不得影响国家安全或同外国的友好关系","不得泄露国家机密"等。曼谷几家主要的泰文报纸几乎都被借口违反第42号法令的有关条例而被短期查封。报纸稍有犯禁就会被吊销执照。从1979年到1984年,泰国有大约47名新闻记者遭到暗杀。他宁政府还规定,内阁成员不得随便向记者发表谈话,政府各部厅的消息必须经由总理府新闻处公布,以便控制舆论,限制记者的采访活动。他宁政府粗暴干涉报界自由,激起了大多数新闻出版单位的不满。①

1977年10月20日,军方发动政变,江萨·差玛南出任总理。江萨政府允许报刊、广播和电视在不违反《新闻出版条例》和第42号命令的前提下有言论自由,并为记者提供采访方便。原来被迫关闭的很多报刊重新复刊,而且还获准了关于政治、经济、文体、娱乐等内容的新杂志。江萨政府执政后,不管报刊怎样批评政府的内政外交政策,也从没有发生过查封报刊的情况。这一宽松的新闻自由政策,得到了泰国新闻界及外国驻泰记者的欢迎和好评。

《新中原报》于1974年6月18日创刊,由前中原报社社长李其雄和多位侨团的领袖人物以及泰南华裔商人们以"新中原报有限公司"名义注册,于1974年正式与广大华侨见面。1976年10月,泰国当局封闭了所有的华文报纸,李其雄退出了该报董事会。1978年江萨当上总理后,放松了对华文报纸的压制,该报在4月1日复刊。

《民意报》于1978年1月9日创刊,其前身为《民族联合报》,是非

---

① 《外国新闻界概况》编辑室:《外国新闻界概况》,新华出版社,1982,第98页。

常受欢迎的泰文报纸。《民意报》是比较高雅的报纸，读者主要是上层人士和知识阶层，但由于小报竞争压力，不得不扩大读者范围，以保证发行量。《曼谷新闻报》和《前线报》在刊登煽情主义新闻报道上和《泰叻报》竞争。三者与《沙炎叻报》等日报也都办得很成功。

军人统治下的报纸不能明目张胆地评论时事，也不能刊登敏感的政治问题，因而采取了较为"策略"的方法对抗政府。有一类报纸大量刊登社会新闻，借客观事实反映社会丑态，或旁敲侧击，借古讽今，或利用图片讽刺内阁成员。另一类报纸则以刊登娱乐和体育新闻作为生存的掩体。

### （五）政局趋于稳定时期的报业（1980年至今）

20世纪80年代初，泰国的一些报纸言论大胆，敢于抨击时政，敢于揭露军政界内幕，甚至还批评泰王室干预政治的做法。对国家大事，多数报纸秉承公道。对中泰友好关系发展，多数报纸施以欢迎的态度。亚洲大众传播研究中心出版的《大众传播媒介的传统和变革》一书中的统计资料表明，到20世纪80年代初期，泰国有213种日报和周报，130种杂志，262座广播电台和9座电视台。

20世纪整个80年代，特别是1988—1990年经济繁荣时期，办报自由权慢慢恢复，办报结构和政策进行了调整，促进报业迅速发展。报纸种类有日报、周报、双周报、月报、不定期报，报纸的发行量也不断攀升。这一时期出现了政治立场鲜明的报纸，既有保守性报纸，如《每日镜报》，也有强调政治资讯、经济、社会等新闻和新闻评论的报纸，如《民意报》。除此之外还有商业报纸，如《经理》《经济基础》《国家商业》《曼谷商业》等。在商业的发展之下，广告也逐渐成为报纸产业重要的收入来源，1987年的广告收入为42亿泰铢，而到1989年达到了89亿泰铢，泰国报纸逐渐完成了产业化。这一时期，泰国报纸得以迅速发展，种类繁多，发行量巨大，尤其是华文报纸，在中泰建交的基础上大力宣传中国改革成果，且报道较为客观，因而发行量上升。1986年1月，《世界日报》被台北的《联合报》接管，为了扩大业务，该报自20世纪80年代中期开始采用中国新闻社的电讯稿和香港中国通讯社的新闻稿，同时采用西方电讯的中国大陆消息，且报道较为客观，至1986年底，发行量出现增长。

1991年，泰国国王普密蓬·阿杜德颁布实施《泰王国宪法》，其中第37条规定泰国媒介主办人或主持人的国籍身份必须为泰籍。受1992年"五月事件"的影响，国民要求政府和经济审查透明化，呼吁报纸行业要严守行业准则。1997年报业宣布建立全国报纸理事会以便加强职业自律。在1997年经济大萧条背景下，依靠广告为主要收入的商业类报纸纷纷破产，广播电视和中英泰文报纸业务一落千丈，处境堪忧。经济困难导致报社大量裁员，当时许多年轻记者靠在曼谷摆地摊为生。值得一提的是，华文媒体虽然艰难维持，但由于依靠华文社团，无一倒闭，安然渡过了此次经济危机。

2001年他信出任泰国总理后，成立了一个"媒体监视中心"。泰政府还根据报刊文章对政府的支持程度，将一些专栏文章与新闻报道分为"支持政府的""批评政府的""误导政府的"三个等级，然后对不同媒体采取不同态度。他信及其政府还对媒体记者一再压制，在2001—2004年之间，他信政府共发生31起干涉媒体的事件，其中包括关闭两家广播电台，取消《泰国邮报》的广告，免去《曼谷邮报》及另外两家杂志的总编。《民族报》主编也因为一直批评政府，迫于政府的压力自动辞职。他信政府还利用镇压南部动乱的机会进一步加强对新闻媒体的控制。他信的策略是直接利用权威手段进行打压，其中包括允许将嫌疑人禁闭7天，直接审查当地报纸媒体，窃听当地人的电话等措施。①

2007年8月19日，泰国临时政府颁布了一部新宪法，该法禁止传媒市场垄断以及跨行业拥有媒体；禁止有政治地位的人拥有报纸、广播电视媒体以及电信企业。2008年9月，泰国宪法法院裁定总理沙玛违反了2007年宪法中规定的利益冲突条款，因为沙玛在出席一个烹饪节目时收取了一定费用而违宪，最后沙玛只能引咎辞职。2011年，泰国英拉政府表示绝对支持泰国媒体新闻自由，反对政府调控，以此来激励泰国媒体坚持正确的发展道路和方向。2014年5月22日政变后，泰国新闻自由出现倒退，虽然维稳委员会在临时宪法中明确保障人权、新闻自由权，但是却以维稳委员会的名义颁发条例钳制新闻人员的自由报道权。特别是颁布13/2559号命令赋

---

① 张建中、任孟山：《当民主遭遇威权政治：他信对泰国媒体的控制》，载《国际新闻界》2011年第2期。

予军人调查新闻报道的权利,出台电脑犯罪管理条例,都严重侵犯到新闻自由权。同时也使得泰国新闻报道自由权排名从 2014 年的第 130 名下降到 2015 年的第 134 名。

随着新媒体的发展,泰国读者的阅读习惯和趋势发生了变化。读者对报纸和杂志阅读量在 2013 年到 2015 年之间下降了 7%,其中年龄在 15~24 岁的泰国人阅读报纸从 2013 年的 61.7% 降到 2015 年的 50.1%。为了适应新媒体的发展趋势,泰国一些报业开始积极投入新媒体的世界,例如建立新闻网站、短信新闻、卫星电视频道、新闻节目等措施。2001 年经理集团创办了泰国第一份电子报纸——《经理在线》("Manager Online")。现在,它已经成为泰国国内最受欢迎的网站。Thai Post publishing 公司目前具有多种媒体传播渠道,该公司不仅已经拥有了新闻网站,另外还在 TNN24 电视台做电视节目、在十一电视台做新闻节目、在无线电频 FM101.0 做广播节目等。Nation Multimedia Group 公司也是另一家多元化经营比较迅速的企业,Nation Multimedia Group 拥有自己的电视频道 Nation Channel、Mango TV、Rawangpai 24 Chuomong、Asian TV,另外还有自己的无线电频道 Nation Radio 等。除此之外,还有短信新闻,短信新闻受到不少消费者的欢迎,大部分收短信新闻的目标客户是在农村的用户。①

纵观泰国报业的发展历程,具有四个主要特点:(1)泰国报纸多集中在曼谷出版发行,数量较多。(2)泰国报纸往往带有一定的政治倾向,以《泰叻报》《曼谷日报》为代表的报纸,因为两份报纸都是建立在国家仍处于军事统治之下的,因此,他们与军队和精英官僚机构建立了良好的关系。这导致他们发表的社论更倾向于维持现状,因此,这些出版物在政治倾向上较为"保守"。另外,脱胎于 20 世纪 70 年代的《民意报》《民族报》往往采用反体制的态度。因此,在政治倾向上较为"进步"。(3)每逢泰国发生政变时,政府当局的新闻媒体政策都会有所变化,对报业和新闻从业者产生不同程度的影响。泰国历史上曾发生三次新闻自由的"黑暗年代":第一次是 1942 年到 1945 年,第二次世界大战期间;第二次是 1958 年到 1973 年,沙里特·仙那拉元帅发动政变,实行军事管理期间;第三次是 1973 年的军

---

① 文善山:《泰国报业的竞争现状与趋势分析》,华南理工大学硕士论文,2013。

事政变,都对新闻实行了严厉的控制,其最终结果是随着政局的趋于稳定在泰国恢复了西方意义上的新闻自由。(4)为了避免政治冲突,泰国报纸往往将国际媒体提到的有关泰国的政治新闻作为自己的信息源。

**二、泰国报纸**

报纸是泰国历史最久的媒体形式之一,目前泰国主要有两类报纸——泰文报纸和外文报纸(如英文、华文以及日文等),其中以泰文报纸为主,英文报纸和华文报纸为辅。泰文报纸主要有《泰叻报》《民意报》《经理报》《每日新闻》等,华文报纸主要有《新中原报》《星暹日报》《中华日报》《亚洲日报》《京华中原》和《世界日报》等,英文报纸主要有《曼谷邮报》《民族报》等。因泰国报纸数量较多,影响力各有差异,现将其中较为代表性的报纸介绍如下:

**(一)重要泰文报纸**

《**泰叻报**》 《泰叻报》是泰国发行量最大的泰文对外日报。在曼谷印刷出版,面向全国发行。1948年1月1日,甘蓬·瓦差拉蓬创办,原名为《考拨周报》,1958年10月20日停刊,1959年5月1日以《祥安通》为报名得以复刊,1962年12月25日改用《泰叻报》。20世纪70年代初发行量达到20万份,80年代中期发行量达到80万份,现日发行量超过100万份。该报纸最出名的是新闻栏目,主要报道本国和外国政治、经济和社会等方面的新闻,也会报道一些耸人听闻的犯罪和事故。1974年前,《泰叻报》为泰国民主党的喉舌,现在政治立场是适度的民粹主义,并接受广大民众对政府的观点,特别是广大的农村读者。

《**每日新闻**》 《每日新闻》被称为"泰国人自己的报纸"。 在曼谷出版,向全国发行。该报占泰国报业市场份额的35%,目前其发行量达75万份,大约有1800万名读者。《每日新闻》向所有教育阶层和背景的读者提供容易理解的新闻报道,它以泰国人民的发言人作为使命,从而获得了持续的成功。除了国内外新闻,《每日新闻》还设有体育、艺术、妇女、旅游、家政等专栏。

### (二)重要华文报纸[①]

泰国目前有 8 家华文报纸,分别是《星暹日报》《世界日报》《亚洲日报》《新中原报》《京华中原联合早报》《中华日报》《中华青年报》《暹泰时报》。泰国华文报纸以泰国国内新闻和国外新闻为主,也发布侨社活动信息。华文报纸副刊内容丰富多样,在促进华文文学发展及教授华语方面承担了重要的角色。泰国华文报纸的读者主要有泰国境内的华人,在泰的中国留学生,到泰投资的华商以及中国旅游者。随着受众群体的变化,近年来,华文报纸呈现出由综合性报纸向专业性报纸发展的趋势。[②]

华文报纸在新媒体的冲击下,面临市场萎缩和人才稀缺的局面。为此,华文报纸一方面细分目标受众,根据不同受众的需求提供不同的纸媒内容,另一方面结合自身优势,走多媒体融合之路。如创办电子版报纸,建立官网,推出微博、微信平台等,加强与读者的互动,激发年轻读者的阅读热情和积极性。另外,泰国华文报纸加强了与中国媒体的合作,如《星暹日报》《世界日报》等丰富中国内地及中国台湾、香港等地的新闻报道。2013年11月5日,《南方都市报》正式入股《星暹日报》,并负责该报运营,比如对报纸内容改版和内部改革,并聘请新员工等。

**《星暹日报》** 《星暹日报》是泰国历史最长、影响最大的华文报刊。1950年1月1日,由当时南洋著名侨商、"万金油大王"胡文虎及其兄弟胡文豹创办。1971年由李益森先生及其夫人胡清心女士(胡文豹之女)接掌后,稳固发展,知名度日高。自创刊始,该报基本坚持中立立场,因而在动荡的泰国政局中均幸免于难。20世纪80年代脱离星系报业管辖,独立经营,自负盈亏。从李益森接任社长后,该报立场有所改变,加之中泰两国的建交,其对中国的报道增多,言论较为客观,在泰华社会逐渐形成了较高声誉。2010年11月25日起,转由泰国工商总会主席、泰国康蒂集团董事长郑芷荪接管。自其接任以来,《星暹日报》进行了大刀阔斧的改革,将其打造成为泰国顶尖华文媒体。2013年11月5日,《南方都市报》正式入股《星

---

① 关于泰国华文报纸的具体发展阶段可参考黄海珠:《泰国华文纸媒研究》,中国社会科学出版社,2013。

② 黄海珠:《泰国华文纸媒研究》,中国社会科学出版社,2013,第107页。

暹日报》，并负责该报运营，这在泰国华文媒体界具有里程碑意义。

**《亚洲日报》** 《亚洲日报》泰国较为年轻的华文报，1993年8月28日由一批泰华企业家和侨领合资创办，以东南亚为中心，全球发行。该报设有综合新闻、产业、财经、中国新闻、国际新闻、学习汉语、广告等版。报道内容偏重于中泰两国交流，以及两国经济、产业和文化领域的新闻。该报的办报宗旨为"促进两国共同发展"。我国政府也十分注重与《亚洲日报》的合作，以此促进与海外华人及国际世界的沟通。2001年起，《人民日报》就与《亚洲日报》合作，联合发行《人民日报（海外版）》。随着新媒体的发展，《亚洲日报》由传统的纸质出版向新闻媒体服务商转型，2017年9月7日，《亚洲日报》新闻集团正式开通亚洲新闻网。

### （三）重要英文报纸

**《曼谷邮报》** 《曼谷邮报》于1946年8月1日创刊，是泰国历史最悠久和发行量最大的英文报纸。在曼谷出版，面向全国发行。1953年前美国情报机构人员亚历山大·麦克唐纳任主编。1971年4月，该报与英文报纸《曼谷世界报》合并成立"安莱报业公司"，统一领导两报业务。该报自1999年起，每年都提供半年的泰国经济报告。该报的读者主要为商人、军人、政府官员和教育界人士以及外国侨民、外交官等。目前发行量大约是7.5万份，主要股东包括Chirathivat家族、《香港南华早报》和亚洲歌莱美传播股份有限公司等，该报主要提供泰王国的政治、财经、教育、交通、旅游、就业等信息。

## 第三节 泰国广播电视发展史

目前，泰国的广播电台和电视台数量较多，主要分为公共广播电视机构和商业广播电视机构两种体制。经过较为漫长的过程形成了相对完善的广播电视体制和法律法规。

### 一、泰国广播发展历程

泰国无线电广播事业肇始于1927年，当时的商业与交通部部长布拉查猜亚功亲王从国外引进了一套高频短波的无线电发射机，主要用于向用户试播讲话和音乐节目。随后泰国邮政电报厅用于试播中波节目，并向泰国国内播放各类节目，在对外广播时仍然采用短波形式。1928年，泰国政府实验用无线电台进行广播，这座电台的输出功率在当时仅为20瓦，它是泰国国家广播电台的前身。1930年，泰国政府颁布了条令，允许广大民众可以自由购置无线电收音机，由此无线电广播才得以在泰国普及。1930年2月25日，泰国历史上第一家广播电台——曼谷广播电台正式开播，当时这座电台功率为2.5千瓦，波长为350米，这是泰国真正意义上的广播电台。1936年7月1日，曼谷广播电台改名为京都电台，发射功率为10千瓦。1941年该电台又更名为泰国国家广播电台，主要是利用广播手段对公众进行民主教育，由政府宣传局直接领导。

1950年，泰国政府颁布了《广播宣传条例》，条例对广播发射和接收方面的限制有所放宽，民众可以自由购买收音机，同时允许军方及部分政府机构设立广播电台。1952年，泰国开始进行调频广播。1955年，泰国又在调频广播的基础上开始创办立体声调频广播。据泰国官方称，亚洲第一座多路立体声调频广播电台就是在泰国创办的。1955年，泰国政府颁布了《泰国广播电台与电视台法》，规定只允许官方法人，譬如教育部、警察局、王室以及国营企业等才能开办广播电台或电视台，而私人不得经营。但实际情况却是一些泰国商人借用官方广播电台或电视台的执照进行私人经营。泰国政府针对这种情形，往往是听之任之。1956年8月1日，泰国华语广播电台"丽的呼声"正式开播，后来它又改为有线广播电台，该台的听众主要是泰籍华人和华侨。播出的节目内容主要是文娱性节目如潮州剧、话剧和商业广告，用泰语和华语同时播出。为了对付共产主义宣传，尤其是针对中国，1968年3月28日，自由亚洲之声电台在美国投资3700万泰铢帮助下正式建成，总台设在沙拉武里府，发射功率为1000千瓦。根据泰美协议，自由亚洲之声电台以泰语和英语对外广播，美国有权转播美国之音的缅甸语、老挝语、越南语、高棉语印尼语和英语节目。[①]

自20世纪70年代开始，泰国广播事业发展迅速。据泰国总理府统计处

---

[①] 《外国新闻界概况》编辑室：《外国新闻界概况》，新华出版社，1982，第106-108页。

和海关厅统计，1980年，泰国居民全国拥有收音机约有600万台，彩色和黑白电视有76万多台。泰国电台和电视台多以商业广告盈利，结果大量商业广告的存在，引起观众的不满。为此1980年泰国政府颁布了《商业广告宣传条例》，条例中明确规定"广播官方新闻时，每小时内播放广告的时间不得超过二分三十秒；在广播其他节目时，每小时内播放广告的时间不得超过十二分三十秒。违者将给予警告、停播某一节目或查封电台或电视台"①。

到1981年3月为止，泰国已经有225家广播电台，其中在曼谷就有65家，分布在各地的有160家。全国200多家广播电台分别隶属于四个系统：（1）民众联络厅系统。民联厅一共拥有60多家电台，此外在南部、北部和东北部都设立了地区民众联络中心、地方台和转播台。（2）国防部系统。陆军、空军及海军自办的广播电台，譬如海军广播电台、空军广播电台等。（3）政府部门系统。虽然此类数量不多，但所办节目针对性较强。如农业部主办的农业知识广播电台，教育部主办的教育广播电台以及泰国外交部主办的自由亚洲之声电台等。（4）大众传播机构系统。大众传播机构前身为1955年成立的泰国首家电视广播公司——泰国电视有限公司，②除了上述四个系统外，在泰国还有王室电台，以及曼谷市和各大学都有自己的电台，此外还有为数不少的民办商业电台。

1997年，泰国颁布了一项新宪法，其中第40条对广播电视改革进行了规定："所有用于广播、电视和无线通信的广播频率都是为公共利益服务的国家通讯资源；成立一个独立的政府机构，负责分配频率资源并管理广播、电视和通讯事业；频率资源的分配要充分考虑到全国性和地区性的人民的利益，并保证公正自由的竞争。"该法的出台打破了长久以来政府机构垄断广播电视频率的局面。1997年，泰国居民当时拥有1396万台收音机。2000年，泰国又颁布了《泰国频率分配和广播电视及通讯业管理条例》，条例明确规定电视频率重新分配的比例：政府机构占40%，私营部门占40%，民众占20%。根据新宪法，泰国还起草了《广播电视业经营条例》，将广播电台、电视台明确分为三类：公益性广播电台及电视台（或称政府广播电台及电视

---

① 《外国新闻界概况》编辑室：《外国新闻界概况》，新华出版社，1982，第106-108页。
② 周生：《泰国的广播电视事业》，载《现代传播》1983年第3期。

台)、商业性广播电台及电视台、社区广播电台。广播执照有效期为7年，电视执照有效期为15年。执照到期90天前必须申请更新。[①]2007年，泰国宪法要求成立国家广播和通信委员会（简称NBTC），作为广播电视电信行业的唯一监管机构，具体监管范围包括电信、广播和电视等媒体领域。

目前，在泰国广播的普及率达到98%，听众众多。泰国拥有524家的广播电台，其中313家为调频广播（FM）电台，211家为调幅广播（AM）电台，以及六个短波广播公司。泰国广播电台大部分为政府和军队所主办，其中民众联络厅147个，泰国大众传媒机构（MOCT）62个，警察44个，其余为民办广播电台。泰国的广播电台主要用泰语广播，部分电台还有英语、华语、老挝语等节目。内容主要包括新闻、体育、音乐、商业信息等。除上述电台之外，泰国还有为数众多的社区电台，它们需要获得公共关系部的许可才能运营。运营商必须遵守技术要求：天线高度不超过30米、发射功率不高于30瓦、传播范围不超出20千米。内容必须有利于社区。在泰国有4000多个已知的社区广播电台，因为其对政局的批评以及对现有信号的干扰或重叠，泰国政府关闭了大量的"非法"社区电台。

广播电台数量的增加，使得市场竞争日趋激烈。在曼谷，许多电台努力打造与众不同的特征，以吸引特定的目标听众。为吸引听众，一些电台进行了市场推广活动。为适应新媒体发展趋势，很多广播电台积极利用新技术推出线上广播，开发移动应用软件，走多元化经营之路。

### 二、泰国电视发展历程

泰国是亚洲大陆第一个播送固定电视节目的国家，第一家电视台于1955年6月24日开始播放，该电视台执照由政府发放给私人企业，但该企业由内阁成员组成。当时泰国电视是黑白电视，采用每帧画面为525条线，输出功率为1千瓦。当时曼谷仅有400部黑白电视机，也是通过政府发布命令由美国进口的。

泰国电视事业发展较快，1958年1月25日，泰国陆军办起了第二座电

---

① 国家广播电影电视总局培训中心：《东盟广播电视发展概况》，中国广播电视出版社，2008，第126-127页。

视台，一般称为"陆军电视台"。1962年，又先后出现了2家私营的电视台。而后30年间，泰国总共陆续成立5个电视台，这些电视台的共同特点是由政府、军方掌控，以广告为主要收入来源。

1959年，泰国彩色电视台由日本的2家电器公司协助筹建，并于1962年建成，这就打破了美国独家垄断泰国电视事业的局面。20世纪80年代初，泰国有150万部电视接收机，其中大部分为彩色电视接收机。每天观看电视节目的人次在3000万以上。电视覆盖率最高的是电视七台，它通过卫星传播，覆盖率达76%，即全泰国72个府中，有55个府的人民可收看电视七台的节目。①

为了及时和正确地宣传泰政府的政策，1977年4月9日，政府成立了大众传播机构（前身泰国电视公司），主要由电视、电视台和通讯社三部分组成，包括泰国电视九台、泰国电视三台，七家广播电台和一家泰国通讯社。到20世纪80年代，电视已成为泰国民众最重要的媒体，家庭电视机的数量也大大增加。当时的泰国广播电台和电视台管理法规定私人不得从事广播电台或电视台的经营活动。但实际情况却是常有两家电视台共用一张政府允许经营电视台执照的情形，如在曼谷的四家中央一级电视台，就存在公营和私营两部分。大众传播机构电视九台是公营，电视三台却是私营。这两个电视台之间人事和财务分离，技术设备也是各归自己所有，节目编排也不尽相同。泰国陆军电视五台和私营泰国陆军电视七台也存在类似的情况，都是在公用一张电视经营执照。泰国政府也了解其中的内幕，但还是听之任之，任其自由发展，相互竞争。②

1992年5月政变，所有电视报道严重扭曲事实，因此政变后的政府希望建立一家完全独立于官方的电视台。因此1995年7月1日，泰国第一家私营性质的独立电视台ITV开播。初期ITV成功地扮演独立、中立的媒体角色。但随之而来的1997年金融风暴，严重影响了ITV的营运。在政府授意下，ITV引进新的持股者信企业（他信的家族企业）。后来信企业逐渐把持了ITV半数股权，并开始干预ITV的编辑政策及言论走向，使该电视台

---

① 周生：《泰国的广播电视事业》，载《现代传播》1983年第3期。
② 周生：《泰国的广播电视事业》，载《现代传播》1983年第3期。

成为他信的政治宣传工具；另外，他们又向政府施压要求修改契约，降低执照费，并调整节目比率限制，意图使 ITV 靠娱乐化来获利。2006 年 9 月 19 日，泰国军方发动政变，严格控制新闻自由，为此将广播电视媒体全部控制，所有有关他信的活动一律不准报道。军方集团通过电视广播等媒体发布军事戒严令，泰国的每家电视台都被要求转播军方电视台播放的节目信号，直播电视新闻节目一律被取消，只有通过卫星天线才可能收看到外国媒体对泰国政变的报道，并且军政府重新审视 ITV 与他信政府修改签订的契约内容，认为放宽娱乐节目比例违反 ITV 的设立目的，降低执照费更是不利于政府收入。因此，军政府要求信企业履行 ITV 与政府的旧合约，缴纳高达一千亿元泰铢的执照费和罚款。信企业缴不出执照费而违约，ITV 使用的 UHF 频道于 2007 年 3 月 7 日被政府收回。原 ITV 电视台便成为政府监控下的泰国独立电视 TITV，继续营运。TITV 的工作人员仍然任用 ITV 的员工，但 ITV 的债款仍由信企业负责。2008 年 1 月 15 日，泰国政府在原 TITV 的电视执照经营权和资产的基础上成立了泰国首家公共电视台 PBS，该台以服务公共利益和报道知识性节目为主，没有任何形式的广告。①

2013 年 3 月 26 日，国家广播电视与通讯委员会批准 12 个公共服务频道开通数字电视频道的运营许可证，规定首次办理的数字电视许可证有效时限为 4 年。在 12 个获得批准的公共服务频道中，将被大致分为 2 组，分别为：第 1～3 数字频道将授权给第 5、11 以及 PBS 频道开播，并与现有的仿真数字电视频道并行，暂时不必按照新数字电视频道的内容性质要求办理，时间长短与频率使用权保持一致；至于电视台第 4～12 频道作为新数字电视频道，则对公共电视服务进行更详细的节目内容定义和赋予更具体的目标。② 为了推广数字电视，2014 年，泰国政府斥资 16.5 亿泰铢推出数字电视机顶盒补贴计划，旨在向全国范围内的 2290 个符合资格的家庭发放优惠券，每张优惠券为 690 泰铢。

随着数字电视频道的开播，模拟电视节目将逐步被取代，而卫星电视

---

① 刘康定：《泰国公共电视发展与制度分析》，"国立"台湾大学社会科学学院新闻研究所硕士论文，2010。
② 《泰国广电敲定 12 个公共数字电视频道》，中华人民共和国商务部，网址：http://www.mofcom.gov.cn/article/i/jyjl/j/201303/20130300067249.shtml。

和有线电视将继续支持数字播放。但是近两年泰国的数字电视市场的推广及普及工作远远没有达到预期水平，致使获得牌照的运营商们一方面要缴纳沉重的牌照费用，另一方面又要承受电视台运营费用。在无法取得相应市场效益的情况下，经常发生运营商与泰国广播电视管理委员会之间的官司纠纷。2016年3月9日，泰国国家广播电视管理委员会驳回数字电视运营商们提出的延迟运营牌照费第三期付款日期的要求，但同意让无法按期缴纳牌照费的运营商提出逾期缴费的理由，并将收取年利率7.5%的逾期罚款。还驳回了运营商们要求延长牌照使用期限的要求，牌照使用期限仍为15年。但是广电管委会允许运营商们可以自主将牌照转让出售，用以缓解运营商们的经营困境。①

2017年5月，泰国国家广播电视通讯管理委员会（NBTC）表示，军方批准停播泰国电视七台模拟电视信号的方案，从6月份起开始逐步停播，目标在2018年内完全停播。另有6家电视台将停播模拟电视信号，其中电视三台模拟电视信号将在2020年3月25日停播。②

近年来网络等新媒体行业发展迅猛，IPTV、移动电视、互联网电视深受广大用户的喜爱，这给卫星电视等传统媒体带来更大的机遇与挑战。泰国传统电视的收视率有所下降，电视的广告支出增长缓慢，为此泰国传统电视媒体发挥自身优势的同时，结合新媒体的优势，为观众提供多样化的节目内容，也通过多种渠道传播优质节目。

### 三、泰国华语电视发展状况

2005年，中泰建交30周年，在两国政府的支持下，泰国中文电视台在12月18日创办。2006年，泰国中文电视台倡导成立"全球华语电视媒体联合会"，该联合会包括16个国家22个电视台的华语频道，其共同使命是——"让世界了解中国"，坚持一个中国原则，大力弘扬中华文化，努力架构起共同的经济实体，发展全球性的"全球华语电视联播"，以形成全球

---

① 泰国头条新闻：《泰广电委驳回运营商延交运营牌照费要求》，网址：http：//www.weibo.com/3500618431/Dlyza0f3K？type=comment#_rnd1472425059898。
② 《泰国逐步淘汰模拟电视》，泰国头条新闻，网址：http：//www.weibo.com/3500618431/Dlyza0f3K？type=comment#_rnd1472425059898。

华语电视的共同声音。2008年改组后的泰国中文电视台通过泰空5号卫星频道全天候播放节目，有超过25个国家的3000万名观众可以通过有线电视网络收看该台节目。①

继泰国中文电视台开办后，2011年5月泰国国际中文电视台和2012年初东盟卫视相继开播，目前已经成为除马来西亚外东南亚地区中拥有海外华语电视台较多的国家。

2011年5月，总部位于曼谷的泰国国际中文电视台即泰华卫视（TCITV）开播，观看人数超过1000万人。它是一家使用中泰双语全天候播出节目的卫星电视台，也是泰国唯一一家使用中文播出泰国时事新闻的电视台。该台以"传播东方文明、展现东方智慧、弘扬泰中文化、促进泰中友好"为宗旨，打造具有浓厚丰富中泰文化特色的电视节目，节目有新闻资讯、生活资讯、文化娱乐、旅游休闲等。泰国国际中文电视台通过Regional Beam新星6号卫星实行全天候播出，信号覆盖泰国、中国大陆及中国台湾、中国香港、马来西亚、印度尼西亚、菲律宾等20多个国家和地区，播出语言主要是汉语和泰语。泰国国际中文电视台的清晰定位和发展策略既得到了泰中两国政府及私人团体的大力支持，又得到中国大陆以及中国台湾地区各大传媒机构的支持，并相继建立合作伙伴关系。②

2012年初创立的东盟卫视（MGTV）是新文传媒集团在泰国独立投资的华文传媒机构，播出语种以汉语为主，中泰双语为辅。观众群体主要是东南亚的华侨、华裔和华商，以及关心东盟和国际经济发展的高端人士。东盟卫视的办台宗旨为传播中国形象、弘扬中华文化，致力于促进中国与东盟各国的经济、旅游与文化交流，以推动东盟一体化建设为己任，力求搭建一个促进东盟与中国及世界各国之间信息互通的媒介平台。东盟卫视是通过泰星5号传输信号，其信号覆盖了东盟全境，辐射亚洲、北美及欧洲数十个国家和地区。电视台以东盟及全球政经新闻、经贸合作、文化旅游等为主要节目内容。24小时全天候播出。该台独立制作的节目有《东盟新

---

① 《泰国中文电视》，百度百科，网址：https://baike.baidu.com/item/%E6%B3%B0%E5%9B%BD%E4%B8%AD%E6%96%87%E7%94%B5%E8%A7%86%E5%8F%B0/2083984？fr=aladdin。

② 《泰国国际电视台》，百度百科，网址：https://baike.baidu.com/item/。

闻报道》《看东盟》《东盟发现》《名人访谈》《泰八卦》等，还有《电视剧场》《电影时刻》《音乐龙卷风》等，为东盟十国、中国乃至全球的广大观众提供丰富多彩、极具开放性和国际性的节目。东盟卫视拥有专业的记者团队，已在东盟十国分别设立记者站，如印度尼西亚雅加达、马来西亚彭亨州、老挝万象、缅甸仰光、柬埔寨金边及新加坡；东盟卫视通过加入海外华文传媒联盟，与海外 40 余家华文传媒开展深度合作，如马来西亚最大的民营电视台 Astro TV、新加坡 Media Crop 新传媒集团、印度尼西亚 Esia 电视台、澳大利亚天和电视台、泰国《星暹日报》等，也和我国国内的多家电视台和纸媒建立了合作关系，如中央电视台、广东卫视、广西卫视、云南卫视、海峡卫视、新华社、中新社、国际日报、中新网等。另外，东盟卫视为适应新媒体发展趋势，不断推进台网融合一体化发展，加强新媒体建设，创建了东盟卫视电视官网，并利用 Facebook、Youtube、微博、微信等平台扩大传播覆盖面。[1]

另外，泰国卫星中文教育节目开展得比较早，早在 1997 年泰国巴蜀府的皇家御计划汪盖刚翁卫星远程教育台在泰国率先开办远程中文教育节目，2013 年泰国第七电视台和泰国曼谷吞武里大学卫星电视台先后开办中文教育节目《带你快乐学习汉语》和《你好 BTU》。《你好 BTU》节目面对东盟国家，通过卫视和网络在线播放，成为首个在泰国本土由中泰双方联手创作的中文教育节目。[2] 泰中双语教学节目为泰国学习汉语的人提供了一个平台。

### 四、泰国广播电台及电视台
#### （一）泰国广播电台

泰国国家广播电台，泰国的中央级广播电台，建于 1930 年，隶属于总理府民众联络厅。泰国国家广播电台在全国各地都设有分台，使得全国各地都能够收听到该台的节目。该台除了用泰语广播外，还用英语、法语、

---

[1] 《东盟卫视简介》，东盟卫视官网，网址：http://www.mgtv-mg.com/company.php。
[2] 郭艳梅：《媒体融合时代泰国卫视中文教育节目的创新与发展——以中文教育节目〈你好 BUT〉为例》，载《东南传播》2014 年第 11 期。

汉语、马来语、越语、老挝语、柬语、缅语、日语等多个语种广播各类节目。

### （二）泰国电视台

电视是泰国的主流媒体之一，主要包括国家电视台、陆军五台、陆军七台、泰国第三电视台、第九电视台、PBS 电视台。电视台主要分为模拟电视、卫星电视台、付费电视台、公共电视台、有线电视、数字电视。电视节目包括新闻、体育、娱乐、舞蹈、电视剧等内容。

**TV Thai** TV Thai 是泰国公共广播服务公司旗下的一家公共电视台，也是旗下第一家大众传媒。于 2008 年 1 月 15 日正式对外播放节目。TV Thai 在泰国 UHF 29 频道播出节目，运行的主要宗旨是真实、及时、准确地播放泰国及其他国家所发生的新闻，保证群众可以在第一时间内得到重要的、与自己生活相关的准确信息。目前 TV Tha 主要以播放各种新闻消息和相关评论节目为主，在泰国的各家电视机构和电视频道，特别是新闻节目中，占有非常重要的地位，受到泰国国内外广大电视观众的喜爱。

**BBTV Channel7** BBTV Channel 7 是泰国第七电视台是一家具有陆军背景的民营电视台，由陆军元帅巴博·乍鲁沙天独资创办，总部位于曼谷。1967 年 11 月 27 日开始黑白电视播放。1973 年开始彩色电视播放，它是泰国第一家播送彩色电视讯号的电视台，2014 年 4 月 25 日开通了数字高清信号。

**True Visions** True Visions 有线电视台是泰国正大集团附属公司 True 企业旗下的全资子公司，它既是卫星电视运营商，又是泰国最大的付费电视节目提供商，前身为联合广播公司，在 2007 年 2 月正式更名为"True Visions"。True visions 有线电视台所有频道分成电影、娱乐、音乐、体育、知识、系列、少儿、新闻等八大类别。该台是泰国最受观众欢迎的电视台，因为它提供了全面、及时、新潮、酷炫的电视节目，因此得到众多年轻观众群体的支持与关注。True Visions 有线电视台除大量转播世界各地制作水准一流的优秀节目外，大部分资源为独家首播，因此，True Visions 有线电视台也成为他国文化电视事业在泰推动发展的主力传播者。

**泰国中央中文电视台（TCCTV）** 泰国中央中文电视台（TCCTV）于

2009年2月28日正式开播,其前身为泰国中文电视台(TCTV),是全东南亚唯一一个以中文、泰文两国语言24小时全天候播放的电视媒体,目标受众是泰国以及亚洲华人,节目内容包括生活资讯、文化娱乐、旅游休闲等。泰国中央中文电视台的办台宗旨是:弘扬中华文化,促进中泰友谊,构建东南亚文化经贸交流平台。本着"立足泰国、关注中国、面向亚洲、放眼全球"的经营理念,泰国中央中文电视台致力于加强中泰两国的紧密联系,为两国友好合作搭建桥梁,促进两国经贸、民间团体、企业等各领域之间的交流与合作,成为联络广大海外侨胞的主要平台。该电视台从多方位、多角度生动细致地制作出具有深度的精良自主品牌栏目,主要栏目有《泰华文艺》、"Open China"、《中泰医务所》等。

## 第四节 泰国新媒体发展史

20世纪80年代,泰国就已经成功"触网"。相比较于马来西亚、新加坡等国家,目前泰国的新媒体发展相对滞后。不过在国家政策的支持下,随着基础设施的不断建设,泰国新媒体的发展潜力巨大。

### 一、泰国互联网发展历程

早在1987年,泰国亚洲理工学院的两位工程师通过X.25连接墨尔本大学、东京大学做了UUCP测试。1988年,泰国在澳大利亚的帮助下建立了首条电子邮件网络。1991年,泰国的五所大学建立了UUCP网络。1992年底,当时朱拉隆功大学获得一条9.6 Kbps UUNET租用线路,使得泰国用户能够加入TCP/IP协议为基础的互联网络,泰国也就成为东南亚第三个接入互联网的国家。随后两年里,泰国互联网使用量增长显著,用户人数由原先的200人增加至5000人,由学术领域向社会大众扩散。1996年,政府批准首个"国家信息技术政策"—IT-2000,该计划用42亿泰铢的收入来发展国家网络基础设施,培养网络人才,并以计算机提升政府服务水平。1998年,泰国政府成立了泰国信息技术的发展中心,即"泰国国家信息技术委员会"具体负责实施《IT2000》政策协议。

1997—1998 年泰国经济危机中，电信产业经历了彻底的洗牌和重组。他信掌管的以电信为主的西那瓦集团却经受住了危机的洗礼，他一方面成立了泰爱泰党，以保护他和国内电信业伙伴企业的产业并扩展其政治同盟；另一方面在媒体、通信、网络等领域大举并购，使西那瓦集团成为涵盖电信各部门的企业巨头。2001 年，泰国科技部颁布了《信息技术发展纲要—IT2010（2001－2010）》，纲要提出了发展知识型社会的目标，涉及电子政府、电子工业、电子商务、电子教育和电子社会等五个战略领域的发展和应用。在 10 年间将知识型工人比重由 2001 年的 12% 提高到 30%，知识型产业产值占 GDP 的比重提高至 50%，推动泰国成为东南亚地区信息技术发展的领先国家。2006 年，新加坡国有资本巨鳄淡马锡以 733 亿泰铢（约合 19 亿美元）全现金收购西那瓦集团 49.6% 股份，这笔交易创下泰国有史以来最大一宗公司并购案。由于他信对互联网产业的重视，自 2001 年他信担任总理后，泰国的互联网规模出现了快速发展。2000 年泰国互联网用户规模仅为 200 人，占人口总数的 3.7%。到了 2007 年网络渗透率达到了 12.6%，2007—2009 年间，泰国的互联网用户增长了一倍，到了 2010 年泰国网民用户占人口总数的 19.3%。2011 年，泰国信息通讯技术部又颁布了《ICT2020 政策框架（2011—2020）》，加强互联网在区域经济融合、教育、能源、粮食安全、行政放权、文化交流等方面的作用。①

自 2013 年以来，泰国使用互联网人数增长明显，2015 年泰国互联网用户占总人口的 39.5%，2016 年泰国互联网渗透率达到 40.5%。同时泰国用户访问网络时间也显著增加，2013 年，15~34 岁青年网民访问时间为每周 32.3 小时，2015 年每周访问时间达到 54.2 小时。另外泰国互联网用户在数字使用方面更多倾向娱乐消遣，因此社交网络、观看视频与听音乐、玩游戏使用率较高。泰国年轻人喜欢通过各种社交媒介向外展示自己，也乐于接受外界关注。Facebook 和 Line 是泰国两大国民级社交工具，2016 年初，用户数分别为 4000 万人和 3800 万人。Google+ 在泰国的使用率也很高，而后起之秀 Instagram 也备受关注。除普通人热衷社交媒体外，泰国政要也都

---

① 《泰国信息通讯技术政策框架（2011—2020）》，中国经济网，网址：http://intl.ce.cn/specials/zxgjzh/201312/24/t20131224_1986444.shtml。

有个人的 Facebook，如前总理英拉，通过 Facebook 吸引年轻人，扩大政治影响力。

据统计，泰国游戏玩家约有 1470 万人，付费玩家有 830 万人，付费玩家人均年消费额在 27.76 美元。2014 年，泰国游戏市场规模达 2.3 亿美元，是东南亚游戏消费最高的国家，也是东南亚人均游戏消费最高的国家。与东南亚其他国家不同的是，泰国付费玩家人数最多的是赛车游戏。①

泰国互联网渗透率在往后的几年还将呈增长趋势，但增速相当平缓。原因在于泰国大部分互联网使用者集中在大城市，如曼谷、芭堤雅、清迈、普吉岛等地，而农村的互联网普及不足。泰国政府数据显示，务农人口占总劳动人口数量的三分之一，但互联网渗透率不到 10%。其次，社会动荡与政局更替等因素干扰互联网发展，例如泰国政府一方面计划到 2020 年宽带普及率达到 95%；另一方面，军政府在 2015 宣布了一项创建单一网关网络加强对互联网的使用与内容进行监管。尽管该项决定最后最终被撤回，但影响不可避免。② 另外，互联网连接的技术和网络方面的限制，目前泰国 70% 的网络通道经过新加坡，影响到用户资费和体验。为此，2016 年 1 月，泰国国家广播与通信委员会和信息通信技术部花费 380 亿泰铢（10.5 亿美元）启动国家宽带网络项目，该项目重点之一就是提高目前覆盖 27000 个乡村网络的服务质量和连接速度。

## 二、泰国移动互联网发展历程

自 1954 年开始，泰国电信业就由两个国有机构泰国电讯局（CAT）和泰国电话局（TOT）垄断。1995 年，CAT、TOT、NSTD 建立互联网公司，成为泰国国有互联网服务供应商。2004 年泰国成立国家电信委员会，这是该国第一个独立的电信监管机构，自 2005 年起负责发放电信及互联网服务的许可。CAT 和 TOT 两个机构以政企合一的形式经营泰国电信业务，在国内电信运营中占据支配性的市场地位。其中，CAT 主要经营移动通信业

---

① 《2014 泰国社交用户数据概览》，中文互联网数据资讯中心，网址：http://www.camia.cn/content/24.html。
② 《eMarketer：泰国数字使用报告》，中文互联网数据资讯中心，网址：http://www.199it.com/archives/452216.html。

务、国际通信业务和邮政业务；TOT 主要经营移动通信业务、国内固定电话业务以及邻近国家的国际长途电话业务。到目前为止，泰国的电信运营商仍然拥有部分管制机构的权利。CAT 和 TOT 还负责大部分电信网络设备的测试和入网许可工作。目前，TOT 在固定电话领域占一半以上的份额，CAT 则在国际电信业务方面占有垄断地位。另外，泰国另有三家私营运营商 AIS、DTAC、True M0ve，这三大私营运营商与国有电信之间签订特许协议，根据协议，这些私营公司所建造的网络所有权归国家。虽然三家私营运营商每年的总收入高达两千亿泰铢，但相当大部分收入流入 CAT 和 TOT 囊中。①

目前，泰国电信市场中移动通信业务的发展大大超过固定电话业务。TOT 和 AIS 分别在固定电话业务和移动电话业务中占有绝对优势，市场占有率均超过了 60%。2009 年，泰国固定电话网络用户发展成熟，此后用户一直保持较为平缓的发展趋势。2010 年，泰国移动通信市场发展走向成熟，移动号码普及率占总人口的 114.06%。虽然泰国在推行 3G 过程中，曾因电信运营商之间的利益冲突和政治局势，造成 3G 牌照竞标一再拖延。但是近年来，泰国已经进入 3G 时代，甚至已经走向 4G。2015 年，泰国各家运营商如 AIS、True Move、DTAC 等开始部署发展 4G，截至 2015 年年底，泰国 4G 用户达到 1080 万，其中 AIS 的 4G 用户约有 450 万，True Move 的 4G 用户达到 400 万，DTAC 的 4G 用户约有 230 万。

随着移动互联网的逐渐普及，泰国互联网用户行为偏好发生了转变，手机成为用户访问网络的主要设备。至 2010 年泰国已有 6986 万手机用户，普及率达到了 104%，而其中有 30% 使用手机上网。据泰国数字广告协会数据显示，2015 年底，泰国约有 8300 万移动用户，移动渗透率高达 124%，意味着平均每个泰国人拥有 1.24 个移动设备。智能机成为用户访问网络的主要设备，82.1% 的用户平均每天使用智能机高达 5.7 小时。泰国移动互联网用户主要是 20~39 岁的青壮年，且多集中在曼谷地区。2011 年，台式与笔记本电脑使用率仍在 80% 以上，到 2014 年双双跌下 70%，手机异军突起。

---

① 徐玉梅：《泰国电信业发展迅猛　进出口贸易差扩至 3 亿》，载《通信产业报》2007 年 4 月 2 日。

2015年,泰国手机用户为4560万,占人口总数的67%,智能手机达1790万,占手机用户总量的39.2%。eMarketer预计,2016年泰国手机用户会达到4670万,占人口总数的68.5%。①在用户使用方面,移动音乐、手机游戏、移动视频应用较多。据泰国电子交易发展处(ETDA)公布的2016年泰国互联网用户行为的调查报告显示,2016年由于智能手机与4G商用服务的普及,每天泰国用户通过移动设备访问互联网的时长增加了9%,达6.2小时。Youtube、Facebook和Line是访问量最大的社交媒体平台。在16661位受访者中,超过85%的受访者表示使用智能手机访问互联网。社交媒体在泰国广受欢迎,86%的受访者表示通过手机访问社交媒体。其次是Youtube(66%)、电子书(55.7%)、搜索(54%)、电子交易(45%)。70%的受访者表示,网络延迟是他们面临的最大问题;其次是垃圾邮件(50%)、经常性断网(32%)、高流量费(26%)、网络覆盖率(21%)。②

泰国移动支付市场发展相对缓慢,为此中国互联网公司有意拓展泰国移动支付市场。2016年,阿里巴巴旗下的蚂蚁金服欲收购泰国网络支付提供商;微信支付、百度钱包和支付宝也都在极力开拓泰国的市场份额。

随着新媒体日渐流行,各类网络媒体、移动媒体进入泰国社会,逐步影响泰国居民尤其是城市居民的生活、工作、学习和交流活动。但由于有限的互联网接入、购买力、对技术不甚了解,各府的地方性用户仍偏爱传统媒体,因此在泰国形成了新媒体与传统媒体共存的局面。对新媒体而言,如何提高用户黏性、提高媒体的公信力成为重要的议题。

### 三、泰国对互联网的管理与规制

在泰国,利用新媒体造谣生事、污蔑他人、冒犯王室的事件屡有发生,对个人和社会产生了严重危害。为此泰国政府通过行政立法、内容监管、技术过滤等方式来监管新媒体的发展。

在立法层面上,2002年,泰国颁布《电子交易法》,并成立电子交易

---

① 《eMarketer:泰国数字使用报告》,中文互联网数据资讯中心,网址:http://www.199it.com/archives/452216.html。
② 《ETDA:2016年泰国互联网用户行为报告》,中文互联网数据资讯中心,网址:http://www.199it.com/archives/513029.html。

委员会保护泰国的电子交易活动。2007年，政变后的临时政府通过《计算机犯罪法案》，赋予政府屏蔽不当网络内容，以及对这些内容的提供和传播者施以刑法的权力。法案第7条规定："任何不正当手段通过电子手段泄露或拦截他人正在计算机系统中传输的计算机数据的人应当受到处罚。"第12条规定："任何人全部或者部分伪造他人真实的电脑数据，且该数据是法定的证据的；或采用一种方式改变电脑数据的原本转台，并可能损害他人或公众利益的；如果其行为是为让他人相信电脑数据是真实的，都将受到处罚。"然而，这部法案的具体条文未明确列举不当的网络信息和网上行为，而是使用了十分模糊的定义或是直接援引其他法律文件的规定。因此，在具体的执行过程中，政府部门对网络非法信息和行为的界定在事实上仍然依赖于旧有的法律机制，这也就造成了对非法信息和行为定义模糊，以及不同部门间责权不明确等问题。① 例如法案中的"服务提供者"，即涉及互联网技术接入提供者、人际交流平台提供者以及计算机数据存储提供者。在根据《计算机犯罪法案》起诉的法律案件中，网管、网站所有者、提供互联网内容以及使读者和用户能够在其网页上进行评论或发帖的人都被视为服务提供者。

2015年2月，泰国对《版权法》进行了修订，这是1994年泰国《版权法》开始生效以来的第一次修订。新《版权法》首次纳入了互联网版权作品侵权的中介（互联网服务提供者）责任，并且将对未经许可在影院录制电影的人施行最高4年的监禁。与中介责任有关的修订将针对互联网版权侵权提起法律诉讼的责任施加在了版权权利人身上。新《版权法》规定版权权利人在向法院提起的诉讼请求中可以要求法院向互联网服务提供者下令，停止任何在互联网服务提供者的计算机系统中发生的对其版权作品的侵权行为。版权权利人在要求在互联网终止任何对其版权的侵权行为时，必须向法院提供清楚详细的侵权细节。该法案同时将保护作品的版权信息和技术安全纳入其中，如经过加密处理的音乐或者印有水印保护的图片。法案规定侵犯版权保护技术者，如强行获取受版权保护内容的黑客，或者为自身利益私自删除图片水印的人，将被处以1万~10万泰铢的罚款。若将受版

---

① 刘扬钺：《泰国的互联网发展及其政治影响》，载《东南亚纵横》2014年第1期。

权保护的作品用于商业用途，罚款将增至 5 万~40 万泰铢，此外还要面临 3 个月到 2 年的监禁。泰国著作权法修正案中对"可为"与"不可为"做出具体的法律解释，例如"可为"包括：（1）在社交媒体上分享供个人使用的有版权保护的图片，但是必须注明版权所有者；（2）将受版权保护的图片用于教育目的，如报告、作业，但是一定要注明来源；（3）将受版权保护的内容或图片用于商业用途，但必须获得版权所有者的许可；（4）为商业目的而播放视频片段，但是必须注明信息来源。而"不可为"涉及（1）删除版权信息；（2）将有版权的图片用于一个组织内部的会议或演讲；（3）将有版权的图片用于社交媒体、商业网站或者其他渠道（如广告牌、书籍、T 恤、银幕、广告）的商业用途，但没有注明版权；（4）未经允许编辑有版权的图片，将其用于商业用途；（5）未经版权所有者同意而下载音乐、电影或者供他人分享的内容；（6）删除图片上的水印，可能导致侵犯版权的行为；（7）复制有版权的 CD、书籍和 DVD，并用于销售；（8）普通的盗版行为将被处以 2 万至 20 万泰铢的罚款；出于商业目的的盗版行为将被处以 10 万至 80 万泰铢的罚款或者 6 个月到 4 年的监禁。①

在泰国，网络审查工作主要由泰国皇家警察、泰国通信管理局及信息和通信技术部门进行。除此之外，泰国还专门成立了互联网或信息产业的国家级管理机构——网络发展委员会，以便促进行业发展并进行监管。该委员会直接由总理来做组长，主要负责网络安全治理、网络安全应急、国家关键信息基础设施、公司合营、法律措施、研究开发及国际合作等工作。此外，政府还设立了其他机构以加强制度性的监管力量。例如，2010 年，阿披实政府启动"网络侦查员"项目，政府招募一批志愿者并加以短期培训，由他们负责监控网络上危害国家安全和政治体制的信息。2011 年 12 月，泰国政府在曼谷郊区设立网络安全运行中心，主要负责对网络信息的过滤和审查工作。而前总理英拉领导的为泰党政府则在警察总部设立了一个由副总理领衔的 22 人的委员会，和由计算机专家组成的预防与制止信息技术

---

① 《泰国著作权法修正案生效》，中国知识产权网，网址：http://www.ipr.gov.cn/article/ydyl/201508/1879834.html。

犯罪办公室,同样负责审查那些危害政治与社会安全的网络内容。[①]

在制定法律法规的同时,泰国政府加大了对非法网络内容和行为的审查力度。2006年9月泰国军事政变之前,泰国官方总共封锁网站34411个,其中色情网站占60%,销售"性产品"占14%,影响国家安全的包括对国王、政府或军队进行批评的占11%,非法产品和服务占8%,著作权侵权占4%,非法赌博占2%。军事政变之后泰国政局动荡,暴力抗议活动时有发生,因此互联网审查也逐渐集中在"冒犯君主罪"、国家安全、政治问题上。泰国政府曾关闭了相当数量诽谤王室以及危害国家安全的网站,2006年10月,泰国就封锁了2475个网站;2007年1月,这个数字已飙升到13435个。2007年4月4日,泰国政府封锁YouTube,原因在于该网站上传了一个关于普密蓬·阿杜德王照片的涂鸦视频。到2010年,泰国屏蔽的网站数量超过了11000个。至2014年3月间,泰国网络安全运行中心阻止了22599个互联网网页。同时泰国也加大了对信息的提供者和传播者的审查力度。泰国新闻网站Prachatai的执行主编戚兰琪因没有及时删除该网站论坛上有关冒犯王室家庭的评论,被指控"侮辱王室"。按照泰国的《计算机犯罪法案》,戚兰琪一共面临10项指控,每一项指控最多可判处5年监禁。

泰国的互联网管理举措一定程度上保证了国家安全、净化了网络环境,保护了网民个人隐私,但同时也有一定的局限性,主要在于其法理依据和针对目标集中于旧有的冒犯君主罪的相关法令,而这一严苛法令本身的合理性在信息时代的公众讨论中正受到越来越多的质疑。

### 四、泰国网站

2012年,泰国注册运营的网站数量总共有10141家,其中".com"类型网站有8329个,占总体网站规模的82.13%;".co.th"类型的网站有542个,占总体网站规模的5.34%;".net"类型的网站有495个,占总体网站规模的4.88%;".biz"类型的网站有50个,占总体网站规模的0.49%;其他类型的网站有725个,占总体网站规模的7.15%。

2014年4月排名前十名的网站分别是:.kapook.com、.sanook.com、

---

① 刘扬钺:《泰国的互联网发展及其政治影响》,载《东南亚纵横》2014年第1期。

dek-d.com、mthai.com、th.hao123.com、manager.co.th、siamsport.co.th、weloveshopping.com、bloggang.com、siamzone.com。①

### （一）重要泰文网站

**sanook.com**　sanook.com 是泰国第一大门户网站，是 MIH Group 旗下公司，该网站的内容涉及新闻、娱乐、生活方式、IT、体育、旅游等。其他服务还有线上拍卖、线上电视、线上词典和网站论坛。

**dek-d.com**　dek-d.com 网站专注于青少年和学生。内容包括青少年生活方式、教育、考试准备和海外学习。它还提供特色服务，如网站论坛、博客和一个拥有许多新一代作家入驻的作家社区。

**manager.co.th**　manager.co.th 网站连续 11 年被评为泰国最好的新闻网站。它关注政治、公司、商务、投资、国外事务、体育、汽车、IT、科学、教育、生活方式、娱乐、旅游等。

**weloveshopping.com**　weloveshopping.com 是泰国最受欢迎的线上购物网站。它提供成千上万的产品，如服装、手表、化妆品、移动电话、IT 设备、相机、书、家具和汽车。

### （二）重要华文网站

**泰华网**　泰华网于 2008 年创立，是泰国华人和华侨的门户网站。全面提供泰国华人社会的动态资讯，包括华文教育、泰华侨团、泰华名人、华文媒体、中医中药等信息。

**泰国华人论坛**　泰国华人论坛是泰国最大的华语论坛。主要是一些泰国华人通过该网站来分享他们在泰国生活、学习和工作的经历，包括泰语学习、娱乐、音乐、求职招聘、旅游、留学、移民等信息。

---

① 《泰国媒体传播概况》，美通社，网址：http://www.useit.com.cn/thread-10844-1-1.html。

# 第五章　柬埔寨新闻史

## 第一节　柬埔寨概况

### 一、柬埔寨的地理、历史

柬埔寨，全称为"柬埔寨王国"（The Kingdom of Cambodia），旧称"高棉"。柬埔寨位于中南半岛的南部，西部及西北部与泰国毗邻，东北部与老挝接壤，东部及东南部与越南交界，南部则面朝暹罗湾。柬埔寨的海岸线长约 460 千米，海岸曲折，多岬角、海湾和岛屿。在地理位置上，柬埔寨相当于中南半岛的中继站，是世界贸易路线的重要交汇区，在东南亚占有重要战略地位。自 2015 年中国提出"一带一路"倡议以来，柬埔寨成为"21 世纪海上丝绸之路"沿线重要国家。①

柬埔寨的国土为碟状盆地，四周高，中间低。东、北、西三面被丘陵与山脉环绕；中部为广阔而富庶的平原，占全国面积四分之三以上。柬埔寨境内有湄公河和东南亚最大的淡水湖洞里萨湖（又称金边湖）。柬埔寨土地面积约 18 万平方公里，拥有丰富的森林资源。柬埔寨全国划分为 20 个省和 4 个直辖市，首都为金边。金边地处洞里萨湖与湄公河交汇处，是柬埔寨政治、经济、文化和宗教中心。

柬埔寨是中南半岛的文明古国，有 2000 年以上的历史。根据中国史书的记载，大概在 1 世纪的时候，在今天的柬埔寨这片土地上出现了一个叫作扶南的国家，此后经历真腊、吴哥、金边三个王朝。现在的柬埔寨王国，

---

① 王恬、张志文：《"一带一路"对柬埔寨发展意义重大——访柬埔寨副首相贺南洪》，载《人民日报》2017 年 4 月 24 日。

是金边王朝（开始于 1393 年）的延续。

在扶南强盛的时候，领土包括今天越南南部一部分地区和泰国一部分地区，影响势力甚至还远至马来半岛，但其核心地区主要是在今天的柬埔寨。扶南第一个王朝——混氏王朝是由印度婆罗门教徒混填建立的，婆罗门教和佛教因此传入扶南，并对扶南人产生了很大影响。3 世纪至 4 世纪中叶，高棉人取代印度人的统治建立了范氏王朝，使扶南达到繁荣鼎盛时期。7 世纪 20 年代至 40 年代，扶南国被其北方崛起的属国真腊所灭。①

真腊攻灭扶南后，国势更加强盛，至阇耶跋摩一世统治时期，真腊征服了老挝的中部和北部地区，使国境北接南诏，南抵湄公河之下游，包括今天的柬埔寨、老挝以及越南南部，史称水陆真腊。后国家分裂，陷入内乱。

787 年前后，水真腊太阳王朝的都城桑比补罗被爪哇海盗攻陷，国王摩希婆提跋摩被杀，王子（后来的阇耶跋摩二世）被虏。水真腊由此被爪哇的夏连特拉王朝（山帝王朝）统治，直至阇耶跋摩二世从爪哇逃回，称王独立。阇耶跋摩二世统一了水、陆真腊，定都吴哥东北约三十公里的荔枝山，建立了吴哥王朝。

吴哥王朝，又称高棉帝国，在 12 世纪时国势达到鼎盛，文化非常繁荣，创造了举世闻名的吴哥文明。吴哥王朝时，柬埔寨人在南印度婆罗米字母的基础上创造了自己的文字，但现在保留下来的只有石刻上的文献。吴哥王朝的版图包括今日柬埔寨全境以及泰、寮（老挝）、越三国的部分地区。13 世纪，南传上座部佛教由斯里兰卡传入柬埔寨。1430 年，暹罗入侵柬埔寨，包围吴哥城 7 个月，最后攻破吴哥。加之吴哥太靠近暹罗，故朝廷放弃吴哥，迁都金边。此后，柬埔寨国势衰败，屡受周边国家侵略。

自 1858 年起，法国开始染指中南半岛，并于 1861 年占领西贡（今越南胡志明市），1883—1885 年中法战争期间，法军占领越南及柬埔寨部分地区。1863 年，柬埔寨沦为法国的"保护国"，直到 1940 年柬埔寨被日本帝国主义军队占领。1945 年日本投降后，柬埔寨再次被法国殖民者占领。在经历了法国 90 年的殖民统治和日本帝国主义 5 年的法西斯统治后，1953 年 11

---

① 曾莫休:《柬埔寨历史发展的启示》，载《东南亚研究》1997 年第 4 期。

月9日,柬埔寨王国宣布脱离法国独立。初时仍为君权体制,即柬埔寨王国［诺罗敦·西哈努克（Norodom Sihanouk）第一次执政时期］。但直至1954年法国在越南被打败、被迫签署日内瓦协议后,以西哈努克为首的柬埔寨王国政府才得到国际社会的承认,使柬埔寨取得了真正的民族独立,并在其后的15年期间进行复兴建设,经济发展势头良好。1970年,朗诺（Lon Nol）集团在美国的策动和支持下发动政变,推翻了西哈努克政权。西哈努克被迫出走,成立与柬共合作的抵抗政府,开展抗美救国斗争。1975年4月17日,柬埔寨全国解放,红色高棉夺得全国政权。1976年1月颁布新宪法,改国名为民主柬埔寨;4月,乔森潘（Khieu Samphan）任国家主席团主席,柬共（Khmeay Krahom,又称红色高棉①）总书记波尔布特（Pol Pot）任总理。红色高棉在1975年至1979年执政期间,执行极"左"路线,实行极端政策,"生灵涂炭,民怨沸腾"②。1978年底,越南出兵侵占柬埔寨,扶植柬埔寨人民共和国政权。1979年12月,民主柬埔寨决定终止宪法,改组政府。1982年7月9日,西哈努克亲王、宋双（Son Sann）、乔森潘三派抵抗力量实现联合,组成民主柬埔寨联合政府。经过13年的战争后,在联合国和多个国家多年的斡旋和努力下,终于迫使越南从柬埔寨撤军,柬内部四派达成和解,于1991年10月签订政治解决柬问题的巴黎协定,并在联合国监督下,柬埔寨举行全国大选,于1993年9月恢复柬埔寨王国政府,西哈努克登基为国王,拉纳烈（Norodom Ranariddh）③王子和洪森（Hun Sen）分别出任第一首相和第二首相。1994年,柬埔寨国会通过立法宣布"民主柬埔寨"为非法组织。1997年7月,联合执政的人民党和奉辛比克党爆发军事冲突,拉纳烈第一首相被废黜,流亡国外。1998年7月26日,柬举行第二次全国大选,人民党获胜成为第一大党,11月30日成立以洪森为首相

---

① "红色高棉"是西哈努克亲王在20世纪60年代给他的共产主义反对者们的名称。他们的正式名称是"柬埔寨共产党",1960年8月,西哈努克首次把这些反美反君主主义的政治派别称为"红色高棉"。见［柬］Khamboly Dy 著:《"民主柬埔寨"时期的日常生活》,王友琴译,《炎黄春秋》2012年第12期;晏明、丁胜、薛颖:《几度风云柬埔寨》,载《世界知识》1998年第14期。
② 曾莫休:《柬埔寨历史发展的启示》,载《东南亚研究》1997年第4期。
③ 又译为"拉那烈",本文按中华人民共和国外交部网站（网址:http://www.fmprc.gov.cn/web/gjhdq_676201/gj_676203/yz_676205/1206_676572/1206x0_676574/）的译法译为"拉纳烈"。

的第二届联合政府，奉辛比克党在国会的议席排第二位，拉纳烈出任国会主席；12月，前民主柬埔寨领导人乔森潘、农谢（Nuon Chea）归顺政府，柬民族和解取得重大进展，进入和平与发展的新时期。

### 二、柬埔寨的政治

柬埔寨现行宪法于1993年9月21日经柬制宪会议通过，由西哈努克国王于1993年9月24日签署生效。1999年3月4日，第二届国会通过《宪法修正案》，新宪法由原来的14章149条增至16章158条。宪法规定，柬埔寨的国体是君主立宪制，实行多党制和自由市场经济，立法、行政、司法三权分立。

国王是终身制国家元首、武装力量最高统帅、国家统一和永存的象征，有权宣布大赦，在首相建议并征得国会主席同意后有权解散国会。国王因故不能理政或不在国内期间由参议院主席代理国家元首职务。王位不能世袭。国王去世、退休或退位后，由首相、佛教两派僧王、参议院和国会正副主席共9人组成的王位委员会在7日内从安东、诺罗敦和西索瓦三支王族后裔中遴选产生新国王。

国会是柬埔寨国家最高权力机构和立法机构，共有123个议席，每届任期五年。2004年7月，柬埔寨颁布实施新增宪法条款。该条款规定，国民议会可以通过投票方式，决定国民议会领导人选和批准新政府。首届国会成立于1993年。1993年大选时共有40多个政党参选。

参议院为国家立法机构，有权审议国民议会通过的法案，每届任期6年。首届参议院成立于1999年3月25日。柬宪法规定，法案须经国会、参议院、宪法理事会逐级审议通过，最后呈国王签署生效。参议院主席礼宾顺序排在国王之后、国会主席和政府首相之前，属国家第二号领导人，在国王因故不能视事或不在国内时代理国家元首。

2013年7月28日，柬埔寨举行第五届全国大选，柬埔寨人民党赢得123个议席中的68个，人民党再次赢得选举，延续28年来的执政。9月23日，柬埔寨举行新一届国会首次会议；24日，国会以表决方式通过了国会领导和内阁成员名单，韩桑林（Heng Samrin）连任国会主席，洪森蝉联首相。

柬埔寨的主要政党有柬埔寨人民党和奉辛比克党。柬埔寨人民党的前身为成立于1951年6月28日的柬埔寨人民革命党。1991年10月改为现名。现任党主席为洪森,副主席为韶肯、赛冲,名誉主席为韩桑林。现有党员578万人。奉辛比克党的前身为"争取柬埔寨独立、中立、和平与合作民族团结阵线"①,由西哈努克于1981年创建并任主席。1992年改为现名,现任主席为拉纳烈亲王。该党信奉西哈努克主义,对内主张政治民主化、经济私有化,维护君主立宪制;对外奉行独立、和平、中立与不结盟外交政策,主张与世界各国和一切友好政党建立和发展友好合作关系,以和平方式解决与邻国的边界领土争端。柬埔寨奉行独立、和平、永久中立和不结盟的外交政策,迄今已经同172个国家建交。柬埔寨政府重视加强同周边国家的睦邻友好合作。②

中柬两国有着悠久的传统友谊。1958年7月19日两国正式建交。2010年12月,两国建立全面战略合作伙伴关系,双边关系进入新的发展阶段,两国政府高层保持着良好的互动,两国政党、议会、军事、文化、教育等交往与合作密切。

### 三、柬埔寨的人口与经济

柬埔寨全国总人口约1500万人,是一个多民族的国家。全国有20多个民族,以高棉族为最多,约占全国总人口的80%以上,境内主要少数民族有占、卜侬、老、泰等,人口20余万人。此外,还有柬籍越裔和柬籍华裔,以及越侨、华侨等,华人华侨约100万人。柬埔寨的主要宗教是南传上座部佛教,国内90%以上的人信奉该教,佛教为国教。伊斯兰教徒在柬有10多万人,天主教徒约有7万人。曾在柬历史上盛行过的婆罗门教,其宗教仪式除保留在历代的王室宫廷外,目前只存在于极少数印度侨民中。此外,

---

① 法文名为:Front Uni National Pour Un Cambodge Independent, Neutre, Pacifique, et Cooperatif,按法文字母缩写简称为"FUNCINPEC",即奉辛比克。
② 《柬埔寨国家概况》,中华人民共和国外交部网站,网址:http://www.fmprc.gov.cn/web/gjhdq_676201/gj_676203/yz_676205/1206_676572/1206x0_676574/。

部分华侨和越侨信奉多神教。① 高棉语②是高棉族使用的民族语言，是柬埔寨官方语言，广泛用于政府管理、各级教育和大众媒体。英语和法语是官方指定的外语，学生从小学四年级开始学习英语，从初中一年级开始可以学习法语。③

由于历史原因，特别是冷战时期，柬埔寨战乱不断，政局不稳，社会动荡，导致经济发展缓慢，基础设施落后，是世界上最不发达的国家之一，贫困人口约占总人口的14%。自20世纪90年代以来，柬埔寨政局趋于稳定，法律法规不断完善，社会环境和治安不断改善，并实行对外开放和自由市场经济政策，加之国际社会多方援助，柬埔寨经济重建和发展取得了长足进步，2005—2012年，年平均经济增长率达7.7%。据柬政府预测，2017年经济增速为6.8%，GDP有望达到222亿美元。农业、制衣业、建筑业和旅游业是柬埔寨的四大经济支柱。柬埔寨现已成为吸引众多国际投资商的新兴市场和游客旅游目的地。④ 柬埔寨成功吸引了中、韩、日等国家的投资，成为东南亚的新兴投资热点之一和东盟新崛起的制造基地。特别是中柬经贸关系日益紧密，双边经贸合作保持稳步发展。自1994年以来，中国一直是柬埔寨的最大投资来源国。1996年7月，两国签订了《投资保护协定》与《贸易协定》。2000年11月，两国又成立了经济贸易合作委员会，两国关系由此进入全新阶段。在基础设施建设方面，中资企业在柬埔寨修建了最长的公路、最多的桥梁和水利设施。2017年，中柬双边贸易额57.9亿美元。中国对柬非金融类直接投资达5.5亿美元。⑤ 目前，中国是柬埔寨第一大贸易伙伴和第一大进口来源地。2017年11月10日，中柬签署了《中国

---

① 参阅少林、天枢：《柬埔寨的民族、居民与宗教》，载《东南亚纵横》1994年第6期；刘永焯：《柬埔寨宗教概况》，载《印支研究》1983年第1期；《柬埔寨国家概况》，中华人民共和国外交部网站，网址：http://www.fmprc.gov.cn/web/gjhdq_676201/gj_676203/yz_676205/1206_676572/1206x0_676574/。
② 旧称高棉语（文），现称柬埔寨语（文）。
③ Mao, S. Education and Policy on English Language in Cambodia. http://bruneiusprogramme.org/wp-content/uploads/2013-Forum-Publication-Complete. 23-32. pdf。
④ 蒋玉山：《柬埔寨：2012~2013年回顾与展望》，载《东南亚纵横》2013年第3期；高怡松：《柬埔寨经济特点与中柬合作的机遇》，载《东南亚纵横》2011年第11期。
⑤ 《柬埔寨国家概况》，中华人民共和国外交部网站，网址：http://www.fmprc.gov.cn/web/gjhdq_676201/gj_676203/yz_676205/1206_676。

商务部和柬埔寨商业部关于电子商务合作的谅解备忘录》，中柬通过加强电子商务合作，共同提高贸易便利化程度和合作水平，进一步推动双边贸易持续稳定发展。①

虽然近年来，柬埔寨政治稳定，经济发展进步较快，但是柬埔寨是传统农业国，工业基础薄弱，依赖外援外资，且存在基础设施落后、贫富悬殊、健康卫生状况严峻和人民科学知识水平较低等问题。

柬埔寨的货币为瑞尔，但柬埔寨国内同时流通美元。

## 四、柬埔寨的新闻事业发展概况

柬埔寨的现代印刷技术是19世纪末法国殖民者带来的，柬埔寨的现代新闻事业也是在19世纪末法国殖民统治下产生的。但自进入现代以来，柬埔寨政局长期动荡，战火频仍，经济饱受摧残，新闻事业发展非常艰难，新闻工作者的人身安全长期得不到保障，新闻媒体生存环境严酷，媒体数量有限，并且常常成为政权更迭的牺牲品，大多存续时间不长，因此柬埔寨没有历史悠久的新闻媒体。直到20世纪90年代，随着柬埔寨政治局势趋于稳定，经济状况不断改善，新闻传播事业才获得发展的机会。目前，柬埔寨实行多党民主制度和新闻自由政策，新闻事业拥有一个较好的发展环境，报刊、广播电视都有较大发展，特别是新媒体发展迅速，日趋活跃。

一个国家的新闻事业的发展总是受到这个国家的政治制度、政治生态和政治局势的制约与影响，与这个国家的经济、文化的发展也密切相关。自进入现代以来，柬埔寨国运多舛，动荡不安，柬埔寨的新闻事业的发展之路也是坎坷而曲折，大致可以分为以下几个阶段：

（1）殖民统治时期（1863—1953）：新闻事业的产生与起步期。

（2）柬埔寨王国时期（1953—1970）：新闻事业的发展与上升期。

（3）高棉共和国时期（1970—1975）：新闻事业的挫折与倒退期。

（4）民主柬埔寨时期（1975—1979）：新闻事业的灾难与低谷期。

（5）柬埔寨人民共和国时期（1979—1990）：新闻事业的复苏与重建期。

---

① 《中国和柬埔寨签署〈关于电子商务合作的谅解备忘录〉》，东盟网，网址：http://news.asean168.com/a/20171110/15494.html。

（6）新柬埔寨王国时期（1990年至今）：新闻事业的发展与走向繁荣期。

## 第二节　殖民统治时期（1863—1953）：新闻事业的产生与起步

1863年，法国强迫柬埔寨签订《柬法条约》，"在原则上确立了法国对柬埔寨的宗主权"①，柬埔寨沦为法国的"保护国"。1887年，法国颁布法令，将越南与柬埔寨合并组成"法属印度支那联邦"，柬埔寨沦为法国的殖民地。

19世纪末期，法国殖民者将现代印刷技术带到柬埔寨。同时，为了殖民统治的需要，法国殖民当局在柬埔寨创办了法文简报，主要刊载官方公告文件、法律法规及官方新闻等，目的是为了殖民政府内部的信息沟通。这是柬埔寨最早的现代出版物。

1911年，第一份法文报纸在柬埔寨出版。此后陆续出现了一些出版物，绝大多数为法文，发行量都不大，并受到殖民当局的严格管理。

早期的法文报纸不时刊登批评殖民当局的文章。为此，1924年，法国殖民当局在柬埔寨刑法典中添加条例，规定"禁止对法国或者柬埔寨政府当局有关行动进行批评，违法者将被处以最高一年的监禁和罚金"②。

1926年，柬埔寨国内第一种本国语高棉文的期刊《柬埔寨太阳》（"Kambuja Soriya"）创办出版。该刊是在法国人支持的佛教协会（Institut Bouddhique）的赞助下出版的，每月一期。初期主要介绍柬埔寨的历史文化和佛教研究，不涉及政治问题。20世纪40年代，该刊降价到一年15瑞尔；同时在内容上，该刊逐步扩大到政治时事领域，主要通过刊登一些小故事和格言，含沙射影地讽刺法国的殖民统治，表达对当时社会政治经济状况的不满。1954年，该刊增加了国内时事新闻栏目，报道一些国内发生的事件，比如磅同省的宝塔动工仪式，最高议会议员的讲话，等等。该刊在后

---

① 陈显泗：《柬埔寨两千年史》，中州古籍出版社，1990，第567页。
② Tilm an Baum gärtel, "Any Questions or Remarks？" Iterative Journalism Training in Cambodia, Asia Pacific Media Educator 2012 22: 89.

来的政治动荡中几经停刊复刊,在柬埔寨的人文领域具有一定的影响。该刊在 21 世纪初停办。

1936 年,三位受过法国现代教育的柬埔寨青年山玉成(Son Ngoc Thanh)、辛万(Sim Varhe)和帕斌(Pach Chhoeun)创办了柬埔寨最早的高棉语报纸《吴哥寺》("Nagara Vatt")。该报持温和的民族主义立场,两周出版一次。该报经常批评越南控制柬埔寨的文官系统、中国商品对柬埔寨市场的垄断等社会问题。第二年该报的发行量超过了 5000 份。读者主要是金边受过现代教育的下层官员。《吴哥寺》在柬埔寨民族独立史上占有重要地位。

1941 年,日本军队进驻柬埔寨,并利用法国在柬埔寨的殖民机构对柬埔寨实行"间接统治"。以山玉成为代表的柬埔寨亲日派妄想利用日本摆脱法国的统治,谋求独立。因此《吴哥寺》一度表现出亲日立场和反法情绪,遭到法国殖民当局的严厉查禁,先后有 10 位主编被免,并于 1942 年被迫停刊。①

1945 年 3 月,日本取代法国殖民当局,对柬埔寨实行直接统治。日本战败后,法国殖民者又迅速占领金边。但是此时柬埔寨国民已经产生了民族独立意识。柬埔寨的反法民族主义组织联合开展"高棉自由(Khmer Issarak)"运动,发动反法武装起义,袭击法军驻地,谋求推翻法国殖民统治,争取民族独立。

在争取民族独立的过程中,1946 年 4 月 15 日,西哈努克国王(1941 年登基)发布王令,正式承认民众拥有结社、集会、出版等自由。

在西哈努克的游说下,柬埔寨民族主义者山玉成被法国释放,于 1951 年 10 月 29 日回到金边。1952 年 1 月,山玉成创办周报《高棉人觉醒报》("Khmer Krok")。该报主张法国军队全部从柬埔寨撤走,实现完全独立和国内和平,竭力宣传民族主义和民主思想。但该报发行不到一年就被迫停刊,后山玉成潜往势力在西北部各省的自由高棉的基地,在那里通过广播

---

① 以上参阅陈力丹、李熠祺:《历经劫难而重生的柬埔寨新闻传播业》,载《新闻界》2015 年第 12 期。

电台进行宣传活动历时四个月。①

总之，这一时期是柬埔寨的新闻事业产生和发展起步阶段。法国殖民者给柬埔寨带来了现代印刷技术和现代出版物，使柬埔寨的新闻传播事业开始起步。在法、日殖民统治时期，柬埔寨的报刊数量稀少，只有法文、高棉文两种报刊；加之由于当时柬埔寨的教育非常落后，商业不发达，受过现代教育的人口非常少，因此报刊发行量大都非常有限，而且报刊存在时间大都不长。柬埔寨的新闻传播事业自产生以来，就受到殖民当局的严密控制，殖民统治者严厉打击反对和批评殖民当局的媒体和言论。但在殖民统治后期，随着世界民族解放运动的高涨，受世界民主自由思想的影响，柬埔寨的一些民族知识分子开始利用报刊宣传民族主义思想，揭露和抨击殖民统治，为柬埔寨民族意识的形成和此后的民族独立斗争奠定了社会基础。

## 第三节　柬埔寨王国时期（1953—1970）：新闻事业的发展与上升

经过西哈努克国王的多方斡旋，柬埔寨于 1953 年 11 月 9 日获得独立。

1955 年 3 月，柬埔寨举行大选。西哈努克为便于直接参与政治，将王位让给其父苏拉玛里特亲王，组建"人民社会同盟"（Sangkun Reastre Niyum），后来这组织简称为桑贡②，西哈努克担任总裁。该党在大选中获得了压倒性胜利，西哈努克出任首相。西哈努克执政后，陆续进行各种改革和实施新政策，并注意发挥民主和听取民众的意见。每年在金边召开两次直接民主主义的"国民大会"，内阁成员和议员出席以答复国民的质询，各

---

① 樱井由射雄、石泽良昭：《柬埔寨现代史略》，胡一声、郑焕宇译，载《东南亚研究资料》1983 年第 2 期；《西哈努克家族——08 山玉成回国》，中华粮网，网址：http://www.cngrain.com/Publish/qita/200904/409323.shtml。

② 桑贡是支持王制、祖国独立、佛教的国民运动，并没有政党的规定，但从其活动看来却具有政党的性质。它所主张的王制社会主义的内容为：在经济、社会、教育等领域采取社会主义的方法，以王室为中心将国民团结起来，以建设一个信仰佛教为基础的民主的、平等的社会。见樱井由射雄、石泽良昭：《柬埔寨现代史略》，胡一声、郑焕宇译，载《东南亚研究资料》1983 年第 2 期。

种法案也在"国民大会"上提出。政府也利用这个大会向国民贯彻各项政策。同时创设了"接见群众"制度，每周两次听取国民的呼声，并将人民的呼声反映到政治上来。在西哈努克执政后，柬埔寨一度出现了政治稳定、经济复兴的良好局面。

西哈努克政府"对柬埔寨的新闻事业采取了较为宽松的管制政策"[①]，新闻传播业得到较快发展，新闻出版业从整体来说比较繁荣，当时共有报纸26种，其中有25种日报，约7万名读者。[②] 由于当时柬埔寨国内人口文盲率较高，因此报纸的发行量都不大，而且发行区域基本上局限于首都金边及其周边地区，因此大多数报纸的影响有限。这一时期，因为选举的需要，柬埔寨国内各政党纷纷创办报刊进行宣传，报刊以政党报刊为主。

1966年后，由于国内党派之间的矛盾和斗争激化，西哈努克收紧了新闻自由政策，报纸大量减少，直至党派活动和各党派的高棉语报纸全部被查禁。

### 一、新闻管理

柬埔寨王国宪法保障新闻自由，它在第九条款规定：所有柬埔寨人都有言论、著作和出版的自由。他们可以通过报章或其他的方法，表达、散播、维护一切言论，只要不滥用这条法令或是不抵触到公共秩序。

柬埔寨的新闻管理机构是柬埔寨王国新闻部。它下设：（1）部办公室，主要负责政治事务。（2）办公厅，主要负责行政和技术事务。下又设新闻和宣传科，包括物资办公室、新闻总办公室、报章办公室、文件和图书办公室、电影和戏剧检查办公室、普及办公室等。（3）地区监察厅，主要检察和整顿各省的地区新闻处。（4）技术训练中心，主要负责为新闻部及各有关部门的工作提供技术培训和技术保障，以使新闻部及各有关部门的工作良好进行。（5）电影和摄影处，主要负责影片和图片方面的宣传事务。它拍摄了每周新闻纪录片以及现状和历史照片。这些影片，主要是在首都和各

---

① Judeth Clarke, "Phonix from the ashes: The influence of the past on Cambodia's resurgent free media", Gazzette 55 (1995), p. 93.

② Judeth Clarke, " Phonix from the ashes: The influence of the past on Cambodia's resurgent free media", Gazzette 55 (1995), p. 93.

省电影院及柬驻外大使馆内放映；同时也常利用电影放映汽车到各地进行露天放映。而新闻图片方面，则主要在专设的新闻亭内（金边有10多个，在各省有20多个）和柬驻外大使馆内展出。这些新闻图片，也经常送给首都各报社、外国通讯社和世界性大杂志社。此外，柬埔寨新闻部还附设有印务局和技术工厂等。

在柬埔寨的各省、县、乡都设有新闻处。地区政府办公处处长经常给这些新闻处提供图片、广告、报纸和其他文件。在主要的人口聚集中心，还安装有收音机和扩音机。电影队也常到各地放映有关柬埔寨经济建设、公共卫生或娱乐方面的影片。

柬埔寨王国时期，报纸实行许可证制度，创办一家报纸通常要等上3个月时间。柬埔寨还成立了报章事后检查委员会，当报纸和新闻工作者明显地犯了破坏国家政治路线的错误或者是损及新闻工作者的职业荣誉时，报纸和新闻工作者将受到司法上的追究。

1962年11月21日，柬埔寨成立了新闻工作者协会。会长、副会长都是由柬埔寨报界的著名人士担任。柬埔寨的柬文、中文、越文、法文报界人士加入了协会。柬埔寨新闻工作者协会和亚非新闻工作者协会建立有联系。①

## 二、报　刊

西哈努克在20世纪60年代创办了一系列报刊，并借助执政党的力量扩大影响。他创办的报刊中最重要的是月刊《柬埔寨》（"Kambuja"），这本杂志用法英双语出版，每期封面都用粗体字印上"领导人：西哈努克"（Manager: Norodom Sihanouk）的字样，封面配图是柬埔寨优美的自然风光。杂志前半部分是政治经济方面的内容，后半部分介绍一些柬埔寨国内的旅游景点。这本杂志面向柬埔寨的精英阶层发行，也常向海外读者免费赠送，读者遍及印度、法国等地。其次是《社会杂志》（"Le Sangkum"），该刊每期发表西哈努克亲自撰写的社论。20世纪60年代末，西哈努克还短时出版

---

① 以上参阅吴喜：《柬埔寨王国的新闻事业》，载《东南亚研究资料》1965年第2期；陈力丹、李熠祺：《历经劫难而重生的柬埔寨新闻传播业》，载《新闻界》2015年第12期。

过《柬埔寨电影》("Cinema Kambuja")杂志、讽刺与流言杂志《与众不同》("Pseng-Pseng")等。①

而反对党也创办报刊宣传自己的主张，批评政府和执政党。民主党由于在大选中失败，成为一个很大的反政府势力。其机关报《民主政治》在贪污、物价和经济问题等议题上对政府进行攻击。执政党和政府则对民主党的攻击进行谴责，并于 1957 年 8 月在王宫召开双方的公开讨论会，西哈努克取得了胜利。

人民党由于选举惨败，则创办发行机关报《人民》("Pracheachon")努力挽回颓势，并因大选的失败而改变急进革命路线。1958 年后，中国、越南等一些社会主义国家在柬埔寨开设了大使馆，在定居柬埔寨的华侨和越南人之中产生了亲中国派和亲北越派，人民党及《人民》报很重视对他们开展宣传活动，导致执政党和政府神经过敏，加强了监视。②

执政党和政府则对反对党的报刊进行了打压。政府新闻部发布法规，规定媒体不得批评国家现存体制，否则将取缔。20 世纪 50 年代初，民主党在大选中对西哈努克构成很大威胁，他找借口逮捕了该党《团结报》("Sammaki")等几家报纸的主编；50 年代末，人民党成为西哈努克最大的对手，1957—1963 年间，多家人民党报刊被查封。1959 年，《人民》报的主编在办公室外被枪杀。

人民党衰落后，执政党人民社会同盟内部矛盾逐渐公开化。20 世纪 50 年代，盟内左翼人士（后来红色高棉的主要领导人之一）乔森潘从法国回到柬埔寨，创办法文周刊《观察者》("L'Observateur")，表达他的经济改革思想，抨击政府腐败。1959 年，乔森潘当街被秘密警察殴打并被拍摄裸照。60 年代，亲政府的法文报纸《消息报》("La Dépêche")落入党内右翼辛瓦（Sim Var）的手中，辛瓦还创办了高棉文日报《高棉独立报》("Khmer Ekareach")，两家报纸都宣扬亲美观点，批评西哈努克政府低效无能。在这种情况下，西哈努克支持左翼分子周生（Chau Seng）创办《新消息报》("La

---

① 陈力丹、李熠祺：《历经劫难而重生的柬埔寨新闻传播业》，载《新闻界》2015 年第 12 期。
② 樱井由射雄、石泽良昭：《柬埔寨现代史略》，胡一声、郑焕宇译，载《东南亚研究资料》1983 年第 2 期。

nouvelle dépêche"），与右翼报纸针锋相对，两派笔战不断。①

到 1964 年，柬埔寨有柬文、法文、中文、越文等四种语言的报纸。柬文报纸有《民族主义者周报》《祖国报》《礼节报》《新消息报》《人类展望报》《文化报》和《我俩的合作社》等，法文报纸有《柬埔寨电讯报》《柬埔寨现实周报》《真实报》和《金边新闻报》，华文报纸有《棉华日报》《工商日报》《湄江日报》《生活午报》和《快报》等，越文报报纸有《中立报》和《和平报》等。②

由于国内党派斗争、政治斗争激化，反西哈努克由暗流涌动变为公开对抗。1967 年，西哈努克收紧了对媒体的控制，柬埔寨只剩下 13 种报纸，发行量少于 7 万份。之后柬埔寨北部的反共派山玉成领导的民主党同西哈努克的桑贡组织对抗，最后直至党派活动和各党派的高棉语报纸全部被查禁。不过，这个时期的政治斗争虽很激烈，但西哈努克的桑贡组织连续三次在大选中垄断了国民议会的议席，因此政局还比较稳定。报纸在这段时期得以休养生息，出现了不少名编辑，如 20 世纪 70 年代发行量最大的中文报纸《商业新闻》的编辑杨飒文（Eang Sovan）就是其中之一。③

这一时期的商业报刊，虽然不像政党报刊那样可能会被直接查封，但仍然会受到政治上的审查。此外，它们还面临经济上的困难。柬埔寨王国时期经济状况虽然有所好转，但工商业依然不发达，广告较少。为数不多的广告被几个大政党创办的报刊瓜分干净，私人报刊的收入大都依赖报纸售卖，收入有限，只能采用精简人手的办法维持收支平衡，艰难生存。

这一时期影响较大的商业报纸是《柬埔寨人民》（"Reach Khmer"）和《人权报》（"Siteak Mouns"）。它们是 20 世纪 60 年代昆何（Khun Ngo）创办的，为高棉语双周刊，持亲政府立场，发行量都曾达到 5000 份。影响较大的商业杂志是《柬埔寨写真》（"Réalité Cambodgiennes"），也是 20 世纪 60 年代创办的，是当时唯一的独立杂志，每周一期。这份杂志在立场上拥

---

① Harish C.Metha, Cambodia Silenced: The Press under Six Regimes, White Lotus Press, 1997, p41-43；陈力丹、李熠祺：《历经劫难而重生的柬埔寨新闻传播业》，载《新闻界》2015 年第 12 期。
② 吴喜：《柬埔寨王国的新闻事业》，载《东南亚研究资料》1965 年第 2 期。
③ 李异平：《柬埔寨媒体：多党制下的新闻控制与争夺》，载《东南亚研究》2011 年第 5 期。

护西哈努克，至少一个月使用一次西哈努克的照片作为封面，报道他的工业化政策和他的个人逸事，也有一些分析性时事报道。①

### 三、广播电视

1947年，西哈努克国王签署命令设立柬埔寨国家广播电台。

1953年独立后的柬埔寨王国接管该台，更名为"柬埔寨之声"广播电台。它的宗旨是向民众及时报道和评论国内外发生的重大事件，同时也开办了形式多样的专题节目，如科学、教育、健康、农业、旅游及文艺节目等，从而使它的听众服务面扩大了若干倍。柬埔寨之声每天播出3次，即上午5点30分至8点30分，中午11点至14点，晚间17点至23点。

尽管条件有限，但柬埔寨之声开设了对外广播，用法语、英语、汉语、越南语、老挝语和泰国语等6种语言对外广播，每天播出2次，每次15分钟，播出时间为早上7点和晚上7点。

柬埔寨之声还采用柬文和法文两种文字编辑出版了《柬埔寨广播节目周报》，以方便听众了解一周电台广播的节目内容。

当时，柬埔寨政府已把广播电台视为政府的喉舌，要求它们为政府施政服务，规定电台每天都必须向公众提供有关法律法规、新闻公告以及商业活动等方面的信息。然而由于当时广播信号不太好，发射功率仍然较小，覆盖面有限，影响了农村和山区的收听效果，加之公众拥有小型收音机的数量很少，因此，广播电台的听众有限。

1960年和1962年，在周恩来总理的安排下，中国政府先后为柬埔寨援建了两座功率较大的广播发射台，有力地支援和促进了柬埔寨广播事业的发展。在第二个广播发射台落成时，西哈努克亲王高度赞扬说，中国的援助使得柬埔寨能在世界上发出比以往任何时候都更加响亮的声音——那就是保卫和平的声音。②

到1965年时，柬埔寨国家广播电台发展为两座广播电台。一座是对国

---

① Tilman Baumgärtel, 'Any Questions or Remarks?'Iterative Journalism Training in Cambodia, Asia Pacific Media Educator 2012(22):89；陈力丹、李熠祺：《历经劫难而重生的柬埔寨新闻传播业》，载《新闻界》2015年第12期。
② 朱慧芬：《柬埔寨广播事业的发展历史和现状》，载《东南亚纵横》2008年第3期。

内广播的，每日广播时间为 5 时至 23 时，每逢星期六和星期日则延长到 24 时，波长分别是 213 米、60 米和 49 米，所用的发射台分别是 20 千瓦、15 千瓦、5 千瓦和 1000 千瓦；另一座是对国际广播的，有导向天线，波长是 31 米，所用的发射台是中国政府援助的功率较大的发射台，对北京、东京和新德里广播。柬埔寨电台广播中心包括录音和广播。电台的"每日谈话局"负责准备新闻稿，用柬语、华语、英语、越语、老挝语和泰语播出。①

1966 年，柬埔寨开办了一个实验电视台，呼号 XUTV，作为柬埔寨王国广播系统的一部分，每日广播 12~14 个小时，以商业广告为主要收入。此台属于小范围实验性质，几乎没有什么社会影响。②

### 四、通讯社

柬埔寨王国政府创办了国家通讯社——柬埔寨新闻社，它的任务是在柬埔寨和外国采集与传播新闻和政治、经济、社会及文化等方面的文章，以及有关的文件，并动员所有企业协助发展柬埔寨的新闻事业。关于外国新闻的来源，柬埔寨新闻社采用法新社、路透社、塔斯社和新华社的电讯；同时也采用王国驻外大使馆获得的消息，以及通过阅读越南和泰国的报刊，收听外国的电台等方式收集的消息。

柬埔寨新闻社的新闻稿当时每日出版 2000 份，每份售价 6 元。

在柬埔寨王国所有的驻外大使馆中，都设有一位新闻官，他经常从新闻部得到许多资料，以便向当地报刊说明和报告有关柬埔寨的情况。③

总之，这一时期是柬埔寨新闻事业的发展与上升阶段。由于柬埔寨取得了民族独立，加之西哈努克执政后，国家政局相对稳定，经济有所发展，为新闻事业的发展创造了一个比较好的条件，报刊（包括政党报刊、商业报刊）、广播电视、通讯社等新闻事业都得到了较好的发展，形成了一个类别比较齐全的现代新闻事业体系。现代新闻事业管理体系（包括相关法律法规、管理部门和自律组织等）也在这一时期初步形成。当然，这一阶段

---

① 吴喜：《柬埔寨王国的新闻事业》，载《东南亚研究资料》1965 年第 2 期。
② 陈力丹、李熠祺：《历经劫难而重生的柬埔寨新闻传播业》，载《新闻界》2015 年第 12 期。
③ 吴喜：《柬埔寨王国的新闻事业》，载《东南亚研究资料》1965 年第 2 期。

的前期，政治生态相对宽松，各政党基于政治斗争和竞选的需要纷纷创办报刊，政党报刊比较发达；后期，由于政治斗争激化，新闻政策有所收紧，对媒体和舆论的控制有所加强，报刊数量有所减少。

## 第四节　高棉共和国时期（1970—1975）：新闻事业的挫折与倒退

为了在柬埔寨建立一个亲美的政权，1970年3月18日，美国策动柬埔寨首相兼国防大臣朗诺发动政变，废黜了奉行中立主义政策的西哈努克，取消君主立宪制，成立了"高棉共和国"（Khmer Republic），朗诺担任首相兼国防部长和武装部队四星上将总司令，后任总统和国家元首兼军队总司令。

朗诺政变发生后，1970年3月23日，西哈努克发表《告高棉同胞书》，号召全国人民奋起进行抗美救国斗争，并宣布建立柬埔寨民族统一阵线，自任主席。乔森潘、胡荣、符宁代表柬埔寨共产党中央于3月25日发表声明积极响应；5月5日，西哈努克与柬埔寨共产党结盟在北京成立了以宾努亲王为首相、乔森潘为副首相的柬埔寨王国民族团结政府（Royal Government of National Union of Kampuhea），西哈努克出任国家元首。1982年6月22日，西哈努克领导的"争取柬埔寨独立、中立、和平与合作民族团结阵线"、宋双领导的"高棉人民民族解放阵线"和乔森潘为首的"柬埔寨爱国、民主、民族大团结阵线"在马来西亚首都吉隆坡联合发表了"吉隆坡宣言"，决定成立"民主柬埔寨联合政府"，西哈努克任主席，乔森潘任负责外交事务的副主席，宋双担任政府总理。7月9日，民主柬埔寨联合政府正式成立。

朗诺政权遭到拥护西哈努克的民众的强烈反对和抵制。红色高棉的革命斗争也借此公开化，成为抗美斗争的中坚力量。

为了维护自己的统治，朗诺政府废除了西哈努克政府的新闻政策，严格控制新闻舆论：

一是对报刊实行事前审查制度，成立审查委员会对报刊进行事前审查，阻止不利的报道和言论出现。

二是打压反对派报刊,"政府甚至可以随时关闭任何报纸"①,国家安全部门、执法部门完全按朗诺个人的喜好决定开办或查封任何报社,西哈努克派的报刊全部被关闭。

三是培植"御用喉舌"为其摇旗呐喊或充当"舆论打手"。当时朗诺政府的三家主要日报是《大都市报》("Nokor Thom")、《柬埔寨独立报》("Khmer Ekareach")和《和平之岛》("Island of Peace"),它们被迫减少批评报道,扮演"建设性角色"。朗诺还将法语杂志《柬埔寨写真》改造为政府喉舌。该刊以"西哈努克的历史"(The Sihanouk Dossier)为标题,发表了一系列抨击西哈努克的文章,将朗诺的政变称为议会和人民真正的选择。

柬埔寨国家广播电台虽然没有被关闭,广播节目仍正常播放,但被迫制定了新的规章制度,许多节目被取消或替换,被改造成朗诺集团诋毁西哈努克亲王及其政治体制的工具。

1970—1975年朗诺政权期间,是柬埔寨最为动荡和混乱的年代之一,广播事业也深受其害。5年多时间里,广播电台基本没有新节目,除了按惯例播出一些日常新闻之外,主要播放话剧和一些娱乐性节目。②

迫于国内外压力,1971年朗诺废除了事前审查制度,但要求新闻传播界同意不得发表"反对高棉共和国各项政策"或者"带颠覆性内容"的报道。③稍微放松的新闻管制给了柬埔寨媒体喘息的机会。1972年初,许多报纸纷纷批评内战下萧条的国家经济状况和政府的腐败,朗诺政府即以"传播虚假新闻,扰乱公共秩序,破坏柬埔寨人民团结和侮辱政府"为名,关闭了4家日报,囚禁了一大批记者。④朗诺政府还在新闻法规中增加"报道禁止损害个人名誉"的内容,防止新闻媒体揭露政府高官的贪污丑闻。1973

---

① 李异平:《柬埔寨媒体:多党制下的新闻控制与争夺》,载《东南亚研究》2011年第5期。
② 朱慧芬:《柬埔寨广播事业的发展历史和现状》,载《东南亚纵横》2008年第3期。
③ Harish C.Metha, Cambodia Silenced: The Press under Six Regimes, White Lotus Press, 1997, p.125;陈力丹、李熠祺:《历经劫难而重生的柬埔寨新闻传播业》,载《新闻界》2015年第12期。
④ Tilman Baumgärtel, "Any Questions or Remarks?" Iterative Journalism Training in Cambodia, Asia Pacific Media Educator 2012(22): 89;陈力丹、李熠祺:《历经劫难而重生的柬埔寨新闻传播业》,载《新闻界》2015年第12期。

年，总统住宅发生炸弹袭击事件，朗诺政府一度宣布进入战时状态，所有私营报纸全部关闭。

由于不得民心，朗诺政权的军队在同红色高棉的战斗中节节败退，仅用了两年时间就丢失了全国85%的国土和80%的人口。[①] 后来柬埔寨唯一的造纸厂也被柬共控制，报刊所用纸张只能使用昂贵的进口新闻纸，报刊价格上升导致发行量更低，柬埔寨的新闻事业一片萧条。朗诺执政后期，柬埔寨只剩下四五家报刊勉强坚持出版。[②]

在朗诺统治时期，在政府的打击和高压之下，剩下的新闻媒体整体堕落，新闻报道质量低下，新闻机构普遍"不讲究新闻规律，新闻报道没有时效性，没有新闻分析，热衷于煽情的小报大行其道，可以肆无忌惮地批判某些反对派的公众人物"[③]。

总之，这一时期是柬埔寨新闻事业发展史上的挫折与倒退期。由于朗诺是通过政变取得政权的，缺乏合法性，加之遭到国内民众的强烈反对和对立政治势力的武装反抗，朗诺政权为了维护自己的统治，对新闻舆论采取严格控制的政策，钳制反对派媒体，打压不利舆论，关闭报刊，囚禁新闻记者，对新闻事业造成了极大的破坏，使柬埔寨新闻事业的发展遭受了巨大挫折。

## 第五节 民主柬埔寨时期（1975—1979）：新闻事业的灾难与低谷

1974年底，美国宣布从越南撤军。1975年4月17日，柬埔寨民族解放武装力量攻占金边，高棉共和国随之瓦解，朗诺逃往美国。红色高棉凭借强大的军事力量主导了王国民族团结政府，西哈努克虽然仍然担任民主柬

---

[①] 晏明、丁胜、薛颖：《几度风云柬埔寨》，载《世界知识》1998年第14期。

[②] Harish C.Metha, Cambodia Silenced: The Press under Six Regimes, White Lotus Press, 1997, p105；陈力丹、李熠祺：《历经劫难而重生的柬埔寨新闻传播业》，载《新闻界》2015年第12期。

[③] Judeth Clarke, " Phonix from the ashes: The influenceof the past on Cambodia's resurgent free media", Gazzette 55（1995）, p. 93.

埔寨民族统一阵线主席，被确认为国家元首，但没有实权。1976年1月5日，柬埔寨王国民族团结政府颁布了《民主柬埔寨宪法》，正式将"柬埔寨王国民族团结政府"改为"民主柬埔寨"。1976年4月2日，西哈努克被迫"宣布退休"，辞去国家元首职务。此后到1979年1月一直被柬共软禁。

红色高棉执政后，"执行了一条极左路线"。"为了迅速建设所谓的社会主义，使柬埔寨成为最先进入共产主义的国家"，其主要领导人波尔布特"提出了'超大跃进'的口号，采取了一系列极端残暴的措施，梦想把柬埔寨建成一个无邮政、无货币、无商品的三无社会"；"在柬埔寨推行原始共产主义，实行战斗化、军事化的劳动作业管理，强迫社员长时间工作；废除私有财产；实行大食堂制度；禁止自由恋爱，婚姻由党作主"；"为了所谓的纯洁队伍，不断进行阶级斗争运动"，"在党内进行大清洗，搞得人人自危"①；"波尔布特集团剥夺了大约200万柬埔寨人的生命"；"在波尔布特集团残酷而严密的统治下，上至皇族贵胄高级官员，下至城乡平民普通士兵，不论青壮童叟，都难逃劫运"。②

"红色高棉对柬埔寨全国的四年统治（1975—1978），其残酷程度可与世界历史上任何暴政相比，曾令全世界人民的良心为之震颤"③，"在'民主柬埔寨'统治下，所有的人都被剥夺了基本权利"④，更遑论言论自由、新闻自由。在党内，"他们可以搞无情的党内斗争，把稍有不同意见的同志置于死地"⑤；"这个政权也不准许任何人集会或举行讨论。如果三个人聚会谈话，他们会被指控为'敌人'而遭到逮捕或者处决"⑥；"到处张贴着'革命组织有如同菠萝一般的上千双眼睛'一类的标语，人民不能随便走动，不能有收音机，没有通信自由。华人更不能彼此间串门，或是在家中讲华语……若有违纪，即便是初犯，可只要被这'菠萝一般'的眼睛盯上了，即被抓

---

① 岳红雨：《红色高棉失败的原因》，载《西南民族学院学报》（哲学社会科学版）2000年第6期。
② 周中坚：《红色高棉的灭亡和柬埔寨的复兴》，载《东南亚纵横》2002年第1期。
③ 周中坚：《红色高棉的灭亡和柬埔寨的复兴》，载《东南亚纵横》2002年第1期。
④ Khamboly Dy著：《"民主柬埔寨"时期的日常生活》，王友琴译，载《炎黄春秋》2012年第12期。
⑤ 永孚：《"左"葬送了红色高棉》，载《东南亚纵横》2000年第4期。
⑥ Khamboly Dy著：《"民主柬埔寨"时期的日常生活》，王友琴译，载《炎黄春秋》2012年第12期。

去毒打,不是丢了性命,也得落下个终身残疾";1977年6月,柬共下达文件指出要特别注意"散布反对党和社会主义言论的人,他们是反革命的后备军",随后"在日常生活中敢于流露对红色高棉不满、与领导意见不同或不服从领导者"被清洗。①

红色高棉废除了"正常的学校教育"。"没有正规学校,孩子们就在树底下或者人家里学习。他们的老师常常是只有很低读写能力的贫农",尽管在1978年有的地区在学校教育方面稍有改进(儿童可以得到每天2~3个小时的小学教育),但完整的正规学校却从来没有过";"在孩子们学习字母和拼写的时候,他们受到的教育大部分是政治教育。红色高棉例行性地把年轻的孩子从各自的家中带走参加那种强行灌输思想的训练班,为了使他们将来能成为士兵、卫兵和传令兵"。红色高棉还废除了"宗教活动以及柬埔寨传统文化"。"公立学校、佛塔、寺庙、教堂、大学、商店和政府建筑或者被关闭,或者被改变成监狱、畜舍、再教育劳动营和仓库","没有非革命的娱乐""休闲活动被严格限制"。②

红色高棉政权把当时在首都金边的外国记者全部驱离出境,记者被集体"噤声"③。红色高棉严禁传播西方文化,他们视出版社、报纸、杂志和现代学校为西方流毒,全部关闭,并取缔歌舞戏剧。红色高棉领导人认为,阅读报纸会使民众产生个人观点和思想,而这是不被允许的。在红色高棉统治时期,几乎没有任何文学或者新闻期刊存在。烦冗的公告和文件是在党派成员间仅存的信息流通品,包括外国记者在内的大批记者遇害,许多记者为此隐藏了身份或者远走他乡,只有5%的记者在红色高棉的浩劫中幸存下来。④

红色高棉将柬埔寨国家广播电台改为"民主柬埔寨之声"。该电台播出的时间虽然维持每天3次,但每次只播1小时,播出内容更加单调,它取

---

① 胡平:《红色高棉的伪革命》,载《党政论坛》2001年第2期。
② Khamboly Dy著,王友琴译:《"民主柬埔寨"时期的日常生活》,载《炎黄春秋》2012年第12期。
③ 徐焰:《波尔布特:"左祸"的一面镜子》,载《百年潮》2001年第3期。
④ 陈力丹、李熠祺:《历经劫难而重生的柬埔寨新闻传播业》,载《新闻界》2015年第12期。

消了所有的常规新闻节目，除了少量农业方面的消息外，都是政治方面的内容，主要用于传达命令，对敌喊话和动员人民。广播反复播放波尔布特、乔森潘等主要领导人的讲话和所谓对敌人的专政指示，以及向地方政府机关发布的最新指示。广播中极力宣扬民族主义，试图营造民众对国家"宗教般"的信仰。在播放领导人讲话间隙穿插的一些革命歌曲，是当时广播中唯一的文化内容。①

总之，这一时期是柬埔寨新闻事业发展史上的灾难与低谷期。由于红色高棉执行极"左"路线和采取极端政策，对人民实行残暴统治，人们的基本权利被剥夺，没有人身自由和言论自由；整个社会被严重扭曲，没有正常的学校教育和文化娱乐活动，报纸、杂志、出版社被查禁，国家电视台被完全破坏，除了唯一幸存的国家电台民主柬埔寨之声充当政治喉舌外，新闻事业被摧毁殆尽，发展跌于谷底。这一时期可以说是柬埔寨历史上最黑暗的时期，也是柬埔寨新闻史上最黑暗的时期。

## 第六节 柬埔寨人民共和国时期（1979—1990）：新闻事业的复苏与重建

"红色高棉的暴政使它自己丧尽民心，在国际国内都十分孤立，而军事上的盲动和堡垒政策更加速了它的失败。"②1978年12月25日，越南在苏联的支持下出动超过12万人的军队，在具有5个师番号的数千名柬埔寨反对派武装的协同下，分七路攻入柬埔寨，1979年1月7日攻占金边，推翻了红色高棉对柬埔寨全国的4年统治，并于1月8日宣告成立"柬埔寨人民共和国"；1981年5月举行了大选，在越南顾问的"帮助"下，柬埔寨人民革命党（Kampuchea People's Revolution Party，简称KPRP）执掌国家政权；1981年6月颁布新宪法，该宪法规定柬埔寨人民共和国为一个"正一步步迈向社会主义的独立主权国家"。柬埔寨人民革命党主席韩桑林、宾索万和

---

① 陈力丹、李熠祺：《历经劫难而重生的柬埔寨新闻传播业》，载《新闻界》2015年第12期。
② 永孚：《"左"葬送了红色高棉》，载《东南亚纵横》2000年第4期。

洪森先后任部长会议主席（总理）。

1982年，西哈努克民族主义者、退到丛林中的红色高棉和宋双的高棉人民民族解放阵线"三方同意团结起来，反对越南扶持的金边政权"，结盟组成"民主柬埔寨联合政府"（Coalition Government of Democratic Kampuchea），西哈努克任主席，乔森潘任副主席，宋双任总理。

世界上大多数国家和联合国只承认民主柬埔寨联合政府，而没有承认柬埔寨人民共和国。到了20世纪80年代末，随着越南主要部队的撤走，柬埔寨人民共和国开始变得比较独立自主，但它在国际上仍然比较孤立，仅得到越南及苏联集团的国家共20个政治盟友的外交承认，而且也未能得到联合国的认可。1989年4月，为了得到国际社会的同情，它将"柬埔寨人民共和国（PRK）"更名为"柬埔寨国"（State of Kampuchea），简称"柬埔寨"（Cambodia）；其国旗、国歌和军装都改成没有任何使人反感的政治符号，而佛教则重新被确定为国教。1991年10月，执政党更名为柬埔寨人民党（Cambodian People's Party，简称CPP）。

这一时期的柬埔寨存在四大主要政治派别和两个敌对政权。四大主要政治派别即西哈努克民族主义者、柬埔寨人民革命党、红色高棉、高棉人民民族解放阵线，它们都建有自己的电台，宣传自己的主张；两个敌对政权即"柬埔寨人民共和国"和"民主柬埔寨联合政府"，它们各自推行自己的新闻政策。民主柬埔寨联合政府由于主要在柬埔寨边境地区进行军事抵抗活动，报纸的印刷及发行量非常少，各派别的电台所发挥的最大功能是联络各抵抗组织，号召人民共同抗越和推翻柬埔寨人民共和国傀儡政权。柬埔寨人民共和国的政策包括新闻政策受苏联和越南社会主义共和国的影响比较大。柬埔寨人民共和国创办了一家通讯社、四家报纸、一座广播电台和一家电视台，这些媒体都属于国有国营，并受柬埔寨人民革命党的领导。

## 一、报　刊

柬埔寨人民共和国新创办的四家报纸分别是1979年创办的《柬埔寨》（"Kampuchea"）周报，1985年创办的《人民报》（"Pracheachon"），以及20世纪80年代创办的《金边周报》（"Phnom Phenh weekly"）和《军人报》

("Koong Toap Pracheachon")等。《人民报》是柬埔寨人民革命党（1991年10月后更名为柬埔寨人民党）的党报。

《柬埔寨》周报是柬埔寨当时影响最大的报纸，由法学院毕业生乔干那烈（Kiev Kanharith）担任主编。该报得到政府的政治支持和经济补助。乔干那烈努力扩大新闻报道的范围，在"不能批评政府和执政党"的规定之下，揭露社会体制的不良面，为柬埔寨新闻传播业树立了新的职业标准，他本人也成为柬埔寨著名的新闻工作者。该报注重获得第一手材料，记者经常前往战争前线采访，经济报道也很丰富。乔干那烈曾对柬埔寨第三机械厂的兴衰进行专题报道。该报道被政府当局视为"建设性报道"而受到推崇。①

## 二、广 播

柬埔寨人民共和国时期，柬埔寨国内出现多家广播电台，主要有金边政权的电台，反金红色高棉的电台、民主柬埔寨联合政府的电台等。

1978年，柬埔寨人民共和国创办国家广播电台柬埔寨人民之声。该台是纯粹为政府服务的，它的运营全靠国家拨款，政府明文规定它不得播出商业广告。这一禁令直到1987年方被解除。柬埔寨人民之声每天早、中、晚播出3次，只是每次播出时间有所延长，对国内用高棉语广播，对国外用英语、法语、老挝语、泰语和越语广播。

据统计，到1984年，柬埔寨全国约有收音机17万余台。

1990年，柬埔寨人民之声将每天播出时间增加到12小时，并采用150瓦的发射机。

广播电台和通讯社是金边政权与红色高棉开展宣传战的最主要武器，金边政权经常利用广播电台谴责红色高棉统治时期犯下的罪行。

退入柬泰边界的红色高棉也将宣传重心放在广播电台上。1979年初，转移到西部丛林地区的民主柬埔寨之声在一个秘密地点用柬语、越语重新

---

① Harish C.Metha, Cambodia Silenced: The Press under Six Regimes, White Lotus Press, 1997, p160；陈力丹、李熠祺：《历经劫难而重生的柬埔寨新闻传播业》，载《新闻界》2015年第12期。

播音；由于后来成立联合政府，该台改称"民柬国民军之声"，定时播送广播；1984年，西哈努克与宋双建立高棉人之声电台，并将其作为联合政府的广播电台。这些反对金边政权的电台主要谴责越南对柬埔寨的入侵，攻击金边政权是越南人的傀儡，号召柬埔寨人民抵抗越南的入侵，反抗金边傀儡政权。

### 三、电视台

1983年，柬埔寨人民共和国在越南的帮助下着手建立正规的电视台——柬埔寨电视台。1984年12月，柬埔寨电视台正式开播，每周播出3天，每天播出4小时节目。从1986年3月起，在金边地区每天晚上可以收看2小时的黑白电视节目。后来在苏联的援助下，柬埔寨人民共和国建立了卫星地面接收站，从1987年3月起可以收看苏联的卫星电视节目。

1990年，金边政府还在西哈努克市建立了一个地方电视台，同样每天播送2小时电视节目。

1990年时，柬埔寨全国约有电视机2万台，80%以上是黑白电视机。[①]

此外，柬埔寨人民共和国还在1980年创办了国家通讯社——柬新社（Sarpordamean Kampuchea）。

总之，这一时期是柬埔寨新闻事业的复苏和重建期。虽然受到越南入侵，并爆发了内战，但总的来看，以金边为中心的柬埔寨广大地区的社会由严重扭曲逐步恢复正常，新闻事业也得到了起死回生。报刊有所恢复。由于国内政治斗争的需要，四大主要政治派别都非常重视广播电台，广播电台在数量上有所增加，电视台也得到重建并有所发展。但一时期的新闻媒体主要充当政治党派的喉舌，从属于政权的争夺和内战。

---

[①] 陈力丹、李熠祺：《历经劫难而重生的柬埔寨新闻传播业》，载《新闻界》2015年第12期；国家广播电影电视总局培训中心编著：《东盟广播电视发展概况》，中国广播电视出版社，2008，第33—34页；翁卡纳卡：《柬埔寨媒体概况》，褚骁骥译，载《中国投资》2017年第21期。

## 第七节 新柬埔寨王国时期（1990年至今）：新闻事业的发展与走向繁荣

20世纪80年代后期，随着国际形势的急剧转变和柬埔寨国内抗越救国力量的不断壮大，柬埔寨问题逐步进入政治解决的历史进程。1986年，柬埔寨对立双方相继提出和平动议；1987年，西哈努克与洪森举行首次会晤；1989年，越南从柬埔寨撤军。经过多方谈判，1990年在雅加达成立的"柬埔寨全国最高委员会"（Supreme National Council of Cambodia）被确立为柬的唯一合法机构和权力来源。1991年10月23日，全面政治解决柬埔寨问题的协定在巴黎签署。参加柬埔寨问题巴黎国际会议的18个国家的外长、柬埔寨4方代表在和平协定上签了字。联合国驻柬过渡时期权力机构（United Nations Transitional Authority in Cambodia）监督柬埔寨在和平条件下进行公正和自由的选举。它标志着延续了13年的柬埔寨战乱从此结束。

1993年5月，柬埔寨举行大选，奉辛比克党获胜，成立以拉纳烈为柬埔寨王国政府第一首相，洪森为第二首相和柬埔寨王家军联合总司令的柬埔寨新政府；1993年9月，柬埔寨新宪法获得通过，实行君主立宪制，西哈努克在退位38年后重新登上王位。1998年7月柬埔寨第二次全国大选后，拉纳烈当选国民议会议长，洪森担任首相。2003年7月柬埔寨举行第三届大选，洪森继续连任。此后至今，人民党长期执政，洪森一直担任首相。

这一时期，总的来看，虽然政党斗争时有激发，但柬埔寨政局基本保持稳定，经济、文化、教育也得到了发展，为新闻事业的发展创造了宝贵的条件；同时选举政治的需要也推动新闻媒体大量创办。"1993年柬埔寨举行大选，全国共有40多个政党参选，带动了一大批报纸和广播电台的产生，当年报纸就发展到约30家，第二年达45家，到1995年升至90家。"[①] 新闻事业逐步迈入快速发展的轨道。"从20世纪90年代初期开始，大众媒体在

---

① Kek Galabru, "Reading between the lines: How politics, money and fear control Cambodia's media", Reported by Cambodia League for Promotion and Defence of Human rights, 2008.

柬埔寨迅猛发展。"①

## 一、法律法规与管理

自柬埔寨王国建立以来，就不断制定和完善法律保障新闻自由，使新闻事业的发展逐步有了法律的保障。

1993 年颁布的柬埔寨新宪法规定："柬埔寨公民有言论自由、新闻自由、出版自由、集会自由。"

1994 年，联合国柬埔寨过渡政府（UNTAC）发布媒介宪章（共 27 条），全面保障新闻出版自由，并规定该宪章取代所有现存对新闻自由的限制性条款。过渡政府的信息教育部还颁发了柬埔寨媒介指导原则，它强调参加竞选的各党派都有权使用媒介。其中 D 节第 4 条指出："独立与自由的媒体应该允许多元化的媒介所有权，促进并捍卫民主。"②

1995 年，国会通过了新闻法，从而使柬埔寨有了一部专门保障新闻自由的法律，进一步从法律上保障了新闻自由。但该新闻法同时规定，新闻诽谤的受害者可以通过起诉获得赔偿，法庭可以判决刊物撤回报道或者给予受害者经济赔偿。

1996 年初，当局依据新宪法成立了新闻部，其主要任务是管理和监督国家的新闻宣传机构，使之为政府服务，为柬埔寨人民服务。为有效控制舆论宣传，新闻部还直接管辖着柬埔寨新闻通讯社、柬埔寨国家电视台、柬埔寨国家广播电台，以及大型杂志《柬埔寨》等重要媒体。此外，它的日常工作还包括审批新成立的新闻媒体并为它们发放证书，以及为国内外记者确认身份和提供证件。

2006 年，柬埔寨出台了新的法律，废除了部分诬蔑与诽谤的刑事责任。但那之后仍然有记者被指控报道虚假信息和犯有煽动罪而遭到起诉，有的则因"伤害他人名声"而被罚款。另外，对于发表危害"国家安全和政治稳定"信息的，政府可以没收其出版物，并责令其停刊 30 天。至于"国家安

---

① 国家广播电影电视总局培训中心编著：《东盟广播电视发展概况》，中国广播电视出版社，2008，第 32 页。
② 李异平：《柬埔寨媒体：多党制下的新闻控制与争夺》，载《东南亚研究》2011 年第 5 期。

全和政治稳定"等术语，法律中却没有具体界定，但凡对政府不利的新闻一般都可援用此规定，导致报纸记者大都不愿采写与政治斗争相关的新闻，电视台也不愿意播送任何可能引起争议的话题和新闻，而只注重报道政府和人民党的活动与新闻。①

## 二、报　刊

内战结束时的柬埔寨，除了人民党党报《人民报》和另外三家杂志外，没有其他印刷媒体。联合国柬埔寨过渡政府在过渡时期控制柬埔寨的外交、国防、财政、公安和宣传等部门，为了发布政府信息，推进柬埔寨的民主重建，创办了一批媒体。1992年，过渡政府创办了两份报纸——《柬埔寨日报》("Cambodia Daily") 和《金边邮报》("Phnom Pheh Post")。《金边邮报》是英文报。《柬埔寨日报》则分别以高棉文、日文、英文等不同文字出版，主要发布过渡政府信息，对柬埔寨民众进行民主启蒙，号召柬埔寨民众参与和支持柬埔寨重建民主政治的过程。过渡政府创办的媒介在柬埔寨民主重建的过程中发挥了民主启蒙的作用。

随着民主政治和新闻自由政策的实施，一批原来被查封或倒闭的报刊纷纷复刊。1993年，《和平之岛》("Koh Santepheap") 复刊，这是最早复刊的高棉文报纸。20世纪80年代在泰国边界和金边发行的原抵抗组织的月刊《新闻公报》、高棉中立党的《高棉中立报》以及佛教自由民主党的类似公报的"报纸"均得以复刊。1993年大选前，高棉文报纸数量增长极快，但"大多数高棉语报逐步发展成党派报纸，表达各党派自家的政治观点"②。

一些过去被迫逃到国外的新闻工作者也纷纷从美、法、泰等国家回到国内，加入新闻工作者队伍，有些迅速办起了自己的报刊；一些没有办报经验的商人也在经济、政治利益的驱使下投入创办报刊的行列。这些老报人和商人创办的大多是私营媒体机构。1993年，44个新闻机构中就有24家属于此类。私营报刊以中立的言论赢得读者，占市场发行量的54%。这些私营报刊的出现改变了自1975年以来柬埔寨没有独立新闻机构的历史。

---

① 李异平：《柬埔寨媒体：多党制下的新闻控制与争夺》，载《东南亚研究》2011年第5期。
② 李异平：《柬埔寨媒体：多党制下的新闻控制与争夺》，载《东南亚研究》2011年第5期。

而随着媒介市场的放开，柬埔寨较大的媒介市场空间和百废待兴的媒介产业也吸引了国外的投资者，外国投资商也接踵而至投资创办了一批商业报刊，如《柬埔寨商业周刊》（"Kamlang Sethakech Thmei"）、《湄公河》月刊（"Le Mé Kong"）、《柬埔寨之光》（"Rasmei Kampuchea"）、《柬埔寨时报》（"Cambodia Times"）等等。其中《柬埔寨之光》《柬埔寨时报》具有较大影响。这些外资报纸的发行量虽然还不到全柬报纸总发行量的1/3，但它们依仗着母公司的办报经验、技术和资金优势，成为柬埔寨国内报纸的强劲对手。一些本地报纸由于经营不善而被他们挤出了市场，如中文报纸《亚洲新闻时报》就是其中之一。这些外资报纸带来了现代化的办报设备、办报理念和经营模式，带动和提升了柬埔寨的整体办报水平，同时也为西方人获取柬埔寨的新闻提供了更多渠道，为柬埔寨人了解世界提供了更多窗口。

1993年12月17日，华文报纸《华商日报》创刊。这是柬埔寨华文报纸中断20多年后创办的第一家华文日报。

到1994年底，"报纸和广播电台共有50种，报纸的总发行量恢复到70685份"①。虽然媒体规模有大有小，专业水准有高有低，但为社会大多数阶层、派别、群体提供了发出声音和表达诉求的渠道和平台。

虽然柬埔寨自实行多党民主制以来，政局总体平稳，但政党斗争也时有激化，特别是大选期间，甚至出现过"恶化"现象，从而给新闻事业带来不利影响，党派之间的对立和斗争常常演变成党派媒体之间的对立和斗争，"党派报纸相互指责，公开对骂"②，甚至政治上的恶斗给新闻记者带来致命的伤害。"洪森与拉纳烈两派都使用过暴力控制媒介，有的记者甚至为此付出了生命。"③早在1994年，就有3名记者被害，9家报纸被政府关闭。奉辛比克党党报《晨报》（"Morning News"）的编辑诺农（Nguon Nuon）因为报道了人民党高级官员参与政变和省级官员的腐败而遭到监禁。1997年5月，柬埔寨国家电视台（TVK）在西哈努克市的分台因为拒绝播送奉辛比克党一

---

① Judeth Clarke, "Phonix from the ashes: The influenceof the past on Cambodian's resurgent free media", Gazzette 55, 1995, pp. 93-111.
② 李异平：《柬埔寨媒体：多党制下的新闻控制与争夺》，载《东南亚研究》2011年第5期。
③ 李异平：《柬埔寨媒体：多党制下的新闻控制与争夺》，载《东南亚研究》2011年第5期。

位领导的讲话也遭到袭击,一位电视操作员当场丧生。① 特别是每次大选,都是对新闻自由的考验。1997年"7月事件"②之后,人民党关闭了奉辛比克党的报刊、电台和电视台,对私营电视台的新闻节目进行审查,许多报人遭到迫害。③

新闻媒体的数量在短期内大量增加,但新闻教育和培训却跟不上,柬埔寨的新一代新闻工作者大多数没有受过正规新闻专业训练,很多新闻工作者的职业素质不高,加之行业自律机制尚未形成,因此面对骤然出现的新闻自由,违背新闻伦理和专业精神的行为屡屡发生。有些报纸甚至自己炮制故事,编造虚假新闻;一些报刊对政府首脑进行人格侮辱,如《高棉人之声报》("Voice of Khmer People")曾把拉纳烈称为"恶魔之王",讥讽洪森为"耗子"④;一些编辑记者出卖人格,收受党派或政客的津贴替其宣传,甚至将新闻报道作为索贿的工具;一些新闻媒体沦为党派的宣传工具,代表党派利益相互攻讦。一些小型的出版物则是随赞助商的改变而改变其立场。"在2000年,只需花400美元就可以买下某家报纸对某个党派的忠诚和支持。"⑤ 这些报纸基本上没有什么职业道德可言,不仅刊登带有明显政治偏见

---

① Mark Dodd, "Muzzled, Cambodian's independentmedia are under threat", Far Eastern Economic Review, Dec. 24, 1998, p.26.
② 1997年,随着第二届大选的临近,联合执政的人民党和奉辛比克党为赢得大选而互挖墙脚,矛盾不断激化,最终引发了"7月事件"。7月2日,忠于拉纳烈和忠于洪森的两派武装在金边以北30公里处爆发武装冲突。4日,拉那纳烈离开柬埔寨前往法国。5—6日,两党武装在金边周围地区发生更严重的冲突。忠于拉纳烈的武装被迫逃往柬泰边境地区,洪森最终控制了局势,拉纳烈被迫流亡国外。结果,由洪森等领导的人民党所控制的国家权力机关罢免了拉纳烈的政府第一首相职务并通过司法程序对其进行了审判,缺席判处其30年徒刑。此后,经过西哈努克国王特赦,拉纳烈才得以回国参加1998年7月底举行的大选,之后出任国会主席。经过这次变故,奉辛比克党元气大伤,其所掌握的武装被收编,在立法、司法、内阁和军队等要害部门中所占据的重要职位大大减少。参见王士录:《从奉辛比克党的分裂看当前柬埔寨政党政治的发展》,载《东南亚》2007年第1期。
③ udith Clarke, Press Freedom and development: an examination of models of the press in Cambodia, Australian Journalism Review;陈力丹、李熠祺:《历经劫难而重生的柬埔寨新闻传播业》,载《新闻界》2015年第12期。
④ Harish C.Metha, Cambodia Silenced: The Press under Six Regimes, White Lotus Press, 1997, p.187;陈力丹、李熠祺:《历经劫难而重生的柬埔寨新闻传播业》,载《新闻界》2015年第12期。
⑤ Kek Galabru, "Reading between the lines: How politics, money and fear control Cambodia's media", Reported by Cambodia League for Promotion and Defence of Human rights, 2008.

的报道，而且充满了攻讦、抹黑、诽谤式的语句，其引用的话语常常没有来源，也很少提供事实证明，新闻与社论也常常混为一谈。

1997 年的亚洲金融风暴在对东南亚国家经济造成重大打击的同时，也对柬埔寨的商业报刊产生了一定冲击，一些外国投资商创办的报刊被迫关闭。如 1998 年 1 月 7 日，由马来西亚人投资创办的《柬埔寨时报》宣布，由于马来西亚国内的经济危机，该报从即日起停刊。《柬埔寨时报》是由马来西亚阿里斯顿公司于 1992 年 7 月在金边创办的一家周报，当时有员工十余人，是柬埔寨开办时间最长的英文报纸。该报曾一度与《柬埔寨之光报》展开竞争，发行量紧随其后，当时是柬埔寨颇有影响的一家大报。而就在前一个月，由另一家马来西亚公司在柬埔寨创办的英文和高棉文双语报纸《今日柬埔寨》也由于同样原因宣布停刊。①

到 20 世纪末，柬埔寨有期刊和杂志 101 家，注册报刊 400 家，但多数不定期发行或已经停业。高棉语报纸多数为党派所有，除了人民党党报《人民报》在市场上有一席之地外，其他报纸影响力有限。较有影响的是几家国际性的独立大报，即《柬埔寨之光报》《柬埔寨日报》《金边邮报》《和平之岛报》《柬埔寨时报》。②

到 2006 年时，柬埔寨有新闻工作者协会 14 个，有 132 家报刊，其中柬文报刊 97 家，英文、法文、中文、日文报刊 35 家。较有影响的有《柬埔寨之光报》《柬埔寨日报》《和平岛报》《人民报》《金边邮报》《柬埔寨时报》《华商日报》等。③

目前，柬埔寨共有 12 种在全国发行的日报，7 种英文报纸，15 种英文杂志，2 种法语报纸。④此外，还有 5 家中文报纸。

总之，"多党民主制为报纸的繁荣奠定了基础"，柬埔寨"政府虽然对广电业的所有权实行严格管理，却也能够容忍报纸所有权的'多元化'"⑤。

---

① 《〈柬埔寨时报〉宣布停刊》，载《新闻三昧》1998 年第 3 期。
② udith Clarke, Phoenx from the ashes: The influence of the past on Cambodian's resurgent free media, International Communication Gazette 1995（55）：93；陈力丹、李熠祺：《历经劫难而重生的柬埔寨新闻传播业》，载《新闻界》2015 年第 12 期。
③ 朱侠：《东南亚响起 IBBY 的声音》，载《中国新闻出版报》2006 年 2 月 16 日。
④ 翁卡纳卡：《柬埔寨媒体概况》，褚骁骥译，载《中国投资》2017 年第 21 期。
⑤ 李异平：《柬埔寨媒体：多党制下的新闻控制与争夺》，载《东南亚研究》2011 年第 5 期。

当前在柬埔寨，不但办报主体多元化，而且政府在报纸发行方面也不控制，因此呈现报纸种类多，市场竞争激烈的局面。从性质上来看，柬埔寨的报刊可以分为三类：执政党的报刊或亲政府的报刊、反对党的报刊和中立报刊。前两类主要是柬语报刊，它们主要代表执政党或反对党的利益和立场。中立报刊主要是国际性报刊（主要指有国外背景，为国外投资商或媒体所办的报刊）和华文报刊。国际性报刊主要有《柬埔寨日报》《金边邮报》《柬埔寨晚报》《湄公时报》等。国际性报刊独立性较强，其记者的安全也比较有保障，因此对于政党利益相对超脱，比较中立。华文报刊主要以报道经济新闻为主。由于柬埔寨的大部分民众住在农村地区，他们文化水平不高，识字率低，再加上交通不便等因素，因此报纸主要在大城市发行，发行范围和发行量都有限，加之市场竞争激烈和资金缺乏等方面的原因，许多报刊不能正常出版，有些只在节假日或特殊日子才出版。

下面简单介绍几种影响较大的报刊。

**《人民报》** 《人民报》，1985年创办，初为柬埔寨人民革命党的党报；1991年10月后，为柬埔寨人民党的党报，用柬文出版，全国发行。《人民报》主要站在柬埔寨人民党的立场，代表柬埔寨人民党的利益和观点。其宣传主题主要有两个方面：一是宣传柬埔寨人民党，强调"该党是为人民利益奋斗的党，是领导人民开展救国斗争、推翻红色高棉统治、赋予人民第二次生命的解放者和唯一的政治力量"[①]。二是宣传柬埔寨人民党执政的政府。如报道政府的政策和政绩，报道政府官员主持基础建设项目揭幕仪式，或为村民捐款捐物等。

**《柬埔寨之光报》** 《柬埔寨之光报》，1993年4月9日创办，高棉文日报，是目前柬埔寨国内的主流报纸。该报为柬埔寨富商藤博玛（Teng Boonma）和泰国轮回出版集团（Wattachak publishing company）联合创办；报社有70多名员工，其中有记者16人；以轰动性消息吸引读者，发行量2万份左右，是柬埔寨发行量最大的报纸。该报在1993年大选中曾以开天窗的形式抗议政府的审查。目前已经从原来的12版增加到24版，收入中的

---

① 《柬埔寨人民党立足国情巩固执政地位》，中共中央对外联络部网站，网址：http://www.idcpc.org.cn/globalview/zddlj/106.htm。

70%来自广告，读者对象主要是大学生和政府工作人员。

**《和平之岛》** 《和平之岛》是1993年宋玉潘（Thong Uy Pang）复刊的高棉文日报。初创时条件简陋，所有设备只有两台简陋的印刷机，当时报纸的新闻业务水平较低，常刊载未经证实的消息。现在是柬埔寨发行量较大的日报，其高棉语网站是柬埔寨最大的门户网站，除了新闻，还提供天气、旅游等生活资讯，风格活泼，面向社会大众。

**《柬埔寨日报》（"The Cambodia Daily"）** 《柬埔寨日报》由美国人伯纳德·克里舍（Bernard Krisher）创办，4开小报，每期12版。该报的国际新闻为几家西方媒体免费提供，本地新闻依靠自己的记者采写。该报初创时期条件非常艰苦，人员短缺，办公场所均为捐赠，现今已发展成为柬埔寨的主要报纸之一，周日发行全彩页周末杂志。该报已建立网站，网站风格精致，面向精英群体。

**《金边邮报》** 《金边邮报》由出版商迈克尔·海耶斯（Michael Hayes）1992年创办，原是一份双周刊英文报纸，现为日报。初创时由于资金有限，只能购买美联社一家通讯社的国际消息，国内消息从自由职业记者处获得，无正式雇佣的记者。2008年初，该报接受了一些澳大利亚人的投资，改为日报，全彩色印刷。该报注重为读者提供有说服力的、独特的分析性报道，几乎涵盖了柬埔寨迅速变化过程中的所有时事热点。该报有英柬双语网站，受众主要为高级知识分子。[①]

**《高棉时代》** 《高棉时代》是英文报，在柬埔寨的英文平面媒体中拥有独特的地位；拥有经验丰富的记者和摄影师团队，其中很多成员常年报道柬埔寨和东南亚以及世界其他地区的新闻事件，并多次在国际上获奖。此外，他们还拥有一个由柬埔寨当地优秀记者所组成的团队，每天收集当地有价值的新闻。而由外籍新闻精英所组成的新闻小组则负责新闻采写、编辑以及摄影，他们通常从西方文化的角度来解读柬埔寨当地的社会事件。[②]

---

[①] 陈力丹、李熠祺：《历经劫难而重生的柬埔寨新闻传播业》，载《新闻界》2015年第12期。

[②] 翁卡纳卡：《柬埔寨媒体概况》，褚骁骥译，载《中国投资》2017年第21期。

## 三、广　播

为了推进柬埔寨的民主重建和确保选举顺利进行，1992年11月9日，过渡政府创办了一家广播电台。这个电台的宗旨就是为柬埔寨的和平选举进行宣传。在整个选举过程中，该电台通过自己的声音和新闻版块向公众提供丰富而准确的信息，为柬埔寨的大选做出有益的贡献。正如联合国秘书长特别代表在评价联合国临时权力机构电台的作用时所说：这是一个很有影响的电台，因为有了它，我们才有可能使柬埔寨人民与联合国临时权力机构建立起联系，才能让柬埔寨选民知道，他们的选举是公正的，他们的选票是绝对保密的。临时权力机构电台的适时开播既让柬埔寨民众了解到大选的许多情况，也让他们学会了从电台收听国家大事的方式。1993年9月22日晚6时，这个电台在联合国驻柬临时权力机构使命宣告结束的同时停时广播。[1]

联合国为了鼓励选民参加投票，给柬埔寨民众免费赠送了34.6万台收音机。加之过渡政府的广播电台的宣传，从而使参加投票的选民高达90%，为柬埔寨的民主重建发挥了重要作用。

随着国内实现和解，联合抵抗组织的广播电台也从边境地区重新回到金边等大城市。为了竞选需要，联合抵抗组织还创办了广播调频90台和柬埔寨电视9台，"它们鲜明的政治立场为抵抗组织在大选中取得胜利赢得了不少的选民"[2]。

在柬埔寨，由于广播的传播范围广，影响大。自实行多党民主制以来，各政党都比较重视广播宣传。各主要政党对新闻宣传的争夺也充分体现在对广播电台的争夺上。在联合政府刚成立时，奉辛比克党获得了广播电台调频90和调频90.5的执照，但慑于人民党的严控，这两家广播电台始终保持低调，对人民党一般不采取敌对态度。然而，在1997年的"7月事件"中，调频90台被亲人民党的军队没收，矛盾缓解之后才被退还给奉辛比克党。2003年柬埔寨全国大选后，两党关系再次陷入僵局，这两家广播电台

---

[1] 朱慧芬：《柬埔寨广播事业的发展历史和现状》，载《东南亚纵横》2008年第3期。
[2] 李异平：《柬埔寨媒体：多党制下的新闻控制与争夺》，载《东南亚研究》2011年第5期。

全都遭到关闭。①

在政府和执政党对广播电台控制越来越严的情况下，独立经营的蜂巢广播电台（Beehive Radio）不断采取灵活策略，争取发出不同的声音。1996年8月5日成立的蜂巢广播电台，是一家独具特色的民营广播电台，经营者为宋安铎（Sonando）。在成立之初，它开办"高棉人帮高棉人"节目，以报道贫困人口的生活状况和就业消息为主。此外，节目内容还包括公共论坛、佛教、诗歌等，同时转播美国之音和自由亚洲每天的柬语新闻节目。1997年它遭到警察的洗劫和没收，1999年才恢复广播。但其经营者宋安铎却另辟蹊径，向自由亚洲电台出售广播时段，播送高棉语的新闻和评论，一度成为最受欢迎的广播电台。柬埔寨政府曾经以限制国外媒介报道为由对其加以制止，但终因遭到听众的抗议而收回成命。但不久之后，宋安铎被指控采访批评政府政策的社会活动家而遭到两次监禁。在2008年柬埔寨全国大选期间，宋安铎故技重施，又向反对党森朗西党、人权党和诺罗敦·拉纳烈党出售广播时段，每天为以上各政党播送一小时的新闻节目。虽然以上党派利用其广播频率相互攻击，但其中也包含了有别于政府控制的媒体报道的政治观点。②

进入21世纪以后，柬埔寨的广播电台数量明显增加，其中超短波电台增至11家，听众数量也大幅上升。由于收音机价格低廉，且易于携带，方便收听，故广播听众远比电视观众和报纸读者要多。然而，柬埔寨的广播电台绝大多数由政府控制和支持，播出的节目多为政府领导人外出视察或出席典礼等活动，文艺节目单调贫乏，对国内的一些负面消息很少报道。而一些私人电台、非政府机构的电台和外国官方在柬的电台，其覆盖区域和发射功率均受到柬政府的严格限制而影响有限。自新闻部成立之后，非官方人士或机构要创办自己的广播电台，一般得不到批准。柬国内前最大

---

① 李异平：《柬埔寨媒体：多党制下的新闻控制与争夺》，载《东南亚研究》2011年第5期。
② 李异平：《柬埔寨媒体：多党制下的新闻控制与争夺》，载《东南亚研究》2011年第5期。

反对党救国党[①]党魁桑兰西（Sam Rainsy）曾两次提出要求设立该党的电台但均被拒绝。2005年初，柬新闻部发布一项声明指出，该部之所以没有批准成立新的广播电台，原因是可用于广播频率的范围太小。[②]

到2006年时，柬埔寨拥有11家超短波电台，其中调频103，属国家台，全天播音18个小时。[③]

到2008年，柬埔寨的广播电台发展到共有68个广播电台和广播中继站，主要包括三类：（1）柬埔寨国家广播电台（RNK）（公共广播），包括2个电台（AM918khz，FM96mhz）和14个地方政府广播电台。（2）商业广播电台，包括18个广播电台和28个商业广播中继站。（3）其他国家广播电台，包括法国FM广播电台：4个广播电台和3个使馆广播中继站；澳大利亚FM广播电台：1个广播电台和3个使馆广播中继站；BBC FM广播电台。[④]

比较著名的有柬埔寨国家广播电台（调频96兆赫）、金边广播电台（调频103兆赫）、DAP广播电台（调频93.75兆赫）、ABC广播电台、佛教广播电台、巴戎广播电台（调频95兆赫）、仙女广播电台（调频97兆赫）、高棉微笑电台（调频107兆赫）、新金边广播电台（调频91兆赫）等。

比较有特色的广播电台有蜂巢广播电台、"柬埔寨妇女新闻中心"电台、法国国际广播电台、中柬友谊台等。

"柬埔寨妇女新闻中心"电台成立于1999年3月，是在联合国教科文组织的帮助下创办的，是柬埔寨第一家女子广播电台。该台的节目主要宣传提高妇女地位和探讨男女平等，还包括宣讲艾滋病知识、反对家庭暴力行为、妇女权利保障以及法律法规和文化娱乐等方面的内容。

法国国际广播电台成立于1993年3月，由基地在巴黎的柬法联会管理，节目有柬埔寨每日新闻、国际新闻播报、柬埔寨文化、法国文化以及时事

---

[①] 柬埔寨救国党（Cambodia National Rescue Party），是柬埔寨国内原主要反对党之一，成立于2012年8月20日，由桑兰西党和"人权党"合并而成，桑兰西任党主席，根索卡任第一副主席。2017年2月11日，桑兰西辞去救国党主席职务，由第一副主席根索卡接任。2017年9月3日，柬埔寨政府发布公告，救国党主席根索卡因涉嫌叛国罪被逮捕。2017年11月16日晚间，柬埔寨最高法院宣布终审判决结果，柬埔寨救国党被解散。
[②] 朱慧芬：《柬埔寨广播事业的发展历史和现状》，载《东南亚纵横》2008年第3期。
[③] 朱侠：《东南亚响起IBBY的声音》，载《中国新闻出版报》2006年2月16日。
[④] 国家广播电影电视总局培训中心编著：《东盟广播电视发展概况》，中国广播电视出版社，2008，第35页。

简评等。

中柬友谊台，2008年12月开播，由柬埔寨国家电台与中国国际广播电台合作运营。目前在柬埔寨拥有两个分台，即FM96.5金边调频台（2008年12月11日开播）和FM105暹粒调频台（2011年8月29日开播），分别在柬埔寨首都金边和旅游城市暹粒落地播出，每日播出18小时的柬语节目。节目内容涉及教育、文化、娱乐等各个方面。中柬友谊台积极、客观的新闻报道受到柬埔寨听众的热烈欢迎；《中柬双行线》《每日汉语》等节目拥有大量的固定听众；每周都有近7000名听众通过热线电话参与节目的互动。同时，中柬友谊台还通过Facebook、微信公众号和国际在线中文、柬文网站及时发布消息，目前在Facebook上拥有60多万的粉丝。[1]

由于收音机既便宜，又便于携带，在户外工作时也可以收听，因此柬埔寨民众特别是农村地区的广大民众较多使用收音机，因而每个省都有转播站，到2011年在全国有62%的广播听众。[2]

发展到2015年，柬埔寨拥有16家电台，比较有影响的主要有柬埔寨国家广播电台、金边广播电台、DAP广播电台、巴戎广播电台、仙女广播电台、高棉微笑广播电台等。[3]

目前，柬埔寨共有2个调幅广播电台和至少65个调频广播电台。[4]

由于新闻政策和广播电视政策比较宽松，目前柬埔寨成为许多国家广播媒体争相实施新闻落地的目标和多个国家国际广播电台激烈竞争的市场。目前中国国际广播电台、美国之音电台、自由亚洲之声电台、澳大利亚电台都开办有柬语广播节目，英国BBC、法国国际广播电台和越南广播电台等也开办有不同语言的广播节目。

下面重点介绍柬埔寨国家广播电台（RNK）。

**柬埔寨国家广播电台（RNK）** 柬埔寨最早的广播电台，成立于1947

---

[1] 明康：《中柬友谊台总监冯辉拜会新闻部长》，搜狐新闻，网址：http://www.sohu.com/a/198517017_413350；《柬埔寨建议中柬友谊台扩大覆盖区域》，搜狐新闻，网址：http://www.sohu.com/a/202540848_413350。
[2] 李异平：《柬埔寨媒体：多党制下的新闻控制与争夺》，载《东南亚研究》2011年第5期。
[3] 陈力丹、李熠祺：《历经劫难而重生的柬埔寨新闻传播业》，载《新闻界》2015年第12期。
[4] 翁卡纳卡：《柬埔寨媒体概况》，褚骁骥译，载《中国投资》2017年第21期。

年法国殖民统治时期。1953年独立后的柬埔寨王国接管该台,更名为柬埔寨之声广播电台。从1958年起每天正式播出12个小时节目。在当时,它是柬埔寨国内唯一的广播服务。从1970年起,柬埔寨因内战而动荡不安,柬埔寨国家广播电台的发展彻底停滞。1975年到1979年的红色高棉统治时期,柬埔寨国家广播电台的设施被破坏,流失了大批员工。1979年,柬埔寨政府重建了国家广播电台,并且每天用高棉语播出9小时的国内广播节目和2小时20分钟的国际广播节目,但有限的发射机功率使电台的信号仅能覆盖金边附近半径160公里的区域。从1990年起,柬埔寨国家广播电台将其播出时间从每天9小时增加到18小时,采用120千瓦的发射机,后来发射机的功率又提高到150千瓦,使信号的覆盖范围大大扩大。

不同政治体制下的柬埔寨历届政府都把柬埔寨国家广播电台视为主要传播工具,用来传达和宣传政府的政策、主张。自柬埔寨实现和平、政局稳定后,柬埔寨国家广播电台积极进行节目制作改革,同时加强与国际广播媒体的合作。如与BBC澳大利亚和BBC世界服务基金会(BBC World Service Trust)进行合作,开办了全新的听众电话参与节目和电话热线节目,使听众有机会参与国内社会发展问题的讨论,听众可以拨通演播室的电话,提出各方面的问题,由节目的特邀嘉宾和一些来自政府、社会的知名人士来进行答复并深入探讨。这家由政府出资,同时又与国内50多家电台(绝大多数是私营的)不断竞争的国家广播电台,始终保持着较高的收听率。

柬埔寨国家广播电台是柬埔寨国家新闻部下属的常设部门之一,是政府机构的组成部分。它下设5个部门,有336名员工,每天从早5点30分到晚11点30分播送节目。现在柬埔寨国家广播电台大约70%的节目是现场直播。这些日常节目包括新闻消息、教育、农业、文化、健康和经济等方面的内容。但由于资金方面的限制,功率仅200千瓦的发射机仅能覆盖约70%的国土面积。①

近年来,柬埔寨国家广播电台进一步加强国际合作,与中国国际广播电台、广西人民广播电台和泰国及其他国家的一些电台建立了合作关系,

---

① 国家广播电影电视总局培训中心编著:《东盟广播电视发展概况》,中国广播电视出版社,2008,第37—38页。

共同制作或相互交换广播节目。

2008年12月，柬埔寨国家电台与中国国际广播电台合作运营的中柬友谊台开播。目前在柬埔寨拥有两个分台，即FM96.5金边调频台和FM105暹粒调频台。

**四、电　视**

随着柬埔寨国内和平的实现、民主政治制度的建立，以及经济的发展，在国际社会的援助下，柬埔寨的电视传播技术和设备不断改善，电视媒体也快速发展起来。

从1983年建立到1993年大选前，柬埔寨国家电视台（TVK）就一直垄断着整个国家的电视行业。然而，在1993年大选后，许多新的电视台（主要是私营电视台）创办，带来了电视媒体的多元化和激烈的竞争。

柬埔寨国家电视台则不断改进技术设备，提高覆盖面。1994年，安装了功率更大的10千瓦发射机；1999年，开始通过卫星传输节目信号，信号可以覆盖五大洲126个国家；同时在国内创办了7个省级分台。

到2006年，柬埔寨发展到拥有6家电视台。它们是柬埔寨国家电视台（公共电视，以柬语播音为主）、仙女11台（民营的人民党电视台）、第9台（民营台）、第5台（军队开办）、首都第3台（官方，地方政府开办）和巴戎台（私营台，每日有中文新闻报道）。此外，还有3家有线电视台，即柬埔寨有线电视公司、金边有线电视公司和微波无线电视公司。柬埔寨国家电视台建立了全国性的电视网络，一些私营电视台也在人口高度密集的城市商业区建立了分台。此外，还有3个国际转播台在柬埔寨运行。

巴戎电视台成立于1997年，1998年正式开播，目前是柬埔寨收视率最高的电视台。该台共设15个分台，几乎覆盖全国，董事长是洪森的女儿洪玛娜。

到2008年，柬埔寨发展到共有37个电视和电视中继站，包括：(1)柬埔寨国家电视台：1个总台，7个省级分台；(2)商业（民营）电视：6个电视台，21个商业电视中继站。同时还有63家有线电视台。此外，还有越南大使馆电视台、法国大使馆电视台等2家其他国家的电视台。

柬埔寨的电视媒体不断加强与国外广播电视媒体的交流与合作，比如在体育节目、电视剧、新闻节目、儿童节目、教育节目等方面进行节目交换，还开展专业节目资源交换、合作制作节目、合作播出及节目转播等多种形式的交流与合作。其中，日本放送协会（NHK）、中国中央电视台（CCTV）、法国国际电视频道（CFI）、斯里兰卡亚洲青年电视台（YATV）、美国之音广播电台（VOA）、澳大利亚广播公司电视部（ABCTV）等国外广播电视机构，都为柬埔寨提供了很多节目资源。

与中国中央电视台合作制作电视节目的柬埔寨国内电视机构有：柬埔寨国家电视台、第9台、第5台、第3台、仙女11台、第21台（柬埔寨电视网）、第23台（法国电视台5频道）、第25台（越南大使馆电视台）、巴戎电视台、柬埔寨有线电视台、金边有线电视台等。而且已有7套中国电视节目在柬埔寨落地。中国中央电视台的CCTV-1、CCTV-9、CCTV-4等3个频道的节目，以及中国福建台、广东台和香港凤凰卫视的节目都能通过当地有线电视台收看。它们成为柬埔寨人民认识中国、了解中国的重要窗口。①

2010年，柬埔寨新闻部大臣乔坎纳烈签署《关于广播电台、电视台技术标准规定的公告》（柬新闻部499号），规定将中国地面数字电视传输标准DTMB标准作为柬埔寨电视台数字媒体宣传技术标准之一，是中国海外首个正式宣布采用中国DTMB标准的国家。

由于柬埔寨经济尚不发达，农村人口多且通常买不起电视，到2011年全国仅57%的家庭有一台电视机，城市的电视信号覆盖率有限，农村的电视收视率就更低了，②因此电视的传播范围和到达率、影响力还比较有限。在柬埔寨的电视产业中，柬埔寨国家电视台的资金主要来源于国家预算拨款、私营电视台上缴的电视产业税、其自身广告收入以及其他经营收入等。私营电视台的资金来源主要是商业广告、商业活动收入及其他经营收入。

2012年，柬埔寨发展到拥有11家全国性电视台、14家地方性电视台。

---

① 以上参阅国家广播电影电视总局培训中心编著：《东盟广播电视发展概况》，中国广播电视出版社，2008，第32—40页。
② 李异平：《柬埔寨媒体：多党制下的新闻控制与争夺》，载《东南亚研究》2011年第5期。

有影响的主要有：国家电视台，仙女台第 11 频道、第 9 频道、第 5 频道、首都第 3 频道，巴戎电视台，CTN 电视台，KNN 电视台，NTA 电视台和 SEA 电视台。①

到 2017 年，柬埔寨发展到拥有 15 家电视台，还有一些传媒机构提供有线电视服务，如数字电视有限公司、柬埔寨有线电视等。其中，第一卫视是柬埔寨国内第一家数字地面电视运营商，由柬埔寨皇家集团公司与俄罗斯卫星公司合资组建。②

2017 年 9 月 27 日，柬埔寨内政部和中国广西新影响文化投资集团合办的 NICE TV 卫星电视台在金边举行落成仪式。NICE TV 电视台于 2017 年 4 月开始试播，每天 24 小时播出柬语节目，节目包括新闻、影视剧、综艺娱乐等多种类型，并翻译引进中国影视作品。作为首家中柬合作电视台，NICE TV 为当地观众打开了一扇了解中国的窗口，推动了柬中两国媒体合作，促进两国的人文交流。③

下面重点介绍柬埔寨国家电视台（TVK）。

**柬埔寨国家电视台（TVK）** 柬埔寨国家电视台（TVK，其名称曾随国家政权变更而发生过改变），是柬埔寨最早的电视台，也是柬埔寨唯一的国家电视台；创立于 1966 年，在当时拥有 30 名员工，每天正式播出 4 小时节目。1970 年，柬埔寨因内战而动乱不安，柬埔寨国家电视台的发展受到很大影响。1975 年至 1979 年红色高棉掌权期间，柬埔寨国家电视台被完全破坏。1983 年 12 月 3 日，柬埔寨人民共和国重新成立柬埔寨国家电视台，1984 年 12 月正式开播。起初，电视台员工数量少，设备不足，每周播出 3 天，每天播出 4 小时节目，而且由于发射机的功率较小，因此只有金边的市民能够收到电视信号。1986 年，将播出时间从每天 4 小时增加到 5 小时，采用一台 1 千瓦的发射机发射信号。经过多次改名后，直到 1993 年，该电视台的名称被固定为柬埔寨国家电视台，提供黑白和彩色电视节目服务。

1993 年大选后，私营电视台的迅速兴起给柬埔寨国家电视台带来了极

---

① 钟楠、郑军军、卢军编：《柬埔寨概论》，世界图书出版广东有限公司，2012，第 170 页。
② 翁卡纳卡：《柬埔寨媒体概况》，褚骁骥译，载《中国投资》2017 年第 21 期。
③ 毛鹏飞：《中柬首家合办电视台正式落成》，新华网，网址：http://finance.sina.com.cn/roll/2017-09-27-doc-ifymksyw4379807.shtml。

大的挑战，特别是在内容、技术和节目制作等方面给柬埔寨国家电视台带来很大冲击。

在内容上，由于柬埔寨国家电视台的节目主要集中于政治、农业和传统文化等领域，而私营电视台的节目更符合年青一代的欣赏趣味，因此更有吸引力，吸引了首都和市郊的大批观众。

在技术上，当柬埔寨国家电视台还在用模拟信号播出节目时，一些私营电视台已实现数字化播出。

在节目制作上，一些私营电视台不断改进新闻报道和节目制作方式，以信息库加上面对面的采访获得的第一手资料制作节目，而柬埔寨国家电视台却仍然沿用传统的方法制作和播出节目。

好在柬埔寨国家电视台拥有全国最大的观众覆盖面，在北部和西北部较为偏远的乡村地区获得了不断增长的观众群；同时，柬埔寨国家电视台开始重视私营电视台的挑战，不断改善设施，提高人员素质，以提高电视台的节目制作水准和覆盖范围。此外，柬埔寨国家电视台非常重视人员培训、资金投入和与其他国家电视媒体在资金、技术和人才资源等方面的合作。

1994年，柬埔寨国家电视台安装了功率10千瓦的发射机。

1998年，柬埔寨国家电视台从日本政府获得1300万美元的资助，用于更新和拓展演播中心。此外，它每年都向日本派遣员工参加由日本政府委托日本国际合作机构（JICA）主办的培训课程。

1999年，为了向海外观众提供服务，柬埔寨国家电视台通过泰国的卫星"泰星5号（Thaicom 5）"向国外进行电视节目的转播，覆盖面可以到达亚洲、欧洲、美洲、大洋洲等四大洲的126个国家。

2002年，柬埔寨国家电视台加入了亚太广播联盟（Asia-Pacific Broadcasting Union，ABU）。

到2008年时，柬埔寨国家电视台除有金边总台（NEC[①]10千瓦，发射塔高120米）外，在全国还有7个省级电视分台，分别是：（1）菩萨省分台（Harris 1千瓦，发射塔高80米）；（2）马德望省分台（NEC 1千瓦，发射塔高120米）；（3）西哈努克市分台（NEC 300瓦，发射塔高30米）；

---

① "NEC"以及下文的"Harris""Electronika"都是电视台器材设备生产公司名称。

（4）蒙多基里省分台（Electronika 10 瓦，发射塔高 30 米）；（5）腊塔纳基里省分台（100 瓦，发射塔高 80 米）；（6）暹粒省分台（未运行，100 瓦）；（7）戈公省分台（未运行，100 瓦）。①

柬埔泰国家电视台拥有 270 名员工，总台分成技术部、节目制作部、海外播出部、地区部和新闻部等 5 个部门。它与 4 个国家的电视台进行新闻合作，分别为中国中央电视台第 9 频道（CCTV-9）、法国国际频道、日本 NHK 电视台以及俄罗斯电视台。柬埔寨国家电视台还与美国之音（VOA）合作，推出了学习英语的节目；与英国广播公司（BBC）合作，推出系列故事节目，传授有关艾滋病和社会问题方面的知识；与联合国儿童基金会和联合国教科文组织合作制作教育和文化节目。柬埔寨国家电视台还与许多非政府组织有合作，在柬埔寨大选期间与联合国开发计划署合作制作了一档名叫《平等新闻节目》的电视节目，所有参选党派可以在这个节目上展示他们的施政纲领，向选民进行宣传。

柬埔寨国家电视台的新闻节目包括国家新闻、社区地方新闻和国际新闻，所有的播出节目中有 40% 是新闻，30% 是教育类，包括艾滋病、毒品、性教育和儿童节目，还有 20% 是娱乐节目。柬埔寨国家电视台 70% 的播出节目是自己制作的。② 柬埔寨国家电视台的节目以柬语为主，也有英语、法语节目。

柬埔寨国家电视台以服务于国内外所有的柬埔寨人为宗旨，目前覆盖国内人口达 60%。电视台主要播出以下五个方面的内容：早间新闻、体育新闻、国家新闻、今日新闻和教育。其另一个主要使命是帮助大使馆获取有价值的信息。

柬埔寨国家电视台主要侧重于新闻报道而不是娱乐节目。节目中新闻占 50%，教育占 25%，娱乐占 20%，其他占 5%。柬埔寨国家电视台优先报道与政治和社会有关的新闻。柬埔寨国家电视台重视报道国内新闻，其中的社区新闻非常受国外的柬埔寨人欢迎。另外，还报道柬埔寨各地的新

---

① 国家广播电影电视总局培训中心编著：《东盟广播电视发展概况》，中国广播电视出版社，2008，第 39 页。
② 国家广播电影电视总局培训中心编著：《东盟广播电视发展概况》，中国广播电视出版社，2008，第 32-40 页。

闻，涉及 24 个省份和城市，报道的内容与当地的社会生活相关。在国际新闻报道方面，柬埔寨国家电视台与海外的电视台和广播公司开展合作，免费在日本放送协会、中国中央电视台 9 频道、法国电视台 5 频道以及美国之音上播放该台的节目。①

近年来，柬埔寨国家电视台进一步加强与中国广播电视媒体的交流与合作，特别是内容上、技术上的合作，不断丰富节目内容，提高电视节目制作和输出技术。

一是通过内容上的合作，引进中国优秀电视节目，提高电视台的竞争力，同时丰富了柬埔寨人的文化生活。2014 年 10 月，柬埔寨国家电视台与中国广西人民广播电台合办《中国剧场》栏目，双方联合译制中国电视剧并在柬埔寨国家电视台《中国剧场》栏目播出。《三国演义》《少林寺传奇》等电视译制剧播出后，"深受当地观众广泛喜爱"②。2016 年 10 月 12 日，柬埔寨国家电视台与中国广西人民广播电台合办的《中国动漫》栏目也正式在柬埔寨国家电视台开播，每周固定播出 5 集由中柬双方联合译制的中国动漫。目前，在柬埔寨国家电视台播放的影视节目中，中国产的电视节目占 60%，柬产片和西方片各占 20%。③ 在当前柬埔寨影视剧自身产业链不成熟及制作水平有限的情况下，柬埔寨国家电视台通过与中国广播电视媒体合作引进中国的优秀电视节目，不但丰富了柬埔寨人的文化生活，也提高了柬埔寨国家电视台的市场竞争力。

二是通过技术上的合作，引进中国的先进电视制作和传输技术，提高电视服务质量。2014 年，柬埔寨国家电视台与云南广电传媒集团共同出资注册，在金边成立地面数字电视综合运营性企业——柬埔寨数字电视有限公司。2015 年 11 月，该公司数字电视业务正式启动，当地用户每月只需几美元，就可以收看到 70 多个电视频道。在开通短短几个月的时间里，用户数量不断攀升。这是中国自主研发的地面数字电视传输技术首次落地柬埔

---

① 翁卡纳卡：《柬埔寨媒体概况》，褚骁骥译，载《中国投资》2017 年第 21 期。
② 唐佳、潘群芳、王琳：《〈中国剧场〉进入柬埔寨千家万户　助力两国民心相通》，环球网，网址：http://world.huanqiu.com/hot/2015-12/8235087.html。
③ 《94 版〈三国演义〉走红柬埔寨　民众家里供奉关公》，央广网，网址：http://news.cnr.cn/native/gd/20160226/t20160226_521486361.shtml。

寨,柬埔寨成为第二个正式采用该技术的东南亚国家。2015年10月,柬埔寨国家电视台与云南广电传媒集团签署了影视战略合作谅解备忘录,开展包括影视剧拍摄和制作、人员培训在内的多方面合作。2016年3月,柬埔寨国家新闻部向柬埔寨数字电视有限公司颁发了OTT(互联网电视)牌照;2016年10月12日,柬埔寨国家电视台与中国云南广电传媒集团签署柬埔寨DTMB+OTT(中国标准数字电视融合互联网全媒体业务)项目建设协议。该项目的网络传输包括CCTV-1、CCTV-4、CCTV-NEWS、云南卫视、云南国际频道等中国优秀电视频道,以及柬埔寨国家电视台等16个本地节目在内的70套数字电视节目。目前柬埔寨DTMB数字电视项目二期工程即暹粒、马德望、磅湛三个省的DTMB数字电视覆盖网建设已全面展开,加快DTMB数字电视在柬埔寨的推广覆盖。① 通过以上合作,柬埔寨国家电视台不断引进中国的先进技术,实现了电视制作和传输由模拟到数字再到融媒体的跨越,提高了电视技术水平和服务质量。

### 五、新媒体
#### (一)新媒体发展迅速

柬埔寨内战结束后,政局逐步稳定,经济也获得较快发展,互联网也开始由国外引入柬埔寨并迅速被广大民众所接受与普及,移动互联网时代的来临更是方便了民众使用网络,柬埔寨的网民数量迅速增加。2008年时,柬埔寨只有7万人上网,而到2013年时柬埔寨网民数量已经高达270万人(2015年时柬埔寨人口约1560万人)。其中对互联网接受度最高的是18~35岁的年轻人,占当年大选选民总数的一半以上。② 互联网已经成为柬埔寨民众特别是年轻人生活的重要组成部分。

2015年时柬埔寨的网民数量约为380万人,网民占总人口比例为25%。网民数量增幅显著,比2014年调查时增加了约3倍。2016年10月底,柬

---

① 《中国电视剧"走红"柬埔寨 "三国"已成为当地观众茶余饭后讨论的热词》,新华网,网址:http://www.xinhuanet.com/politics/2016-02/24/c_128745490.htm;禹江宁:《云南广电传媒集团与柬埔寨国家电视台签署互联网电视项目建设协议》,网易新闻,网址:http://news.163.com/16/1012/22/C37AF1KO00014AEE.html。
② 黄慧玲:《柬埔寨的春天何时来临》,载《中国与世界》2014年第6期。

埔寨国家选举委员会公布第一次全国选民登记情况，约有 783 万名选民参与登记，网民在选民中占有很大的比重。[①] 其中，柬埔寨网民上网所利用的设备中，个人电脑占 45%，智能手机占 47%，平板电脑占 8%。从其增减率来看，智能手机同比增加了 14 个百分点，个人电脑则减少了 14 个百分点。网民上网由个人电脑向智能手机转移的趋势非常明显。智能手机等移动通信设备的普及在柬埔寨快速扩大。据国际电信联盟（ITU）的统计数据显示，移动服务的普及率（每 100 人的手机持有数）柬埔寨为 133.8%，超过日本（117.6%）、老挝（68.1%）、缅甸（12.8%），比泰国（140%）略低。[②] 目前柬埔寨的网民数量约占总人口数的 1/3。[③]

目前，柬埔寨共有 6 家网络新闻网站。[④] 柬埔寨的博客被称为 Cloggers。由于新媒体在柬埔寨日益普及，加之管理相对宽松，影响力越来越大。柬埔寨的传统媒体、政党、政治人物等都越来越重视新媒体。传统媒体纷纷在以 Facebook 为代表的社交媒体上发布新闻。绝大多数政党和政治人物也利用社交媒体进行宣传。

下面重点介绍新媒体《第一新闻》在线版。

**《第一新闻》在线版**　《第一新闻》成立于 2012 年 5 月，主要成员是媒体行业以及信息科技行业的精英。成立的初衷是为了向手机用户第一时间推送即时新闻。现在，《第一新闻》是唯一一个以高棉字母为载体报道新闻的手机应用程序。目前为止，已经推出安卓版和苹果手机版本软件。

《第一新闻》已于 2015 年初推出网络版程序。目前，他们拥有超过 25 万个注册用户。现在，他们在柬埔寨的互联网站排名上名列第 11 位。[⑤]

**（二）新媒体成为重要的舆论争夺场**

由于柬埔寨的新媒体发展迅速，特别是在年轻人中的普及率越来越高，对社会舆论的影响越来越大，因此，柬埔寨国内的政党和政治人物越来

---

① 王明弘:《柬埔寨政党新媒体之争》，载《现代交际》2017 年第 2 期。
② 《柬埔寨网民增长速度居亚太地区首位》，东盟网，网址：http://news.asean168.com/a/20150415/5704. Html。
③ 王明弘:《柬埔寨政党新媒体之争》，载《现代交际》2017 年第 2 期。
④ 翁卡纳卡:《柬埔寨媒体概况》，褚晓骥译，载《中国投资》2017 年第 21 期。
⑤ 翁卡纳卡:《柬埔寨媒体概况》，褚晓骥译，载《中国投资》2017 年第 21 期。

重视利用新媒体来传播信息，宣传主张，扩大影响，引导舆论。由于在柬埔寨的新媒体发展中，Facebook 是柬埔寨民众最青睐的社交媒体之一，因此以柬埔寨政府首相、柬埔寨人民党主席洪森，柬埔寨国内前最大反对党救国党第一任主席桑兰西为代表的大多数政治人物纷纷开设官方账号，发布信息，参与热点议题讨论，与民众进行互动，引导舆论。各政党也非常重视利用新媒体来进行宣传，设置议题，引导舆论。新媒体成为柬埔寨国内各党派进行政治宣传和竞选的重要工具。

最先重视新媒体的是柬埔寨国内的反对党。由于"柬埔寨的媒体受政府的管控，而战后的柬埔寨政府长期由人民党掌权，故而大多数媒体都听命于人民党"，"传统媒体方面，在柬埔寨，除了少数服务于国际读者群的外文报纸可以批评政府仍被允许存在，柬语媒体几乎没有机会发表异见"[1]，而国内的少部分外文媒体主要面向外国人传播，对国内选民的影响有限，在传统媒体资源非常缺乏的情况下，柬埔寨国内的反对党转而利用新媒体来宣传主张，批评政府和执政党，发动舆论，动员社会和开展社会运动，吸引和集聚选民。如在"传统媒体走不通"的情况下，柬埔寨国内前最大反对党救国党"只能用新媒体布阵"，大力发展和利用新媒体，救国党苦心经营的新媒体阵营包括官方网站、Facebook、YouTube、推特等。桑兰西经常运用新媒体频繁与网民互动，拉近距离，经常发布他的讲话视频，以及与民众见面互动的图文，营造亲民形象。桑兰西的 Facebook，一天至少 10 条更新消息，每条消息后的留言少则数百，多则上千。后台工作人员也以桑兰西的口吻发布各种消息，显得更平易近人，因此吸引、聚集了一批年轻的支持者，他们用英、柬、法、中等至少 4 种语言在留言里相互交流和鼓励。在桑兰西的 Facebook 专页上，已有43万个赞,7万多人关注。除了桑兰西外，救国党其他重要政治人物也非常重视新媒体，副主席金速卡的 Facebook 账号粉丝超过 56 万，国会发言人任班亚乐的 Facebook 账号粉丝为 26 万，党内发言人任速万的 Facebook 账号粉丝为 11 万。国会议员翁松安、莫淑华的 Facebook 账号粉丝均上万。

反对党利用新媒体进行宣传取得了很好成效。在媒体宣传战中，"人民

---

[1] 黄慧玲：《柬埔寨的春天何时来临》，载《中国与世界》2014 年第 6 期。

党占据传统媒体的有利地形，却被救国党的新媒体迎头赶上"①。在 2013 年的大选宣传大战中，救国党及其党魁桑兰西大力利用新媒体宣传造势，借助 Facebook、推特等新媒体发布执政理念与民生政策，充分与网民互动，取得了非常好的宣传效果。此前一年（2012 年 8 月 20 日）刚刚合并组建的救国党异军突起，在 2013 年的大选中在国会中赢下了 55 个席位，一举成为柬埔寨国内最大的反对党，对执政党人民党造成了极大的冲击，使其仅以 68 席的微弱优势赢得大选。而在新媒体宣传上的布局"是救国党能够在 2013 年大选中异军突起的重要原因之一"②。

柬埔寨执政党人民党及党主席洪森拥有占绝对优势的传统媒体资源。"柬埔寨的传统媒体多属于执政党人民党"③，例如洪森的女儿洪玛娜担任巴戎电视台主要负责人，同时又是《新柬埔寨报》的老板，掌握了柬埔寨的绝大多数媒体资源。柬埔寨国内许多知名传统媒体都在大选宣传上为洪森造势。因此，在国内各政党的宣传战中，人民党及其党主席洪森在传统媒体上占足优势，以至在 2015 年前"对新媒体并不重视"④，而是专注于传统媒体；反对党恰恰相反，因缺乏传统媒体资源，只好大力发展和利用新媒体。于是在前几年发生的一些重大事件中，柬埔寨国内的舆论呈现出严重的分裂：在传统媒体上，主要是执政党的声音和代表执政党的观点与倾向的报道，在新媒体上则主要是反对党的声音和代表反对党的观点与倾向的报道。比如 2014 年 1 月 3 日军警与罢工者发生激烈冲突，导致流血的惨剧发生后，"在人民党管控的媒体上，充斥着严厉打击非法、暴力罢工的官方论调，电视画面里的罢工者们奋力拿起石块，丢向防暴警察。而在以年轻人居多的 Facebook 上，到处流传着军警殴打示威者的视频：手无寸铁的工人被打得血肉模糊"⑤。

但救国党在新媒体上的成功特别是在 2013 年的大选中、2014 年的罢工潮中对新媒体的利用及对社会舆论产生的广泛影响使人民党大为震动，以

---

① 黄慧玲：《柬埔寨的春天何时来临》，载《中国与世界》2014 年第 6 期。
② 王明弘：《柬埔寨政党新媒体之争》，载《现代交际》2017 年第 2 期。
③ 王明弘：《柬埔寨政党新媒体之争》，载《现代交际》2017 年第 2 期。
④ 王明弘：《柬埔寨政党新媒体之争》，载《现代交际》2017 年第 2 期。
⑤ 黄慧玲：《柬埔寨的春天何时来临》，载《中国与世界》2014 年第 6 期。

往忽视新媒体的人民党也开始认识到新媒体的威力和重要性,开始策划和利用新媒体传播信息,宣传主张,和网民交流互动。其中最突出的是洪森创建和精心打理自己的个人Facebook。

洪森吸取了2013年大选忽视新媒体的教训,决心在网络社交媒体上发力,争取网民的支持。2015年9月20日,洪森注册了自己的官方Facebook账号,表明他开始重视新媒体的传播影响。与此同时,洪森还开通了个人网站和个人手机APP。由于Facebook在柬埔寨民众特别是年轻人中普及率高,影响大,所以洪森非常重视自己的Facebook的运营,频繁发布一些能引起社会关注,吸引网民注意,同时又能树立和提升自己形象的内容。比如在Facebook上发布最新的政策和法令;经常晒晒自拍,上传自己和妻子文拉妮的亲密合照等等;同时洪森特别注意利用社交媒体与网民直接进行交流互动,回应网友提出的政治、民生问题,营造出亲民的领导人形象。洪森表示,希望在自己的Facebook专页让民众有一种"亲密的氛围感",并鼓励人们向他发送音频剪辑、视频和图片,形成一种开放式的网络讨论。洪森精心打理的Facebook为自己赢得了大量的人气,特别是日常的秀亲民、秀恩爱的视频和图片为他赢得了无数点赞,粉丝点赞数和转发数很快超过了救国党党魁桑兰西。截至2016年11月11日,洪森在Facebook上的点赞数高达6141210次,虽然桑兰西开Facebook账号远比洪森要早,但他的粉丝点赞数却只有3310355次。① 单从这一点来看,在利用新媒体方面,洪森已后来居上。同时,洪森还利用个人网站和个人手机APP,与Facebook一起,同步发布柬埔寨最新政策法规,传播其治国理念,产生了广泛影响。

洪森还曾特别做出公开呼吁,表示人民党的官员都该玩Facebook,且要熟练使用,这样才能与社会和广大民众建立密切联系,了解民意。在洪森的影响下,人民党的一些政治人物也开始重视新媒体。金边市长巴速杰德旺和外交部部长何南丰两人的Facebook粉丝达到9万。②

总之,新媒体在柬埔寨民众特别是年轻人中日益普及,影响越来越大。

---

① 王明弘:《柬埔寨政党新媒体之争》,载《现代交际》2017年第2期。
② 王明弘:《柬埔寨政党新媒体之争》,载《现代交际》2017年第2期。

柬埔寨国内各政党和政治人物越来越重视利用新媒体来发布信息，宣传主张，引导舆论，树立形象，争取选民。新媒体成为柬埔寨国内各政党和政治人物政治宣传、社会动员和竞选的工具，成为政党和政治人物舆论斗争的新阵地。

## 六、通讯社

柬埔寨新闻社，简称柬新社（AKP），目前是柬埔寨唯一的官方通讯社，成立于韩桑林－洪森政权时期的1980年，是柬埔寨新闻部的下属部门之一，主要负责采集和传播国内外新闻与信息。柬埔寨新闻部称，正在努力恢复和提升AKP的服务水平，以使其成为柬埔寨新闻采集和传播的主渠道。近年来，柬新社已与新华社、越新社、泰新社、古巴新闻社、俄罗斯新闻社、朝鲜中央通讯社、老挝新闻社、意大利新闻社等外国通讯社签署了新闻交流合作谅解备忘录，以加强新闻内容交换和采用方面的合作关系，以及在技术经验方面的交流与合作。

总之，这一时期是柬埔寨新闻事业快速发展与逐步走向繁荣的时期。由于这一时期柬埔寨国内实现了和平，政局总体保持稳定，并采取发展经济、改善民生和对外开放的政策，社会各方面不断发展进步，为新闻事业的快速发展和走向繁荣创造了经济基础和社会条件。同时，国家制定了保障新闻自由的法律，新闻政策比较宽松，柬埔寨国内的政党以及一些私人和国外资本、企业投资创办新闻媒体，报刊、广播电视以及网络新媒体在数量上大量增加，在技术设备方面不断改进，新闻报道不管是在报道广度还是深度方面都是以前所无法比拟的，特别是人们在利用新媒体传播方面非常活跃。当然，这一时期，新闻事业的发展也并不是一帆风顺、一马平川，有时也受到柬埔寨国内政党斗争的激化和政治生态的波动而有所起伏，但总的来看，这是柬埔寨新闻事业发展的最好时期。

## 第八节 柬埔寨的华文媒体

### 一、发展历程

柬埔寨是东南亚国家中华侨华人较多的国家之一。华侨华人是当今柬埔寨国内仅次于高棉族及越侨和越南人的第三大民族群体。华侨华人移居柬埔寨已有上千年的历史。上限可以追溯到宋代，清代以后移民更多。从1890年到1949年，柬埔寨华侨人数增加很快，60年间增加29.5万人；到1949年时，柬埔寨华侨人数达42万人，占柬埔寨全国人口的10.8%。[①] 柬埔寨的华侨为了传承中华文化，培养下一代，他们创办华文学校，开展华文教育。从1914年潮州籍华人在金边创立端华学校起，到1938年，柬埔寨共有华文学校95所，学生4057人；同时为了交流信息，加强联系，维护自身权益，他们成立华人社团，创办华文传媒。1938年，柬埔寨最早的华文报纸《播音台》创刊。

20世纪50年代至60年代前期，柬埔寨政局比较稳定，经济有所发展，中柬关系重新恢复并发展迅速，柬埔寨华侨华人涌现出空前的活力与热情，华人文化教育欣欣向荣，华人社团十分活跃。华文学校增加到200多所，学生增加到5万人，其中金边有50所，金边端华中学规模最大，有学生3000人。柬埔寨华文报刊在40年代有所发展，在50年代进入全盛时期。柬埔寨先后出现过近30种华文报刊，大部分创办于50年代，其中包括《棉华日报》《工商日报》《湄江日报》《金边日报》《生活午报》《新报》等著名华文报纸。1956年在金边创办的《棉华日报》是全柬最大的华文报纸，刚创办时发行2000份，1962年增加到7000份，1967年又增加到11000份。20世纪60年代初期，金边有13家报纸，华文报就占了5家。柬埔寨华文报刊以主要篇幅报道柬埔寨的情况，为柬埔寨的民族独立、国家发展做了巨大的贡献。与此同时华文报纸也大量报道中国的消息，使广大华侨及时了解祖

---

[①] 王士录：《柬埔寨华侨华人的历史与现状》，载《华侨华人历史研究》2002年第4期；周中坚：《柬埔寨华侨华人史主要事件述略》，载《东南亚》2003年第4期。

籍国的发展变化。①

从 20 世纪 50 年代中期开始,柬埔寨当局逐项剥夺华侨的正当权利。1956 年禁止华侨从事 18 种职业,1958 年取消华人会馆。

20 世纪 60 年代末期,由于受到中国"文化大革命"的影响,华文报刊几乎同中国国内报刊一样,天天以大篇幅宣传极"左"思想,刊登"文化大革命"口号,报道"文化大革命"的消息,一些华人在柬埔寨"闹革命",引起柬埔寨当局的极大不满,并最终掀起了大规模的排华浪潮。西哈努克和柬埔寨当局于 1967 年 9 月 13 日下令关闭全柬华文报刊,华人在经济领域受到严格限制,一部分华侨华人被迫离开柬埔寨,有的返回国内,有的移居他国谋生。

1970 年 3 月 18 日,朗诺发动政变推翻西哈努克。政变发生当天,朗诺就下令关闭柬埔寨所有的华文学校,华人从此被剥夺了接受华文教育的权利。在 20 世纪 70 年代中期至末期的红色高棉极"左"统治时期,华侨华人更遭受了灭顶之灾,家产被抄没,大批大批被赶到农村实施强迫劳动,许多华人在劳动改造中累死、饿死、病死和被折磨死。在朗诺政变和红色高棉统治的 10 年间,柬埔寨华人平均每 4 个家庭成员中就有 1 人死亡。在这一时期,华语一律被禁讲,街上所有华语广告牌、路标、各类中文补习班、中文授课学校一律被取缔。书摊上不准出售中文书籍。甚至连华人自己也不敢讲华语,以免暴露身份而遭到非人迫害。以至今日的华人后裔大多已不会讲华语也不会写中文了。②

1985 年,洪森出任政府总理几个月后,废止了当时执政的人民党在 1982—1983 年制定的歧视、限制柬埔寨华人的《351 通知》。洪森把华裔看作是柬埔寨社会不可分割的重要组成部分,认为柬埔寨华人已经成为柬埔寨的一个少数民族,为柬埔寨的发展做出了重要贡献。他允许华人保持

---

① 魏华仁:《东南亚华人教育大事记》,载《华人》(香港) 1990 年第 7 期、第 10 期;黄昆章:《柬埔寨华侨华人今昔》,载《华夏》1991 年第 5 期;张俞:《棉华日报始末》,载《印支研究》1984 年第 3 期;转引自周中坚:《柬埔寨华侨华人史主要事件述略》,载《东南亚》2003 年第 4 期。

② 王士录:《柬埔寨华侨华人的历史与现状》,载《华侨华人历史研究》2002 年第 4 期;周中坚:《柬埔寨华侨华人史主要事件述略》,载《东南亚》2003 年第 4 期。

华人传统，说汉语，开办华语学校，出版中文报纸，允许商店写中文招牌，允许报纸开辟中文版、电视台开办汉语节目。① 因此在 20 世纪 80 年代末期，柬埔寨相继出现了许多地下华文学习班。1990 年 12 月 26 日，柬埔寨华人华侨理事会（简称柬华理事会）正式成立。1991 年，当局同意归还全柬最大的华文学校——端华学校。国内外华人闻讯纷纷为复校捐款，买回并翻修了校舍，并于 1992 年 9 月 1 日举行了复校开学典礼，第一期就招收了 2440 名学生。

1993 年柬埔寨新政府成立后，柬埔寨新政府及各主要政党领导人继续执行民族和谐政策，政府公开鼓励华侨华人积极参与国家经济和文化的重建，华侨华人的政治、经济和社会地位迅速提高，华语和华文的合法性得到公开承认。华语华文教育得到迅速恢复和快速发展。至 2000 年，全柬华校已达 75 所，学生人数已达 4 万多人，超过 95% 的华人子女进入华校就读。

1993 年 1 月 10 日，中国驻柬埔寨的维持和平部队，在柬埔寨创办了反映中国维和官兵生活的《八一蓝盔》报。1993 年 12 月 17 日，《华商日报》创刊，这是柬埔寨经历了 20 多年战乱后的首份华文日报。1993 年年底和《华商日报》同时创刊的还有《高棉独立日报》《金边时报》，之后还有《大众日报》（创刊于 1999 年）、《新时代报》（创刊于 2000 年）。但《大众日报》于 2000 年底停刊，《新时代报》也不到一年就无声无息地消失了。仅有《华商日报》留存下来，其他几份也都已停刊。

此后《柬华日报》《柬埔寨星洲日报》《金边晚报》《高棉日报》等华文报纸相继创办。《柬埔寨星洲日报》为马来西亚的《星洲日报》所办，得到总部强大的技术和人才支持。

此外，为了让在柬埔寨经商的大量外来华商及时了解柬埔寨的政策和时事，同时也为柬埔寨人学习华文提供一个便利的平台，柬埔寨官方办的晚报还特别新开一个中文版，巴戎电视台也开设了每周两次的华语节目，这在柬埔寨历史上是前所未有破天荒的事情。②

目前，柬埔寨主要的华文媒体有:《华商日报》《柬华日报》《柬埔寨星

---

① 何胜:《柬埔寨首相洪森》，载《国际资料信息》2008 年第 9 期。
② 邢和平:《铁腕背后有柔情》,（新加坡）《联合早报》1999 年 1 月 13 日。

洲日报》《金边晚报》《高棉日报》五份报纸及《高棉经济》《华人信息》《品位高棉》三份杂志。此外还有柬埔寨中文社区、柬埔寨吴哥客栈等专门提供柬埔寨相关资讯的网站。目前，柬埔寨的华人华侨约100万人①，但由于长期战乱和政府对华人的政策摇摆不定，特别是朗诺政权和红色高棉统治时期对华人的歧视和对华文教育的打压，导致具备华文阅读能力的华人不到10万人，所以华文媒体的市场竞争非常激烈。

互联网、微博、微信等新媒体出现后，对传统华文媒体冲击很大，读者群不断萎缩，发行量下降，目前五大华文报纸的总发行量尚不到一万，且仍在持续下降；传统华文媒体的广告份额也不断被新媒体抢占，经营日趋困难。为了应对新媒体，华文媒体积极向新媒体靠拢，截止到2015年1月12日，除《华人信息》外，华文媒体都建立了独立的网站，且大部分开通了微博、微信和Facebook。②

当前的华文媒体主要以报道经济新闻为主。

## 二、重要和有特色的报纸简介

### （一）《华商日报》

《华商日报》创刊于1993年12月17日，是柬埔寨经历了20多年战乱动荡之后创办的首份华文日报，为柬埔寨加华银行总裁方侨生所办；办报的宗旨是"发扬华人文化，促进工商交流""全心全意为华社服务"。它在创刊词中声称要让当地华人华侨"熟悉华文、使用华文""促进柬中友谊"。该报目前共有16个版，主要版面有本地经济、本地时政、本地专题、国际新闻、中国新闻、娱乐新闻、广告、文摘等；该报采用经理负责制的方式，聘请职业经理人专门负责报社管理。原经理沈凯东将报社划分出记者部、编辑排版部、广告运营部，对翻译员和广告员实行绩效制，改变了原本"吃大锅饭"的局面。在柬埔寨众多华文报纸中，《华商日报》率先采用电脑排

---

① 《柬埔寨国家概况》，中华人民共和国外交部网站，网址：http://www.fmprc.gov.cn/web/gjhdq_676201/gj_676203/yz_676205/1206_676572/1206x0_676574/。
② 王士录：《柬埔寨华侨华人的历史与现状》，载《华侨华人历史研究》2002年第4期；陈毅：《柬埔寨〈华商日报〉微信运营策略研究》，暨南大学硕士学位论文，2015；黄慧玲：《媒介生态学视角下柬泰华文报刊微信发展研究》，暨南大学硕士学位论文，2015。

版和彩色印刷。报纸在柬埔寨境内三个主要城市发行，包括首都金边、旅游城市暹粒以及港口城市西哈努克市。客户以订阅为主，零售占的比重很小。每份售价1000瑞尔，相当于人民币不到2元钱，发行量在3000份左右；报社目前共有记者、编辑、翻译、广告员等工作人员共约30名。在新媒体时代，原有读者群逐渐老龄化，新一代华人不愿读报的情况下，《华商日报》积极寻求与新媒体融合。2013年6月，开通了《华商日报》微信公众平台，是柬埔寨5家华文报纸中最先开通微信公众平台的报纸。截至2015年3月，《华商日报》的微信公众号总订阅户超过31856，大部分是在柬埔寨工作的华商以及当地生活的华人华侨。《华商日报》微社区的访问量也超过80万，长期跻身理财社区类排行前十。《华商日报》目前是柬埔寨当地唯一一家扭亏为盈的华文报纸。[①]

《华商日报》建有自己的独立网站，网址为：www.jpzhs.com；开通有微博，经常通过微博发布资讯；也开通了Facebook，经常在Facebook上发布资讯，而且每天更新；还开通了微信公众号（Huashang1993），经常通过微信公众号发布资讯。

**（二）《柬华日报》**

《柬华日报》于2000年8月10日创刊，是柬埔寨华侨华人理事会总会的机关报，"是全柬埔寨华人华侨的报纸"。其宗旨是：推动柬华社团之间、华侨华人之间、华侨华人与当地各族人民之间的团结合作、和睦共处，帮助华胞掌握和遵守柬埔寨王国的一切法令，弘扬中华文化；坚持客观公正、庄重稳健、认真负责的立场；关注华文教育动态，推动华文与柬文双语教学；"为在柬华人华侨提供了大量的最为前沿的新闻资讯，同时也成为华社、华人、华侨宣传报道的重要窗口"。报纸发行覆盖全柬，报道涵盖柬埔寨政治、经济、文化等各个方面，同时包括东盟及国际领域的新鲜大事。《柬华日报》实现了电脑排版和彩色印刷，每天出10版，发行量在3000份上下。[②]

---

[①] 黄慧玲：《媒介生态学视角下柬泰华文报刊微信发展研究》，暨南大学硕士学位论文，2015；陈毅：《柬埔寨〈华商日报〉微信运营策略研究》，暨南大学硕士学位论文，2015。

[②] 王士录：《柬埔寨华侨华人的历史与现状》，载《华侨华人历史研究》2002年第4期；《关于我们》，柬华日报网，网址：http://jianhuadaily.com/%e8%81%94%e7%b3%bb%e6%88%91%e4%bb%ac。

在新媒体时代,《柬华日报》非常重视新媒体,通过开发新媒体来吸引年轻受众,扩大影响。目前《柬华日报》建有自己的独立网站,网址为:http://jianhuadaily.com/;也开通了Facebook,经常在Facebook上发布资讯,而且每天更新;还开通了微信公众号(Jianhuadaily),经常通过微信公众号发布资讯。

(三)《八一蓝盔》

1993年1月10日,中国驻柬埔寨的维持和平部队在柬埔寨创办了反映中国维和官兵生活的《八一蓝盔》报。这在柬埔寨新闻史和中国新闻史上都是第一次。该报四开两版,创刊号上刊登《万里赴戎机,荣辱国脉系》一文,阐释了中国参加柬埔寨维持和平行动是维护和促进世界和平的、具有重大历史性意义的行动。在1993年1月10日到9月16日的8个多月的时间里,共计出版16期。平时给该报写稿的主要是基层官兵。香港《文汇报》的记者曾看到该报刊登的一些精彩照片后,立即找到编辑部索要,并于1993年9月11—13日,连续3天在《文汇报》的重要版面以《中国工兵在柬的日日夜夜》为题进行了报道,产生了一定影响。1993年5月21日,一伙身份不明的武装分子对中国维和部队驻地进行炮击。5月23日,《八一蓝盔》报就以图片加文字的方式对炮击现场进行了详细报道,及时揭穿了"中国部队玩弄爆炸物不慎所至"的谣言,防止了以讹传讹,维护了中国维和部队的声誉。《八一蓝盔》报的版面与稿件内容一样丰富多彩,除了照片、文字稿外,还有篆刻作品和歌曲作品等。根据稿件内容设计的插图和一些颇具异国情趣的刊头设计烘托了主题,点缀了版面;用英文做主标题,副标题用中文的做法,体现了这张小报的独特风格。①

总之,自1938年柬埔寨最早的华文报纸创刊至今,柬埔寨华文媒体的发展已有近80年历史。柬埔寨华文媒体的发展受到柬埔寨政治、经济、文化发展状况的制约,特别是柬埔寨执政者对待华人的态度和政策对华文媒体的发展具有决定性影响。20世纪50年代至60年代前期,柬埔寨政局比较稳定,经济有所发展,中柬关系重新恢复并发展迅速,柬埔寨华文媒体也出现了一个发展的小高潮;20世纪60年代末期,柬埔寨当局对华人华侨

---

① 《我军诞生在境外的报纸——〈八一蓝盔〉》,载《新闻与写作》1995年第1期。

采取猜忌态度和限制政策，柬埔寨华文报纸全部被关闭；朗诺政权和红色高棉统治时期对华人华侨采取歧视、高压政策，华文教育和华人社区传统文化都被摧毁殆尽，华文媒体完全没有存在的可能性；20世纪90年代初，柬埔寨逐步实现国内和平，政府对华人华侨采取民族平等政策，华文媒体又得以复苏，并逐步繁荣起来，特别是新媒体日趋活跃，成为柬埔寨华人华侨交流信息、联络感情、表达诉求、维护权益和传承中华文化的重要平台。

# 第六章 马来西亚新闻史

## 第一节 马来西亚概况

马来西亚（Malaysia），简称大马，是东南亚的一个由十三个州和三个联邦直辖区组成的联邦体制国家。吉隆坡是首都，而联邦政府位于布城则。马来西亚于1957年8月31日独立，国土分为两大部分：一部分是位于马来半岛的西马来西亚（常称为"西马"），另一部分是东马来西亚（也称为"东马"）。西马来西亚，北部与泰国接壤，南边隔着柔佛海峡，并与新加坡及印度尼西亚廖内群岛相对；东马的南部则与印度尼西亚的加里曼丹相邻。马来西亚作为东南亚国家联盟的创始国之一，也是亚洲太平洋经济合作组织、环印度洋区域合作联盟、大英联邦的成员国。

### 一、马来西亚的政治

马来西亚现今实行君主立宪联邦制。由于历史上的原因，沙巴州和沙捞越州相对拥有较大自治权。马来西亚的国家元首是国家的首脑，并且也是伊斯兰教领袖及武装部队的统帅，其从马来西亚的九个州的世袭苏丹中通过统治者会议选举产生。马国家元首拥有立法、司法及行政的最高权力，还具有任命总理和拒绝同意解散国会等权力，其任期为五年。

从马来半岛的历史来看，1世纪初，羯荼、狼牙修等古国在马来半岛建立。15世纪初，满刺加王国（也称马六甲王朝）逐渐统一了马来半岛的大部分，全盛时期的马六甲王朝也成为当时东南亚地区的主要国际贸易中心。16世纪起，马来半岛先后遭到了外国的侵略，并沦为殖民地，其中分别被葡萄牙（1511—1641）、荷兰（1641—1824）以及英国（1824—1957）所统治。历史上，沙捞越、沙巴属于文莱，1888年文莱也沦为了英国的殖民地。第二次世界大战期间，马来西亚、沙巴和沙捞越被日本占领。二战后，英国的殖民者们卷土重来，在该地区实行了"新马分治"，把新加坡从马来西亚分出来，作为直辖殖民地进行单独管理，而将其他地区组成马来西亚联合邦，并委派总督统治。经过马、新人民的长期斗争，马来西亚于1957年获得独立。1963年9月16日，马来西亚联邦成立，由马来西亚、新加坡、沙巴和沙捞越合并组成。1965年8月，新加坡退出马来西亚联邦，单独成立了新加坡共和国。

如今马来西亚全国包含十三个州以及三个联邦直辖区。十三个州分别是西马来西亚的柔佛、吉打、马六甲、吉兰丹、森美兰、槟榔屿（槟城）、霹雳、玻璃市、彭亨、雪兰莪、丁加奴，以及东马来西亚的沙捞越和沙巴。此外有首都吉隆坡、纳闽和布特拉加亚三个联邦直辖区。吉隆坡现在人口约140多万人。

1974年5月31日，马来西亚与中国正式建立外交关系。两国建交后，双边关系总体发展顺利。1999年，中马两国签署了关于未来双边合作框架的联合声明。2004年，两国领导人就发展中马战略性合作达成共识。两国于2013年建立了全面战略伙伴关系。中国在马古晋设有总领馆，马来西亚也在中国广州、上海、昆明和香港设有总领馆。

**二、马来西亚的经济发展**

马来西亚的自然资源非常丰富。马来西亚地处热带地区，因此热带产品的自然产量与出口量颇高。20世纪70年代以前，马来西亚经济依赖于农业，以初级产品出口为主；70年代之后，国家不断加强产业结构调整，制造业、服务业和建筑业迅速发展。马来西亚锡矿、石油、天然气资源丰厚，曾经是世界产锡大国，此外，还拥有铁、金、煤、钨、锰、铝土等矿产资源。马来西亚农业以经济作物为基础，主要有橡胶、胡椒、可可、油棕和热带水果等，其产量和出口量均位于世界前列。20世纪80年代中期，马来西亚受到世界经济衰退的影响，经济出现困难，马政府采取了刺激私人资本和外资增长的措施后，国内经济显著好转。1987年以来，马来西亚经济持续快速发展，年均8%以上的国民经济增长率，使其成为亚洲地区一个耀眼的新兴工业国。2009—2016年，马来西亚国民总收入增长近50%，创造了226万个就业机会。[①]

马来西亚旅游业已成为国家的第三大经济支柱。马来西亚的旅游业早在20世纪80年代初就有较快的发展。20世纪90年代初，马来西亚的旅游收入超过17亿美元，在东南亚和东亚各国和地区中排第8位，居世界第32位。到2013年，马来西亚旅游业在国内生产总值中已经有16.11%的占比。过去十年，马来西亚通过精心筹划海外市场推广，把自己打造成为理想的亚洲旅游目的地，传播自己的多民族文化，繁茂的热带雨林，以及质朴的海滩。近年来，马来西亚官方加大对中国游客的推介力度，并在签证政策上做出了相应的调整。

马来西亚中央银行发行的令吉（Ringgit Malaysia）是马来西亚的货币。

### 三、马来西亚的文化

马来西亚民族以农立国的思想影响着本国文化，因此在马来西亚一直保持着许多原始信仰，颇具有马来各民族浓郁的宗教色彩。马来西亚宗教融合了伊斯兰教、印度教和佛教，三大宗教中印度教的影响尤为深远。

在马来西亚，马来人主要信仰伊斯兰教。由于在政治上，马来人具有强大的势力，伊斯兰教即成为马来西亚的国教。在马来西亚有约53%的人信奉伊斯兰教，对于马来人来说，他们一出生便是穆斯林教徒，是不允许改宗教的。在马来西亚，伊斯兰教也会受万物有神论、印度教以及爪哇印度教的影响，并不是完全纯粹的伊斯兰教。除伊斯兰教以外，马来人还保留着某些原始宗教。从某种意义上来说，马来人的文化及其社会组织是通过伊斯兰教规范与传统习惯两者合一共同维系的。

马来西亚的华人大多信奉佛教。马来西亚华人的宗教融合了万物有神论、中国佛教、儒教以及道教，有代表性的佛教寺院有：吉隆坡的观音寺、

---

① 赵胜玉：《纳吉布：2009年到2016年马来西亚国民收入增长50%》，中国新闻网，网址：http://news.china.com.cn/live/2017-08/06/content_38608854.htm，2017-08-06-19:00。

霹雳洞和三宝洞，槟榔屿的极乐寺、白云寺，马六甲的青云寺等。佛道混合是这些寺院共有的特征，往往一个寺院里同时会供奉着福德正神、玉皇大帝和释迦牟尼、观音菩萨。这些寺院规模宏伟壮观，现已成为旅游名胜之地。

马来西亚的印度人多是印度南部的泰米尔族，他们信奉的宗教是印度教，他们人数约占马来西亚总人口数的7%。印度教供奉的神有维鸠奴神和湿婆神。

马来西亚除约有一百万的基督教徒外，还有信仰万物有神论的加里曼丹岛各土著部族，以及信奉锡克教的锡克教徒。在马来西亚各种宗教非常活跃，一年之中有各类应接不暇的宗教节日。

文化教育方面，马来人、华人、印度裔都有自己民族独特的文化特色。马来西亚政府也努力打造以马来文化为基础的国家文化，推行"国民教育政策"，在国内重视马来语的普及教育。同时，华文教育比较普遍，已有较完整的华文教育体系。

在马来西亚，国语是马来语，英语通用，华语、泰米尔语的使用也较为广泛。

马来语（Bahasa Melayu）主要在马来西亚、新加坡、文莱、泰国、菲律宾以及印尼苏门答腊岛的部分地区被使用。在马来西亚，约有1300万人的母语为马来语，约占全国总人口数的52%。

英语是马来西亚的第二语言（或通用语言），在行政、科技教育、工商业、媒体及服务等方面广泛使用。现在除一些未受过正规教育的长者外，马来西亚大部分国民都会说马来语和英语。此外，华人还掌握华语，以及印度人会说泰米尔语，在不同族群社会中还广泛使用着本族语言，这些语言也应用于不同族群的日常生活、商业、学校及媒体中。

新闻传播方面，在马来西亚报纸约有50份，用8种文字出版，各报发行量从几万份到几十万份不等。其中主要报纸有：马来文出版的《每日新闻》《马来信使报》《祖国报》，英文出版的《新海峡时报》《星报》《马来邮报》等，华文出版的《南洋商报》《星洲日报》等。马来西亚的国家新闻社，简称马新社，成立于1968年，是一家半官方通讯社，在亚太地区共设有33

家分社。官办的马来西亚广播电台，成立于1946年，拥有六个广播网，广播使用马来语、英语、华语和泰米尔语。马来西亚之声，成于1963年，使用马来语、英语、阿拉伯语、印尼语、菲律宾语、缅甸语和泰语等对外广播。官方创办的马来西亚电视台成立于1963年，主要有第一电视台（TV1）和第二电视台（TV2），使用马来语、英语、华语和泰米尔语。私营的电视台有第三电视台（TV3）、城市电视（METRO VISION）和国民电视（NTV）三家。随着新媒体技术的推动，ASTRO卫星有线电视频道、WiTV电视台等也涌现于受众眼前。

## 第二节　马来西亚报业发展史

马来西亚早期的新闻传播事业始于报纸行业的发展。长期以来，由于马来西亚经济发展放缓，各州之间相互分隔，东马、西马独自发展，因而可见早期马来西亚的报业也相对分散，具有较强的地方性。加之马来西亚各民族有各自的文化传统、语言和社会交往体系，一个个相对独立的社会子系统，也使得他们往往以本民族语言出版报纸。同时，从历史发展来看，由于英国殖民者在马来西亚的长期统治，使得各民族间往往使用英语进行交往，英语成为他们的共同语言。可见，英语报纸具有更加广泛的读者，同时也能超越民族的界限。因而，在马来西亚报业发展史中，英文、华文、马来文报刊具有重要的地位。

### 一、马来西亚报业初期（整个19世纪）

15世纪初，以马六甲为中心的马六甲王国成为马来西亚历史上首个统一的封建王国，亦形成了今天马来西亚国家的雏形。[①]1511年，葡萄牙殖民者攻陷马六甲，马来西亚地区逐步沦为殖民地，先后被葡萄牙人、荷兰人所侵占，19世纪起沦为英国的殖民地。此后，马来西亚报业的萌芽也深受英国传教士的影响。马来西亚报业的诞生便始于19世纪，初期主要为英文报纸，其中英国商人博恩创办的《政府公报》（"The Government Gazette"）

---

① 龚晓辉等：《马来西亚概论》，世界图书出版公司，2012，第2页。

是当时最早的报纸，该报于 1806 年 3 月在槟榔屿东印度公司支持下创办，它主要为殖民统治者提供各类信息。每月该报会有殖民政府的津贴，同时为政府承印各种公文材料。

1826 年伦敦宗教协会所属的英华出版社，在马六甲出版了英文周报《马六甲观察者》("Malacca Observer")。在此以后又陆续出现了多家英文报纸：《马六甲记事周报》("Malacca Weekly Register")、《槟榔纪事报》("Penang Register")、《杂志》("Miscellany")、《槟榔公报》("Penang Gazette")、《海峡年报》("Straits Chronicle")，但生存期都不长。

1845 年 7 月 15 日，一家重要的英文报纸《海峡时报和新加坡商业新闻》（后改为《海峡时报》）在新加坡问世。最开始它是周报，后于 1858 年改为日报。

19 世纪末期，英国殖民势力不断扩张，马来西亚报业也随之迅速发展。1894 年，《海峡财政》("Straits Budget")在吉隆坡发刊，该报为周报。1896 年一份英文下午版报纸《马来邮报》("Malay Mail")创刊，该报现今仍在马来西亚出版。

马来西亚是海外华文报刊重要的发源地。1815 年 8 月 5 日，《察世俗每月统纪传》("Chinese Month1y Magazine")创办于马六甲，该报是马来半岛最早出版的著名华文报刊。《察世俗每月统纪传》为月刊，由英国传教士马礼逊和米怜在中国刻工梁发协助下创办，采用木刻雕版印刷，并免费散发。该报传播的内容以基督教教义为主，兼具少量的介绍历史、自然科学等方面的内容，后期有少量的时政评论文章。

《察世俗每月统纪传》自发刊起，每月出版一册，全年则合订一卷，并印有全年发行的目录、序文和封面，以便于读者保存。其发行地区由马六甲、槟城到新加坡，并逐渐扩展到爪哇、澳门、广州等地，在华人中的影响也逐渐扩大。该刊每期 5~7 页，约 2000 字，最初印 500 册，后增至 1000 册，免费在南洋华侨中散发。1821 年，因为主编米怜病重，《察世俗每月统纪传》出至年终便停刊，次年米怜去世。从创办到停刊，该刊共出 80 多期。

《察世俗每月统纪传》是马来西亚第一份中文报刊，也是世界上第一份以华人为传播对象的中文近代报刊。新闻史上也普遍视其为以中文出版的第一份现代报刊（月刊）。

在《察世俗每月统纪传》之后，马来西亚的第二份华文报刊《天下新闻》于 1828 年在马六甲创刊，它由伦敦宗教协会出版。《天下新闻》改书本式装订为单张发行，首次使用活字印刷，其登载的内容多为中国国内和欧洲的新闻，退居其次的是基督教相关内容。该报只存在一年左右便停刊了。相比较《察世俗每月统纪传》而言，《天下新闻》中刊载的主要内容虽然有所变化，但是其主编、督印人等还是由教士担任，自然与教会有着密切的联系。可见，它与《察世俗每月统纪传》还是一脉相承的。

此后直到 19 世纪后期，马来西亚才出现了华侨创办的报纸。1895 年 8 月 8 日一批维新派华商，如陈新政、林华谦等集资在槟城创办《槟城新报》，用来宣传维新变法的政治主张，该报主要刊登当地的经济新闻，也成为当时马来西亚唯一的华文报纸。到 1930 年该刊并入光华日报社经营，仍用《槟城新报》这一报名继续出版。①《槟城新报》开始时是二日刊，每逢星期二、星期四、星期六出版，到了第二年转为日刊发行。《槟城新报》一直发行至槟城沦陷前才停刊，它也是马来西亚战前创办时间最久的一份华文报纸。

19 世纪末，华侨在马来西亚创办的华文报刊还有：1896 年在槟榔屿创办的《华洋新报》《屿报》和 1897 年创刊于吉隆坡的《南洋实务报》。19 世纪末马来西亚的华文报，除了《槟城新报》坚持四五十年以外，其余的只存在几年或一两年，有的如《南洋实务报》甚至创刊不久就停刊了。

马来西亚本地语（马来语）报纸的诞生稍晚于英文和华文报纸，直到 1876 年在新加坡才有一家名为《土生回教徒》（"Jawi Peranakan"）的周报发刊，该刊由印度、马来西亚混血人种创办，后于 1895 年停刊。

---

① 谭天星、沈立新：《中华文化通志》第十典《海外华侨华人文化志》，上海人民出版社，1998，第 172 页。

## 二、二战前后的马来西亚报业的新兴—管控—恢复期[①]

### （一）二战前的马来西亚报业的新兴期

从英文报纸来看，1903年切斯尼·邓肯在槟榔屿创刊的《海峡回声》("Straits Echo")，在辛亥革命时期为孙中山的革命活动在南洋地区的信息传播进行宣传。1915年在霹雳创办的《马来西亚论坛》("Malayan Tribune")成为这一时期英文报中有力的竞争者，该报主要针对欧亚混血人种，代表并反映了他们的利益。在二战前的几年间，马来地区的报业竞争激烈，尤其在报纸发行方面，《马来西亚论坛》成为当时发行量最大的报纸，其次为《海峡时报》和《海峡回声》，报业在竞争中逐渐实现了商业化经营。

这一时期的马来西亚报业的繁荣主要体现在华文报刊的快速发展。戊戌变法失败以后，康有为、梁启超等人士逃亡海外，并形成保皇派与革命派对立。之后，革命派与保皇派在国内国外掀起了一场声势浩大的论战，两派领导人都非常重视报纸在海外华侨中的宣传和鼓动作用，纷纷鼓励并动员海外的华侨创办华文报刊，用以宣传各自的政治主张，并借助报纸媒体平台抨击对方，以求获得更大的舆论优势，进而争取更多华侨的支持。马来西亚华文报纸在这一背景下，犹如雨后春笋般纷纷破土而出，呈现出一个繁荣的新局面。

辛亥革命前后，中国国内的政治斗争辐射到海外华人社会，马来西亚华文报纸纷纷兴起。1907年，槟城富商黄金庆、吴世荣共同创办了《槟城日报》，两人为同盟会成员，他们利用报纸来宣传革命。1909年林道南等人创办《吉隆坡日报》，1910年陈占梅创办《泗洲周报》，还有1910年创办于槟城的《光华日报》，1911年创办的《光华日报槟城新报联合》，1913年在沙捞越古晋李东成等人创办的《新闻启明星期报》，1917年于槟城创办的《南洋华侨杂志》，1919年于吉隆坡创办的《益群报》等，但许多都是昙花一现的短期出版物。

其中影响较大、延续时间较长的是在槟城出版的《光华日报》（1910年至今），当年该报也是同盟会重要的对外传播舆论阵地，孙中山等革命党人

---

[①] 方肖峥：《马来西亚华文报业研究——以华文日报为研究中心》，福建师范大学硕士论文，2004。

经常为《光华日报》撰稿。《光华日报》是仅次于中国《大公报》、现存历史第二久的华文报纸。1910年12月，庄银安等人到槟城避难，他联合了当地的爱国华人，创办了颇有影响力的槟城《光华日报》。该报总编由雷铁崖出任，每天发行对开八版，其中新闻有三版左右，其他皆为广告。当时，孙中山先生正从新加坡移居到槟城，于是指派了胡汉民、戴季陶、汪精卫等共同参与《光华日报》的编辑事务，并使该报逐渐成为同盟会在南洋地区的重要宣传机关。《光华日报》至今仍然出版，也是世界上现存历史最久的华文报纸之一。

20世纪20年代，马来西亚华人经济有所发展。为了推广并繁荣华人文化、扩大在马华人企业的影响力，1923年9月，著名华人领袖和实业家陈嘉庚在新加坡创办了《南洋商报》；1929年1月，另一位华人实业家、万金油制造商胡文虎，在新加坡创办了《星洲日报》。这两份报纸财力较强，以实业集团为后盾，发行广泛。它们在马来西亚、新加坡各地都设立了分支机构，并出版地方版。《南洋商报》首先成为有多家报纸的公司，先后推出《午后电讯》《星期增刊》以及晚报。《星洲日报》除了先后出版《星光画报》《星洲半月刊》《星期特刊》和晚报外，还出版地方版报纸——槟城版（后来发展成为《星槟日报》），此外，在香港出版了《星岛晚报》和《星岛日报》，成为在东南亚颇有影响的"星系报业"。此外，1920年《华侨日报》和《南洋时报》创刊于槟城。《南洋时报》以刊登本地新闻为主，还辅之以刊载南洋消息及国际要闻，其言论具有较强的政治性，1930年因刊载了《济南惨案特刊》而招致停刊的命运。1925年《中华商报》在吉隆坡创刊，一直出版至1932年；1927年于沙捞越创刊的《新民日报》出版至1930年；还有1928年创刊于槟城的《南洋日报》等。这几份报纸算是当时出版时间相对长的中文报刊。这期间还涌现出多种小报，如创刊于1928年的《竹报》《涛声周报》《马来西亚周报》《南侨日报》《雪兰莪周报》等，这些小报大多偏重娱乐性，创办不久就都停刊了。①

20世纪30年代，中国处于抗日战争时期，尤其是1937—1945年间，

---

① 谭天星、沈立新：《中华文化通志》第十典《海外华侨华人文化志》，上海人民出版社，1998，第173页。

旅居马来西亚的爱国华人华侨,时刻关注着祖国大陆的前途命运,虽在海外,也积极关心并支持祖国的抗日战争。马来西亚华文报刊在这坎坷的道路上也经历了挫折与磨难,逐渐发展壮大。此期间,在马来西亚先后出现二十余种华文报刊,主要集中于西马和沙捞越两地华侨人数较多的城市。到太平洋战争爆发前,马来西亚各地涌现的华文报主要有:1930年在槟城创办的《侨声日报》《中南晨报》和《民国日报》;1931年创办的《商业日报》(主要内容为经济新闻和广告),在怡保创办的《霹雳日报》和《雷报》(这两份报纸均是昙花一现);1932年于吉隆坡创办的《马华日报》(主要刊登新闻信息,后于1941年停刊);1934年诞生的《建国日报》和《中华晨报》;1936年由骆世生、林姗姗共同集资创办的《现代日报》(该报因能真实报道中国社会现状,尤其是抗日军民的消息,而受到华侨的喜爱);1937年在沙捞越创办的《沙捞越日报》和在古晋创刊的《古晋新闻日刊》(两份报纸主要刊载中国各地的抗日消息,以及南洋各地筹赈会的活动情况);1939年于槟城创办的《星槟日报》(主要传播与华人密切相关的政治、经济新闻信息,也对中国的抗日动态进行报道,后于1941年停刊),同年在诗巫创办的《诗巫新闻日刊》(诗巫第一份华文报纸)和《锡江日报》(1940年这两份报纸合并为《华侨日报》,成为沙捞越地区首家铅印的华文日报)。

### (二)二战时期的马来西亚报业

一战时,现今的马来西亚处于英国的殖民统治中,被称为"英属马来西亚"。马来西亚在第一次世界大战期间幸免了战争和重大的伤亡。可是,到了第二次世界大战,多种族社会的马来西亚人民则承受巨大的苦难,人员伤亡无数、经济停滞不前,整个社会遭受了前所未有的磨难。1941年12月8日,日本军队突然向马来西亚发起了军事进攻。这一时间,日军还入侵了中国香港、菲律宾,以及向珍珠港发起偷袭。此前,日本透过与法国维希政权的协议,已经令一部分军队在印度尼西亚登陆。[①]1942年,马来半岛被日本侵略者所控制,马来半岛所有报纸都被日军接管,这些报纸媒体沦为了日军的宣传工具,并大肆宣扬赶走英美势力,实现"大东亚共荣圈"。

---

① 谢文庆:《对一战和二战期间马来西亚和新加坡的回顾:教训与启示》,载《光明日报》2014年7月29日。

对于马来西亚国家内的三个主要族群日本军政府采取了区别对待的方式。其中，日本殖民者对华人展现出强烈的种族仇恨，以残暴严酷与惩罚性的手段对待华人族群，并对华人进行了被称作"肃清"的血腥屠杀。而以分而治之为政策的日本人，对待马来西亚当地人和印度人的手段则稍显柔和，这样的策略也加剧了马来西亚种族之间的紧张态势。

这一时期几乎所有的华文报都被封闭，至二战结束前，只有少数几份日本侵略军的喉舌为其南侵鼓噪的汉奸报存在。它们是《兴业日报》（后改名为《马来新报》）、《彼南日报》、《霹雳新报》和《久镇日报》，分别在吉隆坡、槟城、怡保和古晋公开发行。

### （三）马来西亚报业的恢复期（1945—1959）

1945年日军投降后，马来西亚报业重新恢复，又逐渐呈现活跃的态势，旧报纷纷复刊，新报竞相问世。

二战胜利后，《海峡时报》《南洋商报》《马来西亚论坛》《星洲日报》《马来使者报》和《海峡回声》等英文报纸相继复刊，规模不断扩展，分别成为拥有多种报刊的集团。马来西亚华文报刊中最先复刊的是槟城的《星槟日报》《光华日报》和诗巫的《华侨日报》。

与此同时，陆续又有一批新办报纸出现。创刊的英文报纸有：山打根的《北婆罗洲新闻和沙巴时报》（"North Borneo News and Sabah Times"，1952年）、哥打基纳巴鲁的《基纳巴鲁沙巴时报》（"Kinabalu Sabah Times"，1949年）、古晋的《沙捞越论坛报》（"Sarawak Tribune"，1945年）和沙巴的《每日快报》（"Daily Express"，1963年）等。[①] 以华文报纸来看，1945年新创办的有古晋的《中华日报》、古晋和槟城的《中华公报》（1946年停刊）、《北斗报》（1948年停刊）、吉隆坡的《民声报》和《联邦日报》、新山的《新民报》、芙蓉的《森州民报》和麻坡的《麻坡新报》；1946年创办于吉隆坡的《中国报》、槟城的《新生报》和《学报》；1948年在诗巫创办的《大同日报》（于1962年停刊）、吉隆坡的《民主前锋》等。

20世纪50年代，整个世界处于冷战环境之中，马来地区的政治斗争也比较激烈。亚、非、拉民族主义运动兴起，马来西亚的民族、民主独立运

---

① 张允若：《马来西亚报业的风雨里程》，载《当代传播业》1996年第5期。

动也不断高涨，英国殖民政府为了维护他们的殖民统治，在打击民主进步力量的同时，也加强了对新闻媒体、对报业的管控，尤其是对华文报业的控制。英国殖民政府不但查封了宣传民主思想、民族独立的进步华文报刊，还制定许多法令来管控新闻出版业，比如印刷和出版法令、诽谤法令、煽动法令、内部安全法令等，这些法令使得华文报纸不敢随意。越雷池半步，大部分报刊寿命不长。其中，英国殖民当局于1948年6月颁布了"紧急法令"，打击在马来西亚的进步民主力量。而马来西亚华文报首当其冲，处境危难，遭到了严重的摧残。众多华文报纸，比如槟城的《光华日报》，吉隆坡的《民声报》，诗巫的《侨声报》《新民报》，古晋的《中华公报》等都遭到英国殖民当局的勒令停刊或查封，马来西亚华文报业一度消沉，转入沉寂。之后，马来西亚民族、民主独立运动不断掀起高潮，自1952年起，陆续涌现出一些新创办的华文报纸，华文报的数量又增多起来。仅1952年创办的华文报就有吉隆坡的《锋报》和《联邦日报》，马六甲的《古城月报》，诗巫的《诗华日报》，古晋的《前锋日报》等。到1956年，创办华文报的热潮再次出现，山打根、亚庇（哥打基纳巴鲁）、美里等地也开始纷纷出现华文报纸的身影，如《北婆罗洲日报》《亚庇商报》和《美里日报》等。这些仓促上阵新创办的华文报纸，由于办报的条件不成熟等原因，使得这一时期新创刊的报纸大多寿命极短，其中最长的只维持了两三年，而有的只支撑了几个月甚至只刊发了几期就纷纷停办了。延续较久的只有《诗华日报》《国际时报》《山打根日报》《美里日报》《马来西亚通报》等少数报纸。

第二次世界大战后，在马来西亚发行的英文报纸中，要数《海峡时报》最为兴盛。总部位于新加坡，1952年其兼并了《马来邮报》，获得了报社在吉隆坡的设备，并在吉隆坡设立了分社，实现了《马来邮报》《海峡时报》的本地化出版，后来并发行马来文报纸《每日新闻》。

在马来西亚，陆陆续续出现的马来语报纸中生存周期最长的就属1939年创办的《马来使者报》（之前在新加坡出版，后来迁到吉隆坡），目前还在出版。另外，创刊于1957年7月1日的《每日新闻》（"Berita Harian"），由于其发行量大，成为马来语主流报纸。其出版商为新海峡时报集团有限公司，目前也为首要媒体集团旗下的重要报刊。

### 三、新马分治后的马来西亚报业集团化

1965年新加坡与马来西亚分治后，两国政府对报业媒体的管理都比较严格。政府颁布了新闻法，按照两国的新闻法，报刊的出版必须向政府申请出版执照，出版执照需每年更换一次，政府主管部门有权力随时停止或吊销出版商的执照。马来西亚十分重视报纸的舆论导向作用，强调报纸要宣传国家的指导思想，即马来西亚的五项原则：信奉真主、忠于君王和国家、恪守宪法、遵守法律、讲究文明道德。报纸媒体应该为国家的稳定和发展服务。

在1965年新加坡与马来西亚分治后马来地区重要的报纸——《海峡时报》分别在吉隆坡和新加坡出版。后来，马来西亚政府要求在两地出版的同名报纸进行区分，脱离原关系，于是，1972年把在吉隆坡出版的报纸改名为《新海峡时报》，并成立新海峡时报集团，后于1973年1月上市。

1967年马来西亚国家新闻社成立，并成为马来西亚官方通讯社和最大新闻机构。同年，前锋报改制为集团有限公司，并涉足报刊与书籍出版、印刷、广告和多媒体等行业。

20世纪60年代后，马来西亚华文报再度兴盛，吉隆坡成为西马华文报业的中心。新创刊的华文报有：1966年于马六甲创办的《华商报》，1967年于新加坡发行的《新明日报》马来西亚版，1968年创刊的《马来西亚日报》、《国际时报》（沙捞越）、《自由日报》（沙巴）等。到70年代，有于古晋创刊的《沙捞越周报》《沙捞越晚报》和《人民论坛报》（该报于1978年8月1日改名为《民报》），创办于诗巫的《新华报》《大众报》以及仅在沙巴发行的《亚洲时报》（1976年8月7日）等。

进入20世纪80年代，马来西亚的华文报纸暂处于低迷的状态。这一时期由于马来西亚政府推行马来语优先政策，导致了华文读者群的迅速萎缩，从而致使报社受众群体减少，广告收入降低，发行量低落。根据1987年3月11日沙巴《华侨日报》的披露，"华文报的读者由1981年的154.6万增至1986年的167.3万人"，只增加了12.7万人。而马来文报"则由1981年的157.7万人增至1986年的234万人"，一共增加76.3万人。由此可见，80年代马来西亚的华文报读者的增长率远远低于马来文报纸。至1986年，

马来西亚共有华文日报 19 家，其中，西马 7 家，东马 12 家。[①]

2008 年 4 月 23 日，马来西亚的星洲媒体集团有限公司和南洋报业控股有限公司与香港的明报企业达成合作协议，组成"世界华文媒体有限公司"，简称世华媒体。这是首家在香港及马来西亚两地同时上市的华文媒体集团，以经营报纸、广播、电视和出版业等为主。该集团在马来西亚有发行量排名前四位的华文报纸，即《星洲日报》《南洋商报》《光明日报》和《中国报》。合并后世华媒体集团的杂志数目超 30 份，在马来西亚有《亚洲眼》（"Eye Asia"）和《风采》等期刊。

### 四、马来西亚报业的网络化发展

目前，马来西亚报业已有一定规模，全国约有 50 份报纸，面向多元种族群体。除报纸外，还有几百种各种门类及语言的区域性或国际性杂志。消费者可以在书店、便利店、加油站、街边报摊等地方便地买到各类报刊。

随着互联网的迅猛发展，网络传播业也飞速发展。为了满足马来西亚人民对即时资讯和先进多媒体内容的需求，当地政府也积极投入网络的新闻竞争。1996 年起，马来西亚政府在吉隆坡附近建设"MSC——多媒体超级走廊"，MSC 成为马来西亚信息通信产业的核心，并加快了传媒产业的结构升级。在国家产业政策的支持及行业发展的推动下，马来西亚报业获得新的机遇，尤其也为传统媒体的发展提供了契机。其中，华文传媒相继在互联网上开设电子版，以顺应形势发展的需要。每天每时，各种网站均向人们发布着大量的、各式各样的信息和各个方面的最新动向，可以说是集各类新闻、娱乐、时事、广告及服务功能于一身。

20 世纪末，马来西亚的《星洲日报》《南洋商报》等相继在互联网上开设自己的网站。1996 年 11 月，《南洋商报》进入网络领域，创办了 e 南洋商报网站。1997 年 10 月 4 日，《南洋商报》推出新网址，成为马来西亚首家在网上提供即时新闻的报纸。内容包括即时新闻、时事焦点、图片新闻和网上新闻广播等。2000 年星洲集团成立了星洲互动网站，是全马来西亚

---

① 方积根：《马来西亚的华文报刊》，载《人民日报》1987 年 11 月 13 日。

第一家在互联网上设立完整网站的报社。2000年4月16日,马来西亚《中国报》网站上线。同期,还出现了一批专业性新闻网站、电子报,如:马新社,英文原生新闻网站——《当今大马》(设有中文、马来文和泰米尔文版)、《马来西亚镜报》、《马来西亚局内人》和"The Nut Graph",中文原生新闻网站《独立新闻在线》和《风云时报》。

进入21世纪,智能手机的普及使得社交网站成为全媒体时代的传播渠道,媒体机构本身也是社交媒体的用户,促成了新的信息发布方式。马来西亚众多报刊目前都已创建了Facebook版。如:2010年5月27日《光明日报》进驻Facebook,2010年9月14日《东方日报》进驻Facebook,2010年11月28日《南洋商报》进驻Facebook,2011年5月23日《中国报》进驻Facebook,2011年11月30日《星洲日报》进驻Facebook。①

在这些报纸的Facebook专页会看到每天的新闻摘要(预告信息),通过Facebook移动端的发布,使平面媒体的读者可先掌握第二天报纸的新闻摘要,并提醒读者留意报纸的详细报道,或以此来吸引没有订阅报纸的网民购买纸质或电子报纸。

如今,马来西亚有三大传统媒体即星洲媒体、星报集团和马来西亚前锋报配合通信公司联手推动"手机上网伴我行"服务,让该通信用户通过手机免费浏览这三大报纸的内容。②

### 五、马来西亚主要的报业集团及报刊

目前,马来西亚报业比较发达。南中国海把马来西亚国土分隔成东、西两部分,东马位于加里曼丹岛北部,马来半岛南部是西马,首都吉隆坡位于西马。马来西亚独立以来,伴随着执政党的开放发展政策,马来西亚经济增长很快,报业媒体也快速蓬勃发展起来。在马来西亚报刊多为私人所有,但也有不少报刊拥有政党背景,直接或间接地为一些政治势力所控制。此外,由于西马和东马相距甚远,地域分散,所以马来西亚地方性报纸很多,且它们规模不大。

---

① 戴美清:《新媒体时代的新闻生产与社会责任》,南京大学硕士论文,2014。
② 彭润萍:《信息化时代马华报业的革新与图强》,华东师范大学硕士论文,2010。

目前，许多媒体并不是直接由马来西亚政府管理（比如马新社），而是由国家战线联合政府（Barisan National Coalition Government）的成员党所有，比如马来西亚统一机构（简称"巫统"）掌管首要媒体集团、马来西亚前锋集团。马来西亚最受欢迎的英文报之一《星报》是亚洲新闻联盟的成员，该报由马来西亚华人工会（MCA）所有。马来西亚的印度国民大会党（MIC）拥有三家泰米尔语报纸：《马来西亚南班》（"Malaysia Nanban"）、《泰米尔尼申》（"Tamil Nesan"）和《麦卡欧塞》（"Makkal Osai"）。马来西亚中文出版行业主要由中文媒体国际有限公司（Chinese Media International Ltd.）所有，当地最受中文读者欢迎的主要报纸为《星洲日报》。紧随其后的中文报纸有《中国报》《光明日报》《光华日报》《南洋商报》《东方日报》。

**（一）主要的新闻机构与新闻出版公司**

1. 马新社（BERNAMA）

马来西亚国家新闻社（Malaysian National News Agency，简称马新社）是马来西亚官方通讯社和最大的新闻机构，成立于1967年，并于1968年5月开始正式运营。马新社在马来西亚各州都有分社，在亚太地区设有33家分社，在新加坡、雅加达、伦敦、华盛顿等地拥有驻外记者，与中国、澳大利亚、日本、印尼、新西兰、巴基斯坦、印度、菲律宾、孟加拉国、韩国、越南和中国香港特别行政区等十三个国家和地区的新闻通讯社都有着密切的联系，传播内容涵盖了亚太国家政治、经济的最新新闻信息，负责向马来西亚的各大报社和新闻社以及外国使馆、学校、银行、公司等各种机构提供新闻服务，同时也为发送商业新闻、股市、金融服务、图片等提供通讯便利。马新社报道语言包括马来文、英文、中文、阿拉伯文和西班牙文。

马新社采编的普通新闻、经济新闻，以及图文、实时金融信息服务提供给来自本国、新加坡和文莱的商业公司订户。从1968年开始，马新社提供文字新闻信息服务，并于20世纪80年代初，开始对外发布图片信息。1998年，马新社设立音视频部门，提供音视频信息。马新社中文网于2004年6月上线。马新社还设立中文网站，向国内外读者提供即时、准确的新闻信息。同时，也作为政府与华人社会沟通的桥梁，扮演直接传达政府政策的渠道,并向国内其他族群反映华人社会心声,促进谅解以达至国民团结目标。2007年8月,马新社作为马来西亚首家新闻广播电台,开办了24小时新闻广播服务。

2. 新海峡时报集团(New Straits Times Press)

新海峡时报(马来西亚)有限公司是马来西亚官方国营企业控股公司,于1972年组建,1973年1月31日成为上市公司。新海峡时报集团全资拥有:新海峡时报私人有限公司、新海峡时报电子媒体私人有限公司、每日新闻私人有限公司和新海峡时报产业私人有限公司,集团持有21.4%的马来西亚新闻纸工业私人有限公司股权。这家公司旗下拥有的报纸媒体有:《新海峡时报》(英文报)、"New Sunday Times"、《每日新闻》(马来文报)、"Berita Minggu"、《大都会日报》(马来文报)和"Metro Ahad",是马来西亚乃至东南亚最具影响力的报业集团之一。

2008年8月,新海峡时报集团与香港Globe7 HK Ltd建立策略伙伴关系,在马来西亚网站http://www.hmetro.com.my上提供休闲游戏,包括100多种在线游戏,以增添不同风格及娱乐内容,并吸引年轻人。

3. 马来前锋报集团(Utusan Melayu Berhad)

1938年在新加坡成立的前锋报集团,于1958年2月迁往马来西亚吉隆坡,并于1967年改制为集团有限公司。该集团主要业务为报刊与书籍出版、印刷、多媒体和广告等,集团拥有20多家分公司,从事多种商业活动。该集团目前被广泛地认为是拥护政府的报纸,它是巫统控制的马来文媒体集团。

前锋报集团主要拥有以下报刊:"Mingguan Malaysia""Utusan Malaysia""Utusan Melayu"和"Kosmo!"四份报纸,以及"Wanita""Pemikir""Saji""Mastika""Hai""Mangga""Al Islam""Harmoni""URTV""Kawan"和"Infiniti"杂志。其中最知名的报纸是"Utusan Malaysia"(《马来前锋报》)——马来西亚发行量最大的马来文报纸。前锋报集团还发行有针对年轻读者群体的"Kosmo!"和"Kosmo! Ahad"等报纸。1995年,前锋报集团推出马来西亚前锋报电子版,电子报《前锋在线》周平均点击量可达到85万人次。该集团于1996年11月取得了因特网接入服务提供商的牌照,1997年,正式开始提供国内网络服务。该集团还与新加坡的天空传媒有限公司推出本地化的互动教育服务"Skytutor",集团创办的下属教育网站 tutor.com.my 目前也获得越来越多的少年儿童的喜爱。前锋报集团是在马来人社群最具影响力的新闻集团。

4. 世华媒体

2007年1月29日,星洲媒体集团和香港明报集团宣布合并,并邀请南洋报业参与。在合并计划下,星洲媒体将收购明报企业,实现走向全球的计划。明报企业将取代星洲媒体在大马股票交易所主要交易板的上市地位,成为第一家在大马与香港双边上市的公司。2008年1月,星洲媒体、南洋报业以及明报企业分别举行股东大会,三个特大股东都以近100%的票数通过合并计划。 新集团取名"世华媒体",旗下中文日报包括《明报》《星洲日报》《光明日报》《南洋商报》《中国报》,以及《亚洲周刊》《亚洲眼》等三十多家杂志。其中,《明报》在北美发行四个地方版本,分别是多伦多版、温哥华版、纽约版与三藩市版,外加张晓卿旗下公司出版的《柬埔寨星洲日报》《印尼星洲日报》与巴布亚新几内亚英文报"The National",其业务版图分布极广。

### (二)主要马来文报刊

1.《马来西亚前锋报》("Utusan Malaysia")

《马来西亚前锋报》于1967年5月7日创刊,是马来西亚国内具有重要影响力的报纸,其为前锋报集团旗下发行的一份报纸,由于该报政府背景较强,被大众视为是一份亲执政党的报纸。前锋报集团于1996年起致力于多媒体的发展,前锋报多媒体有限公司成立,并推出了在线网络版前锋报,成为马来西亚最早在互联网上传播信息的马来文报纸。《马来西亚前锋报》总部位于马来西亚吉隆坡。

2.《每日新闻》("Berita Harian")

《每日新闻》在1957年创刊,由新海峡时报(马来西亚)有限公司旗下的每日新闻私人有限公司出版发行。50多年来,以"新闻来源于民众,服务于民众"为宗旨,提供主要新闻、国内新闻和主题新闻三大栏目内容,范围覆盖马来西亚全国,主要读者为15周岁以上年龄段人士,发行量超过

140万份。

3."Kosmo！"（《世界报》）

"Kosmo！"（马来西亚 Kosmopolitan 的简称）是用马来文出版的报纸，于2004年8月30日首发，是前锋报集团旗下发行的报纸之一。这份报纸每部分都使用了一个感叹号（！）。之前，"Kosmo！"周一至周六发行，售价0.8令吉，周日发行的叫"Kosmo！Ahad"售价为1令吉。2007年4月起，"Kosmo！"售价为1令吉，"Kosmo！Ahad"售价为1.2令吉。到2016年，从7月起两份报刊的售价都为1令吉。

此外，其他主要的马来文报刊还有：《大都会日报》（"Harian Metro"）、《曙光日报》（"Sinar Harian"）、《今日马六甲》（"Melaka Hari Ini"）、《头条报星期刊》（"Mingguan Warta Perdana"）、《每日议程》（"Agenda Daily"）等。

### （三）主要英文报刊

1.《星报》（"The Star"）

1971年9月9日创刊于槟城的《星报》，原为北马的地方性英文报纸，1976年1月1日迁至马来西亚首都吉隆坡，逐渐发展成为一份全国性报纸。1981年，《星报》总部迁到八打灵市。该报的互联网电子版于1995年上线。《星报》作为马来西亚发行量最大的英文日报，由执政党联盟国民阵线成员党马华公会所有，并在一定程度上反映该党的声音。

《星报》为四开英文报纸，报头下有"人民报纸"（The People's Paper）字样，这一标语表达了该报的草根立场。该报及其星期天刊在全国出版5个地方版本，同时出版《上海》（"Shang Hai"）等4份杂志及经营3个广播电台频道。2009年7月至2010年6月，一年的平均发行量为286409份，星期天刊为295552份，是马来西亚发行量最大的英文报纸。

2.《新海峡时报》（"New Straits Times"）

《新海峡时报》前身是1845年7月15日创刊的新加坡《海峡时报》马来西亚版，1965年更名为《新海峡时报》，1972年8月开始在马来西亚国内独立出版。目前为执政党联盟国民阵线成员党巫统所掌控。

马来西亚《新海峡时报》为四开英文报纸，是马来西亚历史最久、发行量最大的英文日报。它的前身是新加坡《海峡时报》的吉隆坡版。1965

年新加坡与马来西亚分治后，分别在新加坡和吉隆坡出版，不过当时仍然属于新加坡的海峡时报集团。后来马来西亚政府担心本国舆论受到外国干预，责令其与新加坡母公司脱离关系，1972年由马来西亚官方国营企业公司购得其80%的股份，重新组建报纸，并改用现名。

《新海峡时报》原为对开版本，后受英国报纸影响，于2005年4月18日改为4开版本，结束了160年的传统版式。该报发行颇广，一直是马来西亚最具影响力的英文报纸。该报总部在吉隆坡，最新发行量为20万份，零售价1.2令吉（约36美分）。

值得关注的是，2011年，《新海峡时报》进行了改版，报头、标志、排版和内容焕然一新。《新海峡时报》的改版表现在以下几方面：

（1）视觉形象的改变——Logo

**NEW STRAITS TIMES**

《新海峡时报》2005—2011年使用的标识

2011年，设计并开始应用的新标识更加简洁，并突出了《新海峡时报》的新闻性。

**NEW STRAITS TIMES**

2011年设计并开始应用的新标识

（2）版式上较早引入三维版式设计

2011年11月11日，该报实行开本改变以来最大规模的改版，不仅将报头、版面风格和内容方面做了大幅调整，更令人瞩目的是将每日出版的主要图片和广告做了3D立体处理，并随报附送一次性3D眼镜，让读者可以观看到3D图片信息。同时在报纸网站也采用3D技术。这种将3D印刷常规化的做法，也引起了国际报业的关注。

（3）创新广告的应用

2012年2月21日，为推广荷兰的美素奶粉（Dutch Lady's Friso），该报首发了有声报纸。

3. 马来邮报（"Malay Mail"）（网址：http://www.mmail.com.my/）

《马来邮报》是马来西亚一份英文报纸，它面向马来西亚吉隆坡地区出版。该报于 1896 年 12 月 1 日首次在吉隆坡发行，当时吉隆坡还是新马来联邦的首都。《马来邮报》一开始有 10 万份的发行量，每天午餐时间在巴生地区免费发放。它的主要目标受众是专业人士、经理、管理人员和商人。

该报纸是一份下午版报纸，主要报道当地发生的新闻事件，但有许多未经证实的新闻报道。该报曾经十分重视分类广告，在 20 世纪 90 年代，常常见到该报一半以上的内容都是分类广告。1997 年，《马来邮报》通过对分类广告的调整，形成良性循环，成为当时马来西亚新海峡时报集团中盈利最好的一份报纸。但 1998 年亚洲金融危机爆发的时候，地产商和汽车经销商受危机影响最为严重，另一份日报《星报》向客户提供较大的广告折扣，致使《马来邮报》作为分类广告报纸的领先地位逐渐被《星报》所取代，其发行量也直线下降。

其他主要的英文报刊还有：《太阳报》（"The Sun"）、《财经日报》（"The Edge Daily"）、《商业时报》（"Business Times"）、《马来西亚储备报》（"The Malaysia Reserve"）、《婆罗洲邮报》（"The Borneo Post"）、《新沙巴时报》（"New Sabah Times"）、《每日快报》（"The Daily Express"）、《东方时报》（"Eastern Times"）、《沙捞越论坛报》（"Sarawak Tribune"）等。

**（四）主要中文报刊**

1.《南洋商报》（"Nan Yang Siang Pau"）

《南洋商报》是马来西亚历史最悠久的华文报纸之一。1923 年 9 月 6 日由著名教育家和企业家陈嘉庚在新加坡创办，是马来西亚最资深的中文报纸。1958 年，南洋报业控股有限公司成立后，在 1969 年开始出版马来西亚版和新加坡版的《南洋商报》，并在 1972 年率先使用简体中文出版发行。1975 年，马来西亚版《南洋商报》与新加坡版分离，成为马来西亚本土化的中文报纸。1979 年 6 月 30 日，《南洋商报》编排方式大改革，将传统华文报的直排改为横排，与中国报业的报纸形式相似。

1989 年 4 月 17 日《南洋商报》上市，成为马来西亚第一家在吉隆坡股票交易所挂牌的华文报。1993 年 1 月，南洋报社收购《中国报》和生活出版社有限公司的全部股权,有 6 份报刊。《南洋商报》读者人数约有 150 万人,占马来西亚华文报刊读者总人数的 60%,成为马来西亚最大的华文出版集团。1996 年 11 月,《南洋商报》进入互联网领域,在网络上开办网站。1997 年 10 月 4 日推出新网址,成为马来西亚第一家在网上提供现时新闻(Real Time News)的报纸。2000 年 6 月,成立南洋线上有限公司。

2001 年 5 月 28 日,华仁(HUAREN)管理私人有限公司——华仁控股,从丰隆集团手中收购南洋报业控股,建议以 72.35% 股权收购南洋商报。最终,华仁控股收购南洋控股并持有 42% 股份。交易成交价为现金 230124961 令吉,或每股 5.50 令吉。华仁成功控股马来西亚两大中文报——《南洋商报》《中国报》,标志着在马来西亚原本相对独立的中文报纸,开始被执政政党介入。《星洲日报》《光明日报》两大报的拥有人,更从华仁控股手中购得部分股权,之后的高层调动显示星洲报业集团开始干预《南洋商报》《中国报》两报的业务。从此,马来西亚四家大中文报被单一商业集团垄断。

2006 年 10 月 6 日,拥有 83 年历史的《南洋商报》宣布改版,以新面貌面对读者和市场,它采用的"双封面头版",在马来西亚报界开了先河。改版的《南洋商报》以"透彻、在线、互动"为主旨。"透彻"是指无论是社会、政治、财经、教育、体育或娱乐新闻与专题,都要做到深入透彻的采访和报道;"在线"是指《南洋商报》要与该报网站"南洋在线"以及短讯新闻密切配合,网络与报纸既相互竞争,又相辅相成;"互动"是指该报将举办各种活动,加强与读者的交流和对话,多倾听读者的心声。改版后还有一个新的变化是:《南洋商报》以电脑字取代原本由著名书法家、南洋大学秘书长潘受书写的报头。许多《南洋商报》老读者无可奈何接受了这场改变。

现在,《南洋商报》是全马最大的一家华文报纸,面向全国,社址吉隆坡,并在槟城、怡保、马六甲、新山设办事处。该报历来声称持"不偏不倚立场",近年表示要加强马来西亚化,做到"上情下达、下情上达","使华裔同胞了解国家和政府的方针,使华族能及时参与国家建设与发展"。每天出 32 版,还有中马、南马、北马等地区新闻的增版,广告约占 1/2。周日附送一份《南洋周刊》。每天发行 10 多万份,在马来西亚华人社会中具有较强的影响。

南洋报社旗下的生活出版有限公司出版有《新生活报》《风采》《新潮》《生活电视》《大家健康》《少年月刊》《跑道马经》《钓鱼月刊》《名车》《全体育》《号外周报》等华文杂志，以及英文与马来文杂志"RODLINE""PANCING"。

2.《星洲日报》（"Sin Chew Jit Poh"）

《星洲日报》由胡文虎和胡文豹兄弟于1929年1月15日在新加坡创刊，1965年新马分离后，《星洲日报》脱离新加坡总社，成为独立出版的全国性报纸，属于星系报业（马来西亚）有限公司。《星洲日报》是马来西亚发行量最大的中文报纸，发行范围遍布马来西亚各地。《星洲日报》也是马来西亚第一家在互联网上设立完整网站的报纸。

1982年4月，该报为沙捞越朝日有限公司所收购。该报宣称"报道时考虑多元民族社会"，"时刻自我克制和约束"，"扮演上情下达、下情上达角色"，表示要在"党派政治中严守中立"。该报在槟城、怡保、马六甲等地设办事处。截至2012年，该报每天出40版左右，发行数约40万份。不但是马来西亚，也是中港澳台以外发行量最大的华文报，其发行量也领先于马来文和英文报纸。在华人中的影响仅次于《南洋商报》。

《星洲日报》重视报刊的网络发展，从简单的互联网模式到各种各样的独立创新，不断地突破现状、优化自身，发挥网络新闻传播的各种功能。如今，已经利用网络互动性、传播速度快的优势在互联网上全面开发，成为向世界展示马来西亚的一条重要信息渠道。"星洲互动网"作为世华多媒体有限公司属下《星洲日报》的电子版即传统媒体的网络版于2000年4月21日正式出现在广大网络受众面前，读者可以进入星洲互动网网站浏览网站消息，了解今日马来西亚及全球新闻动态。

星洲互动网（www.sinchew-i.com）共分国内新闻、国际新闻、财经新闻、体育新闻、娱乐新闻和副刊等六大部分。另外，星洲互动网与多家商业伙伴合作，通过手机为订户提供最新短讯新闻内容。

3.《光华日报》（"Kwong Wah Yit Poh"）

《光华日报》是马来西亚的一份中文报纸，对开中文大报，由孙中山先生于 1910 年 12 月 20 日创办于马来西亚的槟榔屿。受孙中山委托,当时,黄兴和胡汉民亲自到南洋筹款并创办该报,《光华日报》便成为中国革命党人在马来西亚的机关报,旨在传播中华文化和在南洋华人中营造革命气氛,争取资金支持。孙中山生前五次到该报指导工作。抗战期间容纳过一些进步记者,著名报人洪丝丝担任过这份报纸的副刊编辑和总编。1941 年槟榔屿沦陷后停刊,至 1945 年 8 月日本投降后才恢复出版。1970 年该报由商人周明道组建的公司接办,奉行"中庸而灵活的方针",声称要以"不偏不倚的立场为社会与人民作贡献"。1985 年在 75 周年报庆时一再重申此立场。2011 年 9 月,《光华日报》主办"马来西亚教育慈善骑行"活动,马来西亚首相纳吉、槟城州首席部长林冠英及万名参加者一起骑自行车,为 10 所华文中学及 5 所华文独立中学筹款,反响热烈。该报颇为重视有关中国情况的报道,每日出对开 32 版,总部在马来西亚槟城。《光华日报》是马来西亚乃至东南亚历史最悠久的中文报纸,在全马来西亚发行,但主要在槟城州及马来西亚北部地区最为畅销,其他国家与地区如泰国、新加坡及中国香港等地也有发行,发行量约为 10 万份。

4.《中国报》("China Press")

《中国报》1946 年 2 月 1 日在吉隆坡创办,由马华公会元老李教武创办。李教武在第二次世界大战期间任盟军上校,战后担任过殖民地政府的交通部部长,独立后出任过政府财政部部长。1985 年 11 月,因亏损巨大停刊。半年后被周瑞标家族接手,1986 年 7 月复刊。每天出版对开 28 版,在全马各地有 12 个办事处。

5.《通报》("Tong Bao")

《通报》是 1957 年创办于吉隆坡的全国性报纸。原名《马来西亚通报》,先后作为二日、三日、四日刊出版,1968 年元旦改为日报,并逐步发展为报业集团,拥有几家报纸和刊物。创办人原为周瑞标,多年来一直为其家族所有,1981 年被马华公会的下属机构购买,1983 年改名为《通报》,并成为马华公会的机关报。该报每天出 24 版左右,发行数万份。1993 年元旦起又改名为《新通报》。

6.《新明日报》("Shin Min Daily News")

《新明日报》于1967年3月18日在新加坡创办,3月29日出版吉隆坡版,新、马分立后单独出版,面向全国发行。1977年马华公会的下属机构购买了该报大量股权,1985年6月又被新海峡时报集团收购。目前,每日出对开24版,发行数万份,社会新闻较多。每周三随报附送《新明少年》,每周日随报附送《新明周刊》。

7.《光明日报》("Harian Cahaya")

马来西亚《光明日报》("Harian Cahaya")的前身是在马来西亚槟城,由胡文虎兄弟创立的《星槟日报》。后者在1986年因财务危机被迫停刊。其原班人马在民政党主席林敬益的支持下在1987年12月18日创办了《光明日报》。1992年11月,张晓卿收购了《光明日报》。1994年,《光明日报》发行吉隆坡版。2004年10月,《光明日报》和《星洲日报》以及其他刊物正式组成星洲媒体集团。

马来西亚《光明日报》旨在"以中立、无党无派的立场为读者提供快捷中肯的报道",提供全面的新闻与各种资讯的专题报道,办报之初口号为"有新闻的地方就有我们""引领彩色呈现",后为"抓新闻品质,文字要瘦身""新闻瘦身潮流"。据2004年8月18日尼尔森媒体集团所发报告,马来西亚《光明日报》每日读者人数为42.4万人,位列《星洲日报》《南洋商报》之后,为马来西亚第三大华文报。该报日出14张56版,主要内容有:国外重要新闻、体育、特写、副刊、娱乐等。每周四天加附12~24小开本的《凸报》《名医》《娱乐报》《黄小姐报》。

以上为西马地区的华文报纸,它们在马来西亚国内生活中的影响较大。而东马地区的报纸一般以本地新闻为主,国外新闻较少,而且大多转载香港、新加坡和西马大报的材料。

在东马沙捞越的华文日报有:《中华日报》(1945年10月1日创立)、《国际时报》(1968年10月1日创立)、《世界早报》(1976年11月由季刊《世界特报》改名并出日刊)、《沙捞越晚报》(1972年11月8日创办)、《诗华日报》(1952年4月1日创办于诗巫)、《马来西亚日报》(1962年12月17日创办)、《美里日报》(1957年6月8日由周刊改为日报)等。

在东马沙巴州的华文报刊有:《华侨日报》(1936年3月1日创办)、《亚洲日报》(20世纪70年代发刊)、《山打根日报》(1960年1月22日创办)、《斗湖日报》(1962年4月7日创刊)、《沙巴时报》(1963年8月31日创办)、《自由日报》(1968年12月1日创刊)、《晨报》(1981年4月8日创刊)等。

## 第三节 马来西亚广播电视业发展史

从1963年马来西亚首家电视台开播至今,已形成了国营与私营、免费与收费、地面与卫星、网络电视并存的电视业版图。马来西亚广播电台(RTM)主要包括政府所有的官方广播电台和私营广播电台,官方广播电台是由马来西亚广播电视台管理和经营,私营广播电台则主要以音乐和娱乐节目为主。电台节目除以调频波段播出外,各电台通过网站进行网络实时直播也逐渐成为与传统广播模式并重的新模式。

马来西亚电视台主要为有线电视台、无线电视台和卫星电视台,除官办的马来西亚广播电视台下属的两个电视台(TV1和TV2),其余均为私营电视台,私营电视台主要有第三电视台(TV3)、国民电视(NTV)、8TV和TV9等,以上六个电视频道及TV Al-Hijrah[①]为免费电视频道。除免费电视外,马来西亚迄今为止还成立了多家收费电视,又可细分为卫星电视与网络电视两种类型。20世纪末ASTRO开通了卫星电视频道,主要经营付费电视节目,2009年该集团又推出了高清电视频道。而Hyypo Television、Fine TV、ETV等媒体则同属网络电视。

### 一、马来西亚广播的诞生与发展

#### (一)广播的诞生

1921年,电器工程师伯奇在马来西亚建立了第一个商业电台,这被视为马来西亚广播事业的起点。那时一个来自柔佛政府[②]的电子工程师伯奇

---

[①] TV Al-Hijrah是首相署下属的兼具公共与商业性质的主要面向穆斯林观众播出的马来语频道。
[②] 柔佛政府(The Johor State Government),于1885年由柔佛苏丹阿布巴加创建,柔佛现在是马来西亚的一个省。

（A.L.Birch），将第一套广播电台设备带到了这个国家。他接着就建立了柔佛无线电协会（Johor Wireless Association），该电台用 300 米波段进行商业广播。此后，在槟城建立了类似的协会，另外，在吉隆坡建立了马来西亚[①]无线电协会。

**（二）广播的发展**

1930 年，来自新加坡港管理局（Singapore Port Authority）的厄尔爵士（Sir Earl）开始了一周两次的短波广播，分别在周日和周三播出；马来西亚无线电协会进行了同样的努力，他们通过 325 米波段从吉隆坡的八打灵山上广播，每周三次。

1934 年，马来西亚的槟榔屿州成立了槟榔屿无线电协会（the Wireless Association of Pulau Pinang），该协会的 ZHJ 电台通过 49.3 米波段的发射机，开始以马来语、汉语、英语和泰米尔语广播。

在殖民地时期，1937 年，英国人珊顿·托马斯爵士[②]创建了不列颠马来西亚广播公司演播室（the Studios of Broadcasting Corporation of British Malaya），于 1937 年 3 月 11 日从新加坡加利谷山（Caldecott Hill）开播。1940 年，马来西亚不列颠广播公司（the British Broadcasting Corporation of Malaya）后被海峡殖民地政府（the Straits Settlement）接管，作为邮政电报局（Posts & Telegraph Department）下属的一家广播公司来运营，并于 1941 年 4 月转到一个准政府机构——马来西亚广播公司（Malayan Broadcasting Corporation）的控制下。

1942 年日本攻占马来西亚，英国人在新加坡向日本人投降。日本人接管了位于槟城、马六甲、吉隆坡、芙蓉和新加坡的现有的广播电台，并使用这些广播电台来为日本进行宣传。

1943—1945 年间，英国人逐渐恢复了其在马来西亚的统治，并再次接管这些广播电台。

1946 年 4 月 1 日，马来西亚广播电台（Radio Malaya）在新加坡建立起来，随后成立了广播局。1945 年八九月间，英国重占马来西亚，于 1948 年

---

[①] 马来西亚 Malaya，范围包括今天马来西亚的西部，位于马来半岛上的领土。
[②] 珊顿·托马斯爵士（Sir Shenton Thomas），1934 年出任英属海峡殖民地总督。

6月20日颁布了"特别紧急条例",其核心是镇压马来西亚共产党前抗日人员及其他涉及人士,而这却进一步推动了广播服务功能的增强。

20世纪50年代早期,马来西亚广播公司在马来西亚的广播活动在吉隆坡青年路(Jalan Young),现在叫贞德拉沙里路(Jalan Cenderasari)的临时演播室播出。1956年,该公司迁往吉隆坡联邦大楼。1957年马来西亚独立后,无线电广播有了较大发展,在全国其他地方,诸如沙巴和沙捞越,陆续建立了一些广播电台。1960年商业广告第一次在广播里播出,这成了政府一项新的税收来源。

1963年2月15日,负责对外广播的马来西亚之声①成立,刚开始时是为邻国提供有关马来西亚建国历程的资讯。目前,马来西亚之声使用马来语、阿拉伯语、英语、印尼语、缅甸语、他加禄语和泰语等8种语言对外广播。

1963年9月16日,马来西亚正式宣布成立,马来西亚广播公司更名为马来西亚广播电台(Radio Malaysia)。马来西亚广播电视台的广播和电视事业都开始迅速发展。这天,广播电台的音乐节目主持人开始用"Inilah Radio Malaysia"("这里是马来西亚广播电台")来问候听众。此后,播出时间也为了迎合各行各业听众的需求而延长。

1971年1月19日,国家广播频道(National Radio Channel)开始用马来西亚语播出全日广播。国家广播频道开播了24小时服务来服务那些工厂技师、管理员、医务人员、货车或公车司机、货物运输公司员工、小吃店店员或服务员和保安警卫等职夜班的工人。

1973年11月5日,马来西亚首都广播频道开播,并于1974年2月1日广播宣布吉隆坡为联邦直辖区。这个频道是为了满足迅速发展的都市受众,除娱乐以外注重发布最新信息。

1975年6月20日,调频立体声广播频率建立。

目前,隶属于马来西亚广播电视台的马来西亚广播电台,总部位于

---

① 马来西亚之声(Voice of Malaysia,马来语:Suara Malaysia,简称VOM)成立初期是以英语、华语和印尼语广播。随后在1972年1月1日增设泰语广播服务,同年11月1日增设阿拉伯语广播服务,1973年10月22日增设他加禄语(Tagalog,一种菲律宾语)广播服务,接着在1978年8月31日增设马来语和缅甸语广播服务。

吉隆坡。马来西亚广播电台的服务不仅专注于国家级别的广播服务，而且还重视建立地区和州级的广播频率，包括沙巴和沙捞越（1954），吉兰丹（1963），马六甲和槟城（1965），柔佛（1966），霹雳（1967），林梦（1969），彭亨（1974），登嘉楼（1975），吉打（1980），中区市（属于槟榔屿州）和斯里阿曼省（属于沙捞越州）（1982），玻璃市（1991），纳闽（1986），雪兰莪和森美兰（1990），以及浮罗交怡市（属于吉打州）（1993）。

这些频率在刚刚建成时，由其所在州或地区的名称命名，不过在1990年这些频率以数字重新命名，最先起始于国家级广播频率，依次为：广播1频率（Radio 1，马来语）、广播2频率（Radio 2，广播音乐频率 Radio Music）和广播3频率（Radio 3）。其中广播3频率包括参照各个地区广播电台所在城市而命名的多个频率，例如，广播3首都频率（Radio 3 Ibukota）、广播3莎亚南频率（Radio 3 Shah Alam，雪兰莪州首府）、广播3芙蓉频率（Radio 3 Seremban，森美兰州首府）、广播3怡保频率（Radio 3 Ipoh，霹雳州首府）等等。

1995年，上述这些州级广播电台（再次）改为由其州的名称命名，例如，马来西亚广播电台吉隆坡分台（Radio Malaysia, Kuala Lumpur）、马来西亚广播电台雪兰莪分台（Radio Malaysia, Selangor）、马来西亚广播电台森美兰分台（Radio Malaysia, Negeri Sembilan）和马来西亚广播电台霹雳分台（Radio Malaysia, Perak）。

马来西亚居民20世纪末拥有收音机约910万台，每千人434台；电视机380万台，每千人174台。而国有的马来西亚广播电台也成为马来西亚最大的广播机构，拥有6个广播网和31个广播电台（包括国家级、地区级和本地台），用4种语言播音。

2005年4月1日，马来西亚广播电视台更新了商标和企业形象，其下属各国家级和地区级广播电台、电视台包含了新的形象及其新的商业化的名称，所播出的内容和形式也随之焕然一新。

现在，马来西亚听众每天24小时可以享受6个频道的节目，播出语言包括马来语、英语、汉语普通话和泰米尔语；同时，东马来西亚沙巴和沙捞越的听众可以在马来西亚广播电视台哥打基纳巴鲁市①的蓝色频道（Blue Channel）上选择收听自己家乡语言的广播节目，例如卡达桑语（Kadazan）、毛律语（Murut）、杜松语（Dusun）、巴夭语（Bajau）、英语和汉语普通话。比达友语②成为马来西亚广播电视台古晋市蓝色频道的主要播出语言。伊班语（Iban）和加央语（Kayan）/肯雅语（Kenyah）是广播电台绿色频道（Green Channel）所使用的方言，英语和汉语普通话是红色频道（Red Channel）使用的地方方言。除了马来西亚广播电视台林梦省③电台、红色频道使用以上提到的方言和听众沟通外，还使用比沙雅语（Bisaya）和毛律语（或称郎巴旺语，LangBawang）这样引人注目的方言广播。

## 二、马来西亚电视的诞生与发展

### （一）电视的诞生

马来西亚的公共电视事业起步于20世纪60年代，是由政府从英国殖民者手中接管而来。1963年12月28日，马来西亚广播局（Radio Television Malaysia，简称RTM）下属国营电视频道正式以"马来西亚电视"名义开播，并首次对在雪兰莪州巴生谷举行的元旦庆典进行了电视转播。当天其电视节目在安邦大道东姑阿都拉曼礼堂的演播室首次播出，开启了马来西亚的电视时代。该电视台是马来西亚的第一家电视台，为官办电视台，即电视一台（TV1），主要播送本国节目。

### （二）电视的发展

马来西亚的电台广播和电视服务，后来在1969年10月1日合并于马来西亚新闻部管辖之下，成为马来西亚广播电视台，并将办公地点共同转移到吉隆坡班台达南路的广播大厦的办公室。同时，马来西亚新闻部也成为广播电视局。1969年11月7日，马来西亚广播电视台的第二个电视频道（TV2）建立。TV2专播外语节目，包括香港的中文节目。从20世纪80年代开始，TV1与TV2两频道的节目质量逐步提升，并于1987年确立了各自

---

① 哥打基纳巴鲁市（Kota Kinabalu），沙巴州Sabah的首府。
② 比达友语（Bidayuh），一种沙捞越人（Sarawakian）广泛使用的方言。
③ 林梦省（Limbang），属于沙捞越州。

的台标，以及沿用至今的口号"你的忠心朋友"（Teman SetiaAnda）。

马来西亚广播电视事业过去长期由国家经营，至今官方的马来西亚广播电视台仍占主体位置。马来西亚广播电视台是政府传播机构，受新闻部领导。经费主要靠政府提供、广告费的收入和社会赞助。RTM 的两个电视台，彩电为 PAL 制式，借助卫星传送，已覆盖全国，用马来语、英语、华语和泰米尔语播放。

20 世纪 80 年代起，马来西亚开办了商业台。主要有三家：①私营的电视三台（TV 3），1984 年开播，面向全国；②城市电视台（Metro Vision），1995 年开播，政府与民间合办，以首都吉隆坡及其周围地区为对象；③私营的国民电视台（NTV），1997 年开播，总部在沙捞越州，面向全国播出。

马来西亚的有线电视由公私合资的梅加电视台（Mega TV）主办。该台1995 年开播，现有五个频道，主要转播外国卫星电视的新闻、体育和娱乐节目，以便对国外电视进行过滤，使之符合本国的节目标准。另外自己也播放一些国产和外国的影视节目。

1996 年，马来西亚成立了自己的卫星电视机构——ASTRO 集团（寰宇卫视）[1]，利用本国卫星 Measat 向全马来西亚以及周边国家播送节目。

ASTRO 是马来西亚卫星（Measat）系统的卫星直播业务的名称。它也是一个英国股份集团的名称，集团成员还包括马来西亚政府投资的 Khazanah National Berhad、Bumiputra Trusts 和 Usaha Tegas Entertainments System Sdn Bhd。ASTRO 通过 Measat 1 号和 2 号卫星上的大功率 KU 频段转发器，能提供 20 个频道的电视节目和 4 个频道的声音广播。

至今马来西亚有 5 颗人造卫星进入太空，包括 1996 年升空的 Measat-1 号和 Measat-2 号，2006 年升空的 Measat-3 号，2009 年 6 月 22 日升空的 Measat-3a 和 2014 年 9 月 12 日升空的 Measat-3B。这一系列卫星由马来西亚东亚卫星（Measat）系统公司拥有。Measat-3 是委托美国波音公司在洛杉矶生产，携带 24 个 C 频段波束，耗资约 2.2 亿美元，使用寿命 15 年，能为亚洲、澳大利亚、中东、东欧和非洲等地的 100 多个国家和地区用户提供

---

[1] A.S.T.R.O.，为 All-Asian Satellite Television and Radio Operator 的缩写，译为"全亚洲卫星电视和广播运营商"，有的又叫"寰宇电视公司"。

通信服务。这颗商用通信卫星2006年12月12日搭乘俄罗斯"质子"号运载火箭,从哈萨克斯坦境内的拜科努尔发射场由俄罗斯天顶-3BLB运载火箭发射顺利进入太空。马来西亚新一代通信卫星Measat-3B,则于2014年9月12日凌晨6时05分在欧洲太空总署(ESA)成功发射。该卫星价值11亿2000万令吉。Measat-3B卫星是马来西亚迄今功率及容量均最大的一颗商用同步卫星。发射的Measat-3B卫星,与Measat-3和Measat-3a共轨,为马来西亚、印度和印度尼西亚提供持续的KU频段服务。作为马来西亚首颗高功率大容量的全KU波段通信卫星,Measat-3B卫星KU波段容量将用于DTH电视、宽带互联网及VSAT业务等。

专营卫星电视和广播的公司——ASTRO集团在马来西亚的卫星平台可以为其订户提供110个电视频道的收视服务,内容涉及体育、教育、电影、娱乐、音乐、新闻纪录片等多个领域。有的播放自制节目,有的转播RTM的节目,多数则是转播国外卫星电视的节目。ASTRO集团坚持"以亚洲的价值观传送亚洲的信息",对外来节目都要按照自己的节目标准进行严格的审查,发现不妥之处必须经过加工处理方能播出。马来西亚国土分散,因此并不禁止接收卫星信号的碟形天线的使用,但是其尺寸以接收Measat卫星的特定频段为限。

20世纪末,马来西亚制定了《1998年通信·多媒体法》,把通信和广播领域统一起来管理。新的法律确立了广播电视的行政制度,决定建立能源·通信·多媒体部和通信·多媒体委员会,国营马来西亚广播电视台(RTM)仍由信息部管理,商业广播电视则由能源·通信·多媒体部管理。法律对广播电视事业的方针做了明确规定,对节目内容违背"建国五项原则"的倾向,特别对暴力、恐怖、性、反主流文化的节目内容做了严格限制。现在除了卫星电视和广播公司(ASTRO)外,各家广播电视台都有内务部国家审查局派驻的审查员从事节目预审工作。

到21世纪,已有多家电视台在官方网站中提供电视节目的在线直播和点播功能,虽然在线直播功能通常只向马来西亚国内互联网用户开放,国外用户仍然可通过在线点播功能收看各档电视节目。

2010年成立的ETV是将IPTV技术引入马来西亚的首家网络电视,中国电视长城（东南亚）平台包含的 15 家电视频道，也正是通过这一平台实现了在马来西亚的落地。而 Fine TV 则由 Eurofine 集团的下属公司控制，可提供 40 个频道的在线点播服务，目前已经实现了对节目内容的数字化传送，不过其运营范围仅局限于巴生谷流域。除 ETV 和 Fine TV 外，马来西亚电信公司也在其自主品牌 Hyypo Television 下开设了视频点播服务。此外，随着近年来新媒体技术的不断发展，马来西亚传统媒体集团也开始抢滩网络电视市场。其中，隶属常青集团的马来西亚首家中文网络电视——常青网络电视台（One Media），尤其在与中国电视媒体合作方面进行了积极尝试，实现了中国中央电视台下属中文国际、英语新闻、阿拉伯语和纪录频道在马来西亚的落地。①

2015 年 5 月马来西亚通信及多媒体部宣布，将会为大约 200 万户低收入群体观众派发免费的高清机顶盒。该部门主管马来西亚的电视业务，其表示："为了全面推进马来西亚的数字电视业务，考虑到目前国内民众对数字电视节目的需求，因此决定针对低收入群体免费发放大约 200 万台机顶盒，可以惠及这些家庭。"②同时，马来西亚近期还公布模拟电视信号计划在 2016 年 4 月左右关停。

### 三、马来西亚主要广播电视机构
#### （一）马来西亚广播电视台（RTM）

马来西亚广播电视台是受马来西亚新闻部广播局领导的政府传播机构，由政府提供经费，同时也依靠广告费收入和社会赞助。目前马来西亚广播电视台经营两家电视台和九家广播电台。两家电视台为马来西亚第一电视台（TV1）和马来西亚第二电视台（TV2），其中，第一电视台播放马来语和英语节目，主要面向马来人观众；第二电视台播放含马来语字幕的汉语和泰米尔语节目，主要面向华人和印度裔观众。九家广播电台分别为 AI FM、Asyik FM、Klasik Nasional、KL FM、Minnal FM、Muzik FM、Suara Islam、

---

① 梁悦悦:《华语电视在马来西亚：市场竞争与社会整合》，载《东南亚研究》2014 年第 4 期。
② 华鹏飞:《推数字电视 马来西亚免费送 200 万机顶盒》，载《中国有线电视》2015 年第 5 期。

Suara Malaysia 和 Traxx FM，广播语言包括马来语、汉语、泰米尔语和伊班语等。

马来西亚 AI FM 电台是马来西亚的中文电台，1959 年中文电台正式取名为"翡翠频道"（Rancangan Hijau），每天直播从早上 6 点 30 分到晚上 11 点。1993 年改为第五台（Radio 5），从 1995 年元旦开始，第五台 24 小时不间断播音。2005 年 4 月 1 日，RTM 对旗下的所有电台进行改革，第五台改名为"AI FM"，即现在的 AIFM，以配合 RTM 的宗旨——娱乐性、资讯性和教育性。

### （二）首要媒体集团（Media Prima Group）

首要媒体集团成立于 2003 年 9 月 23 日，是一个集电视台、电台、报刊、节目制作、电视剧制作、电影发行及户外广告的多元化集团。它是马来西亚最大的媒体集团，被视为亲巫统的媒体，在马来西亚股票交易所上市。该集团也是马来西亚上市公司中收入最多的前 100 名企业之一。

除拥有新海峡时报（马来西亚）有限公司超过 43% 的股份外，首要媒体垄断了马来西亚所有私营免费电视台的经营权，即八度空间（8TV）、国民电视七台（NTV7）、第三电视台（TV3）、第九电视台（TV9），同时还经营 Hot FM、Fly FM 和 One FM 三家私营电台。此外，首要集团还拥有 Big Free 和 UPD 两家户外广告公司。

2005 年 10 月 27 日首要媒体有限公司以 9000 万令吉，正式收购 NTV7 集团，使首要媒体拥有 4 家电视台及 2 家电台，掌握马来西亚所有的免付费电视，并成为马来西亚国内最大的媒体集团。其中，第三电视台和第九电视台为马来语，NTV 7 和八度空间以华语和英语为主。

根据尼尔森的调查数据，2010 年马来西亚国内的电视观众总数已接近 1968 万人，约占其国民总数的 70%。其中，首要媒体下属电视频道的受众份额共占 47%；其他国营电视频道、卫星电视频道、网络电视频道和 TV Al — Hijrah 频道的受众份额则占 53%。而在首要媒体内部，又以 TV3 所占受众份额最高，达到了电视观众总数的 28.1%；TV9 居次位，占观众总数的 7.

7%；NTV7 和 8TV 基本持平，所占份额均占电视观众总数的 5.4%。[1] 可见，就马来西亚全国的电视市场来说，由首要媒体执掌的私营免费电视占有重要地位，而其中主要面向马来族观众，以英语和马来语播出的 TV3，则是最具影响力的电视频道。

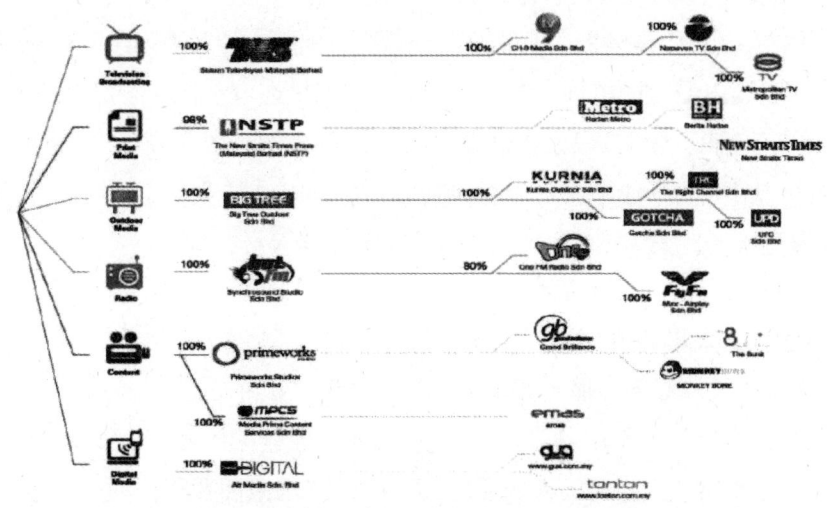

**首要媒体集团的主要媒体资产**

除了新闻类别节目以外，首要媒体还通过旗下的首要工作室（Primework Studio），制作了马来西亚不同语种的电视真人秀、女性、时尚、美食、戏剧、文化、历史及青少年益智节目。近年，首要工作坊也通过联合经营方式，与制作公司合作拍摄中文电视剧。除了供应本地市场外，制作的中文电视剧，开始进军海外，在东盟国家开始播映。

### （三）马来西亚 ASTRO 集团

ASTRO All Asia Networks（AAAN）集团是东南亚区内首屈一指的跨媒体集团。马来西亚 ASTRO 成立于 1996 年，是马来西亚领先的提供直接到户（DTH）电视服务和商业广播的跨媒体集团，向马来西亚和文莱地区 200 多万用户提供超过 100 套付费电视频道。其独资子公司东亚卫星广播网

---

[1] 梁悦悦：《华语电视在马来西亚：市场竞争与社会整合》，载《东南亚研究》2014 年第 4 期。

络系统私人有限公司（MBNS），是马来西亚国内唯一拥有卫星直接到户传播20年许可证的媒体公司。马来西亚ASTRO积极参与马来语、汉语、英语和泰米尔语节目的制作、综合与发行，在马来西亚收视率排行前十名的电视频道中，有六个频道是ASTRO平台制作的。该公司还经营八个地面调频广播电台，每周听众人数达到1100万人。

ASTRO集团在马来西亚营运电台频道、出版电视和消闲杂志，并成为马来西亚区内最大的电视内容买家及制作单位；在电视制作方面，ASTRO集团是东南亚区内主要马来语电影制作公司；ASTRO集团成员"天映娱乐"拥有全球最大的华语电影片库及天映频道。同时，其业务还拓展至互动多媒体服务市场，如为移动电话提供内容下载服务等。

### 四、马来西亚的主要广播电台

#### （一）民族经典广播（Klasik National）

民族经典广播是由马来西亚广播电视台经营的国家广播，其前身是1946年在新加坡成立的马来西亚广播。1957年马来西亚取得独立之后，马来西亚广播一分为二：留在当地的更名为"新加坡广播"，迁往吉隆坡的则继续沿用"马来西亚广播"这一名称，并于1959年1月1日正式开始广播。1971年1月19日开始，该广播成为第二个全天24小时播出的广播。2006年8月12日，马来西亚广播的民族频道和经典频道正式合并成为今天的民族经典广播，主要播出20世纪40年代到80年代的马来经典歌曲，向全社会传播和弘扬马来西亚独特的音乐节奏和旋律。民族经典广播于2006年获得国家艺术贡献奖。

#### （二）音乐调频（Muzik FM）

音乐调频是马来西亚广播电视台经营的马来语音乐广播调频。该广播拥有独特的历史，其前身是1975年6月20日成立的马来西亚第一个提供立体声音乐直播的调频。1989年，立体调频改名为广播二台。为了更大范围地吸引听众，该调频于1994年8月1日更名为"音乐调频"，并进行了一些改进，如：播出时间改为全天24小时，并引进英语内容以吸引更多的听众。随后，该调频收听范围扩大到全马来西亚、新加坡、文莱、加里曼丹、廖内群岛、印尼和泰国南部等地区。从 2002 年 7 月 15 日开始，音乐调频已经改为播放 50% 的马来文歌曲和 50% 的英文等外文歌曲。通过与多媒体大学的合作，音乐调频目前已经实现了网络实时广播功能。

### （三）热播调频（Hot FM）

热播调频是首要媒体有限公司旗下的一个马来语广播。热播调频于 2006 年 1 月 15 日接受广播资格审查，2 月 5 日正式开始运营。该调频主要播出 20 世纪 90 年代歌曲、最新马来歌曲、印尼歌曲、国际歌曲以及一些关于音乐方面的信息，深受广大马来西亚青少年的喜爱。2009 年，热播调频创造了周听众达到 380 万人的纪录，处于同时段同类型节目的收听之冠，一举击败时代调频。

### （四）时代调频（ERA FM）

时代调频是马来西亚网络广播 AMP 公司旗下的广播电台，是马来西亚最受听众欢迎的调频之一。时代调频在 2008 年 8 月 1 日开始试播，两个月后的 10 月正式开播。该调频使用了古典摇滚电台的频率，播出的歌曲精选自世界各国，最受欢迎的两档节目是时代略图和时代之晨。时代调频还是第一个以马来语为媒介语言的私人广播电台，其播出完全实现了数字化技术。

### （五）988 电台

1995 年 2 月 6 日马来西亚著名电台 988 电台成立，并在 1996 年 4 月 1 日开始运作。至 1997 年 6 月 26 日，丽的呼声无线广播有限公司[①]成功申获马来西亚新闻部批准的另一张广播执照。因此，丽的呼声无线广播有限公司的中文电台丽的 988 由原本的 11 小时广播延伸至全天候华语广播，频率保留原来的 FM98.8。

2002 年 6 月，丽的 988 进行了系列节目改革、推出新台呼友声有色以及新台歌的推介，并正式更名为 "988"，广播范围涵盖整个马来西亚半岛。之后，988 被 Star Publications（M）Bhd 收购，公司名称被易名为 Star Rfm

---

① 丽的呼声（Rediffusion）是一家英国公司，于 1920 年在英国成立，初时名为 Broadcast Relay Services，早期为英国一些接收不到电台大气电波信号的偏远地区以电缆做电台转播，后于 20 世纪 50 年代兼营电视台、电视机租赁及销售。他们曾在中国香港、新加坡、马来西亚及巴巴多斯等英国殖民地及泰国成立 "丽的呼声" 电台。

Sdn Bhd。

友声有色988秉持崇高的音乐精神，以"友声有色"为口号，培育出许多可塑性高的优质DJ。988电台大约有16位DJ，他们皆能言善道、才华横溢，不但主持各类电台节目，还积极向各方面发展。其中，包括广播剧声音演员、写作、参与舞台剧、创作、灌录唱片、主持电视节目及演唱会，甚至受邀担任品牌代言人。一直以来988都着重于聆听听众意见以了解听众所需，988经过多方面的市场调查，秉持着精益求精的精神进行节目革新，务求让听众有耳目一新的感觉。从2005年5月1日开始，电台拟定了新方针，将主要听众的年龄层确定在18~40岁之间。2009年6月15日，988成立十三年。这一天，988推介了全新节目排期、新DJ阵容、新台徽、新形象，并以"988最好听"作为新台呼。988着重于节目间的连贯性，节目内容以言论、新闻与音乐为主，并注意加强与听众的互动，成为有话题、有创意及好玩的电台。

（六）MY FM

MY FM成立于1998年，隶属马来西亚最大的电台经营机构Airtime Management & Programming Sdn. Bhd.（简称：AMP）旗下的中文电台。MY FM电台口号：音乐无限，贴心空间。MY FM日播24小时，为音乐广告，主要播放的歌曲是时下的流行曲、经典名曲。每周平均收听受众超过200万人。MY FM主要的语言是汉语普通话与粤语。

根据AC Nielson市场评估报告，MY FM连续10年成为马来西亚最受欢迎的中文电台。

## 五、主要电视台

### （一）第一电视台（TV1）

马来西亚广播第一电视台是由马来西亚广播电视台经营的一档电视频道，于1963年12月28日开始播出，内容包括马来语和英语的教育节目、本地新闻、短讯和娱乐节目等。第一电视台是马来西亚第一个电视频道，属于国有非营利性的电视频道，既是政府向公众传播时事信息的平台，也是政府大力提倡使用马来语的平台，受到广大马来西亚人民的关注和喜爱。

### (二)第三电视台(TV3)

第三电视台于1983年成立,是马来西亚第一家商业电视台,以提供最新鲜的娱乐和资讯信息为主题,于1984年6月1日在巴生河谷实现首播,并很快覆盖全国。成立伊始,第三电视台就成为第一个现场直播1984年洛杉矶奥运会的马来西亚电视台。在收视率方面,第三电视台也遥遥领先马来西亚其他电视台,成功吸引了全国41%的观众,超过以往最高收视率电视台的两倍。因此,其广告收入也一直处于马来西亚各大电视台之首。第三电视台有着独特的经营模式,其播出节目包括新闻、时事、杂志、论坛、体育、戏剧和电影等。为提高节目质量,第三电视台还加大投入制作本地电视节目,并引进国外高收视率的节目。

### (三)国民电视七台(NTV7)

国民电视七台,是马来西亚首家数位无线电视台,全称Natseven TV Sdn Bhd,原是马来西亚的一家私营电视台,于1998年4月7日在全国首播,播出英语、华语和马来语节目。2005年10月28日,首要媒体有限公司以9000万令吉的价格成功收购该电视台。国民电视七台的节目内容包括戏剧、电影、娱乐节目、游戏秀、儿童节目等,新闻节目以马来语、华语、英语三语播报。

国民电视七台定位于"为城市观众和英语使用者提供高质量的电视节目",因此其目标观众集中在广大城市观众和英语使用者。据统计,国民电视七台是拥有华人观众最多的马来西亚电视台,拥有25岁以上大约36%的华人观众。2009年,该台节目实现全面改版,以健康的生活方式、娱乐、时事新闻和体育等最受城市市民和华人青睐的节目为主题。NTV7的中文口号是"感觉美好",NTV7播出时间为早上7点到凌晨2点。

### (四)八度空间(8TV)

八度空间也是首要媒体有限公司旗下的一档电视频道,于2004年1月8日开播。为了不影响第三电视台的收视率,八度空间将电视节目的目标人群定位在青少年和儿童,并提出"一个电视频道,两种途径"的概念,播出以华话和英语为媒介语言的节目。八度空间的口号是"我们是不同的",主要针对年轻人、城市居民和华人,提供不同的流行电影和系列电视节目。

## （五）第九电视台（TV9）

第九电视台前身是国有的第九频道，于 2003 年 9 月 9 日首播，主要播出华语、英语和印尼语节目以及一些本地节目。2005 年 2 月 1 日停播后，该电视频道被首要媒体有限公司收购，并改套名为第九电视台。2006 年 1 月 1 日，第九电视台开始实行免费播出，范围覆盖全马来半岛，目标人群主要为马来人、青少年和儿童，节目内容包括新闻、娱乐和教育等。

## 第四节　马来西亚的新媒体

1996 年，马来西亚政府创建多媒体超级走廊（MSC）①，政府加大投资力度加紧发展信息产业。MSC 计划建设通信网络，主要发展电子配件制造业、高科技包装业、多媒体软件设计和制造、电子出版和多媒体，通信软件通信器材制造业、智慧信息站等。有了 MSC 的计划马来西亚的网络也因此得到迅速发展。

伴随着电子产业、网络技术的快速发展，马来西亚智能电话、平板电脑等移动设备的使用率不断上升，马来西亚消费者通过各种类型的媒体观看和内容互动的方式正在发生着巨大的变化，新媒体和社交媒体的使用率快速攀升。当今的马来西亚消费者能够便捷地连接网络，持续获得最新的新闻和信息。同时，马来西亚的传统媒体也迅速扩展到线上，一些在线报纸网站成为马来西亚访问量最多的网站。由于政府对新媒体审核较为宽松，马来西亚的新媒体日趋活跃，比如新闻门户网站：当今大马（Malaysiakini）和马来西亚局内人（The Malaysian Insider），利用政府不审核网站的优势，拥有较大的用户量。最热门的英文网站为 The Star.com.my 以及 The Malay Mail Online.com.my，热门马来语新闻网站是 kosmo.com.my。排名第一的时尚生活类门户网站是 gua.com.my，紧随其后的是 tonton.vom.my 和 murai.

---

① 多媒体超级走廊（Multimedia Super Corridor，简称 MSC）是马来西亚政府于 1996 年创建的唯一一个促使国家科技的发展计划。主要是发展信息与通信技术，多媒体超级走廊覆盖面积 15 公里宽、50 公里长，坐落于南下 30 公里的吉隆坡市中心。两座智慧型城市——赛布再也（Cyberjaya）和布特拉再也（Putrajaya）坐落于这多媒体超级走廊范围内。多媒体超级走廊是马来西亚政府为实现 2020 年成为工业先进国宏愿而进行的一项跨世纪工程。

com.my。①

## 一、马来西亚新媒体发展现状②

马来西亚通信网络环境成熟程度和网络用户众多程度在东南亚国家中位列前茅,据世界银行统计,2014年马来西亚拥有2018万互联网用户,网络渗透率近七成(67.5%),在东南亚一带位列第三(新加坡以82%列第一位,其后为文莱,68.8%)。③政府近年来积极推动国内3G和4G网络的发展,以打造生活数字化的科技环境。马来西亚主要的城市都有3G覆盖,特定的地区还有4G服务。此外,Wi-Fi基本上涵盖全部大城市,市区郊外的覆盖率还在逐渐提升,周围都可以找到有无线网络的餐馆或咖啡厅。

据尼尔森的最新东南亚数字消费报告结果来看,截止到2012年马来西亚民众的手机普及率高达140.9%。大多数马来西亚人每周至少在线19.8小时。④到2015年智能手机使用率超过68%,智能手机普及率自2013年飞涨,在马来西亚的增幅有34%。更年轻的网民对互联网和社交网络的热情较高。⑤据eMarketer统计,2016年马来西亚的手机渗透率达到72.3%。⑥

2012年马来西亚智能手机用户利用手机进行单纯资料的处理平均每周花费6.4小时,其中尚未包括通话的时间,每天平均花费50分钟通过移动设备浏览网页或查看社交媒体网络,显示智能手机的使用频繁程度相当高。在一天之中,马来西亚用户花费在Mobile上的时间最长,达2.8小时,其次是PC和Laptop,2.7小时。在传统媒体上的时间相对偏低。

新媒体的使用用户主要为年轻人,其中35岁以下的用户占到79%。在

---

① murai.com.my,隶属于ASTRO(马来西亚付费电视直播服务)旗下。
② 此部分内容及数据主要参考了美通社:《中国香港 中国台湾 新加坡 马来西亚媒体传播概况》(2014中文版)和Yeah Mobi报告:《全球移动互联网市场数据——马来西亚篇》的相关研究成果。
③ 《马来西亚:网络社交受热捧,信任障碍待扫清》,零点有数,网址:http://www.sohu.com/a/107146683_378467,2016-7-22-16:10。
④ 《美通社:中国香港 中国台湾 新加坡 马来西亚媒体传播概况》,知识库,网址:http://www.useit.com.cn/thread-10864-1-1.html,2015-12-10-9:19。
⑤ 《新兴国家互联网和智能手机普及率调研分析》,中商情报网,网址:http://www.askci.com/news/hlw/20160524/09245619742.shtml,2017-05-24-9:24。
⑥ 数据来源同2。

网络用户中近六成为男性用户，在马来西亚移动互联网用户中，男性更是占到76%。①17~55岁的用户是下载应用的活跃群体。55岁之后和16岁之前的比例均低于该年龄段。在马来西亚，人们在社交平台上花费的时间越来越多。社交平台普及率达56%左右。在马来西亚比较受欢迎的社交网络有Whatsapp、Facebook、FB-message、Google+、Wechat、Twitter等，活跃度分别为38%、32%、29%、21%、19%、18%。②

据尼尔森的最新东南亚数字消费报告结果来看，马来西亚在全球的新闻自由指数排名为124位；Facebook的用户数量为1230万，占总人数的比例近半，达44.3%。与Facebook用户相比，马来西亚的微信用户更加年轻、更加富裕。75%的马来西亚微信用户对旅行和电影有浓厚的兴趣，60%的用户喜欢食物和音乐，而大于15%的用户爱好时尚。并且值得一提的是，马来西亚处于奋斗的人群中流行使用微信。

**马来西亚比较受欢迎的三个视频分享（社交）网站**

| | |
|---|---|
| YouTube | 在马来西亚YouTube作为最受欢迎的视频分享网站，主要是因为在YouTube上，马来西亚的用户总能最快、最便捷地看到马来西亚的视频。从2012年起，马来西亚成为全球第42个拥有YouTube官方主页的国家。 |
| metacafe | Metacafe，马来西亚第三视频分享网站，内容来自短视频原创，视频长度平均大约90秒。 |
| manGGatv | ManggaTV被认为是马来西亚版的YouTube。从设计来看与YouTube网站很像，它允许用户上传和分享他们的在线视频。 |

在马来西亚具有影响力的搜索引擎有：Google.com.my、One Stop Malaysia。占据马来西亚搜索市场最大的依旧是Google，马来西亚也是谷歌在东

---

① 零点有数：《马来西亚：网络社交受热捧，信任障碍待扫清》，来源：搜狐网，http://www.sohu.com/a/107146683_378467，2016-7-22-16：10。

② 《YeahMobi报告：全球移动互联网市场数据——马来西亚篇》，来源：搜狐网，http://www.sohu.com/a/35616779_204728，2015-10-14-15：00。

南亚开设的第二个办事处。日均独立访客 6570 万，其中来自本土的访客占 83.83%，其次是美国和中国香港。Google.com.my 在马来西亚国内网站排名第五。

One Stop Malaysia 是马来西亚当地做美食、旅游、新闻的一站式搜索服务的网站，日均独立访客 16 万。

除此之外，在马来西亚当地具有影响力的搜索引擎还有：Yahoo，在马来西亚网站排名第四；Ask.com，在马来西亚网站排名第十一；Live.com，来自微软的一款搜索引擎，在马来西亚网站排名第十二；Bing.com，微软的另一款搜索引擎，有一定的使用量，但排名靠后。

马来西亚网络用户使用移动网络的用途主要为从事社交媒体和娱乐等相关活动，如：音乐、下载视频、聊天和游戏等。根据 We Are Social 的统计，目前马来西亚 Facebook 用户就有近 1300 万人，活跃社交媒体普及率为 45%，在东盟诸国中仅次于新加坡，显示出马来西亚网络用户具有社群的爱好。消费习惯方面，82% 的马来西亚网络用户过去有在网络上购买机票的经验，86% 的网络用户使用过网络银行，每人平均每年花费 2000 美元在网络购物上。

根据 Opera Mini 移动浏览器针对马来西亚地区拜访网站流量统计，可看到社群和影音类型网站较受马来西亚移动网络用户的喜爱，其中非马来西亚地区的海外社交网站增长较快，对于新闻网站的附着力显著提高，如 Twitter 和 Blogspot.com 网页浏览量，分别从过去的 44%、82% 增长到 105% 和 112%。整体而言，马来西亚网络用户相当活跃，移动设备持有率高，经常通过不同上网设备进行各种社交和娱乐活动。

在移动内容方面，马来西亚用户更喜欢 Apps、Games、Video 这几类。近年来，移动视频也越来越受马来西亚的用户喜欢，85% 的移动网民观看在线视频，其中至少 23% 的用户每天观看在线视频，27% 的用户每周观看数次视频。

在马来西亚新媒体发展过程中值得关注的是：

（一）传统媒体的网络化

技术的优势让马来西亚的报业媒体也加快了内容及形象的更新，以满足社会的需求。如上述提到的《星报》对数字平台的重视,并努力提升自己的品牌,启用新 Logo;《新海峡时报》推出了自身的 iPad 版本,鼓励读者在 iPad 上订阅报纸。连《财经日报》也推出了自己的数字杂志,用户可以在 Apple Store 上进行下载和阅读。

### (二)新媒体公司的发展

2004 年 DiGi Telecommunications 公司运用 EDGE 技术在马来西亚推出首个商业移动电视业务。这家电信公司在有 EDGE 功能的蜂窝电话上提供地面电视频道 NTV7 实况节目和 TV3 及 Channe18 的视频点播内容。DiGi Telecommunications 公司以每月 1490 元人民币向其用户提供不受限制收看的节目内容。①

马来西亚 2004 年 12 月开播的新的付费电视台——MiTV 的用户只需要安装一个有 IP 功能的机顶盒,该机顶盒解码可以接入电视机的约 50 个频道的信号。那些想下载到个人计算机的用户使用 MiTV 电视台的 IP-UHF 通用串行总线接收机即可。

该电视台的 50 个频道通过其网络运行中心传送,信号在网络运行中心经压缩后发往发射塔。发射机将加密的 UHF 信号发往 WiTV 电视台的用户,用户通过室内或室外天线接收。②

首要媒体集团还拥有名为"Ton ton"(www.tonton.com.cn)的马来西亚 IPTV,通过 Ton ton 网络电视,可免费收看数据库中的电视剧、动画等节目,还可收看电视直播。通过 TonTon 平台可收看 TV3、8TV、TV9、NTV7、TonTon Chinese(中国国际频道)、TonTon Filipino(菲律宾国际频道)、TonTon Hollywood's(印度国际频道)、TonTon Korean(韩国国际频道)、TonTon Sports(体育频道)、TonTon Music(音乐频道)、TonTon Learn(教育频道)、KRU TV、Bananana!和 GUA 等频道的节目。

---

① 《国外动态》,载《广播与电视技术》2005 年第 3 期。
② 《国外动态》,载《广播与电视技术》2005 年第 1 期。

## 二、代表性新媒体公司

### （一）Mopile9

Mopile9 是 Patrick Ooi 于 2009 年成立，现已成为马来西亚近年来重要的成功型创业公司之一，其员工人数只有 16 人，主要是提供消费者通过电脑或移动设备联网上传或下载移动应用程序、手机铃声、屏幕保护程序、影音和桌面等多种增值软件。由于市场上存有多种不同类型的移动设备，消费者不易找到可兼容于自己移动设备的软件。有别于其他移动应用软件商店，Mopile9 会首先询问消费者目前所使用的移动设备后，再提供兼容的移动软件，支持的移动设备包括智能手机、平板电脑和电子阅读器。

Mopile9 主要收入来自广告，提供移动程序开发商不同的广告和后台管理方案。截止到 2012 年，Mopile9 全球的活跃用户数量每月就有 4600 万，大多来自美国和印度等国。前三大下载内容分别为移动应用程序（65.2%）、主题背景（15.5%）和桌面（7.9%）。2012 年，Mopile9 又推出免费通信软件 Mobile9 messenger，内置 10000 多件和 20 多种主题式文字信息和影音节目，如特殊节目、招呼语、搞笑幽默等不同聊天情况，目前约有 4000 万用户。

Mopile9 从创业之初就一向致力于不断改进搜寻移动应用程序，2013 年又推出以社群推荐为搜寻基础的 Jazz My App 和网页，让用户能够快速搜寻到最新及时下载最受欢迎的 iOS、Android、Windows Phone 和 BIack Berry 移动应用程序相关信息（包括免费和收费软件），如限时免费下载、折扣和大型活动相关的移动应用程序，用户也可通过下载、推荐、评论或分享，让其他群体也能快速发现移动应用程序信息。Jazz My App 的界面设计采用图像式社群 Facebook 的风格，已从 PIay Store 获得 500 万下载量的佳绩，其社群推荐机制是参考用户浏览器所登入的 Facebook 和用户书签工具 Bookmarklet 组合记录，以及汇集 100 多个主要的科技议题微博，如 The Next Web、Mashable 和 Tch Crunch 所推荐和最具话题性的移动应用程序，取代直接从移动应用软件商店搜寻。

### （二）My TeKsi

My TeKsi 在 Distimo 所发布的马来西亚 Google Play 在 2013 年 8 月交通类软件排名中位居第一，My TeKsi 是由两位马来西亚哈佛商学院毕业生于

2011年创办。为一款出租车预约服务的移动应用程序，包括乘客方面的 My TeKsi Passenger App，该创业计划曾获得哈佛商业竞赛第二名，并得到马来西亚直辖区中部交通合作社联盟（GKBMB）的大力支持。

My TeKsi 主要诉求为通过移动设备的 GPS 技术提高出租车载客安全及应用效率，让出租车司机利用手机上网接收乘客订单，通过 My TeKsi 平台提供消费者更多乘车信息与车辆所在位置，并可降低出租车车队管理成本，减少绕路耗油费用，以及事先得知每笔订单的收费与利润。对乘客而言，不仅获得叫出租车的便利性，还可利用 My TeKsi 将所搭乘的出租车路线通过移动设备或短信分享给亲友，提高乘车安全性。

目前与 My TeKsi 合作的出租车司机有 2500 人，服务范围覆盖马来西亚首都吉隆坡以及布城、雪兰莪和森美兰地区，平均每天可获得 10000 笔预约出租车的订单，每天净利约 10000 令吉（约合 3100 美元）。相似服务的软件开发同行有 Hopcab、Taxi Manger 和 Easytaxi，因此市场竞争激烈。当使用 My TeKsi 的出租车司机同时下载其他同行移动应用程序时，My TeKsi 会跳出视窗要求删除，作为应对同行的对策。

在政府积极推动下，马来西亚通信网络基础建设比东盟其他国家成熟得多，消费者在应用网络服务的活跃程度已接近邻国新加坡，马来西亚本土网络内容以新闻信息、电子商务居多，消费者拥有网上银行的现象也较为普及，网络用户在网上购物方面也比印度尼西亚、越南和泰国等活跃，显示出马来西亚的网络、宽带等环境较为成熟。

近两年，来马来西亚政府为了刺激国内的数字环境的打造，除了持续提升移动网络质量，还提供相关补贴措施，鼓励年轻人购买智能手机，带动消费者对于移动应用程序的需求。马来西亚的运营商也开始积极推出移动应用程序相关的服务，如马来西亚电信运营商 CeIcom 与多媒体运营商 MDeC、第三方移动应用软件商 My App Zil 共同合作，在 2012 年 12 月举办第一个以马来西亚开发团队为主的"App Developer Challenge 2012"Android 移动应用程序开发竞赛，并提供专业课程扶植本国移动应用创业团队。显示出马来西亚本国移动应用开发商与创业团队的相继崛起，提供本地化的移动应用服务，如购物、美食搜寻、预约出租车等。

## 三、马来西亚国家新闻社网站的新闻传播

### （一）马新社英文网

马新社作为马来西亚一家大型的新闻机构，其英文网站新闻内容丰富。新闻时效性极强，更新方式除了新闻标题及图片外，还有滚动新闻及视频直播。

马新社网站编辑风格如下：其版面主题颜色为红色，版式风格规整，分三栏。实时要闻居左 1/3 竖栏，通常为红色标题配新闻图片，有简要新闻导览的方式呈现；新闻导读占中间 1/3 竖栏，以文字链接形式排列，浅灰底，红色分类标题；右 1/3 竖栏为 Bernama News，以视频新闻的形式进行新闻播报。其网站通常有四屏，含有要闻、分类新闻、广告等版块信息。

### （二）马新社中文网

马新社于 2004 年 6 月开始推出马新社中文资讯服务（mandarin.bernama.com）。马新社中文网除了作为政府与华人社会沟通桥梁，扮演直接传达政府政策的媒体渠道外，还通过互联网为马来西亚国内外的华文读者提供即时、准确的新闻信息。其通过多种平台，如互联网、手机短信、WAP、GPRS 等传播新闻资讯。

马新社中文网的主页标题栏为引人注目的红色，标题栏仅呈现马新社的 Logo、中文名、域名信息，暂无广告位。其下紧接黑色菜单栏，包含日期、搜索、马新社英文网链接等信息。主页新闻信息等分两竖栏，版式规整简洁，共两屏。其中，首屏左 1/2 栏为"头条新闻"，以深蓝色标题加图片及文字导读的形式呈现；右 1/2 栏为马新社新闻频道同步直播视频。此外，马新社中文网主页第二屏主要为分类导航新闻标题信息，分类导航栏以红色方块加黑色版块标题呈现，各类版块其下以绿色箭头加墨蓝色文字链接新闻标题的形式进行编辑。包含"普通新闻""党团文告""财经""国际"和"特稿"版块。

马新社中文网首页仅有两屏，且无广告位，仅进行新闻信息的传播。

### （三）马新社新闻网站

马新社新闻网站通常采用红色作为头条标题颜色，以黑色作为版面主题颜色。头条新闻文字与图片相结合，图片的大小与新闻内容相适应，头

条新闻的呈现,所配图片为一张。此类新闻,话题范围一般只涉及中马两国。对于中国热点问题的呈现和反应,除评议性新闻采用较长篇幅(1500字左右)之外。首页头条中的此类内容的出现,大多以简短而吸引眼球的方式呈现。首屏配合一张较大图片和新闻标题,在传播形式上,更容易吸引人的注意力。而且,其整篇新闻内容,字数多控制在 200 字左右,是一种用较少的篇幅,转发或者阐述较为重大新闻热点的表现方式。

马新社新闻网站中,对于涉华政治、经济的关注较高,其次为文化新闻。除部分经济内容和少量教育方面的新闻内容之外,半数以上是关于政治交流的内容。马新社新闻网站版面格局相对集中,对华政治方面内容主要以图文并茂的形式出现在头版头条位置,传播内容包括两国国家领导人的政治互访和有关两国政治热点问题的评议。经济和文化方面的内容,主要以标题形式出现在网站首页头条,一般没有图片,多用一句话概况新闻大致内容。

通常马新社对中国国内信息的关注会来源于中国的主流媒体,报道的新闻内容篇幅多为一屏以内,基本客观全面地传递了新闻信息的原貌,涉华新闻的态度也是友好的。可见马新社对中国政治经济的关注相对比较重视。对高层政治新闻内容的积极转载,也说明无论是马来西亚政府还是新闻机构抑或是马来民众,对于中马关系都是持积极态度的。

# 第七章　新加坡新闻史

## 第一节　新加坡概况

新加坡共和国（Republic of Singapore），简称新加坡。新加坡位于亚洲东南部，马来半岛南端，是一个岛屿国家，全国由64个岛屿组成，其中新加坡岛最大，占全国的面积接近89%，另外附近的63个小岛总面积约占全国的11%左右。新加坡的北边是马来西亚，中间相隔的是柔佛海峡，南边与印度尼西亚的苏门答腊隔海相望，中间相隔的是新加坡海峡。新加坡岛东西长，南北窄，东西长40余公里，南北宽20余公里，陆地总面积700多平方公里，是一个热带城市国家。新加坡位于马六甲海峡出入口，是印度洋进入南太平洋的重要通道，新加坡陆地海拔低，地势平坦，常年高温潮湿多雨，属于热带海洋性气候，新加坡平均海拔为15米左右，最高海拔163米，海岸线长度约200公里，年平均气温24~27℃，日平均气温约26~27℃，年平均降水量2345毫米，年平均湿度84.3%。

"新加坡"一词由梵语"Singapura"（信可补罗）演变而来，原意是"狮城"的意思。新加坡族群复杂，从现有史料看，新加坡最早叫淡马锡，先后是属于室利佛逝王朝、暹罗、柔佛王朝的一部分，当时的居民爱用梵语作为地名。传说当时室利佛逝王朝的一位王子外出环游，乘船到新加坡岛时看见岸边有一头"异兽"，便询问当地人，当地人告诉说是"狮子"，狮子具有雄健、勇猛的个性特征，王子认为这是一个吉兽，也是一个吉兆，于是决定建设这个地方。

其实，开埠前的新加坡历史可追溯到3世纪左右，根据中国东吴将领康泰写的《吴时外国传》记载，当时海外蒲罗中已有土著居住。后来，新加坡学者许云樵考证，《吴时外国传》中记载的蒲罗中是马来语"Pulau Ujong"汉译词语，因此蒲罗中是新加坡岛最古老的名称，意为"马来半岛末端的岛屿"。后来，随着人类交往与航海技术的发展，亚洲、欧洲以及非洲埃及的商人陆续来到东南亚，进行陶瓷、香料、丝绸、茶叶等各地特产的交易，打破了室利佛逝苏丹王国对东南亚贸易的垄断。新的贸易伙伴与贸易路线呼之欲出，到13世纪，新加坡河口也逐渐成为一座世界贸易交往的港口聚居地——"Temasek"，其意为"海城"，成为廖内群岛和马来半岛南柔佛腹地的出口门户。由于交通方便，新加坡逐渐成为商业口岸，印度人、阿拉伯人、中国人都来这交易各国特产。新加坡逐渐繁华起来并成为水上枢纽，同时也成为北面中南半岛暹罗与南面爪哇岛满者伯夷两大强国的觊觎之地。14世纪末，满者伯夷占领了新加坡，不久北方强大的暹罗挥师南下赶跑满者伯夷，占领了新加坡。14世纪初叶，一位来自中国的商人汪大渊到达后，根据"Temasek"音译将其称为"淡马锡"，同时还把其居留地称为"龙头"，并说当时已经有中国人在这里居住。后来，室利佛逝的王子拜里米苏拉来到淡马锡建立新的马六甲苏丹王朝，成为新加坡的统治者，新加坡又变成了马六甲苏丹王朝的属地。新加坡已立足于纷杂的东南亚各贸易港口之列。16世纪，西方海上强国兴起，葡萄牙首先打败苏丹王朝，占领马六甲，苏丹国王退到柔佛，因此18—19世纪新加坡又是马来柔佛王国的一部分。19世纪初，英国空前强大起来，看中新加坡。1819年，英国东印度公司的史丹福·莱佛士率领舰队抵达新加坡，强行登陆并设立贸易站。1824年，英国正式占领新加坡。新加坡沦为了英国的殖民地，英国除了将新加坡作为英在远东的转口贸易商埠外，还将新加坡作为英国在东南亚殖民扩张的主要军事基地。第二次世界大战爆发后，日本在1942年赶跑了英军，占领新加坡，但二战结束日本投降后，英国又恢复了对新加坡的殖民统治。1963年，新加坡与马来亚、沙捞越、沙巴签署协定，共同组建马来西亚联邦。1965年，新加坡又退出联邦，脱离马来西亚，成立新加坡共和国。新加坡是一个多元文化、多种族的移民国家，新加坡居民人种源流复杂，但主要由马来血统、华族血统、印度血统的人组成。目前，华人比例超过70%，是以华族为主体的多民族国家。为促进民族团结与交流，目前，新加坡实行双语制，即母语加英语的双语政策，英语是民族共同语言。①

## 第二节 新加坡报业发展史

1819年，英国开埠新加坡将其作为自由港，英语被英国当局定为殖民地的官方通用语，英文媒体自然得到了最优先的发展。开埠后的半个多世纪内，先后出现过的英文报刊即达14种之多，而同时期其他语种的媒体基本没有。后来伴随着马来人和印度人的移入，马来文报纸与印度泰米尔文报纸也随之创办起来。不过，由于人口数量较少，马来文报与泰米尔文报的发展一直受到严重制约，两报的种类和发行量都非常有限。后来随着中国福建、广东等沿海华人纷纷南下迁入，华人人口逐渐超过了本地的马来人，接近3/4的华人人口比例，使新加坡成为海外华人最集中的聚居地。随着华人的增多，华文报纸也随之大量出现，先后出现千报迭出的繁荣局面。据新加坡政府网站的不完全统计，新加坡开埠（1819年）至1996年在新加坡先后出现过的华文报刊其总数累计多达1027种，数量上超过海外华文报刊总数的1/4，居世界第一位，遥遥领先。1959年，新加坡取得自治与1965年建国后，英语被新加坡确定为国家行政用语。1982年，新加坡政府又将英语作为中小学教学的第一媒介用语在全国全面推进，英文报纸逐渐超越华文报纸，并取得强势地位。如今，英文报已是新加坡占主导地位与起主流作用的报纸。②

### 一、英文报纸

1.《新加坡纪事报》（"Singapore Chronicle and Commercial Register"）（1824—1837）。《新加坡纪事报》是在新加坡本地出版的第一份报纸，是

---

① 新加坡概况数据主要来自外交部网站"新加坡概况"，网址：http://www.fmprc.gov.cn/web/gjhdq_676201/gj_676203/yz_676205/1206_677076/1206x0_677078/。
② 本节资料数据主要来自：赵新秋、郝晓鸣：《新加坡大众传媒研究》，中国传媒大学出版社，2012；李勇：《多语并存与华文争艳：新加坡新闻事业的历史与现状》，载《惠州学院学报》（社会科学版）2008年第1期；张允若：《新加坡报业十五年》，载《外国报业研究专刊》1997年第2期。

新加坡新闻事业的先驱，新加坡报业的开山鼻祖。《新加坡纪事报》创刊于1824年1月1日，创刊后几年内一直是双周刊。1831年1月6日，《新加坡纪事报》改为周报。1837年9月30日，《新加坡纪事报》停刊，前后出版共计13年。

2.《新加坡自由报》（"Singapore Free Press"）(1835—1869,1884—1962)。《新加坡自由报》是资产阶级自由主义新闻理论的产物。英国占领新加坡之后一直标榜新加坡是自由贸易港，但直到1835年才宣布撤销《言论限制令》，威廉·纳皮尔等人为纪念英国殖民地政府撤销针对报刊出版的限令，1835年10月创办了《新加坡自由报》，周刊。随着新加坡第一份报纸《新加坡纪事报》的没落，《新加坡自由报》曾在长达十年的时间里一直都担任与保持着作为新加坡主流报纸的角色与地位。

根据学者何桂春的《鸦片战争史论文专辑续编》记载，1839年6月林则徐虎门销烟时，允许沿海居民和外国人到现场观看。当时美国奥立芬洋行股东金也专门从澳门赶到虎门看热闹，并对中国人言出必践的办事方式感慨良多。金写给朋友的一封信1839年7月25日就发表在《新加坡自由报》上，在信里，金就具体描述了自己所见的销烟情形，"沿海居民，观者如堵"，并感慨地说："当崇奉耶稣教的那些政府正在生产这种毒药的时候，而这位异教的君主，竟不屑于以它出售，来为他的国库博取不下于2000万元的收入。"可见《新加坡自由报》当时"客观中立"的办报态度。

英国占领新加坡，宣布新加坡为自由贸易港，殖民当局为招揽劳动力制定了新的移民方案，中国福建、广东沿海不少华人纷纷举家南下移民新加坡，即下南洋，当时的《新加坡自由报》就有报道。如学者吴明罡考察出，1853年，一位福建厦门的商人带着妻儿家眷南下新加坡，可能这位厦门商人的家眷在当时是首批移居新加坡的华侨女性，在新加坡引起了很大反响，《新加坡自由报》就报道了这一消息，说是"几个缠着小脚的中国夫人的出现引起了某种轰动"。

3.《海峡时报》（"The Straits Times"）(1845年至今)。《海峡时报》于1845年7月15日创刊，创刊时是周报，1858年1月起改为日报。目前是新加坡第一大报，也是新加坡殖民地时期创刊的各语种报纸中唯一生存至今的报纸。《海峡时报》出版至今已有 160 多年的历史,其创始人是当时在新加坡经商的亚美尼亚人卡奇克·摩西。《海峡时报》创办时的名称是《海峡时报和新加坡商业新闻》,8 张对开,内容上主打商业贸易。创建之初,《海峡时报》的发展一直不景气。当时,《新加坡自由报》的周平均发行量为 400 份左右,而《海峡时报》的周平均发行量不到 100 份,不到《新加坡自由报》的 1/4。从 1845 年到 1870 年的 20 多年的时间里,《海峡时报》多次易主,转换报人,加之当时经济的不景气,《海峡时报》濒临消亡。但到了 19 世纪 70 年代,《海峡时报》逐渐走出困境,发行量激增。1942 年 2 月 20 日,英军向日本投降后,《海峡时报》改称为《昭南时报》和《昭南新闻》,1945 年 9 月新加坡恢复英国统治后复名。

4.《新加坡日报》(1865—1882)。办刊时间短,现有资料不详。

5.《海峡观察家》(1874—1897)。办刊时间短,现有资料不详。

6.《东方太阳报》(1966—1971)。办刊时间短,现有资料不详。

7.《新加坡先驱报》(1970—1971)。办刊时间短,现有资料不详。

8.《新国家报》(1972—1982)。办刊时间短,现有资料不详。

9.《商业时报》(1976 年至今)。1976 年 10 月 1 日创刊的《商业时报》,以商人、经理、投资者为服务对象,内容上主要提供经济讯息,重点关注新加坡国内、东南亚地区和国际的经济发展情况和重大经济资讯,是新加坡唯一的财经日报。

10.《新报》(1988 年至今)。《新报》创刊于 1988 年 7 月 26 日,采用小报版式,每日早晨发行,发行之初针对的主要读者是蓝领大众。《新报》以其独特的视角闻名,此外,《新报》还发行两份副刊,一份是《出发》主要针对学生,刊登教育界新闻;另一份是《第一》主要刊登娱乐新闻、影视新闻及评论。

11.《新报星期刊》(1999 年至今)。《新报星期刊》是《新报》的周末版,创刊于 1999 年 4 月 11 日。内容上紧跟时尚潮流,善于报道富有人情味的热点话题。

12.《塔布拉鼓》(2008 年至今)。塔布拉鼓是一种双片打击的印度乐器,《塔布拉鼓》以印度这一乐器命名,创刊于 2008 年 10 月,由报业控股旗下泰米尔日报有限公司出版，是一份免费的英文周报，以印度新移民为主要读者和服务对象，主要为外籍印度人提供了新加坡本地的新闻，如教育、财产、交通等，以满足印度移民社群的信息需求。

### 二、马来文与泰米尔文报纸

1.《土生回教徒》(1876—1895年)。1876年创刊的《土生回教徒》是新加坡最早的马来文报纸，是印度和马来混血人种创办的周报。印刷上模仿英文报纸的格式，采用平版手工印制，内容上集中为阿拉伯世界的信息。《土生回教徒》的读者主要集中在马来人、阿拉伯人、印度人以及讲马来语的土生华人。资料记载，当时新加坡马来语学校的阅读资料较少，《土生回教徒》在推动马来语普及教育与马来语语法规范等方面起到了积极的作用，一时间还成为当时马来语学校主要的辅助读物，共学生阅读。

2.《马来先锋报》(1907—1921，1939—1969)。《马来先锋报》1907年创办，是英文报《新加坡自由报》的马来文版，起初每周三刊。1915年9月，为适应第一次世界大战对于新闻需求的增加而改为日报，1921年停办。1939年，《马来先锋报》再次创办。新加坡脱离马来西亚联邦独立建国后，《马来先锋报》的业务从新加坡转移到吉隆坡，其新加坡版一直出版至1969年。

3.《马来论坛》(1914—1931)。《马来论坛》创办于1914年，日报，与《马来先锋报》一样深受西方办报模式的影响，采用平实的马来文报道国际时事，通过马来人的声音代表马来人的利益，深受马来中产阶层的拥护，因此被当时的马来语学校选为教材。

4.《每日新闻》(1957年至今)。《每日新闻》于1957年7月1日创刊，是一份面向新加坡当地马来社群的马来文报纸，是新加坡的马来社区关心时事、发表意见的新闻平台。《每日新闻》内容广泛，但主要集中于新加坡国内、东南亚地区以及国际上发生的重大时事政治、体育娱乐及宗教文化等话题。

5.《每日新闻星期刊》(1960年至今)。《每日新闻星期刊》创刊于1960年7月10日，内容主要针对马来社群的休闲、生活、家庭故事。是《每日新闻》的周末版。

6.《马来亚时报》(1930—1941)。《马来亚时报》于1930年创办。整个20世纪30年代，马来文报刊发展迅速，十年间，马来文报纸有如雨后春笋般不断涌现，前后共有81份报纸创刊。这些刊物基本上以都市报为主，但生命力都不长，其中影响较大的就是《马来亚时报》。

7.《泰米尔之声》(1935年至今)。新加坡的印度族群大多讲英语，接受的是英语教育，因此其本族语言报纸——泰米尔文报纸市场发展动力不足，在新加坡报业发展中也一直处于弱势地位。1935年创办的《泰米尔之声》是新加坡目前唯一还存在的泰米尔文报纸，读者对象主要为广大的印度社群，也是新加坡印度泰米尔族群体发声的新闻平台，其新闻信息主要涵盖了国内外时政、娱乐新闻与体育等内容。

8.《泰米尔之花》(1964—1980)。除了《泰米尔之声》，新加坡历史上另一份泰米尔文报纸是《泰米尔之花》，1964年创办，创刊16年后，1980年被新加坡文化部宣布停止出版。主要原因是市场空间狭小，经营不善以及内部矛盾不断，报纸的编辑团队与报纸老板马来西亚巨商彼莱在编辑出版权益及财务利益上等争执不断，没能协商解决。

### 三、华文报纸

新加坡开埠之后，中国福建、广东等沿海华人积极南下新加坡创业与就业。1824年，新加坡华人人口就首次超过当地的马来人，新加坡成为海外华人最为集中的聚居地，新加坡也成为以华族为主的多元种族的国家。到20世纪之交，新加坡华人人口已基本接近新加坡各种族人口的3/4，随着华人人口的增多，华文报纸也大量涌现。

#### （一）新加坡华文报业的起源期

新加坡华文报刊的历史最早可追溯至1837年。19世纪初，外国传教士纷纷在东南亚国家及中国沿海创办华文报刊。1833年，英国传教士郭实腊在广州创办了《东西洋考每月统计传》。1837年，《东西洋考每月统计传》转向新加坡发展，成为新加坡历史上第一份华文月刊。后来，到了十九世纪四五十年代，新加坡又先后出现了华文报纸《地方日报》和《日升报》。

这时期的华文报刊都有一个共同点,即它们的创办人不是华人,都是外国传教士,而且这些报纸存在的时间都很短。

新加坡发行的第一份中文日报是 1881 创刊的《叻报》,它标志着海外华人办华文报的开始。因此,《叻报》也被广大华人誉为"南洋第一报"。

新加坡古称"石叻"或简称"叻",《叻报》即"新加坡的报纸"的意思。创刊号现已失传,现存最早的一份列号 1724 的《叻报》出版于 1887 年 8 月 19 日。《叻报》的创办人为薛有礼,1932 年停刊。每日发行,创刊时日销量不佳,仅为 50 份,两年后 1889 年发行量 350 份,七年后的 1894 年发行量也才升到 450 份。但当时新加坡发行千份以上的报纸几乎没有,而《叻报》的办报历史长达 51 年,因此《叻报》在世界华文报刊史上具有里程碑的意义。

《叻报》的创办人为祖籍厦门的华人薛有礼,别名崇仪。他的父亲薛荣樾,祖父薛佛记都是当年海峡殖民地的杰出侨领。对于薛有礼办报的动机有很多猜测,有人说他是为了名,也有人说他是为了利。因此,薛有礼创办《叻报》的目的与动机值得一究。历史记载薛有礼家境殷实,从小就接受英语教育。在创办《叻报》前,就在汇丰银行谋得了买办职位,为何要辞去这份酬劳丰厚的职位去办华文报呢?根据学者陈蒙鹤的研究,她认为薛有礼创办《叻报》的动机是出于爱国精神。薛有礼虽是在新加坡出生与长大,但到了薛有礼父亲这一代时,薛家与中国的接触非常频繁。薛有礼的父亲与弟弟都曾回到祖籍厦门经商;薛有礼最小的弟弟有福则在清朝海军中服务,并且在 1884 年的中法战争中战死。这种与中国深度接触的家庭背景,从小可能就在薛有礼心中埋下了对祖国的爱慕之情,对列强侵略中国深感痛恨,于是转行创办《叻报》,就是要引导海外各地华侨,团结他们关注中国,在一定程度上与中国保持联系。正是这个因素,才能解释《叻报》在 1890 年面临停办危机时,薛有礼为什么还要毅然继续维持办下去。

### (二)新加坡华文报业的发展期

新加坡华文报纸的发展与中国国内的现实政治紧密相关。报纸是宣传的武器、发动舆论与政治动员的重要工具。1898 年,康梁主导的戊戌变法失败后,康有为等维新派人士在国内待不下去流亡东南亚,重新创建保皇组织，其中大力创办华文报刊进行舆论宣传，为他们的君主立宪思想继续鼓与呼。与此同时，以孙中山为首的革命党人也非常重视争取舆论，针对康有为与梁启超等人的保皇行径，为了巩固和发展革命力量，争取舆论支持，纷纷来到马六甲、新加坡南洋等地建立宣传阵地制造革命舆论，与保皇派开展论战，争取广大华侨的支持。加上海外华侨的爱国热情，从而掀起了南亚各地华侨的办报高潮。在这样的政治背景下，1898年戊戌变法失败后至1911年辛亥革命前后，新加坡华文报刊自然也取得了较大的发展。

在此期间，康、梁的保皇派在新加坡先后创办了《天南新报》（1898—1905）与《南洋总汇报》（1905—1947）等报刊，作为保皇派的舆论宣传阵地。针锋相对地，革命派也不甘落后，相继创办了《图南日报》（1904—1905）、《中兴日报》（1907—1910）、《星洲晨报》（1909—1910）和《南侨日报》（1910—1911）。其中，1907年创办的《中兴日报》是同盟会新加坡支会的机关报，是在孙中山先生的直接关心下创办的。当时革命党的许多骨干如胡汉民、陶成章、汪精卫等都为它撰稿，与保皇派的报刊展开了激烈的论战。可见，当时新加坡华文报业具有浓厚的中国政治色彩，广大华侨高度关注祖国的前途与命运。在论战中，这一时期的新加坡华文报业的办报质量与发行量都有了很大的提高与突破，也将新加坡华文新闻事业带入了发展期。

1911年的辛亥革命虽然推翻了腐朽无能的清王朝，但没有给中国社会带来安宁与繁荣；相反，由于军阀割据，中国陷入了长期的动荡，特别是1931年日本法西斯发动九一八事变积极侵华，意图吞并中国。1937年抗日战争全面爆发，国家危亡、民族危机，东南亚各地华侨再次爆发巨大的爱国热情，也掀起海外抗日救亡运动的高潮。舆论宣传的需要与新加坡华文报业的发展吸引了一大批中国文人和报人南下，也再次促使新加坡华文报业呈现出蓬勃发展的景象。其中，新加坡最早的商业性华文报纸《南洋商报》和《星洲日报》就在这一时期出现。其中，1923年9月6日创刊的《南洋商报》最负盛名，它由新加坡华商、著名的爱国华侨领袖陈嘉庚先生创办，1941年还聘请了著名政论家曾胡愈之出任主笔，当时影响极大；在《南洋商报》与陈嘉庚先生的影响下，这一时期华文小报迅速发展，如雨后春笋。自 1925 年新加坡第一份小报《消闲钟》出现到 1929 年的四年间，有数据显示，新加坡的小报先后创刊多达 89 种。与此同时，另一著名侨领华商胡文虎先生也积极投身报业，于 1929 年 1 月 15 日在新加坡创办了《星洲日报》。日本侵华战争全面爆发后，也入侵东南亚，1942 年 2 月日本打败英军，占领新加坡，日军的侵占也打断了新加坡华文报业蓬勃发展的进程。在三年半的日本占领期间，日本军方全面接收新加坡报刊，出版了英文《昭南新闻》、华文《昭南日报》与日文报纸，为日本军国主义做美化与宣传，使得新加坡华人华文报业陷入完全的沉寂。1945 年日本投降后，英国人重返新加坡，《南洋商报》和《星洲日报》同时复刊。此外，又有一些新的华文报纸纷纷创刊，数据显示，从日本投降到 1959 年新加坡宣布自治前的 15 年中，先后出现的华文报刊多达 414 种，其中日报有 19 家，非日报有 77 家。[①]

**1880—1957 年 32 种新加坡华文日报**[②]

| 排 序 | 报 名 | 创刊、停刊时间 |
|---|---|---|
| 1 | 叻报 | 1881—1932 |
| 2 | 星报 | 1890—1898 |
| 3 | 天南新报 | 1889—1905 |
| 4 | 日新报 | 1899—1901 |
| 5 | 图南日报 | 1904—1905 |
| 6 | 南洋总汇报 | 1909—1947 |
| 7 | 中兴日报 | 1907—1910 |
| 8 | 星洲晨报 | 1909—1910 |
| 9 | 南侨日报 | 1911 |
| 10 | 振南日报 | 1913—1920 |
| 11 | 国民日报 | 1914—1919 |

---

① 贲强：《新加坡华文报刊与报人》，新加坡海天文化企业私人有限公司，1993，第 7-9 页，第 161-163 页。
② 赵靳秋、郝晓鸣：《新加坡大众传媒研究》，中国传媒大学出版社，2012，第 83-84 页。

续表

| 排 序 | 报 名 | 创刊、停刊时间 |
|---|---|---|
| 12 | 新国民日报 | 1919—1940 |
| 13 | 南铎日报 | 1923—1925 |
| 14 | 南洋商报 | 1923—1983 |
| 15 | 星洲日报 | 1929—1983 |
| 16 | 民国日报 | 1914—1919 |
| 17 | 星中日报 | 1935—1941 |
| 18 | 中国日报 | 1945 |
| 19 | 华侨日报 | 1945—1947 |
| 20 | 新民主报 | 1945—1946 |
| 21 | 地方日报 | 1945 |
| 22 | 民报 | 1946 |
| 23 | 公报 | 1946—1947 |
| 24 | 中南日报 | 1946 |
| 25 | 南侨日报 | 1946—1950 |
| 26 | 星洲晚报 | 1947 |
| 27 | 南侨晚报 | 1947 |
| 28 | 中兴日报 | 1947—1957 |
| 29 | 南方晚报 | 1950—1960 |
| 30 | 益世报 | 1951 |
| 31 | 新时代报 | 1955 |
| 32 | 星马日报 | 1957 |

## （三）新加坡华文报业的转型期

1965年8月9日，新加坡退出马来西亚联邦，在复杂的国际、国内环境中独立建国。人民行动党从1959年开始执政，独立建国后，政府更是充分认识到新闻传媒的强大威力,对新闻媒体的政策发生变化,开始整顿新闻业以实现对舆论的有效控制。团结各族人民,克服困难,建设发展新国家,开始对新闻媒体进行严格的管制,在涉及种族、宗教、语言、共产主义等诸多敏感的政治问题上,新加坡政府认识到必须要能确保对舆论的把控。新加坡报业开始迈向垄断,逐渐由私营上市公司报业控股垄断。报业控股旗下的华文报纸主要有:《联合早报》《联合晚报》《新民日报》《我报》等。

1.《联合早报》。《联合早报》是新加坡主要华文综合性日报,现主办人是新加坡报业控股公司。《联合早报》的前身是1923年陈嘉庚创办的《南洋商报》和1929年胡文虎创办的《星洲日报》。1983年《南洋商报》与《星洲日报》合并,合并后共同出版的报名为《南洋·星洲联合早报》,简称《联合早报》。《联合早报》办报风格上理性见长、较为客观中立,除新加坡本埠发行之外,在中国大陆、香港也有发行。《联合早报》的日均发行量约为20万份,《联合早报》的电子版在中国阅读量较高,中国的改革开放与经济发展,以及《联合早报》站在海外看中国的华人视角,为其提供了稳定的高端读者群及商业机会。为了吸引华人读者的注意,编辑策略上,《联合早报》近几年都在不断加大对中国新闻的报道力度。有学者曾对联合早报网的首页进行内容分析,发现关于中国新闻量的比例超过40%,而其新加坡本地新闻的比例约为20%。

2.《联合晚报》。《联合晚报》由新加坡报业控股发行,1983年3月16日创刊。20世纪90年代,因报业市场竞争激烈,改走小报路线,主要报道地方新闻和娱乐新闻。注重新加坡,中国内地、香港、台湾与马来西亚等地艺人的新闻,热衷八卦新闻和娱乐化手法,所以一些报道的真实性有时受到质疑。

3.《新民日报》。《新民日报》创刊于1967年3月18日,新加坡下午报,由香港著名小说家金庸与新加坡商人梁润之一起创办。先由新加坡报业控股发行,《新民日报》成立时曾因连载金庸的武侠小说而名噪一时,现在以小报的形式,报道各种新闻事件,文字通俗,注重信息的娱乐性,风格轻松、贴近生活。对体育及足球特别关注,在新加坡球迷中占有一定的地位。

4.《我报》。《我报》创刊于 2006 年 6 月 1 日,是新加坡第一份免费发放的华文报纸。2008 年 1 月 8 日,《我报》改版为中英文双语报纸,成为新加坡首份乃至东南亚首份双语免费报纸。《我报》办刊上关注民生与侧重时尚,英文版对西洋娱乐圈的新闻较多,中文版对中国大陆及港台、韩国、日本东北亚地区娱乐圈较关注。

## 第三节　新加坡广播电视与新媒体发展史

新加坡虽然是一个全球化程度很高的国家,国家竞争力也位居亚洲之首,但由于国土面积极其狭小,人口也少,广播电视的发展一直就受到极大的限制。

### 一、新加坡广播业的发展

新加坡本埠的第一座电台是由英国马来亚广播公司于 1935 年创建。马来亚广播公司是一家商业机构,由海峡殖民地政府与英国政府合办,定期广播开始于 1936 年 6 月 1 日,1940 年新加坡英属殖民地政府购买了这座电台。二战开始后,1941 年到 1942 年新加坡沦陷期间,新加坡电台再次转入马来亚广播公司经营。

新加坡沦陷后,1942 年到 1945 年是英军撤退日军占领期间,新加坡电台被日军当局强制改名为"昭南放送局",变成宣扬日本文化的工具,极力美化日军的侵越战争。直到 1946 年日本战败投降后,新加坡电台又重新回到英殖民政府的控制之下,更名为马来亚广播电台。马来亚广播电台总部设在新加坡,拥有一个中波频道和一个短波频道,信号可以覆盖整个马来半岛。随着马来亚联邦 1957 年独立后,马来亚广播电台也一分为二,分成马来亚广播台和新加坡广播台,马来亚广播台搬迁到吉隆坡,原马来亚广播电台录音室更名为新加坡广播台接管。两年后,1959 年 1 月 1 日开始迁到新址办公。1963 年,新加坡同马来西亚、沙巴、沙捞越组建马来西亚联邦,分开的两家电台又合并,但时间短暂。合并期间,电台更名为马来西亚电台,以华语、英语、马来语及泰米尔语播出,按语言划分,共设立 5 个频道,即英语频道、华语频道、马来语频道、泰米尔语频道、四语混合频道,其中华语频道同时也播方言,主要中国方言,如闽南语、客家语、福州话、粤语、潮汕话等等。1965年8月9日,新加坡退出马来西亚联邦独立建国,马来西亚电台也再度分解,原新加坡广播台又重新命名为新加坡广播台。如今新加坡广播电台已发展成新传媒电台,经营3个国际电台与12个国内电台。

成立于1994年2月1日的新加坡国际广播电台是新加坡唯一的短波电台,设有三个频道,从事海外短波服务,进行对外宣传。用华语、英语、马来语及印尼语播音,节目内容以时事、生活资讯以及音乐为主。随着互联网信息技术的发展和民众接收信息习惯的改变,新加坡国际广播电台的听众数量也越来越少,2008年7月31日新加坡国际广播电台正式停播。

## 二、新加坡电视业的发展

新加坡的电视开办于1963年2月15日,开办时只有一个频道。八个月后,1963年11月又开办了第二频道。1974年,开始播出彩色电视节目。1976年,两套节目的播出全部彩色化。电视节目除新闻节目外,主要为戏剧、综艺、儿童教育、体育和文化等几大类。1971年,新加坡在其旅游胜地圣淘沙建立了卫星地面站,实现了通过通信卫星接收或发射实况电视节目。1980年5月1日,新加坡电视开始播送天气预报。1981年,新加坡广播局又投资兴建了一个大功率的调频发射塔。[①]

市场竞争中,为了与卫星电视抗衡,新加坡于1991年建立了有线电视公司,第二年,建立了新加坡第一个无线付费电视网。1992年4月,新加坡有线电视公司开始通过UHF波段提供三个频道的付费电视服务。1995年6月,新加坡有线电视公司正式获得有线电视经营执照,开始在全国范围内铺设宽带光纤同轴混合网。2000年4月,资讯通信发展管理局授予新加坡有线电视公司公共电信执照的资格。[②] 如今,新加坡最大的广电集团是新传媒集团,业务涵盖广播、电视、电影、网络与新媒体,其中亚洲新闻台比

---

[①] 马元和:《新加坡的广播和电视》,载《现代传播》1983年第1期。
[②] 赵新秋、郝晓鸣:《新加坡大众传媒研究》,中国传媒大学出版社,2012,第133—134页。

较有影响力，覆盖了亚洲 20 多个国家与地区。

### 三、新加坡新媒体的发展

新时代，新加坡政府十分重视通信技术与科技的发展。世纪之交，新加坡政府启动了遍及全岛的新加坡综合网建设项目，大力发展光纤互联网与新媒体业务，取得了突飞猛进的发展。2009 年手机普及率就达到 100%，国际网络准备能力指数连续多次排名全球第二，2015 年开始排名世界第一，通信资费，按人均国民总收入的占比算，全世界最低。《联合早报》网站 1995 年就开始上网，已成为世界著名的华文网站，《联合早报》的微信公号"狮说新语"每天推送 6~8 条新闻，平均每条的阅读数都上万次。

# 第八章 文莱新闻史

## 第一节 文莱概况

### 一、文莱的地理历史

文莱，古称渤泥，国名为文莱达鲁萨兰国（Negara Brunei Darussalam），位于加里曼丹岛西北部，北临南中国海，东南西三面与马来西亚的沙捞越州接壤，并被沙捞越州的林梦分隔为东西两部分。海岸线总长约162公里，有33个岛屿，沿海为平原，内地多山地。14世纪中叶伊斯兰教传入，建立苏丹国。16世纪初国力处于最强盛时期。16世纪中期起，葡萄牙、西班牙、荷兰、英国等相继入侵。1888年沦为英国保护国。1941年被日本人占领。1946年英国恢复对文莱的控制。1971年与英国签约，获得除外交和国防事务外的内部自治。1984年1月1日完全独立，国土面积比较狭小，只有5765平方公里。

文莱人口约有45.95万人（2019年）。其中马来人占65.8%，华人占10.2%，其他种族和外籍人占24%。文莱官方语言是马来语，通用英语，华语使用较广泛。华语多为闽南话，因为文莱华人绝大多数是来自中国福建和广东的移民及其后裔，所以他们之间的通用语是福建话（闽南语）或客家话。文莱国教为伊斯兰教，其他还有佛教、基督教、道教等，人民有宗教信仰自由。

文莱首都是斯里巴加湾市（Bandar Seri Begawan），位于文莱—摩拉区，面积100.36平方公里，人口约14万人。原称文莱市，从17世纪起即成为文莱首都，1970年10月4日改为现名。

文莱行政区划分区、乡和村三级。全国分为4个区：文莱—摩拉区

（Brunei-Muara）、马亚奕区（Belait）、都东区（Tutong）、淡布隆区（Temburong）。各区设区长分别负责区内的日常行政事务，由内政部办公室统筹管理。文莱－摩拉区：面积 570 平方公里，人口 22.41 万人，占总人口数的 66.2%。此区由文莱首都斯里巴加湾市和麻拉区组成。该区是文莱人口最多的行政区，也是文莱政治、文化和商业中心。马来奕区：面积 2.724 平方公里，人口 6.83 万人，占总人口数的 20.2%，位于文莱的最南部，主要由诗里亚镇和瓜拉巴来镇组成。该区是文莱的经济中心，文莱的石油和天然气开采和生产都集中在此区内。都东区：面积 1166 平方公里，人口 3.64 万人，占总人口数的 10.8%，主要集中在都东镇。该区是文莱土著的聚居区。淡布隆区：独立于其他三个区，被马来西亚林梦地区分隔，面积 1305 平方公里，人口约 0.96 万人，占总人口数的 2.8%。主要出产木材和建筑用的沙石。

## 二、文莱的政治

苏丹在独立时宣告文莱永远是一个享有主权、民主和独立的马来伊斯兰君主制国家。独立以来，苏丹政府大力推行"马来化、伊斯兰化和君主制"政策，巩固王室统治，重点扶持马来族等土著人的经济，在进行现代化建设的同时严格维护伊斯兰教义。

1959 年 9 月 29 日，文莱颁布第一部宪法。1971 年和 1984 年，分别进行重大修改。宪法规定，苏丹为国家元首和宗教领袖，拥有全部最高行政权力和颁布法律的权力。设立有宗教委员会、继承与册封委员会、枢密院、立法院和内阁部长会议，协助苏丹理政。2004 年 9 月，立法院第一届会议审议并通过宪法修正案，内容涉及司法、宗教、民俗等多个方面，共 13 项内容，包括赋予苏丹无须经立法院同意而自行颁布紧急法令等法令的权利；制定选举法令，让人民参选从政；将立法院扩大到 45 人，由委任议员 30 人和民选议员 15 人组成。文莱司法体系以英国习惯法为基础。一般刑事案件在推事庭或中级法院审理，较严重的案件由高级法院审理，文莱民事案件最终可上诉至英国枢密院。最高法院由上诉法院和高级法院组成，此外，设有伊斯兰教法院审理穆斯林的宗教案件。

文莱奉行不结盟和同各国友好的外交政策。主张国家无论大小、强弱，都应相互尊重。1984年2月24日加入联合国，重视联合国的作用。1984年1月7日成为东盟第六个成员国，与东盟各国关系密切，视东盟为外交基石，主张通过东盟实现地区稳定、繁荣与团结。2006年7月至2009年7月任中国－东盟关系协调国。文莱系亚太经济合作组织（APEC）和亚欧会议成员（ASEM），重视维护地区和平、安全与稳定，对区域性经济合作持积极态度，主张各国实行贸易、投资自由化和开展经济技术合作。文莱支持联合国改革，希望通过改革加强联合国的地位和作用，提高联合国的效率和活力，认为安理会改革应多倾听中小发展中国家的声音，增加发展中国家的代表性。文莱重视同中国、美国、日本等大国关系。文莱积极发展同伊斯兰国家间的关系，是伊斯兰会议组织成员国，同时是英联邦和不结盟运动等国际组织成员国。

### 三、文莱的经济

文莱经济以石油天然气产业为支柱，主要有制造业、建筑业、金融业及农业、林业、渔业等。2014年，文莱国内生产总值约196.94亿文元，人均GDP约3.71万文元，其中石油、天然气收入占GDP的66.7%，油气出口占出口总额的96.2%。2016年，文莱经济出现2.5%的负增长。为摆脱单一经济束缚，近年来文莱侧重油气下游产品开发和港口扩建等基础设施建设，推动伊斯兰金融及清真产业、物流与通信科技产业、旅游业发展等，积极吸引外资，促进经济向多元化方向发展。经过多年努力，文莱非油气产业占GDP的比重逐渐上升，特别是建筑业发展较快，成为仅次于油气工业的重要产业。此外，服装业亦有较大发展，已成为继油气业之后的第二大出口收入来源。旅游业是文莱近年来除油气业外大力发展的又一产业。文莱政府采取多项鼓励措施吸引海外游客赴文莱旅游，主要旅游景点有独具民族特色的水村、王室陈列馆、赛福鼎清真寺、杰鲁东公园等。面对复杂国际经济形势，文莱提出"2035宏愿"发展战略，促进经济多元化发展。

文莱货币为文莱元，与新加坡元实行1∶1汇率挂钩。

中国与文莱于1991年9月30日建交。建交以来，两国关系稳步发展。

双方高层接触频繁，各领域友好交流与合作不断扩大。两国经贸合作不断拓展。

## 第二节　文莱的新闻出版管理

在文莱广播电视行业实行"政治宗教"管理模式，也就是把政治体系和宗教系统糅合成一种理念，使这一理念在社会的运行中达到完全的协调。"从狭义上说，政治宗教就是国家宗教，在世界各民族历程中几乎每个国家都有国教，国教的教义是政治信念。政治宗教是以超现实的政治理想和最终的政治目标为政治理性和政治价值的信仰体系，以及为贯彻这一政治信仰而建立的一套组织、权力形态和意识制度。"在文莱，政治权力与宗教权力紧密结合，两者在权力的各个主要层面完全重叠。文莱苏丹被赋予了最高的宗教职能，宗教起着维护意识形态稳定和延续官方权力的政治功能，在实践中与权力阶层相互协调、相互支撑。

文莱虽较早地进入了发达国家之列，但在现代化的各种思潮冲击着全球各个角落的今天，文莱人在政治体制上依然固守着穆斯林君主制和伊斯兰的传统文化。文莱社会成分比较复杂，文莱政府在这样多民族构成的社会中，尽力让穆斯林的思想意识和伊斯兰教传统成为神圣的文化符号，在民众中形成巨大的震慑力或者说凝聚力，它所依靠的主要力量除了国家机器以外，很重要的依靠力量就是媒介。

文莱于1909年沦为英国的殖民地，英国殖民者虽然取得了主管政府的权力，但伊斯兰宗教方面的事务仍然由本地人主管，说明宗教力量已根深蒂固，外人无法轻易插手。

从1962年文莱起义起，文莱的新闻媒体就受到苏丹·哈桑纳·波尔基亚（Sultan Hassanal Bolkiah）政府的严格管控，比如关于警察暴力、生活方式和社会事件的新闻报道几乎没有不同的观点，记者几乎不对政府进行批评。众议院自由民主监督下的文莱媒体并"不自由"。

1984年文莱独立，成为东南亚唯一的由王室掌权的国家。独立以后，政府凭借着集权的统治和至高无上的宗教体系来维持原有的意识形态和价值观。首先，它在政治和法律上筑起篱笆防止异族思想的进入，如取消议会，不允许政党注册，虽然在1985年做出了一些让步，但仍然限制公职人员参加政党；政府反复宣称，文莱人民生活富足，不需要政党。其次，政府在意识形态方面将宗教思想和国家权力的合法性交织在一起，使宗教直接为国家权力服务。伊斯兰教是文莱的国教，也是君主政治的理论依据，文莱苏丹将忠君思想融合在伊斯兰教的精神之中，宣扬君权神授，人民必须无条件地接受苏丹的统治，政府不允许人民对王室治国这一基本原则提出任何质疑，并且强调文莱人生活的核心就是伊斯兰教信仰、忠君思想和文明礼貌，任何人不得破坏这一生活方式。再次，政府利用教育和媒介作为宣传伊斯兰教和君主思想的主要阵地，政府在唯一的一所大学和所有的中学都开设了伊斯兰教政治思想课程，全体学生都必须修读这门课。教育能够使文莱的下一代人接受伊斯兰的传统。媒介，作为意识形态的一个主要部分，自然也被渗透在伊斯兰君主制的思想中，而且在法律的监护下担负着将伊斯兰的思想渗透到社会的各个阶层的任务。

## 一、新闻出版法规

### （一）保卫王室和伊斯兰教的新闻法规

媒介是信息的传播渠道，是大众发表意见的论坛，也是受众思想交流的场所。新闻媒介由于它独特的社会传播性和信息渗透性，向来是政府重点管控的范围，同时，它也是统治者推广其意识形态的得力助手。文莱政府也同样通过体制的建构，有效地将媒介管控于王室的管辖范围内。文化青年体育部是文莱媒介的政策制定者，该部下设有广电信息厅，对全国各媒体进行监察。文莱的新闻法规，从维护伊斯兰教国教地位和王室的权威角度出发，要求新闻媒介在日常的操作中严格遵循王室和伊斯兰教的各种规则。有关的法律特别是涉及媒介的法律是守卫国家统治的锐利武器，在文莱不仅仅有单独的出版法和报纸法，还有一系列保卫王室和伊斯兰教的法律将媒介的日常运作限定在政府的管辖之内。关于媒介的法律，集中体现在以下六部法律中。

1. 本地报纸法

该法首先规定了本地报纸在登记、新闻采访、出版和发行等方面的政策。根据该法，出版报纸需要登记，并缴纳五万文莱元的押金。它与暴乱法第四条第一款连接起来规定，任何本地报纸计划或表现出有引诱、怂恿任何人犯法或者帮助任何人改变宗教信仰的趋向，地方官员都可以在检察官的指控下命令该报停刊，时间不得超过6个月。报纸被停刊时，官方将收缴所有的机器、设备、纸张、印刷资料、书籍、文件和各种用来印刷报纸的物件。不过，暴乱法也规定只有在给予报纸的所有者或者编辑解释的机会后才能下达此项命令。对于作者，该法规定：任何人在本地报纸发表了影响公众舆论或扰乱公共秩序的虚假消息都将受到起诉，除非他能提供让法庭满意的证据，说明他在此前采取过措施证明了该消息的真实性。

2. 社团法

此法规定了对非法社团的处罚条例。非法社团是指在没有登记的情况下举行宗教仪式、使用徽章、社团名称或者授予某人职务的3人或3人以上的团体。该法还规定如果政府认为某社团有涉嫌恐吓、勒索、危害社会稳定和文莱人民的利益，或者某社团的行为与它表明的目的不一致时，就可以公开宣布该社团属违法。

3. 暴乱法

暴乱是指从事或企图从事反对苏丹和王室的战争、剥夺苏丹对国家的主权、威慑政府、收藏武器、招集士兵，隐瞒此类事件或知情不报都属此罪。

暴乱法第三部分规定：引起他人憎恨、蔑视苏丹和王室，引起对政府和法庭的不满，引起文莱居民之间的不满和敌对情绪都属有罪。但是，依照法律程序或者立法机构本着纠正错误的态度指出政府或宪法的错误是无罪的。

暴乱法第四部分甚至规定，任何人说过有暴动意向的话，或者印刷、出版、出售、提供、分发、复制及拥有与暴乱有关的出版物都将被认为有罪。

4. 出版法

任何进口、出版、出售、提供、散布、制作被禁止的出版物或拥有被禁止的出版物的人都将被认为对该出版物的内容和该内容的性质是知情的和违法的。被禁止的出版物包括与公众利益相违背的刊物和文章。

5. 国内安全法

该法的第二部分第一章规定，如果苏丹认为有必要阻止某人危害文莱的国家安全，官方就可以命令逮捕此人，此命令的有效期为两年。第二章规定，官方有权要求媒介提供娱乐和影视品。"影视品"是指大众可以接触到的书籍、字画、电影或文章。官方可以在认为某影视品对国家利益有害的时候关闭有关的部门。

该法的第四章授权警察在没有许可证的情况下，可以逮捕任何被发现从事或企图从事或教唆别人去从事犯罪活动的人。警察可以在没有许可证的情况下搜查任何个人、车辆、飞机和任何建筑物。

6. 公共秩序法

此法第四部分规定，任何有关颠覆国家的言论、行为，进口、制作、出售、散发此类文章都是有罪的。

从整个与媒介有关的法律条文来看，所有的规定都是防备媒介或者社会团体反对王室和伊斯兰教的行为而采取的惩治措施，没有一条提到媒介作为大众信息传播机构所享有的权利。所以文莱的媒介制度实际上是保卫王室和伊斯兰教的戒律。这一点在所谓的"敌对的危险人物法案"中表露得更为突出，该法案规定：官方可以在适当的时候限制它所认为对文莱利益和和平具有危险的人的活动范围，可以持许可证逮捕此类人或将他移至特定的地方。在紧急情况下，只要苏丹认为对公众有利就可以做出如下决定：检查、控制、镇压出版物和媒体；逮捕、拘留或驱逐"危险人物"。

在文莱还没有发生过报纸被关闭、记者被逮捕的事情，外国出版物和记者也很少遭到驱逐，媒介的主管部门——广电信息部还从没有采取过针对媒介的行动，文莱官方因此而认为这是媒介自由的一种表现。但是，政府的强力控制导致新闻事业发展相对较慢，媒介规模很小，大众的信息和娱乐渠道相对较少。按照文莱的人均国民收入水平来看，只有一家日报和一家电视台还远远不能满足受众的需要，因此，文莱人常常收听邻国的广播。为此，文莱广电信息部开始尝试与其他机构合作，开放文莱的媒介市场，并引进国际媒介，建立起有效的信息流通渠道，因而广电业在媒介的发展中得到比较优惠的政策。

**（二）媒介发展的契机：以传播宗教般的热情兴办广电业**

媒介的发展受国家政治制度的制约，媒介的兴衰更是由国家的意识形态决定。文莱人依靠石油的出口而富甲一方。然而媒介并没有得到相应的发展，文莱没有通讯社，没有官方的新闻俱乐部。在印刷媒介方面，文莱早期的报纸大都生存短暂。由于文莱的特殊情况，直到今天除了一些具有经济头脑的人以外，老百姓中间尚未形成读报习惯。而比较起来，广播电视在发展中得到了政府的慷慨解囊，原因之一是发展广播电视有助于维护文莱王室的威望，为政府与下层民众的沟通提供有效的渠道。

## 二、新闻行政机构和管理体制

文莱的行政机构分为中央、区、乡、村四级。全国的新闻出版和文化工作由首相府及文化、青年与体育部分别统一管理。首相府是文莱行政系统的中心，由正部级的苏丹特别顾问具体负责，指导和协调各部门工作，协助苏丹处理日常行政事务。苏丹的行政命令一般都通过首相府宣布。首相府还直接管辖14个部门，其中包括文莱广播电台、文莱电视台和文莱新闻局。

文莱媒介的政策制定者是文化、青年与体育部，主管文化艺术。下设语言文学局、语文图书局、体育与青年局、文莱国家博物馆，另设一个文莱历史中心和文莱艺术与手工艺中心。其中语言文学局负责推动文莱的马来语、文学和文化的发展，举办马来语、马来文学与诗歌的研讨会。语文图书局负责向全国提供图书服务，出售各种刊物、杂志和儿童读物。文莱国家图书馆据说尚在筹建之中，目前由国家语言文化局负责向国民提供图书借阅。该局在全国4个区均设有分支机构，并提供图书借阅的城乡流动服务。该局拥有30多万册藏书，其中英文和马来文的图书约各占一半，其余文种的图书只有1000多册。

文莱政府对新闻出版媒介实行比较严厉的管理，强调文莱人生活的核心就是伊斯兰教信仰、忠君思想和文明礼貌，任何人不得破坏这一生活方式。并制定了一系列法律条文作为保障，如本地报纸法、出版法，以及社团法、暴乱法、国内安全法、公共秩序法的有关条款等。

## 第三节　文莱报业发展史

文莱的新闻业统一由政府新闻局管辖，政府的新闻政策经由新闻局贯彻。新闻局下设新闻部、联络部、国际联络部及行政部等。目前，文莱共有各类杂志和出版物20多份。主要报纸有《文莱灯塔报》《文莱达鲁萨兰简讯》《每日新闻摘要》《今日文莱》《婆罗洲公报》和《文莱时报》等。文莱的报刊绝大部分都是政府办的，比如《佩丽达周报》《政府新闻公报》以及供文莱驻外使领馆和外国驻文外交机构参阅的《政府文摘》等。此外，马来西亚中文日报《星洲日报》《国际时报》《美里日报》《诗华日报》设有文莱新闻版，在文莱发行。文莱还有大量进口的外国刊物、出版物，包括来自欧洲、亚洲其他国家以及美国的出版物，以丰富人民的阅读内容。

### 一、文莱报纸媒体的发展情况

国家的意识形态制约着媒介的发展，媒介的兴衰更是由国家的意识形态决定。因而，文莱的报业走过了简单的历程，其发展一直处于低潮。

#### （一）独立前的文莱报业

1929年在文莱发现大油田后，英国资本开始集中投入到文莱，开采石油、生产橡胶和开办银行。直至1963年以前，勘探和开采文莱石油的垄断权属于英国的"壳牌石油公司"。该公司在当时文莱的经济和社会政治生活中，占有十分重要的地位。除了石油工业之外，这个公司还掌握着海运、空运、汽车运输、公路和发电站，并且在商业和服务业中也拥有一些企业。该公司还设有培训初级技术人员的教育中心、职工子弟学校、医院、俱乐部、职工住宅区，并出版一份《萨拉姆周刊》，该刊于1955年开始出版。

文莱独立前共创办过六份报纸。1948年出现了"文莱第一份印刷媒体"或称为"第一个文字形式的阅读物",它是英国殖民统治的总督为他的下属出版的沟通信息的官方新闻信。1954年文莱又出版了一份《文莱新闻》("BRUNEINEWS"),或者叫"BERITABRUNEI",但是到了1958年这份报纸就悄无声息地停刊了。另一份短期出版过的报纸是《每日星报》(1966—1970,后被政府关闭),都只维持了短暂的几年。其余三份报纸在独立后得以生存下来:一份是由文莱文化、青年与体育部下属的广电信息厅出版的官方报纸、马来语的《文莱灯塔》周报。其发行量在20世纪80年代仅4000份,90年代增加到45000份,但都是免费赠送的。另一份是英文的《文莱新闻报》,发行量10000份。另外还有一份是1954年由一家私人公司创办的英文报纸《婆罗洲公报》,它虽然是私营报纸,其接受政府资助,基本上反映政府的观点和立场。该报在1990年改为日报,发行量共30000份,其中18000份在文莱市区发行,其余的在马来西亚的沙巴州和沙捞越,以及新加坡、印尼等东南亚国家发行。除此之外,文莱报刊市场上还有5000~6000份外国报纸和杂志在销售。

文莱新闻社是文莱唯一的官方新闻机构,创建于1959年。

**(二)独立后的文莱报业**

文莱政治有着浓郁的伊斯兰教特色,隶属政府的媒体宣传机关也围绕着这一"核心"运转。和其他许多性质同样的媒体一样,媒体机器所起到的作用是,把文莱人民团结在马来穆斯林君主制(即领导集团)的周围,围绕国家发展的中心,重点报道发展成就,为政府提供与人民交流的渠道。其性质决定了内容,使得文莱的报纸不仅没有煽情新闻,连政治新闻都很少。人民富裕的生活、安全的社会环境以及高速的经济发展成就等信息组成了报纸媒体传播的主要内容。文莱独立以后,经常参加国际性的会议,这也为本地报纸提供了一些新的内容。报纸有传播信息、宣传、舆论监督,进行思想交流、娱乐、服务等功能。而文莱的报业只发挥了其中一部分作用。整个文莱报业因为构成成分太少,就像缺乏营养的躯壳一样处于萎缩的状态。

绝大部分文莱报刊都是政府官办,比如《佩丽达周报》《政府新闻公报》,以及供文莱驻外使领馆和外国驻文莱外交机构参阅的《政府文摘》

等 20 多份杂志和出版物。这些报刊的发行量从一万左右到四五万份不等。1985 年 10 月创刊的《文莱达鲁萨兰简讯》为英文双周刊，由首相府新闻局主办，发行量有 1.2 万份，免费提供受众索阅。《每日新闻摘要》是由首相府新闻局主办，每天印发 200 份（英文版），主要供政府内部参阅。英文月刊《今日文莱》由首相府新闻局主办，主要介绍文莱国情的综合期刊。此外，文莱政府还出版了一份《政府公报》。

全国报纸和刊物的出版发行机构均集中在斯里巴加湾市，主要的报刊有《婆罗洲公报》《文莱灯塔》《文莱新闻》等。唯一的一份私人办的报纸叫《文莱新闻》，这份报纸起初是周报，发行量为三四万份，后来改为日报，发行量减为 9000 份。马来西亚中文日报《美里日报》《诗华日报》《国际时报》《星洲日报》设有文莱新闻版，在文莱发行。

文莱作为亚广联的成员，可以与该组织的成员国相互提供新闻。由于地域及历史原因，文莱与马来西亚通讯社联系密切。此外，文莱还大量采用西方通讯社的新闻。世界上和本地区发生的较重要新闻，文莱媒体也都及时予以报道。

## 二、目前文莱的主要报刊简介

### （一）文莱出版社有限公司（Brunei Press Sdn Bhd）

文莱出版社有限公司是文莱最大、最知名的报纸出版商及印刷公司。公司旗下拥有《婆罗洲公报》和"Media Permata"。

1.《婆罗洲公报》（"Borneo Bulletin"）

《婆罗洲公报》是文莱出版社有限公司旗下的一份英文日报。《婆罗洲公报》于 1953 年 11 月 7 日以周报的形式正式发行，其创始人为两个英国人：威廉·弗雷德里克·让尼戈（William Frederick Runagall）和杰弗里·威尔·克尔（Geoffrey Weir Kerr）。让尼戈曾在新加坡从事印刷出版工作，他离开新加坡后到文莱马来奕和克尔创办了这份文莱新闻报纸。而克尔之前是在文莱诗里亚的壳牌石油公司任信息主管。创办伊始，该报仅为一份周报，主要的读者目标群为在文莱石油城——马来奕区工作的外国人。半个多世纪以来该报一直是文莱达鲁萨兰国最有影响力的大众媒体。

1959年，该报创始人将当时已经拥有12个版面和3500份发行量的《婆罗洲公报》出售给了新加坡《海峡时报》。之后，该报扩版到40页以上，包含广告版，每周星期五发行。1983年，文莱第一家上市公司QAF从《海峡时报》购买已经上市的文莱出版集团的部分股权。

1990年，《婆罗洲公报》发展成为日报，而QAF公司则获得了该报的全部股权。现在，《婆罗洲公报》日发行量为2.5万份，周末发行量为3万份。

《婆罗洲公报》是报道文莱本国、本区域和国际新闻的主要媒体。该报有七个版，分别为本地新闻、本国新闻、本区域新闻、世界新闻、金融、分类信息和体育。除了本地新闻和一些婆罗洲新闻外，其他大部分版块多为国际新闻报道。为避免触怒文莱政府，该报进行选题自审。但是编辑们常会收到一些批评政府处理某些社会、经济和环境问题的来信，有时政府也会回应一些关于社会或环境问题的公众舆论。

现在《婆罗洲公报》使用英文、马来文出版，日发行量7万份。《婆罗洲公报》已经演变成为文莱国内最值得信赖、影响力最大、最为重要的纸质媒体，其读者群也在不断增长。

《婆罗洲公报》网站于1995年上线，《婆罗洲公报》印刷版中的所有版块和文章在网站中均可查找。该网还可链接其他文莱新闻网站，也是文莱的本地ISP网站之一。

目前，《婆罗洲公报》还有周末版和周日版。

2. "Media Permata"

"Media Permata"是文莱出版社有限公司旗下的一份马来文日报。该报关注当地新闻和马来文化。从1998年7月起，该刊于周一至周六出版，以满足日益增长的马来人口对教育和娱乐的期望。周六版有一个特殊的名叫"Suasana"的版块，有16页，该版块主要提供生活和娱乐新闻。

（二）《文莱时报》（"The Brunei Times"）

《文莱时报》是继《婆罗洲公报》之后，在文莱发行的第二份英文报纸。《文莱时报》于2006年7月创办，也是文莱第二大报。该报关注政治及商业等话题，主要为读者提供商业和金融资讯。此外，《文莱时报》还涉足新闻分析、评论、专题报道、教育等领域。文莱时报股份有限公司（Brunei

Times Public Limited Company）拥有该刊，它也是亚洲新闻联盟（Asia News Network）的成员。《文莱时报》面向文莱达鲁萨兰国地区出版，读者数量超过1.5万，主要为政府工作人员、商业人士及学者，在文莱具有较为广泛的影响力。

2006年7月1日到16日《文莱时报》以"新思想、新选择、全球视野"为办报宗旨，在文莱加东市场进行了免费试发。文莱内政部长在该报的发行仪式上表示，《文莱时报》将对促进文莱国内思想和观点的交流起到十分重要的作用。

2007年，《文莱时报》进行了一系列的改革。3月28日，《文莱时报》在其新印刷厂印刷，变单页大报为版式简洁的报纸。2007年4月，《文莱时报》与文莱卫生部密切合作报道联合国第一届全球道路安全周的研讨会。2007年5月31日至6月2日间，《文莱时报》被指定为国防部BRIDEX国际会议的官方媒体。

2007年7月《文莱时报》一周年庆，推出了《文莱时报》教育计划（BT-NIE）。在市场竞争的压力和自身求变的环境中，7月1日《文莱时报》改版，其报头、内容的设计展现了新的企业形象，该报增加了4个版面的内容来满足受众对国内新闻的需求。BT-NIE教育计划是：在两个赞助商的支持下，每天有400份《文莱时报》被派送到31所文莱中学。通过BT-NIE计划，将有越来越多的私立和公立学校学生免费阅读到《文莱时报》。

2010年7月，《文莱时报》四周年庆，该报进行了又一次改版。之前，该报每版仅为12页，从2010年7月1日起，工作日该报增加2个版块，每个版块24页。

该报也拥有自己的网站，推出《文莱时报》网络版。

《文莱时报》（"Brunei Times"）于2013年10月1日发布英文特刊，热烈庆祝中华人民共和国成立64周年。

2013年10月1日《文莱时报》英文特刊

  特刊共分8个版面，主要包括"中国－东盟关系""中国梦""中秋佳节""神舟十号"等热点话题，以及中国驻文莱大使郑祥林国庆前夕接受该报的专访，内容涵盖中文关系、中国经济前景、南海问题等当地民众关注的话题。华为科技（文莱公司）、武汉长江航道局等当地中资企业也纷纷刊登广告祝贺国庆。

  特刊全面展现了一年来中国经济、社会、科技及法制的进步和中文两国务实合作成果，表达了中国政府对内致力于推进经济结构调整、推进经济转型升级的决心，对外致力于发展中国－东盟关系、同世界共享"中国梦"的信心，在当地社会引起强烈反响。

《文莱时报》英文特刊

2014年10月1日,文莱英文报《文莱时报》("The Brunei Times")和中文报《联合日报》分别发行特刊,介绍中华人民共和国成立65周年来中国在各个方面取得的巨大成就。

2014年10月1日《文莱时报》英文特刊

中国驻文莱大使郑祥林在特刊上发表国庆节致辞,详细介绍了当前中国国内经济形势及产业结构调整、中国周边外交政策、中文关系等。特刊还刊登一系列文章,介绍中国经济改革成就、科技进步成果、中国-东盟关系、21世纪海上丝绸之路等热点话题,以及近年中文经贸合作取得的成果。

## 第四节　文莱广播电视发展史

文莱广播电视台创建于1957年5月,开始每月播音超过30小时,以马来语、英语、华语和尼泊尔语播音。在马来奕区还设有一个专门为英国廓尔喀部队广播的英国军队广播服务台。从1975年起文莱电视台开设彩色电视频道,播放马来语和英语节目。自2001年7月起,文莱广播电台正式推出网上广播,全球各地可通过网络收听文莱广播电台的节目。此外,文莱广播电视观众还有多种电视收看方式的选择，如付费电视、卫星电视、邻国的免费收视电视。

## 一、文莱广播电视发展历程

比起报刊媒体，文莱广播电视得到了长足的发展，主要原因是发展广播电视有利于维护文莱王室的威望，同时也可以提供政府与下层民众沟通的主要渠道。

### （一）广播在文莱既是现代化战略的一部分，又是政府传播宗教信仰的主要渠道

1950年以前，文莱人只能收听邻国马来西亚沙捞越和沙巴州的广播或者通过短波收听海外电台。第二次世界大战日军侵占了文莱，造成了文莱人民生活的贫困和社会的混乱。日军对文莱人民的压迫刺激了文莱权力阶层富国强民的欲望。二战后，文莱第二十八世苏丹——被称为现代文莱之父的苏丹·奥玛·阿里·赛义夫汀·凯瑞·瓦登（Sa'adul Oma Ali Saifuddien Khairi Waddien）决意将文莱建设成现代化的国家。他所采取的第一个改革措施是推动制定文莱的第一步宪法。该宪法于1953年开始实施，为文莱走向独立奠定了基础；1953年，他又制订了文莱的第一个五年计划。在这个计划之前，文莱有数量众多的文盲，政府无法通过报纸将国家发展的新计划宣传到家家户户，因而，唯一的途径是创办广播电台。于是，广播被作为国家现代化战略的一部分，被批准立即投入建设。政府请来了新加坡广播电台和英国马科尼公司的两个专业人员创办了文莱唯一的广播电台——文莱广播电台。它的发射机只有2千瓦，用中波发射，广播从一开始就显示了它与王室和宗教的关系，在首次播出的节目中，文莱苏丹向文莱人民致以伊斯兰节日古尔邦节的祝贺并致贺词。经过一个月的试播后电台正式开播，每天早上8:00开始播音，当初每天只播出45分钟，唯一的广播语言是马来语。但广播很快就迎来了它发展的高潮，当年年底，电台增设了45分钟的英语广播。接着，华语方言，包括客家话、福建话、广东话，本地语言如怡保话等也逐渐成为电台的广播语言。几个月以后，电台又购置了20千瓦的发射机，在离首都68英里的南面也安装了一台低功率的发射机，并于

1963年增加一台10千瓦的短波发射机。这样，文莱广播电台的节目便可以覆盖到整个国家以及与邻国的接壤部分。

1962年，文莱举行了一次大选，Rakyat Brunei党取得压倒性的胜利，该党的竞选方针是要求政治改革、与马来西亚的沙捞越和沙巴州联盟。这些政策遭到当时在位的苏丹凯瑞的反对和拒绝后，该党在印度尼西亚军队的协助下举行了起义，但起义很快被英国军队所镇压，从此国家大选被停止。这次起义让政府意识到，有必要利用广播电台提高王室的威望，让更多的民众支持王室，以增强王室和国家的凝聚力。于是文莱广播电台加强了马来语的广播，增加了播音时间和效忠王室的宣传内容。在起义期间，政府关闭了当时唯一的日报《每日星报》，使广播再次成为政府独一无二的宣传渠道。为了扩大听众的范围，政府甚至想向人民批发出售一种小型收音机，让住在穷乡僻壤的人民也能够买得起收音机，听得到政府的声音。1970年10月，文莱在乡村举行了一次听众调查，结果发现乡村收音机的拥有量在不断增长。1972年，文莱收音机的拥有量达每百人11部。

### （二）受邻国电视的"逼迫"而诞生的文莱电视台

文莱的三面被马来西亚所包围。从20世纪70年代开始，缺少新闻和娱乐的文莱人民逐渐向马来西亚电视靠拢，成为邻国电视台的观众。据统计，文莱国内当时大约有3000台电视机，到1974年电视机的拥有量迅速增长到1万台。

这种情况显然对文莱政府不利。为此，1975年，文莱政府以飞快的速度批准建立了本国电视台，并同样从英国和新加坡请来了电视工作人员。英国的BBC为文莱电视台提供了节目部、制作部、摄影部以及音响和监管方面的人才。此外，还有来自中国香港和马来西亚的广播电视专业人才。

文莱政府意识到，电视是宣传国教、培养人们忠君爱国精神的最佳渠道。在当年的国家计划中政府给广播电视拨出了5000万文莱元（约合3030万美元）的财政预算，占整个国家预算的100%。有雄厚的经济实力做支撑，文莱电视台得到长足的发展，当年就增加了一台电视发射机，使覆盖范围扩及整个国家。1990年，广播电视的财政预算仍有3400万文莱元（约合2344.6万美元），广告收入达250万文莱元（约合172.4万美元）。文莱电视台因而拥有世界上最先进的技术设备，它在东南亚地区第一个使用彩电技术，也是较早开始采用卫星技术的电视台。

1984年国家独立时，为了减少殖民色彩，文莱电视台实施了"本地化"的政策，即让本地人接替在电视台掌握着高级职位的外国人。外国职员可以辞职，也可以降低职务继续服务，并领取同样的工资，但多数外国职员还是选择了回国。为此，文莱创办了两个培训班，一个培训技工，另一个培训新闻和节目制作人员以使文莱人能够胜任过去由外国人担任的工作。直到1985年以前，文莱还没有大学，广播电视的专业人员都由马来西亚的"广电发展亚太学院"或者由欧洲的学校培训。

### （三）浸透着伊斯兰教思想的文莱媒体

伊斯兰教是文莱国家意识形态的核心，它融汇着忠君效国的价值观。因此，隶属于政府的宣传机器就围绕着这个"核心"运转。正如其他许多有着同样性质的媒体一样，它所起到的作用是，将文莱人民团结在穆斯林君主制的周围，以国家发展为中心，重点报道成就，为政府提供与人民交流的渠道。性质决定了内容，文莱的报纸不仅没有煽情新闻，连政治新闻都很少。人们富裕的生活、安全的社会环境以及高速发展的经济成就等构成了报纸的主要内容。独立以后，文莱频频参加国际性的会议，这为本地报纸提供了一些新的内容。广播电视是文莱媒体发展的重点。从整体来看，它们的报道比较集中地反映了文莱媒体的特色。概括起来，它们表现在以下两方面：

1. 伊斯兰教的"传经者"

1977年电视台刚建立时，官方的统计是，在19万居民中有18000台电视机，大约是9.5台/100人。1990年增加到每百人13台。但《世界新闻媒介》一书的统计远远超出了这个数字，达每百人40.2台。随着文莱人均收入的提高，电视的受众队伍在迅速扩大，它的影响力显然大过报纸。正因为如此，文莱政府将伊斯兰教的传播主要放在电视上，从一开始，电视节目就充满了浓郁的宗教色彩，如经常举行《古兰经》的朗诵比赛等。到20世纪80年代末，电视播送的时间从最早的四五个小时增加到九个小时，在本地产的电视片中，宗教内容占16%，仅次于新闻类（29.7%），而且宗节目往往占据着首要位置。每天，电视节目以朗诵《古兰经》开始，每次英语新闻开始前也要播送大约 10 分钟的宗教节目。文莱的周末是星期五和星期日，这两天电视分别在上午 11:00 和 7:30 开始，其他日子的电视要下午 4:00 才开始播放，其中周四的晚间节目从 6:30~8:30 是宗教节目，其间只插播英语新闻。所有电视节目在播放时都可能被"请祈祷"的呼声所中断，有时节目甚至被停止数分钟。

到 20 世纪 80 年代，文莱进口的电视节目占 60%，进口节目全是娱乐节目，但进口的电视剧必须按照伊斯兰教和马来文化的标准通过严格的审查。例如：影片中的接吻镜头必须剪掉，父亲吻女儿可以，但其他任何浪漫的身体接触都不行，裸露和暴力更属违禁之列。审查委员会由政府各部门，如警察局、宗教事务部等部门已退休的官员组成。除了审查委员会以外，还有一个节目观察委员会，委员们每个星期碰头一次，讨论最近播放的电视剧所产生的社会效应和其审美观。该委员会由三十个社区和不同行业的代表人物参加。

2. 政府政策和运动的推动者

让社会成员保持与政府一致的观点，最有效的办法是依靠媒体的宣传使社会成员拥有共同的观念、分享共同的目标，并统一社会活动的内容，以此增强社会成员对本社会的价值观，或者说对社会意识形态的认同感。这正是文莱媒体存在的意义。

文莱政府为广播电视规定了七大责任：

（1）全面报道、详细解释政府的计划。

（2）宣传推广与政府政策相一致的改革，引导人民在政府需要的时候改变旧的思维方式。

（3）提高公民的觉悟，促进文莱经济和文化的发展。

（4）通过教育、信息和娱乐节目丰富人民的知识。

（5）加强国家团结；

（6）提供政府与公众之间的沟通渠道，密切政府与人民之间的关系。

（7）与政府的外交政策保持一致，让世界人民了解文莱。

肩负着以上任务，文莱广播电视的特色也就蕴含在这些原则之中。首先，马来文化被作为社会的主流文化，电视的作用是不断加强政府的权威、号召人民忠诚于苏丹、尊重政府官员和老年人。由于政府担心本地土著人的传统生活方式将在城市化和现代化的潮流中被同化，电视台增加了关于传统社会的新闻报道，此类节目因为用本地语言报道而受到土著人的欢迎。其次，电视成为推动社会运动的工具，例如1990年政府发起了全国范围的文明礼貌运动，电视台大张旗鼓地播放口号、标语，并率先投入运动。从发起阶段动员民众参加，到运动高潮播放各地民众活动、宣传文明礼貌的内容及其重要性都少不了电视的参与。

**（四）技术发展与市场竞争推动文莱电视产业的繁荣**

1. 市场竞争促进广播电视产业繁荣

近年，文莱为了增加电视的收视率，《婆罗洲公报》周刊每期刊登一次马来西亚和文莱的电视节目，同时还开辟专栏选登读者关于电视节目的来信和评论。文莱广电信息部出版的马来语《文莱灯塔》报刊也登载广播和电视的详细节目表，并对即将播放的节目进行介绍，以使观众熟悉即将播放的电视节目。

2. 广播电视正在逐步实现数字化

为了在竞争中自保或求发展，东盟各国广播电视都使出浑身解数，各国的电台、电视台采用多种战略，比如纷纷采纳高新技术。目前，数字化技术已在东盟各国得到快速发展，新技术的应用为观众提供了全新形式和内容的广播电视节目。

文莱广播电视台采用了数字电视播放技术，2006年第一季度，地面数字电视广播（Digital Television Terrestrial Broadcasting，DTTB）进行了第一次试播。

3. 广播电视产业经营呈现多样化

东盟国家广播电视产业经营的多元化首先表现在广播电视机构的所有制上，东盟国家广播电视既有国家公营的广播电视机构，又有民营的完全以广告或用户付费为主要资金来源的商业广播电视机构，也有境外投资或参股开办的广播电视机构。不同的所有制，使广播电视节目内容、经营方式、传输手段更加多样化，节目覆盖能力也不断加强。

## 二、文莱广播电视简介

文莱广播电视台（Radio Television Brunei）是文莱唯一的广播电视台，也是其主流媒体，隶属于该国政府，于1957年5月开播，拥有两个广播网络；1975年，开设彩色电视频道，以播出马来语和英语节目为主。

### （一）文莱广播电台

文莱广播电台创建于1957年5月，归属于首相署，系文莱唯一的广播电台。广播电台创立之初设备简陋，每天只播音2小时15分钟，现已扩展到相当规模。目前，广播电台的播音工作已在斯里巴加湾市内的广播电视大厦内进行。广播电台配有流动录音与转播设施，还有室外广播和制作各类唱片的设备。

文莱的广播在1982年已初具规模，有两个频率，一个是马来语频率，每天播音16.5个小时，另一个是包括英语、华语和尼泊尔语在内的多语种广播频率，其中英语每天播出9小时，华语每天播出5.5小时。在都东地区，还设有无线电台转播站，以便于偏远地区居民收听节目。此外，在马来奕区还设有一个专门为英国廓尔喀部队广播的英国军队广播服务台。

文莱广播创立之初，以播送唱片为主，偶尔也会播放一些音乐会的录音，宗教节目时间比较少，每周只有半个小时，内容或者是布道或者是朗诵《古兰经》；文莱广播的大多数节目都是进口的，不仅包括录音带和唱片，而且还有新加坡的广播连续剧、英国广播公司的科技节目以及美国之音的音乐节目。广播的发展初具规模之后，为了配合伊斯兰教和传统文化的宣传，增加节目的本地色彩，广播电台开始了自创节目的阶段。它首先与宗教事务局联合制作了《古兰经的启示》《宗教杂志》等宣传伊斯兰教的系列节目；然后又制作了马来语的广播连续剧、教育节目、谈话节目、体育节目和农业节目，甚至还有请中学老师主持的猜谜节目等；为了增加本地音乐，鼓励本地作曲家进行更多的创作，文莱广播电台还组织过两次歌曲比赛，以增加听众的参与度。文莱人大约每1000人中有402部收音机，其汽车拥有量是亚洲最多的，汽车上的收音机与家庭收音机的数量一样多。另外，文莱的商店、公共汽车等公共场所都装有广播装置。

自2001年7月起，文莱广播电台正式推出网上广播，全球各地可通过网络收听文莱广播电台的节目，了解文莱政府、人民、社会及经济发展情况。

2006年文莱广播电视台采用了数字电视播放技术，于第一季度进行了第一次地面数字电视广播的试播。

### （二）文莱电视台

文莱电视台从1975年7月开始彩色电视播放业务，以英语和马来语进行播放。新的电视中心于1984年启用，位于首都市中心的文莱电视台设备齐全，拥有3个电视制作室，1个配备全套录音设备的剧场，备有流动摄影器材，设有电影与录像的剪辑室、配音室、1个彩色电影研究室和3间播音室。此外，广播电视大厦内还设有控制室、零件修配间、图书资料室和节目管理办公室等。

文莱电视节目的发射范围覆盖全国及邻近国家。电视台采用3波段、高频率、彩色画面，通过第5频道和第8频道传送。此外，还建有2个电视转播站，使全国各地的电视收视效果良好，并使邻近的马来西亚沙捞越和沙巴地区居民也能收看文莱电视台的节目。除一些娱乐性节目外，文莱电视台的节目大多为新闻、歌曲和讲经等，较为单调枯燥。国际新闻主要转播由卫星收录的英国广播公司制作的节目。音乐节目多数来自欧洲、美国和东南亚一些国家的音像公司制作的作品。目前，文莱有两家电视台，一家是政府广播电视台，另一家是转播外国电视节目的私营"水晶"（Cristal）电视台。文莱的电视台还与政府教育部合作，开设电视教学节目，为初级中学的学生提供学习英语和科学常识的机会。每天上午，为5岁以下的学龄前儿童开设特别节目。

为了扩大影响，文莱电视台从1994年1月开始通过印尼的卫星向周围地区每天播放1小时的英语、马来语节目。目前，通过卫星向周围地区转播的节目已有10个小时，电视播放的节目60%为本国制作。现在，电视台正准备采用数字电视播放技术。

1994年以后，文莱放松了对外国电视节目的控制，目前只要安装必要的译码器便可收看马来西亚电视台和中国香港地区近10个频道的电视节目，很受当地民众的欢迎。晚上收看电视节目，已成为文莱居民主要的娱乐方式。

2008年8月，文莱数字电视采用DVB-T制式进行数字电视的传输。目前，主要采用DVB-T2制式。

## 第五节 文莱新媒体发展现状

### 一、文莱新媒体发展简介

通过文莱总理办公室新闻司官员诺拉施达·阿丽奥玛于2010年3月在北京参加的第四届中国－东盟媒体合作高层研讨会中的报告，可了解到文莱的新媒体发展现状。

1997年，文莱通过了国家战略规划框架，并于2000年全面落实。文莱的IT2000暨未来愿景国家战略IT计划主要在于促进IT在公司行业的有效应用，提升人们的IT认知水平，使劳工能够掌握IT技能，促进经济发展。

文莱于2000年建立了信息技术理事会，它旨在推动并且指导国家信息技术战略计划的落实，通过这一理事会，文莱政府促进战略发展以及带领现代IT技术在全国范围内的推广。同时还建立了电子政务技术管理局，它主要为推动电子政务建设提供技术顾问。此外，文莱还建立起电子政务领导力论坛和电子政务国家中心，这些机构都是总理办公室亲自监督下建立的，也旨在为电子政务项目的发展提供清晰的发展方向。

2009—2014年电子政务战略规划的目标就是要满足政府、公众和业界三方的需要，它与2035年国家愿景相关，同时也是信息技术部的电子政务战略的一部分。

2003年1月1日文莱建立信息通信技术产业局，以促进信息产业技术的发展，也帮助发展文莱的ICT产业。文莱的新媒体受到了IT技术的发展和带动，现在，全国拥有宽带连接，新闻行业逐渐改善其读者受众的信息获取渠道，增加新媒体的信息获取渠道。

传统的媒体面临着激烈的竞争，媒体需要快速提供准确的信息，传统报纸媒体也于2006年后陆续推出在线版，并自营网站。受众可以每天通过网站看新闻。

近年，博客的数量在稳步增加。受众获得信息的渠道也日趋多元化。

另外值得关注的是：文莱网络媒体中有为数不少的网站为政府网站，如：文莱总理办公室、货币与金融委员会、金融管理局、内政部、农业部、教育部、外交与外贸部、财政部、卫生部、国防部、民航部、皇家警察部队等。

文莱总理办公室网站（http://www.jpm.gov.bn）提供关于文莱新闻、宪法、政府、各部委和部门的信息。此外，网站还包括一个简短的历史和一般国家信息。

其中，文莱卫生部（http://www.moh.gov.bn）的网站首页以动画的形式进行形象建设。

## 二、文莱快线简介

文莱快线（Brunei direct）是文莱的第一新闻网站和最大的在线媒体信息的工具，并在文莱达鲁萨兰国在线媒体领域处于先驱地位。内容包括在线分类商业信息、分类新闻、科技、娱乐、生活、每日信息等。网站每天有70000~80000人次的访问量。

文莱快线网站的每日新闻至少每天两次更新，以提供目前在文莱的最新事件的信息，同时提供其他生活信息、体育、娱乐、技术、健康和生活方式、电影、潮汐和航空公司的时间表等。目前成为商人、学生在本地和海外人群了解当地新闻和信息的最佳来源。

文莱快线网址为：www.Brudirect.com，是Ignatius Stephen在1999年4月开始创立的网站媒体之一。从2003年初开始，网站就24小时地为网民提供服务，每天有150000~250000人次的访问量。

该网站主要提供的产品和服务内容有横幅广告、商业目录、网页开发与主机、季节性促销、网络营销顾问等。文莱快线可利用专业团队所具备的专业知识，为各大公司进行互联网的营销策略的研究。

# 第九章　菲律宾新闻史

## 第一节　菲律宾概况

菲律宾①，国名为"菲律宾共和国"（The Republic of Philippines）。菲律宾是一个群岛国家，素有"千岛之国"之称，位于亚洲东南部，西濒南中国海，东临太平洋，是亚洲、大洋洲与太平洋之间及东亚和南亚之间的交通要道。菲律宾的轮廓为两个最大的岛屿，即北面的吕宋岛和南面的棉兰老岛雄踞国土两端，加上中间的米沙鄢群岛，构成菲律宾国土的躯干；由吕宋岛向西南方向延伸的巴拉望群岛和由棉兰老岛向西南方向延伸的苏禄群岛构成菲律宾国土的双腿，土地面积约30万平方公里。

至2014年7月，菲律宾全国总人口突破1亿大关，成为世界上第12个人口过亿的国家。②菲律宾是一个多民族国家，有180多个本土民族，此外还有华人、西班牙人、美国人、阿拉伯人、印度人、日本人等非本土族群。1962年，他加禄语被定为国语，英语为通用语言。菲律宾共和国的首都为马尼拉，素有"东方明珠"之称，是菲律宾最大的城市和政治、经济、文化、交通中心，地处菲律宾群岛中最大的岛屿——吕宋岛西岸。

直至16世纪西班牙入侵前，菲律宾的社会发展都处在极不平衡的状态，

---

① 菲律宾这一称号是一个西班牙的探险者于1542—1546年来到这片大陆时，为了尊崇当时西班牙的菲利浦亲王［后来成为国王的菲利浦二世（1527—1598）］而命名的。这一名称，最早出现于1554年威尼斯出版的一幅稀有的地图上。见菲律宾政府官方网站，网址：http://www.gov.ph；格雷戈里奥·F. 赛义德：《菲律宾共和国：历史、政府与文明》，商务印书馆，1979年，第7-8页。

② 《菲律宾全国总人口突破一亿》，中国新闻网，网址：http://www.chinanews.com/gj/2014/07-27/6429479.shtml，2014年7月27日。

某些内陆地区还存在原始公社制,而在南部苏禄群岛和棉兰老岛西部等处的阶级社会已经确立。在菲律宾大部分地区,原始社会正处于分解的不同阶段中,社会明显带有过渡性质。① 1521 年,麦哲伦探险队首次环球航海时抵达菲律宾群岛。此后,西班牙逐步侵占菲律宾,并统治达 300 多年之久。1898 年,美西战争爆发,6 月 12 日菲律宾宣告独立,成立菲律宾共和国。西班牙战败后,签署《巴黎条约》,美国接收菲律宾,改由美国统治(为美属菲律宾领地)。1935 年 3 月 24 日,菲律宾建立菲律宾自治邦,二战期间为日本所据(1942—1945),日本占领菲律宾后建立傀儡政权(菲律宾第二共和国)。第二次世界大战结束后,菲律宾再次沦为美国殖民地。1946 年 7 月 4 日,美国被迫同意菲律宾独立。

1965 年斐迪南德·马科斯(Ferdinand Marcos)就任二战后菲律宾第六任总统。1971 年,马科斯成功连任,同年取消总统任期只有两届的限制,不久即宣布戒严,开始独裁统治。直到 1986 年 2 月 7 日总统大选时爆发了"二月革命",马科斯出逃,阿基诺夫人科拉松·阿基诺(Corazon Aquino)在民众、天主教会和军队的支持下出任总统。此后,拉莫斯和埃斯特拉达先后按宪制当选总统。2001 年 1 月,埃斯特拉达因受贿丑闻被迫下台,副总统阿罗约夫人(Gloria Macapagal Arroyo)继任。2010 年 6 月 9 日,自由党总统候选人贝尼尼奥·阿基诺三世(Benigno S. Aquino III)当选菲律宾第 15 任总统。2016 年 5 月 10 日,罗德里格·杜特尔特(Rodrigo Duterte)当选新一届菲律宾总统,并于 2016 年 6 月 30 日就任。

菲律宾是中国的近邻,隔南中国海与华南相望,与中国自古就有邦交。菲律宾在很早以前,以吕宋、麻逸、苏禄、胡洛等地的名称闻名,3 世纪左右就同中国友好往来。早在唐朝时期,中国人就与菲律宾各地有贸易往来,在菲律宾当地,考古发掘到了 3 世纪的中国瓷器。14 世纪前后,菲律宾出现了由土著部落和马来族移民构成的一些割据王国,其中最著名的是 14 世纪 70 年代兴起的海上强国苏禄王国。1417 年(明世祖永乐十五年),苏禄群岛上的三位国王,组成友好使团,前来中国进行友好访问,受到了永乐皇帝的隆重接待。在回国途中,东王巴都葛叭哈喇不幸遭疾病故于德州。

---
① 金应熙主编:《菲律宾史》,河南大学出版社,1990,第 47 页。

永乐皇帝闻讣，深为哀悼，在德州厚葬东王，永乐皇帝亲自撰文"以垂永久"，东王亦有后人留居并入籍中国，迄今已传至21代。菲律宾驻华的许多任大使和菲前任总统马科斯的儿子都来过德州，拜祭苏禄国东王墓。这座苏禄王墓，坐落在山东省德州市城北北郊长庄乡北营村，是中菲友好历史的见证，1988年1月13日被国务院公布为全国重点文物保护单位。[①]

从10世纪至16世纪初，因为菲律宾同亚洲邻国的经济、文化联系显著加强，菲律宾史学界不少人称这一阶段为"贸易与联系的时代"。由于中国朝廷在对外交往中坚守"华夷"秩序，所以宋元时期的中菲官方交往也被纳入"朝贡"体制的框架内，尽管其实际形式往往是以"朝贡"之名行贸易之实。而正是因为同中国的紧密联系，中国典籍中留下了诸多菲律宾这一时期的相关记载。[②]由于这一时期中国文化较为强势，因此也传入并影响了此一时期的菲律宾文化。在西班牙殖民时期，西班牙殖民当局对中菲政治关系的定位不是一成不变的，它一直随着时局而变化，将中国定位为征服对象，或定位为现实的威胁，或认定为互助的朋友。而美国占领菲律宾之后，中菲关系纳入了美中关系的框架内，在近半个世纪的美治时期，中菲关系的主要内容是围绕着华人问题展开的，菲曾多次启动"排华方案"，打击华人，但前往菲律宾的华人数量整体来看仍然一直呈上升趋势。二战期间，日本推行南进政策，占领了菲律宾，中菲贸易完全停止，官方交往也全面停止。

1946年菲律宾独立后，中菲关系在冷战的国际背景下先是经历了恶化僵持期、解冻期，后于1975年6月7日总统马科斯访华而正式建交。1996年11月的APEC峰会结束后，江泽民主席随即对菲律宾进行了国事访问，成为第一次中国最高领导人对菲的国事访问。中菲在加强贸易和合作的同时，关于南中国海的主权争端也成为中菲之间逐渐激烈的争端焦点，特别是1995年美济礁事件和随后的黄岩岛争端使得中菲外交关系恶化。[③]2009年2月17日，菲律宾国会通过了领海基线法案，该法案将中国的黄岩岛和

---

① 《中国唯一的外国王墓》，中新网-华文报摘，2010年7月8日，http://www.chinanews.com/hb/2010/07-08/2390653.shtml。
② 李涛、陈丙先：《菲律宾概论》，中国出版集团，2012，第90-91页。
③ 李涛、陈丙先：《菲律宾概论》，中国出版集团，2012，第404-446页。

南沙群岛部分岛礁划为菲律宾领土，此举引起中方上下的一致抗议。此后，在域外国家的挑唆下，南海问题的持续升温，使中菲政治关系受到了一定的影响。特别是菲律宾阿基诺三世政府不顾两国长久以来的和平协议，一再采取导致争议复杂化的行动，致使两国关系再次遇冷。

2016年10月20日，菲律宾总统杜特尔特访问中国，两国签署13项双边合作文件，两国友好关系全面恢复。

## 第二节 菲律宾报业发展史

菲律宾是一个复杂的国家，无论是其政治发展还是新闻业的发展都是充满坎坷并举步维艰的。这一点在媒介学者Raul Pertierra那里，被总结得非常精辟："菲律宾是一个矛盾体，这个国家在长期的西方政体和文化实践中，成为亚洲最民主和自由的国家，它也是亚洲仅有的天主教国家，是宗教氛围最浓重的国家之一。它是世界上女性最自由的国家之一，政府、教育界及企业界当中女性居高位者众多。它的媒介因它的批评风格和自由随意而享负盛名。它在1986年发起了所谓的人民权力运动，以非暴力革命的方式激励了其他国家。它充满激情地接受并驯化了新媒介，是世界上信息发送量和使用Facebook用户量最高的国家之一。这个国家是亚洲经济较差的国家，主要靠海外工人收入支撑。它也是贪污腐败最严重的国家之一，它的政治精英连续掌权，一再赢得选举。它是唯一一个没有离婚和因为成本昂贵穷人们并不节育的国家，继伊拉克之后，于记者而言，菲律宾是最危险的国家。"①

总的来说，菲律宾的历史是一部反殖民主义侵略、反暴政的历史，它的殖民地时期从1521—1945年，长达四百余年。因此，反映国家发展的菲律宾传媒业也在国家历史的荣辱与兴衰中成长，见证了这个国家的发展进程，并形成了自己的特点。接下来，我们将在菲律宾新闻发展的历史长河中去感受它的发展脉络和存在的问题。

---

① Raul Pertierra, *The New Media, Society&Politics in the Philippines*, Fesmedia Asia Series, Friedrich-Ebert-Stiftung, Germany, 2012, P5.

## 一、西班牙殖民统治时期的报刊发展历程[①]（1521—1899）

菲律宾正式出版的报纸是从西班牙殖民主义的统治时期开始的。因此，早期的报纸带着殖民主义者深深的烙印，也展示了欧洲殖民主义者的野蛮侵略史。

西班牙人于1571年占领了马尼拉，将它作为殖民统治的中心。殖民政府的最高统治者是总督，由西班牙国王委任。正是这位独揽行政、司法、军事大权的总督将西班牙的命运与菲律宾的报纸连接在一起。在正式的报纸出现以前，菲律宾出现过一种叫作《幸运事件》[②]（"Successos Felices"，也译作《捷报》，1637年由托马斯·平平，菲律宾印刷之父创办）和一种类似传单的"报纸"，后者被称作《公众报》（1799年出版），这两份报纸是菲律宾报纸的胚胎，多是登载一些海盗抢劫类的事件，以新闻信的形式出版，出版不定期，内容也不是很新。这两份"报纸"为菲律宾第一份正式报纸的产生打下了基础。

1811年，拿破仑的军队在西班牙大胜，西班牙中央政府被法军连连追赶，法国人很精明，每到一处，便接管西班牙中央政府在该地发行的报纸，传播有利于法国，并能为法国人赢得支持的消息，并去"欺骗"西班牙人。在菲律宾的西班牙人受法国报纸"谣言"的影响，猜测西班牙已被彻底毁灭而普遍意志消沉、士气低落。后来，一艘在菲律宾靠岸的英国船上携带的印度杂志提到了西班牙在战争中的一些胜利消息，驻菲律宾总督佛古拉斯大喜过望，因为有了前面创办《公众报》的经验，遂根据这些印度杂志的内容于1811年8月8日出版了《高级政府公告》（也译为《总督报》或《最高政府》）。这被视为菲律宾第一份正式的报纸，因为它连续出版了15期。佛古拉斯在第一期中很明确地说明了出版此报的目的："菲律宾人民长期以来就表现出真诚、爱国的精神，最高政府希望他们能够一起分享这些令人愉快的消息。本人将及时地翻译这些外国报纸的新闻，把西班牙人在母国进行的无与伦比的、充满豪情的反法战争和英国盟军的肝胆相照的友情以

---

[①] "西班牙殖民统治时期的报刊发展历程"主要参考：李异平：《菲律宾第一张报纸——在欧洲列强的争夺中诞生的报纸》，载《国际新闻界》1999年第6期；陈力丹、李林燕：《坎坷之路上的菲律宾新闻传播事业》，载《新闻界》2015年第9期。

[②] 余虹姗：《政治视角下菲律宾新闻业的历史变迁研究》，暨南大学硕士学位论文，2014。

及他们战胜法国的胜利消息,还有国会开会的消息尽快地送到菲律宾的各个角落。"就是因为如此,菲律宾本土的第一份正式的报纸便充当了殖民主义者传达"母国"消息的一个重要渠道。除了关于反法战争的内容以外,《高级政府公告》还包括另外两种新闻:一是发生在亚洲的欧洲殖民地的事情,二是宣传对西班牙皇室的忠诚,因此此报也被认为是"效忠西班牙皇室的典范"。《高级政府公告》连续出版了6个月,共出了15期,是一份传统意义上的官报,由总督自己编写而成,很少刊登菲律宾的地方新闻。1812年2月7日该报被西班牙议会勒令停刊。

事实上,直到1894年反西战争前夕,菲律宾的报纸都以第一份报纸为模式,即大部分都是从欧洲杂志上翻译过来的文章,且大部分与西班牙有关,殖民主义者牢牢地抓住了殖民地初期报纸的传播权,使本来应该代表民族文化的报纸也只服务于殖民统治。为了维持对媒介的这种控制,殖民政府还采用了1750年西班牙制定的检查法,并于1910年4月30日通过了"不准印制任何令人沮丧的消息"的规定。西班牙政府担心报纸舆论导向不利于殖民统治,遂颁布禁令:"除非得到当局政府的允许,报刊禁止转载外国报纸上的新闻内容",这是菲律宾历史上第一个新闻检查制度的法案。同时,殖民政府还组成了由总督指派和主教指派的检查团对报纸进行审查,力使此时的报纸为殖民政府与宗教的利益服务。1821年,菲律宾出现了主要报道西班牙宫廷之事的《爱国丛报》("Ramillete Patriotico"),以及《菲律宾新闻报》("El Fipipino Noticioso")和《博爱者报》("La Filantropia")等。但这些报纸的持续时间都不长久,究其原因,一方面是由于菲律宾本地文盲率高,另一方面与西班牙殖民当局对出版事业种种限制有关。①

19世纪30年代,马尼拉港正式向国际贸易开放,菲律宾经济被纳入了资本主义世界经济体系。② 经济的发展为新闻传播业的发展创造了条件,先后数家报纸在马尼拉地区诞生。1846年12月1日,菲律宾第一份日报《希望日报》("La Esperanza")出版,该报为安全起见,只报道没有争议的事件,即便如此,也只存在了三年。随后的两家日报分别是1847年出版的《明星

---

① 余虹姗:《政治视角下菲律宾新闻业的历史变迁研究》,暨南大学硕士学位论文,2014。
② 李涛、陈丙先:《菲律宾概论》,中国出版集团、世界图书出版公司,2012,第112页。

日报》("La Estrella")和 1848 年 10 月 11 日出版的《马尼拉日报》("Diario de Manila"),后者可以算是西班牙统治时期办得最好、发行量最大的报纸,在西班牙本土派驻有通讯员,经营理念先进,收取广告费用,因 1898 年在报纸上公开煽动菲律宾民众反抗西班牙殖民统治而被西班牙当局勒令停刊,存活时间长达 38 年。①

19 世纪 50 年代,菲律宾出现一批新报纸,如 1852 年创刊的政府公报《菲律宾官方公报》、1858 年创刊的菲律宾较早的商业报纸《商报》等,后者是西班牙殖民时期最稳定、存活时间最长的日报,历时 56 年;还有一家《观点》一度被查禁,该报是菲律宾第一家评论性报纸,1898 年 5 月 1 日,美军海军上将杜威带领美军舰队驶进马尼拉港湾,赶走西班牙殖民统治,《商报》对此事进行了详细报道,吸引了广大读者关注,发行量在短时间内达到顶峰。

与时效性较强的报纸不同,菲律宾早期的杂志是月发行的周刊、月刊或季刊,其内容涉及商业、工业、农业、专业、宗教、政治、艺术等各个领域,属于专业性期刊。1824 年创刊的《马尼拉购买登记》算得上是菲律宾新闻史上第一家杂志,专门刊载国内的产品生产和贸易情况,持续发行时间长达 8 年。1859 年出版的杂志《图解菲律宾》是一本图画类杂志,以插图的形式展现菲律宾各民族的生活习俗。除此之外,这一时期还慢慢出现了一些报道宗教、科学、文学和艺术等的出版物,出版内容更加多元。如 1862 年创刊的《菲律宾天主教报》被认为是第一家菲律宾宗教报纸,1890 年创刊的杂志《摘要》经常刊登一些奇闻逸事,1890 年创刊的《天主教指南》则是菲律宾新闻史上第一本菲律宾本土语言的杂志,1891 年创刊的《公平的性》是菲律宾历史上第一本妇女杂志。

西班牙统治的后期,菲律宾国内出现了一批反抗殖民统治的报刊。1882 年,第一份菲律宾语——他加禄语的报纸《他加禄文日报》因鼓吹政治改良,仅出版三个月即被查封。接着民族主义者伊沙贝洛创办了第一份、真正的菲律宾报纸《伊戈罗人报》,该报声称要为菲律宾人启蒙,捍卫他们的利益,并为提高菲律宾人的知识水平、改善他们的精神及物质生活而努

---

① 余虹姗:《政治视角下菲律宾新闻业的历史变迁研究》,暨南大学硕士学位论文,2014。

力。①1889 年,流亡西班牙的菲律宾政治家创办了《团结报》,报纸使用西班牙语在西班牙出版发行,再秘密运抵菲律宾,分发给订户。其宗旨是:"以和平的方式为社会和经济改革工作,揭露菲律宾的真实困境,争取自由和民主。"这份报纸是当时极负盛名的革命报纸,具有明确的政治目的,1895 年该报即被西班牙当局查封。随后,这些流亡西班牙的知识分子返回菲律宾,建立了同盟会,1896 年 1 月,一份完全采用他加禄语的《自由报》应运而生,报纸所有的议题均围绕"革命事宜"而定,但很快被西班牙当局发现并被迫停止发行。

在菲律宾国人的努力下,1897 年菲律宾通过"邦克那泼多协定",规定出版业享有自由权利,菲律宾人与西班牙人享受平等待遇,这一时期,一批呼吁民族解放的报纸应运而生。1898 年 6 月 12 日菲律宾宣布脱离西班牙,9 月 29 日,阿吉纳尔多创办机关报《革命先驱报》,该报宣称"我们有足够的力量去实现诉求",其宗旨是"捍卫菲律宾赢得的权利"。1899 年 1 月革命政府颁布宪法,标志着菲律宾第一共和国成立,阿吉纳尔多当选为共和国总统,但 1901 年他就投降了美国,第一共和国也随之灭亡。

## 二、美治时期的新闻传播业(1899—1942)

1898 年 12 月,美西战争以西班牙的失败告终,两国签署《巴黎条约》,规定西班牙把殖民地菲律宾转让给美国,收受 2000 万美元作为抵偿。1901 年 3 月美军完全控制菲律宾,为稳定统治而颁布《煽动叛乱法》,规定任何人不得进行口头或以写作、印刷等方式追求菲律宾群岛的独立,无论是以和平方式还是以武力形式,呼吁独立的行为都是非法的。政局稳定后,美国当局转而采取了开明的办报政策。因此,美治时期,菲律宾出现较多的由美国政界、商界或者军官创办的英文报纸。如在 1898 年,当时很多美国士兵抱怨在菲律宾没有一份像样的英文报纸,于是在 10 月 11 日,第一份英文报纸《马尼拉时报》("The Manila Times")创刊。几经转手,被视为"菲律宾报业之父"的亚历汉卓·罗塞斯(Alejandro Roces, Sr.)1927 年购得

---

① 李异平:《论东盟国家媒介与政治发展的互动关系》,载《暨南学报》(哲学社会科学)2000 年第 4 期。

该报。说到罗塞斯，他所创立的TVT公司是菲律宾第一个报业集团，他于1916年买下西班牙语的《先锋报》和他加禄语的《哨兵报》，1925年创办《马尼拉论坛》（"Manila Trihune"），加上1927年收购的《马尼拉时报》，构成了他的TVT传媒帝国。

1900年2月2日创办《马尼拉每日公报》（后改名为《马尼拉公报》，"Manila Bulletin"）是菲律宾迄今为止历史最悠久的报纸，至今仍在发行，为菲律宾目前发行量最大的报纸之一，日发行量约30万份。[1]创刊之初，该报只是刊载船舶、货运等信息。1912年，美国人卡森担任其主编，开始对一般社会新闻进行报道，成为（在菲律宾生活的）美国人的社区报，1946年菲律宾宣布独立之后仍然保持着这种状态。1957年，媒介大亨汉斯·梅兹重金将该报纳入麾下，并将《马尼拉公报》定位为"菲律宾人自己的报纸"，报纸的版式、形式逐步现代化。[2]

1920年8月，《菲律宾先驱报》（"the Philippines Herald"）诞生，它标志着菲律宾人拥有了第一家全国性的本土化报纸，该报与西班牙语日报《辩论报》《星期一邮报》及他加禄语的《生活》等构成了DMHM的报业集团，并与TVT集团形成竞争局面，这两家新闻报业集团的竞争对峙格局一直持续到1941年。

在美国殖民时期，菲律宾杂志业也有了更全面的发展。除了马尼拉，其他省市也开始出版自己的杂志，且内容越来越多样化。原先的杂志内容仅仅局限于商业贸易、政治类，这个时期出现了以小说、娱乐、历史、教育等内容多样化的杂志。《菲律宾自由新闻》（"Philippines Free Press"）是菲律宾新闻史第一家英语杂志，在马科斯宣布军事戒严之前，以敢于无畏地对抗和批评政府的腐败行为而闻名。在经营模式上，TVT传媒集团开创了"杂志连锁"的模式，即杂志内容、形式大致相同，但在不同的地区发行不同的杂志，或以地方方言或各地风俗为主有所不同。虽然美治时期只有四十余年，但是菲律宾的传媒业受美国影响很深，为菲律宾后期媒介商营制为主的市场自由体制打下了基础。

---

[1] 李涛、陈丙先:《菲律宾概论》，中国出版集团、世界图书出版公司，2012，第338页。
[2] 余虹姗:《政治视角下菲律宾新闻业的历史变迁研究》，暨南大学硕士学位论文，2014。

## 三、日本殖民时期的报刊业发展（1942—1945）

1942年1月3日，日本占领了马尼拉，宣布美国对菲律宾的占领结束，接着在政治、经济、教育、文化等领域推行了一系列法西斯政策。除了日本宣传品，原菲律宾的报刊基本被关闭，所有华文报刊也均被停刊。1942年10月12日《黎明》被允许定期出版，但要接受日本当局的检查，由大阪每日出版公司负责印刷。同年12月日军轰炸马尼拉，DMHM报系大楼被摧毁，而TVT新闻集团据说有着特殊的后台关系，则被保留了下来，在严格审查后，被当作日本当局的政治宣传工具，如TVT旗下的《黎明》成为唯一合法流通的杂志。后来被允许出版的有《马尼拉新闻》《新时期》《比科尔先驱》等，完全得服从于日本的宣传利益。此时，参加抗日的菲律宾游击队则散发一些油印报纸来鼓舞人民的士气，进行反日宣传。

总的来说，这一时期菲律宾国内的新闻业因为日本殖民主义的军事专政和严厉管制而陷入了停滞状态。

## 四、二战后自由时期的报业发展（1946—1964）[①]

1946年7月4日，菲律宾独立，菲律宾共和国宣布成立。随着政局的逐步稳定，大批新闻报刊涌现，但其中大部分是转瞬即逝的小型报刊，存活时间不长。其中较为出名且存活时间较长的是《马尼拉纪事报》（"Manila Chronicle"），它由一批有理想的新闻人创刊，被后来的传媒大亨洛佩兹买下。与此同时，战前被取缔的大部分报纸逐步复刊，如《马尼拉公报》和《菲律宾先驱报》《马尼拉纪事报》等。

由于受到美国四十余年的殖民影响，英语在菲律宾国内普及程度很高。罗塞斯的儿子接手TVT新闻集团后，于1945年推出马尼拉第一份晚报《晚间新闻报》（"Evening News"），后将《马尼拉时报》取代了《马尼拉论坛报》，取缔了一些报纸，并重新组建了新闻集团，分层次重点建设了一批英文报刊，如《妇女周刊》（"Weekly Women's Magazine"）的周报（该报曾在全国周刊发行量中排名第一），而《马尼拉时报》也以其新闻质量而著称，

---

① 此节主要参考余虹姗：《政治视角下菲律宾新闻业的历史变迁研究》，暨南大学硕士学位论文，2014。

重点发展调查性报道，广受读者好评，在当时占据了最大的英文报刊市场，发行量达 25 万份。

二战后，菲律宾人民满怀喜悦期盼自由和民主的到来。1952 年，全国新闻俱乐部成立，其目的是"推动新闻工作者之间的合作，维护新闻自由和记者的尊严"。虽然这一时期几大财团经营着马尼拉的大部分报业，但菲律宾的媒体却享受着较多的自由，成为菲律宾历史上新闻业最自由的黄金时代。

### 五、马科斯执政期报业的发展（1965—1986）

1965 年，费迪南德·马科斯（Ferdinand Marcos）依靠美国和菲律宾糖业的支持当选为菲律宾共和国第六任总统。为了寻求连任，马科斯在 1972 年和 1981 年推动完成了两次修宪工程，以保证自己可以连选连任总统。他也是菲律宾独立后任期最长的总统，连任四届，执政 20 年，对菲律宾的新闻业产生了较大的影响。

从 1965 年到 1971 年马科斯最初任总统的几年时间里，菲律宾新闻业经历了一个短暂而自由开放的时代。这个时期菲律宾的媒体私有化程度极高，全国上下共有 21 家日报[①]、100 家左右的社区新闻周报、100 多家杂志社全部为私人所有，政府只有一家名为《政府工作报告》（"Government Report"）的周刊，却时常成为新闻从业者中精英分子嘲讽的对象。全国只有一家新闻通讯社——菲律宾新闻服务社（The Philippine news service），也就是后来的 PNA（Philippines News Agency），它是官方媒体的代表，也是所有其他报社的合作伙伴。此时，菲律宾国内的媒体自诩为政府的监督者，其价值观是"政府越少介入，我们越出色"。因此，菲律宾国内一度出现了新闻业与政府相对峙的局面。马科斯在 1971 年出版的《今日革命：民主》（"Today's Revolution Democracy"）一书中痛斥媒体："菲律宾的大众传媒只会空穴来风，是不公平、不负责的，没有一点道德底线，被一些财团及

---

① 此时期的报纸呈现多语言化的现象，主要是英文报纸，其次是中文报纸、西班牙文报纸、菲律宾他加禄文报纸。此节主要参考余虹姗：《政治视角下菲律宾新闻业的历史变迁研究》，暨南大学硕士学位论文，2014。

政治寡头所操纵，自私地用于达到其政治和经济目的。"① 可见马科斯对大众新闻媒体意见较大，生怨已久。

1972年9月21日深夜，马科斯宣布全国处于紧急状态，实行军事管制，军队接管了新闻机构及其他一切重要的公用事业，8家大报被查封，包括发行量最大的《马尼拉时报》，其他大多数英文报刊被封；禁止电台、电视台播放未经官方批准的评论，并对仅存的新闻机构实施严格的新闻审查。同时，为了控制言论，马科斯对新闻界展开了一系列钳制措施。除了查封大量报刊外，还多次实施抓捕、迫害新闻媒体经营者及知名记者，并通过成立完全由政府进行执法审查的媒介执法机构，如新闻评议会，对报纸杂志、电视广播进行严格审查；另外一个专门负责管理大众传播媒介的机构——大众媒介委员会（MMC），主要任务是签发各种媒介的经营许可证。1973年5月11日由国家新闻出版协会（National Press Club）直接领导的媒介咨询委员会（MAC）替代了大众媒介委员会的职能，协会成员全部由总统任命，除了负责签发各种媒介的经营许可证外，还审查刊载的文章，不允许任何有关政府的负面报道出现。② 成立于1973年的菲律宾通讯社，是唯一的国家通讯社，直属政府新闻部领导。

在马科斯高压执政期间，能够存活发展下来的媒体大多是由马科斯的亲信开办及负责管理的。比如，《马尼拉公报》在戒严两个月后复刊，更名为《今日公报》，由马科斯的军事助理汉斯·曼基经营，该报也是戒严期间发行量最大的报纸。居第二位的《时代日报》由总统内弟经营。居第三位的《每日快讯》由马科斯总统的老友贝勒德古拖掌握。居第四位的《晚邮报》由总统助理及马科斯夫人密友等多人共同经营。这样，马科斯总统夫妇及其家族、亲信不但掌握着政权，还把持着新闻工具。新闻界人士把这一时期称为"黑暗的70年代"，当时一些对政府稍加批评的编辑记者，马上就会被以颠覆政府罪和妨害治安罪而逮捕，还有些记者突然失踪，去向不明。③

---

① 余虹姗：《政治视角下菲律宾新闻业的历史变迁研究》，暨南大学硕士学位论文，2014。
② 陈力丹、李林燕：《坎坷之路上的菲律宾新闻传播事业》，载《新闻界》2015年第9期。
③ 林理介：《菲律宾新闻事业概况》，尹韵公摘译，载《国际新闻界》1986年第4期。

马科斯的独裁统治渐渐在菲律宾引起了各方势力的不满，在巨大压力下，1981年马科斯解除了戒严令，但是政府仍然对新闻业实施严格的监控。此时，有些媒体记者在媒体上开始表达抗议的声音，反政府的小型出版物不断在各地出版，菲律宾的政治局势在不断恶化中。直至1983年8月21日，反对党领导人阿基诺被谋杀，在马科斯政府的授意下，媒体集体失声，此事在国内主流报纸上并没有得到应有的关注和报道，日、美两国的媒体却在不断跟进，其报道内容从不同渠道流入菲律宾，民众压抑已久的愤怒开始爆发，反马科斯的浪潮迅速蔓延全国。该时期内，亲马科斯的一些报刊销售量不断下降，反政府的报刊也不断涌现，比较突出的是1985年创刊的《询问周报》（"The Weekly Inquirer"），它被称为菲律宾新闻报业中的奇迹，至今仍是菲律宾发行量最大的报纸之一。最初以周报形式出现的《询问周报》在1985年2月4日独家报道法庭对暗杀事件审讯的过程，以其客观公正的报道大受民众关注。1985年12月9日，《询问周报》正式改版为日报——《菲律宾每日询问报》（也译为《菲律宾每日问询者报》）（"Philippine Daily Inquirer"）。当时，新闻界的名记者刘易斯（Louis Beltran）担任主编，与马克斯（Max Sovliven）以及亚特（Art Borjal）携手打造政治新闻专栏，言论犀利，直指马科斯独裁政权，被称为"新闻业三重唱"，受到民众的极力推崇。因此，《菲律宾每日询问报》以日均35万的发行量成为当时新闻业的翘楚。①

1986年2月，菲律宾进行大选，爆发了反对马科斯的军方兵变"二月革命"，马科斯众叛亲离，最后逃亡到了夏威夷。阿基诺夫人在人民的支持下，成为菲律宾的新总统，并开始着手恢复菲律宾的民主政治。

### 六、菲律宾报业现状（1986年至今）

阿基诺夫人当选总统后，为了兑现自己在竞选期间"解放新闻界"的承诺，撤销了马科斯执政时期的新闻部门，给新闻界一定的自由空间，对新闻发布不再进行控制和检查。1987年2月，菲律宾制定并通过了第三个菲律宾共和国宪法。其中第三章"人民的权利"第四条中规定："不得通过

---

① 余虹姗：《政治视角下菲律宾新闻业的历史变迁研究》，暨南大学硕士学位论文，2014。

任何法律，剥夺言论、表达及出版自由，或剥夺人民和平集会和向政府申诉请愿的权利。"宪法第十六章"一般条款中"第十条也表明："国家应依照尊重言论自由和新闻自由的政策，创造有利于全面发展的菲律宾人的能力和建立符合国家需要和愿望的通信结构的适宜环境，使信息平衡地传入和输出本国，并在全国各地传播。"第十一条更是清楚的规定："（一）新闻媒介的所有权和管理权应只限于菲律宾公民，或全部由菲律宾公民管理的公司、合作社或组织。公共利益需要时，国会应管制或禁止对商业新闻媒介的垄断，不允许成立旨在限制贸易或进行不公平竞争的联合体。（二）广告业对公众利益有影响，应以法律管制，以保护消费者利益并促进民众福利。广告业必须由菲律宾公民，或其资本百分之七十以上为菲律宾公民所有的公司或组织经营。外国投资者在广告公司董事会成员中比例不得超过他们在资本中所占份额的比例。广告公司的所有行政人员和管理人员应为菲律宾公民。"[①] 新宪法也同时规定，总统任期6年，不得连任。

这个时期的报业发展态势比较多元，也比较杂乱，宽松的新闻环境也为一些以低俗新闻吸引受众来扩大发行量的小报提供了发展空间。阿基诺夫人就曾经向外界透露过：她的错误是解放了新闻界。1986年11月28日，她在一个公开场合再次提醒记者不要太自由化，她指出：耸人听闻的报道就像发馊变味的食物，给人的幻觉好像吃得饱饱的，实际上却没有真正的营养。[②] 阿基诺夫人卸任后，还曾与新闻界发生过一起官司：资深专栏作家贝尔川于1987年10月间在《马尼拉星报》"开门见山"专栏中发表的一篇文章中写道，在8月间的政变中，当政府军与叛军交火之际，时任总统的阿基诺夫人吓得"躲到床底下——此举大概首开菲律宾三军统帅之先例"。这篇专栏刊出后，阿基诺夫人勃然大怒，立即邀请记者到她卧室看，向他们展示床下根本没有容许一个人躲藏的空间，然后乘车到法院亲自按铃申告，控告贝尔川涉嫌诽谤。官司缠讼4年，法官于1992年10月23日宣判时表示："新闻自由意指实话才说、是真相才报道的自由。"[③]

---

[①] 《菲律宾共和国宪法》，司法库，网址：http://sifaku.com/falvfagui/43/zdw68za1abz0.html。
[②] 朱幸福：《菲律宾新闻业的现状》，载《新闻记者》1987年第2期。
[③] 吕民生摘编：《菲律宾报人受惩罚，阿基诺夫人获赔偿》，载《国际新闻界》1993年第1期。

截至 1986 年，全国最大的 8 家大报的发行量大致为：《马尼拉公报》35 万份，《菲律宾每日询问报》10 万份，《自由报》8.5 万份，《菲律宾论坛报》8.5 万份，《马尼拉时报》5 万份，《菲律宾星报》3 万份，《新菲律宾每日快报》3 万份，《马尼拉纪事报》2 万份。这些报纸全部用英文出版。①

这一时期，菲律宾记者总会在菲律宾新闻界地位突出。它是一个全国性的民间组织，其总部设在马尼拉市，其主席、副主席及 10 余名理事都是选举产生，每年换届，均由菲律宾有名望的新闻工作者担任，总会共有数千会员。菲律宾政府不向总会提供任何活动经费，其经费来源靠以下几个方面：一是会费，二是经营性的饭店和酒吧，另外就是每年一次的义演活动，节目均由菲律宾新闻工作者自编自演，义演的门票价格极贵，但因出席该活动被认为是身份的象征，购者十分踊跃。②

20 世纪 90 年代的菲律宾政局不太稳定，经济也不景气，菲律宾新闻业一时难以恢复昔日辉煌，各大报刊为了争夺有限的广告份额而展开了激烈的竞争，许多关于性、犯罪等耸人听闻的低俗新闻跃然纸上，以迎合受众的低级趣味。这个时期全国有 100 多种报刊，370 多个广播电台、电视台，菲律宾全国广播电台、电视台分属 100 余家广播公司，一部分属官方性质，大部分为私人所有，除广播局和人民电视台属政府经营外，其余的电视台、电台都属私人办商业性质，或是宗教团体办的。③菲政府主管新闻工作的机构为新闻部。新闻部下设新闻局、广播局、全国新闻生产中心和总统新闻发布室。菲律宾全国新闻俱乐部是代表菲新闻界的全国性组织。这时期，对新闻工作行业进行约束的新闻法规和职业规范有《新闻记者道德守则》等。

菲律宾新闻传播界的组织数量也相当多，大概有 257 家，代表性的如菲律宾全国新闻记者俱乐部（NPC）、新闻摄影家协会、出版者协会、马尼拉海外记者俱乐部、外国记者协会等。其中 NPC 是代表菲国新闻界的全国性组织。

---

① 朱幸福：《菲律宾新闻业的现状》，载《新闻记者》1987 年第 2 期。
② 孟顷昕：《菲律宾的新闻界》，载《新闻战线》1999 年第 8 期。
③ 甘惜分主编：《菲律宾新闻事业》，《新闻学大辞典》，河南人民出版社，1993，第 450-451 页。

进入 21 世纪，虽然因特网正成为全球性的新型信息载体，但大多数菲律宾人仍然保留着读报的生活习惯，发行量较大的有《马尼拉公报》《菲律宾星报》《菲律宾每日询问报》《马尼拉时报》和《商业世界》。① 这些大报的总发行量在 100 万份以上，垄断了全国的报刊市场，并且这些大报主要由几大财团控制。创办报纸的这些财团同政府有千丝万缕的联系，他们的报纸大多对政府持表面上客观独立、实际上支持的态度。

至 2015 年，菲律宾主要的英文日报有：《马尼拉公报》《菲律宾星报》《菲律宾每日询问报》《自由报》《马尼拉时报》《马尼拉纪事报》等，以他加禄文出版的日报有《消息报》《菲律宾快报》。菲律宾通讯社作为国家通讯社，目前与中国、马来西亚、印尼、泰国、巴基斯坦、日本等 15 个国家和地区的通讯社建有新闻交换关系，与美联社、路透社均有工作联系。菲律宾目前的新闻组织有全国新闻记者俱乐部、新闻摄影家协会、出版者协会等。②

在英文报中，《马尼拉公报》依然是全菲最大的一份英文报纸，颇具影响力，该报以报道经济商业新闻充分和广告版面多著称。《菲律宾每日询问报》是菲律宾各阶层和年龄段阅读最多的报纸，也是菲律宾获奖最多的大报，成为菲国内最可信赖的新闻信息来源。进入 21 世纪后，该报也积极开拓互联网的媒体市场，http://www.inquirer.net 为《菲律宾每日询问报》的官方网站，主要提供最全面、最及时的本地和国际新闻报道，具体包括新闻、体育、生活、娱乐、科技、商业、观点等。创刊于 1986 年 7 月 28 日的《菲律宾星报》内容主要涉足菲国政治、经济、文化等领域的焦点信息以及国际热点、时事评论，内容比较严肃，着重理性分析，立场保守。③ 官方网站为 http://www.philstar.com。

他加禄文报纸中，《菲律宾快报》（"The Filipino Express"）可谓一枝独秀，在其官方网站 http://www.filipinoexpress.com/ 上可以看到"The leading Filipino American newspaper since 1986"（这份有领导力的菲裔美国人报纸始

---

① 翟树耀、郑保勤：《菲律宾新闻事业》，《中国新闻实用大辞典》，新华出版社，1996，第 417-418 页。
② 李昆：《新闻出版》，《2014/2015 世界知识年鉴》，世界知识出版社，2015，第 90 页。
③ 陈力丹、李林燕：《坎坷之路上的菲律宾新闻传播业》，载《新闻界》2015 年第 9 期。

于 1986 年）的字样，可见其定位在于以他加禄文来影响菲裔世界。

宋元时期是中菲关系的起始阶段。明朝时，随着中菲官方交往活动的增加，除了朝廷进行的海外贸易外，民间商人也常常为生活所迫，犯禁出洋，赴菲经商。据统计，1570 年，在马尼拉地区居住的中国人达 150 人。随着中国人在菲人口的增长，西班牙统治者通过严格的移民政策及隔离政策以降低中国人的数量。

1888 年秋天，《华报》出现，这是菲律宾第一份华侨办的报纸，隔年改名为《岷报》继续出版。因报业起步初期大环境并不乐观，华侨中读报的人也少，《岷报》经济上难以支持，出版未满一年便告停刊。1899 年及 1900 年，鼓吹君主立宪的《益友新报》（后改为《岷益报》，支持康有为、梁启超的君主立宪）相继问世，为康、梁立宪主张进行宣传，但也仅存一年便停刊了。1908 年，小吕宋中华商务局（中华商会前身）出版了《警铎新闻》，但一再亏本之后，也于 1910 年停刊。1911 年秋，小型报《公理报》出版，受到华侨欢迎，于 1912 年改为 4 开 8 版的《公理报》正式出版，该报与北京、上海、广州、香港等大城市之间建立了定期的通信联系，为报纸开辟了广泛的消息来源。另外，报纸大幅版面用以刊登外商的广告，因此经济上得以自立，这使得《公理报》具备了长期发行的条件。一直到日军攻占马尼拉后，《公理报》停刊。1945 年马尼拉光复后，《公理报》也随之复刊，该报报头上也印有"菲岛最早之华字日报"字样。1949 后《公理报》成为中国台湾当局在菲的重要舆论阵地。从创办历史及持续时间、发行量与社会影响来看，《公理报》也称得上是菲律宾资格较老的华侨报纸之一。

1914 年，《中华日报》《民号报》问世。1915 年创刊了《新福建报》，1919 年又创刊《平民日报》。但目前能看到的最早的华文报，只有 1922 年出版的《华侨商报》以及 1925 年的《新闻日报》。从 1919 年中国的五四运动一直到太平洋战争爆发前夕，菲律宾的中文报刊多样，更迭较快，令人眼花缭乱。报纸与期刊、日报与晚报、综合报与行业报、大报与小报等，一派蓬勃发展的景象，是华侨报刊发展的黄金时期。《华侨商报》是李清泉取得中华商会领导权后于 1919 年 10 月所创，宣传民族气节，扶持社会正义，敢说真话，坚持言论自由，其发行量长期居菲中文报纸之首。1972 年随着马科斯军管的实施，该报停刊，1986 年以《商报》之名复刊，是菲律宾历史最久、最有代表性的中文报纸，在二战前和二战后时期，对菲律宾华侨社会发挥了积极作用，有较大影响力。

1940 年 5 月 1 日创刊的《建国报》由菲律宾华侨各劳工团体联合会（简称劳联会）创办，该报按周刊出版，版面为 4 开 4 版，报纸内容丰富，多采用新华社和国内著名进步报刊的电讯和时论稿件，并高举团结抗日大旗，成为这一时期较有影响的抗日爱国报纸。在 1942—1945 年间，《华侨导报》《华侨公报》等为进步社团所办，另外还有活跃的国民党地下抗日报刊《前锋报》《大汉魂》《导火线》等在动员和组织华侨投入抗日斗争方面发挥了重要作用。1945 年 7 月，菲律宾全境解放，中文报业也重新呈现出新的发展气象。这个时期报刊种类繁多：战时地下油印报刊转为公开出版的报刊、战时停刊的于战后恢复出版（如《华侨商报》等），一些新创报刊也开始出现（如《民族日报》等），这个时期，菲律宾的中文日报达到十家之多，成为中文日报最多的时期。此外，还有一些复刊或新创刊的期刊，如《新中国周报》《良友画报》等。这一时期华侨报的发展见证了在菲华侨不泯的民族意志和家国情结。

在二十世纪五六十年代，《华侨商报》依然是菲律宾华人界最受欢迎的华人报纸，这一时期还有一份《新闻日报》是当时唯一一家午报，避开了与早报的激烈竞争。创刊于 1948 年的《大中华日报》作为国民党的喉舌报，一直宣传其迁台后的情况与政策，争取在菲华侨的支持，在菲律宾华人界销量也居第三位。《公理报》在这一时期，虽然销量不是很好，但是也在勉强支撑着。进入 70 年代，马科斯颁布了戒严令后，菲律宾四家中文报都被关闭。后来，经过与马科斯有特殊关系的高祖儒向马科斯游说，马科斯只允许开办一家中文报纸。因此，1973 年 2 月，《公理报》和《大中华日报》合并为《联合日报》（庄金朝任总经理，直到 2002 年因病逝世，任职长达 30 年），因此，军事管制期间，《联合日报》一枝独秀。军事管制两年后，有一家《东方日报》于 1974 年 9 月诞生，它与《联合日报》一样，既有中文又有英文。因为 1975 年中菲建交，又有《观察报》《福音周报》两家杂志创办，但都出版不到两年便停刊了。

1981年戒严令解除后,《世界日报》创刊,随后1982年《菲华周刊》(后改为《菲华时报》,1999年又更名为《菲华日报》)诞生,该杂志是一本中英文合璧的综合性刊物。1986年《华侨商报》也复刊了,并改名为《商报》,同年《环球日报》创刊。

阿基诺夫人上台后,菲律宾华人经济力量逐步复苏、扩大,华报也受到了菲律宾主流社会的重视,得到了较好的发展。这个时期一共有《世界日报》《菲华时报》《联合日报》以及《商报》《环球日报》五家华文报纸,多次协商后,1986年,多家报纸共同成立了"马尼拉华文记者会",会长由五家华报成员轮流担任,此协会一直维持到2006年。20世纪90年代之后也现了诸如《菲华月刊》《纵横》《潮流》《向荣》等一系列华文刊物。

进入21世纪,《世界日报》已是菲律宾华报中拥有最多中国大陆新移民读者的华报。2003年《商报》与香港《文汇报》合作的《文汇报》在菲律宾创刊;2014年又与上海《新民晚报》合作,正式推出《新民晚报》菲律宾版。2009年《商报》创刊90周年时,时任中国驻菲大使刘建超称赞《商报》是菲律宾历史的见证者,菲华社会利益的维护者,菲律宾社会进步的推动者,也是中菲友谊的有力推动者。[①]《联合日报》在中国新闻方面的报道力度也越来越大,并在菲华报史上首创印发境外报纸之先河。几家大报都在90年代开始采用中国香港中通社及新华社和中新社提供的消息。2007年9月27日,《菲律宾华报》问世。为了适应时代的需要,《菲律宾华报》及其电子版使用横排简体汉字排版,这在菲律宾华文媒体历史上尚属首次。菲律宾华文报纸数量增至5份,分别是《世界日报》《商报》《菲华日报》《联合日报》和《菲律宾华报》,它们被誉为菲律宾华文媒体中的"五朵金花",在菲律宾华人圈中发挥重要的纽带作用。[②]

当下正值数字化时代,传统平面媒体受到了电子媒体的严峻挑战。在全球纸质媒体迎来互联网媒体巨大挑战的今天,纸媒的日子都并不好过,再加上中文在菲律宾遇上的代际教育问题,如《商报》主创者所言的那样:

---

① 《菲律宾百年华报的中国情结》,新华网,网址:http://news.xinhuanet.com/2013-09/19/c_117429229.htm,2013年9月19日。
② 《菲律宾华文媒体再添新丁》,搜狐新闻,网址:http://news.sohu.com/20070928/n252396953.shtml,2007年9月28日。

"现在大多数华裔后代接受的都是英文和当地的他加禄语教育，不懂中文的现象很普遍。办报有人，读报无人，华文报纸生存环境艰难。"①

## 第三节 菲律宾广播电视发展史

菲律宾是亚洲第一个开办广播电台的国家②。1920年11月20日美国匹兹堡的KDKA广播电台正式开播，掀开了世界广播史的新篇章。1922年，处在美治时期的菲律宾也开始了无线电广播实验，第一座广播电台是由一位名叫马格列比的美国人在当时的尼科斯机场创办的。同年，美国人亨利·赫尔曼（Henry Herman）在马尼拉市和附近的巴赛市分别创办了广播电台，主要播出音乐，功率仅50瓦，但这些电台只存活了两年。1924年，菲律宾的广播电台发射功率提升至100瓦，第一座面向社会的广播电台KZKZ在尼科斯机场创立。同年菲律宾广播公司（RCP）成立，几个月后，该公司买下KZKZ，又在宿雾创建KZRC广播电台（现名为DYRC）。当时的广播电台大多为美国人所有，播音员也是美国人，全部为英文播放。1931年，美国当局颁布电台管控法，成立由商业和工业部部长监督的董事会，实施牌照申请和频率分配制度。1939年马尼拉广播公司（MBC）创办，该公司后来发展为一家广播电视公司，其DZRH台是菲律宾最古老的电台。

在第二次世界大战爆发之前，菲律宾全国上下有6个商业电台，全部实行私有化管理，包括马尼拉的KZRM、KZRF、KZIB、KZXEF、KZRH和设立在宿务的KZRC。第二次世界大战以后，由于技术的引进和半导体收音机的发展，菲律宾的广播事业发展迅速，电台也由5座发展到30座。1942年日军入侵马尼拉后，菲律宾政府和美国军队撤退时，自行摧毁除了KZRH之外的所有广播电台。日本当局则将KZRH电台重新命名为PIAM，用于广播日语新闻，为日本当局服务，并下令关闭了其他所有的商业电台。

---

① 《菲律宾百年华报的中国情结》，新华网，网址：http://news.xinhuanet.com/2013-09/19/c_117429229.htm，2013年9月19日。

② 本节主要参考：李林：《菲律宾的广播电视事业》，载《北京广播学院学报》1983年第4期；郑丽娟：《菲律宾的广播业》，载《新闻记者》1986年第11期；余虹姗：《政治视角下菲律宾新闻业的历史变迁研究》，暨南大学硕士学位论文，2014。

为了阻止美国电台的短波，日本人还扩大了电台设置的范围。日军占领马尼拉后使用的三家广播电台分别是 KZRH、KZRM、KZRF，是日本军事管理当局的主要喉舌。

二战后出现了三个大的广播公司：菲律宾广播电台（简称 PBS，1945 年开办）、纪事广播网（简称 CBN）和共和广播网（简称 RBS）。这三家广播公司中 PBS 首先运用了实况广播和新闻联播等为公众服务。二战胜利后，日军占领时期被关闭的广播电台逐步恢复，KZFM 广播电台于 1945 年 5 月开播，这是二战后菲律宾开播的第一个电台，由美国战时信息署负责。1946 年，国会允许总统任期内享有授予设立电台的许可权。1947 年，议会通过了一项关于整改广播电台的法案，即把字母从 K 改成 D，用以区别美国殖民时期广播电台的称谓。同年 9 月 11 日，美国将 KZFM 退还给菲律宾，1947 年更名为 DZFM，成为菲律宾广电系统的核心。

菲律宾是亚洲第二个引进电视的国家。1950 年 6 月，唐姆斯·林登贝格在菲律宾第一个获得建立电视台的授权：由于原材料和严格的进口管制，他无法建立电视台，只建立了无线电广播台，但他被称为"菲律宾电视之父"。1953 年进行总统选举，当时的基里诺法官为了要帮助他的哥哥基里诺连任总统，于 1952 年买下博利瑙电子信息公司，获得电视台创办的许可权，他派了 4 位无线电工程师到美国学习电视技术，于 1953 年 10 月 23 日开播菲律宾第一家电视台——阿托电视台（简称 ABS），当时的电视节目粗糙，每天只在晚上 6 点至 10 点播映四小时，电视节目的覆盖范围很小，第一年全国只有 2000 台电视接收机，至 1980 年就有了大约 200 万台电视设备，基里诺总统也并未成功连任。

1956 年，另一家名为纪事广播网（CBN）的电视网创立，创办者是欧亨尼奥（Eugenio）和费尔南多·洛佩兹（Fernando LopeZ）。1956 年 CBN 购买 ABS，1967 年 2 月 1 日更名为 ABS-CBN 广播公司。ABS-CBN 是菲律宾本地第一个也是最大的无线电视广播集团，主要提供电视和电台广播，以及电视节目制作业务。这一时期的私营广播、电视越来越多，并逐渐被几大家族垄断。有数据显示：菲律宾 90% 的大众媒体，包括报纸、杂志、广播和电视各种载体为四大家族所垄断——索里亚诺家族（Soriano）、洛佩兹家族①（Lopez）、罗塞斯家族（Roces）、梅兹家族（Menzi）。1967年，全国203家广播电台的总耗电量为702兆瓦，其中有24.6%被洛佩兹家族用于旗下19家广播电台的运行；1968年，全国15家电视台的总耗电量为49320瓦特，其中40.6%的电量被洛佩兹家族的5家电视台所消耗。另外，菲律宾的彩色电视于1966年开始播映，节目形态丰富，娱乐节目多从美国进口。

在马科斯军事戒严时期，马科斯军事政府新闻部审查所有电台播出的节目。1973年4月27日，菲律宾广播协会（KBP）成立，这是一个全国范围内经营广播的组织，全国有什么重大事件，由政府通知广播协会如何报道，再由广播协会通知各个电台和电视台。1974年，总统法令宣布建立广播媒体理事会（The Broadcast Media Council），进一步加强控制。马科斯采用政治迫害和经济压榨的手段，使主要广播电视公司的所有权大多被他的家族和支持者掌控。洛佩兹家族这样显赫而又掌握大型媒体的家族首当其冲，成了马科斯封杀的目标，其家族名下的ABS-CBN电视网络和报纸被同时关闭，家族族长欧亨尼奥一世的儿子坚尼（欧亨尼奥二世）还被马科斯以企图暗杀总统的罪名投入监狱。②

1975年6月7日至11日，马科斯总统夫妇应邀来中国进行正式访问，并且签署了联合公报，宣布两国正式建立外交关系，两国进入了一个新的历史阶段。1978年中菲还签订了"广播电视合作协定"③，两国的媒体也有了进一步合作。

截至1980年，菲律宾广播协会（KBP）93个广播公司共经营310座电台和电视台，有私营的，也有国营的，也有宗教团体和大学教育机构经营的。最受欢迎的还是商业电台，其总体数量上占全国电台总数的85%。广播节目中除每天半小时的新闻外，还有广播剧、音乐、体育、教育、宗教等，其中有一家叫作"真理电台"（Radio Veritas）的天主教电台据称是当时规模

---

① 作为马科斯政治伙伴的费尔南多·洛佩兹（Fernando Lopez）最初是靠糖业起家的，到20世纪60年代后期，其家族的财产已扩展到公共事业、水泥、保险和新闻业方面。在马科斯任职前期洛佩兹家族支持马科斯，但自1970年后两个家族以控制菲律宾的石油业而公开决裂。参考金应熙：《菲律宾史》，河南大学出版社，1990，第766页。
② 艾宇欣：《西裔势大华裔后起 叱咤商界影响政坛——菲律宾的几大家族》，载《环球时报》2003年9月10日第7版。
③ 金应熙主编：《菲律宾史》，河南大学出版社，1990，第795页。

仅次于梵蒂冈广播电台的世界第二大天主教电台,在远东仅此一家。而教育广播主要由菲律宾广播电台(PBS)和大学等教育机构所属的电台来进行广播。至1985年,广播在全国还是占有主要优势的媒体,全国70%的人口拥有收音机。马科斯总统曾说:"有80%的菲律宾人是从广播里得到消息来源的。"这一时期较受欢迎的电台有民族广播公司(NBC)、广播电视艺术公司(GMA)等。其中,GMA电视台目前还是菲律宾第二大电视台,开播于1961年10月,总部位于奎松城,主要通过第7频道播放免费电视,播出内容涵盖新闻、娱乐资讯、生活等。

马科斯下台后,洛佩兹家族的继承人通过法律程序重新取得ABS-CBN公司的所有权。当时它是全菲排名最靠后的电视公司,到了1988年,它的收视率已经攀升到了第一位,1992年该公司成为菲律宾第一家公开上市的媒体集团,也是菲律宾国内最大的传媒机构。阿罗约当政时曾以经济手段企图将ABS-CBN公司归为国有,不示弱的洛佩兹家族在ABS-CBN新闻频道"ANC"专辟"直言不讳"和"在线"两个栏目,对政府部门的纰漏不遗余力地口诛笔伐,赢得了观众的理解和同情,后来阿罗约有所让步。① 目前,ABS-CBN还是菲律宾第一大广播电视网络公司,作为一家大型跨媒体实体,主要从事广播电视节目以及电视节目制作业务,菲律宾本地的多数电影和电视剧由该公司制作,不过近年来该公司的总营业收入和广告收入均呈两位数下滑,主要原因是企业客户缩减广告支出。

1990年到2007年之间,电视和广播成为最为普及的大众传播载体,新闻媒体间的竞争十分激烈,全国321个广播电台中音乐电台占比高达80%,57家电视台中的95%为私人所有。NBC是拥有电台最多的公营广播公司,在全国有22座电台。人民电视台为唯一一家公营电视台。洲际广播公司(IBC)拥有的电视台最多,共8家。

菲律宾国家电视广播网由菲律宾政府所有,前身是1974年成立的国家电视台。1992年,当时的总统阿基诺签署7306号法令,将人民电视台改组成一个名为人民电视网络(People's Television Network)的政府机构。后来

---

① 艾宇欣:《西裔势大华裔后起 叱咤商界影响政坛——菲律宾的几大家族》,载《环球时报》2003年9月10日第7版。

的总统拉莫斯在上任后不久就指定了人民电视网的第一批管理人员，政府资助后，人民电视网就一直自行运转。人民电视网在全国 32 个省市拥有站点，拥有占全国人口 85% 的观众。同时，人民电视网也是国际重要体育赛事的官方转播媒体。1988 年成功转播奥运会，1991 年、1995 年、2005 年、2007 年转播东南亚运动会，1986—2006 年转播亚运会，1996 年还因转播亚特兰大奥运会受到拉莫斯总统的嘉奖。2001 年 7 月 16 日，由阿罗约总统任命的新的管理层将人民电视广播网正式更名为国家电视广播网（National Broadcasting Network，NBN），以"一个民族，一个国家，一片视野"（One People. One Nation. One Vision）为新的座右铭。2003 年 2 月 19 日，国家电视广播网与电视广播服务站（Television and Radio Broadcasting Service，TARBS）联合，将信号覆盖到全世界，尤其是覆盖到了菲律宾广大的海外劳工。①

近几年随着有线电视业的发展，菲律宾也制定了《1996 年有线电视法》。② 在此之前，菲律宾政府认为有线电视不属于广播电视范畴，即不属于商业范畴，而是纯粹的公益性事业，所以，政府禁止有线电视播放广告。直到该法颁布后，才允许有线电视做广告，为有线电视的发展解除了禁锢。另外，菲律宾还有相关的《广播总政策法》（"General Broadcasting Policy Law"）和《有线电视政策法》（"Cable Policy Act"）等法律法规来规范广播电视业的发展。

2002 年，据国外相关媒体人士对菲律宾电视节目的观察可以看到：菲律宾的电视节目可被分为四个类型：完整的、原汁原味的外国节目；国外制作、本地修改以适应国内观众的节目；模仿外国节目形式，或内容基于国外材料的国内制作的节目；国内制作的反映本国传统的节目。菲律宾的上层和中上层阶级是第一类节目的主要消费人群，他们占菲律宾有线电视用户的 55%，而有线电视 99% 的节目是英语节目。第二类节目的原型之一是墨西哥译制片，它们在菲律宾赢得了广泛的观众群。第三类节目包括由国外音乐

---

① 《菲律宾国家电视广播网简介》，央视网，网址：http：//news.cctv.com/news_2007/20090430/107732.shtml，2009 年 4 月 30 日。
② 马庆平：《各国的有线电视法》，载《广播电视信息》2000 年第 5 期。

和歌曲组成的音乐节目以及毫无创意的模仿国外形式、主题、情节和制作的节目。这是现代美国电视节目在全球蔓延,并影响菲律宾大众文化市场的结果,比如最受人们欢迎的是一个名为《午安》的综艺节目,由有奖游戏、选美、歌唱和舞蹈表演组成。这类节目在菲律宾下层阶级中非常受欢迎。在菲律宾的电视业中,可以看到,来源于现代,乃至后现代社会的全球化将在发展中与未现代化的地方文化共存。①

媒体的迅猛发展似乎也导致了一些并不太乐观的结果,比如菲律宾新闻界的名声不是太好。据一名记者回忆,在菲律宾,许多任职的西方记者都有这样的感觉:菲律宾媒体是最自由的媒体,可同时又是最不让人信任的媒体。电视、广播和报刊似乎都倾向于不假思索地相信来自官方或民间的任何消息都是真实的,而且也不愿耗费时间和精力去证实其真伪。由此,一些西方媒体驻菲律宾的记者常常不敢轻易将刊登在菲律宾各种媒体上的消息发回本国,唯恐本国民众轻信了假新闻。②

菲律宾国家电视台开设了华文电视节目,名为《福华有线中文电视服务》,每天用闽南话、粤话和普通话播出 7.5 小时。③菲律宾电视台与中国电视台也有合作,但菲律宾在 21 世纪初才引进中国电视节目,时间较晚。据相关调查显示:中国台湾的偶像剧在以年轻人为主的菲律宾观众中拥有最大的观众群。④总体上中国电视剧在菲律宾电视台引进播出的数量是呈逐年增加的同时也存在问题少、时段差、题材单一等问题,特别是中国大陆电视剧在菲律宾电视屏幕上依然缺乏独立的影响力。⑤

截至 2015 年菲律宾全国有 257 家出版机构,629 家广播电台,其中商业电台 488 家,非商业电台 51 家,其中包括 32 家政府台、10 家宗教台和 7 家教育台。137 家电视台,其中广播局和人民电视台属官方性质,其余均为私人所有。菲律宾广播电台、电视台使用的语言主要是英语,其次为菲律

---

① J. 桑托斯:《全球化与传统:菲律宾电视业和文化的矛盾》,陈源译,载《国外社会科学》,2002 年第 2 期。
② 正雅:《菲律宾新闻 真假难辨》,载《中国防伪》2002 年第 12 期。
③ 彭伟步:《华文传媒发展综述——东南亚华文传媒的历史与现状》,《2011 世界华文传媒年鉴》,中国新闻社,2011,第 111 页。
④ 郭镇之:《中国电视走向东南亚》,载《南方电视学刊》2012 年第 6 期。
⑤ 梁悦悦:《中国电视剧在菲律宾:播出历史与现状》,载《电视研究》2011 年第 9 期。

宾语和华语。①

目前，菲律宾国内的两大电视集团，是 GMA 和 ABS-CBN。有线电视网中发展较好的是 GNN（Global News Network），这家专注于新闻与公共事务的有线电视台，从 2008 年一家小型的广播电视网起步，仅用两年时间就实现了节目的扩张。在马尼拉，GNN 超过了第八频道的 the Global Destiny Cable。目前，在全国 32 个区域，GNN 有超过 200 个有线电视台，并有超过 1000 万的订阅用户。Destiny Cable 则是菲律宾排名第二的有线电视服务提供商。②

## 第四节 菲律宾新媒体的发展简介

随着科技的发展和电脑的普及，菲律宾各大报刊、广播电台、电视台也纷纷建立了自己的网站，试图在互联网时代能够在新媒体上有所表现。此外，还有许多华文网站也相继开通，如 2007 年 9 月 27 日与《菲律宾华报》一起诞生的"菲律宾华报网"等，不仅传承了中华文化，推动了菲律宾华文传媒业的发展，而且为来自中国的新移民争取合法权益，致力于促进和巩固菲律宾华人与当地主流社会的融合，营造一个不同民族间的和谐社会。③

2007 年总统阿罗约当政时，推出了国家安全立法以限制记者的权利，并发出行政命令创建国家安全审查制度，其目的是"保护和确保领土完整和尊严"的机密信息以应对"国家的敌人"。2012 年总统阿基诺三世当政时，在没有任何记者或记者组织参加的情况下，推出网络犯罪防治法，将诽谤罪无条件地延展到网络。反对者在推特上制造热点词语进行扩散，并向最高法院进行请愿，指出网络犯罪防治法违宪。"媒体自由与责任中心"（CMFR，20 世纪 90 年代成立的以菲律宾为基地的六个东南亚国家的组织）

---

① 李昆：《新闻出版》，《2014/2015 世界知识年鉴》，世界知识出版社，2015，第 90 页。
② Phil Harpur, *Philippines – Fixed Broadband*, Digital Economy and Digital Media – Statistics and Analyses, https://www.budde.com.au/Research/Philippines-Fixed-Broadband-Digital-Economy-and-Digital-Media-Statistics-and-Analyses.
③ 《菲律宾华文媒体再添新丁》，搜狐新闻，网址：http://news.sohu.com/20070928/n252396953.shtml，2007 年 9 月 28 日。

认为，该法律为"自马科斯宣布戒严40年后，对自由的最严重的攻击"。在2012年年底，该法暂停。① 但是，在无国界记者组织（RSF）2016年全球新闻自由指数评鉴里，菲律宾依然是以44.66排名138名。② 由此可见，即使在当下互联网环境中，菲律宾的新闻自由状况依然不太乐观。

亚洲互联网使用统计数据的报表③显示了2000—2016年菲律宾互联网的网民数量增长情况。从2000年互联网勃兴到2016年，菲律宾网民的数量增长非常之快，截至2016年6月，使用ITU（International Telecommunications Union，国际电信联盟）的菲律宾的网民数量就达到了5400万人，占全国人口的52.6%。

**菲律宾网民数量统计表**

| 年 份 | 网民用户数量（人） | 全国人口总量（人） | 网民用户占比 | 使用源 |
| --- | --- | --- | --- | --- |
| 2000 | 2000000 | 78181900 | 2.6% | ITU |
| 2005 | 7820000 | 84174092 | 9.3% | C.I.Almanac |
| 2008 | 14000000 | 96061683 | 14.6% | Yahoo！ |
| 2009 | 24000000 | 97976603 | 24.5% | Nielsen |
| 2011 | 33600000 | 103775002 | 32.4% | Nielsen |
| 2016 | 54000000 | 102624209 | 52.6% | ITU |

目前，Yehey是菲律宾本土最大和最重要的门户和搜索引擎（网址为http://www.yehey.com/）。通过Yehey也能读到全国新闻和地方新闻，查询天气以及旅游线路等等，因此在菲律宾极受欢迎。而菲律宾民众使用的最多的搜索引擎还是Google，谷歌搜索引擎在菲提供英文和他加禄文两种语言的搜索服务，在菲属于第一大搜索引擎。Yahoo亚洲菲律宾版的搜索引擎服务也是很多菲律宾网民的最爱。另外，Alleba也是菲律宾的一个网站搜

---

① 陈力丹、李林燕：《坎坷之路上的菲律宾新闻传播业》，载《新闻界》2015年第9期。
② *World Press Freedom Index 2016*, Reporters Without Borders, https://rsf.org/en/ranking/2016.
③ *Philippines: Internet Usage Stats and Marketing Report*, Asia Internet Stats, http://www.internetworldstats.com/asia/ph.htm.

索引擎,可链接虚拟图书馆,也有大量的用户。Dmoz 是一家菲律宾开放式的分类目录,提供英语及其他几种语言的网络服务。

具体到菲网民互联网使用情况,相关调查表明:2015 年,菲律宾的互联网普及率已接近 50%,菲律宾网民平均每天上网 6 小时,平均速度仅为 2.5Mbps,仅高于印度。菲律宾年轻人对移动互联网的使用率偏高,在 18 岁到 24 岁,菲律宾的移动互联网用户占了 36%,比东南亚的平均数值高了 8 个百分点。在移动互联网用户中,倾向于英语的用户占 40%,他加禄语的用户占 60%。[1]

Facebook、YouTube、Twitter 等国际大型社交类网站也成为菲律宾人分享、传播新闻的台之一。根据社交媒体调查机构 We Are Social 2015 年发布的报告显示[2],菲律宾社交网络普及率在 40%,移动社交网络普及率 32%。应用方面,菲律宾手机用户使用最多的是聊天应用,其次是视频类软件,游戏类排在第三。在菲律宾,活跃度最高的社交平台是 Facebook,其次是 Google+ 和 Twitter,Pinterest、Instagram、Linkedin 排在之后,不难看出,菲律宾用户对社交网络确实非常钟爱。也有报告表明:菲律宾 79% 的智能手机用户使用 Facebook,Facebook 是 84% 年龄介于 16~24 岁的菲律宾用户使用的主流在线平台,95% 的菲律宾社交媒体用户使用 Facebook,用户每天花在 Facebook 上的时间为 2 小时 25 分,多于看电视的时间。[3]

全球著名社交媒体管理平台 Hootsuite 和英国咨询公司 We Are Social 最近发布的互联网趋势报告显示[4]:菲律宾是全球社交媒体使用者数量增长较快的国家之一,2017 年 1 月,全球社交媒体使用者增长率为 21%,菲律宾增长率为 25%。根据 2017 年 1 月社交媒体公司的每月活跃用户数据,菲律宾民众每天花在 Facebook 和 Twitter 等社交媒体的平均时间为 4 小时 17 分,为全球第一。但同时,菲律宾的社交媒体使用量与其互联网网速形成鲜明

---

[1] 《Yeahmobi:2015 年全球移动互联网市场数据 – 菲律宾篇》,网址:http://www.199it.com/archives/422154.html,2015 年 12 月 27 日。
[2] 《We Are Social:菲律宾网民平均每天上网 6.3 小时 为全球之最》,网址:http://www.199it.com/archives/323562.html,2015 年 1 月 22 日。
[3] 《菲律宾 Facebook 用户洞察报告》,今日头条,网址:http://toutiao.com/i6277332954918158850,2016 年 4 月 25 日。
[4] 赵中文:《菲律宾人使用社交媒体时间全球第一》,载《光明日报》2017 年 2 月 4 日。

对比。据著名网络公司 Akamai 最近发布报告称,菲律宾固定宽带速度显示为全亚太地区最慢。可见,菲律宾年青一代对社交媒体的使用非常频繁,但菲律宾目前的网络速度依然非常糟糕。

当下,新媒体的发展依旧如火如荼,其对传统媒体以及网民的影响还在继续深化,这种媒体趋势的走向和影响还需要我们继续观察。

# 第十章　印度尼西亚新闻史

## 第一节　印度尼西亚概况

印度尼西亚，英文全称为"The Republic of Indonesia"，中文译为"印度尼西亚共和国"，简称"印尼"。印尼主要由太平洋、印度洋之间约17504个大大小小岛屿组成，其中约6000个岛屿有人生活，有"千岛之国"的俗称，是世界上最大的群岛国家。印尼北部的加里曼丹岛与马来西亚接壤，新几内亚岛与巴布亚新几内亚相连；东北部面临菲律宾，东南部是印度洋，西南则与澳大利亚隔海相望。

印尼国土跨越赤道线，地处亚洲东南部，四季皆夏，植被繁茂，人们称印尼为"赤道上的翡翠"。印尼的陆地面积约191.36万平方公里。印尼年平均温度25~27℃，属热带雨林气候。印尼全国共有火山400多座，其中活火山100多座，也被称为"火山之国"。活火山喷出的火山灰，加上海洋性热带雨林气候带来的充沛降雨，使印尼成为世界上土地最肥沃的地带之一。印尼人口位居世界第四位，约2.62亿人，紧随中国、印度和美国之后。印尼是一个多民族国家，拥有100多个民族，其中爪哇族人数最多，占印尼总人口数的45%。印尼约87%的国民信仰伊斯兰教，是世界上穆斯林人口最多的国家。印尼的各种民族语言多达470多种，官方语言为印尼语。

雅加达（Jakarta）是印尼的首都，也是印尼最大的城市，位于爪哇岛西北海岸。作为印尼的政治、经济、文化中心，雅加达聚集了全国大部分政治精英、人力资源和财富资源，居民以爪哇人为主，有少数华人居住于此。雅加达是太平洋与印度洋之间的交通咽喉，也是亚洲通往大洋洲的重要桥梁，曾输出胡椒和香料，被称为 Sunda Kelapa，中文意思为"椰林密布之地"或"椰子林的世界"，印尼华侨也称雅加达为"椰加达"或"椰城"。

印尼共有一级行政区（相当于省级）34 个，包括首都雅加达、日惹、亚齐 3 个地方特区和 30 个省；二级行政区（相当于县/市级）共 512 个。国旗旗面由上红下白两个相等的横长方形构成，长与宽之比为 3∶2。红色象征勇敢和正义，以及印尼独立后的繁荣昌盛；白色象征自由、公正、纯洁，还表达了印尼人民反对侵略、爱好和平的美好愿望。国徽由一只金色的鹰、一面盾和鹰爪抓着的一条绶带组成。鹰象征创造力。鹰两翼各有 17 根羽毛，尾羽 8 根，这是为了纪念印度尼西亚的独立日——8 月 17 日。鹰胸前的盾面由 5 部分组成：黑色小盾和金黄色的五角星代表宗教信仰，也象征"潘查希拉"——印尼建国的五项基本原则[①]；水牛头象征主权属于人民；榕树象征民族意识；棉桃和稻穗象征富足和公正；金色饰环象征人道主义和世代相传。盾面上的粗黑线代表赤道。鹰爪抓着的绶带上用印尼文写着"异中有同"。

印尼的历史可以追溯到 3 世纪，3—7 世纪，印尼所属的岛屿先后建立了一些分散的封建王国。13 世纪末至 14 世纪初，在爪哇建立了印尼历史上最强大的麻喏巴歇封建帝国。15 世纪，葡萄牙、西班牙和英国先后侵入印尼。1596 年荷兰侵入，1602 年成立具有政府职权的"东印度公司"，1799 年底改设殖民政府。1942 年日本占领印尼。1945 年日本投降后，印尼爆发八月革命，8 月 17 日宣布独立，成立印度尼西亚共和国。1947 年后，荷兰与印尼经过多次战争和协商，于 1949 年 11 月签订印荷《圆桌会议协定》。根据此协定，印尼于同年 12 月 27 日成立联邦共和国，参加荷印联邦。1950 年 8 月印尼联邦议院通过临时宪法，正式宣布成立印度尼西亚共和国。

印尼的新闻传播业主要由报刊、通讯社、广播电视和网络媒体构成。印尼共有各类报纸期刊 3000 余种，其中《罗盘报》（"Bisnis Indonesia"）为东南亚日发行量最大的报纸。官方通讯社为安塔拉通讯社（The Indonesia News Agency），在全国 27 个省设有分社，约有 300 名记者。公立的广播电

---

[①] 印尼为单一的共和制国家，"信仰神道、人道主义、民族主义、民主主义、社会公正"是建国五项基本原则（简称"潘查希拉"）。

视机构主要有印尼国家广播电台（Radio Republik Indonesia，简称 RRI）和印尼国家电视台（Televisi Republik Indonesia，简称 TVRI）。私营电视台有鹰记电视台（Eagle TV）、泗水电视台（Surya Citra Televisi）、美都电视台（Metro TV）等 11 家全国性电视台以及众多的地方电视台，各地的电台则多达 1800 多个。

## 第二节　印度尼西亚报业发展史

### 一、荷兰殖民时期的印尼报业（1615—1942）[①]

印尼最早的报刊，诞生于荷兰殖民时期。印尼历史上，遭受多个西方国家的入侵。从 15 世纪开始，葡萄牙、西班牙、英国、荷兰、日本等国先后入侵印尼，对其进行殖民统治。1602 年，荷兰人为了垄断世界的香料贸易，在印尼建立了"荷兰东印度公司"，开始了对印尼长达 300 多年的殖民统治。为了满足东印度公司香料贸易的信息需求，荷兰人来到印尼后，在爪哇岛的巴达维亚（即现在的首都"雅加达"）开始出版官方的"公报"，是印尼最早报纸的雏形。

1615 年，以荷兰文刊印的《新闻纪要》（也称《巴达维亚政治评论》）创刊，这是印尼历史上第一张现代报纸，也是亚洲最早的现代新闻纸。《新闻纪要》刊载的内容，主要是转载荷兰报刊的内容，满足在印尼的荷兰人的需求，东印度公司雇员的通信信札也是《新闻纪要》最初刊载的主要内容。后来开始刊登一些地方性新闻和商品广告。1744 年，《新闻纪要》停刊，在印尼出版了 129 年。

荷兰殖民时期的印尼报业，主要用荷兰语出版，且采取严格的新闻检查制度，只有荷兰人或印尼社会上层阶级才有权利出版报刊，出版地点主要集中在巴达维亚、泗水和三宝垄。从 1744 年到 1856 年，使用荷兰文出版的报纸，在巴达维亚有 10 家，在泗水有 3 家，在三宝垄有 3 家；报纸之外，

---

[①]　此部分主要参考赵永华：《印度尼西亚近百年来的新闻传播业——1615 年至 21 世纪初》，载《新闻界》2012 年第 18 期。

还有 5 家荷兰文杂志，均在巴达维亚出版。①

直到 1855 年，《布罗马梯尼报》（"Bromartani"）的刊印，才打破了仅有荷兰语报纸的格局，以爪哇文刊印的《布罗马梯尼报》，开创了用印尼当地语言出版报纸的历史。《布罗马梯尼报》于 1855 年 1 月在爪哇省梭罗市（Solo/Surakarta，又译"苏拉加达/索拉卡尔塔"）创刊，该报共刊印了 22 年，1857 年 12 月停刊。在《布罗马梯尼报》刊印期间，还出现了《巴达维报》《马来号角报》《东星报》《北星》等 16 家采用马来文刊印的报刊。虽然这些报刊或因读者群太小，或因无广告支持，或因内容贵族化，或因价格过高而陆续停刊，但是在印尼社会中，起到了文化启蒙的作用。荷兰殖民者鉴于这些报刊对社会的影响，制定了相应的新闻出版法规。例如，荷兰殖民者为了控制印尼社会舆论，制定过一项新闻条例，停止给普通人（甚至是荷兰人）刊印报纸、杂志的权利。如果报刊所报道内容对荷兰政府或东印度公司产生不利或负面影响，报刊还会受到相应的处罚，这限制了印尼新闻业的自由发展。

除了用荷兰文、爪哇文、马来文刊印的报刊外，荷兰殖民时期在印尼还产生了一些华文报刊。在华侨书报社的支持下，印尼华人创办的第一家华文报纸是《泗滨日报》，于 1908 年在东爪哇泗水创办。华侨书报社由荷属东印度中国同盟会于 1907 年建立，该社主办的第二家华文报纸是 1909 年在巴城（即雅加达）出版的《华铎报》。此外，比较有影响力的华文报纸，还有 1908 年刊印的《巴城日报》，1908 年在泗水出版的《大公报》，1908 年出版的《民铎报》，以及 1909 年在三宝垄出版的《爪哇公报》，1909 年出版的《汉文新报》。到 20 世纪 20 年代，随着华人数量和文化影响力的逐渐加大，印尼华文报业获得了极大发展，先后有 20 多份华文报纸在印尼全境出版，这些报纸在推进当地华人经济文化事业、民族独立斗争方面，发挥了积极的促进作用。

---

① 李卓辉：《印华先驱人物光辉岁月——印尼华人报刊和独立先贤史话》，联通书局出版社，2003，第 206 页。

## 二、日本占领时期的印尼报业（1942—1945）

1942年1月24日至3月1日，日军在爪哇海打败了荷美英澳四国的联合舰队，3月5日又攻占雅加达，3月9日荷印政府宣告投降。从此，荷属东印度的印尼人民陷于日本侵略者的掌控中，直至1945年8月15日日本无条件投降。日本占领印尼后，开始查封荷兰殖民时期的所有报纸、通讯社，并迅速创办了一些宣传"大东亚共荣圈"的报刊。印尼华人、华侨出版的所有华文报刊也都被迫停刊，甚至许多报人被关进集中营。

在日本侵略者的高压之下，1942年至1945年，印尼的报刊主要有《亚洲王》《亚洲之声》《太阳报》《新光报》等，这些报刊的主要内容多是颂扬日本政府和日本军队。一些华人报纸，如《太阳报》《洪报》，曾刊登日本人的广告和发表亲日言论，引起了华人的公愤。日本占领印尼期间，虽然报刊言论受到严密控制，但是印尼的很多记者，用相对隐晦的文笔对抗日本的统治，或者通过宗教组织、教育机构从事抗日活动。为了宣传"大东亚共荣圈"，日本人对印尼报刊的印刷设备进行更新，客观上促进了印尼报刊的技术提升。

## 三、苏加诺时期的印尼党报（1945—1965）[①]

### （一）独立战争时期（1945—1949）

日本无条件投降后，印尼宣布独立，但荷兰殖民者不承认，1945年至1949年印尼爆发了反抗荷兰殖民者的独立战争。1949年，荷兰人把权力移交给印尼的第一任总统苏加诺。日本战败后，印尼的新闻机构获得自由，印尼新闻媒体得到了较快发展，大批新的报纸应运而生，新闻工作者的地位不断提高。1946年2月，印尼新闻工作者协会在梭罗成立，同年6月8日，在日惹还成立了报纸出版人协会。新闻界在支持印尼独立斗争中表现突出，报纸在及时发布新闻、提出反殖民口号上发挥了不可替代的作用。

### （二）议会民主时期（1950—1957）

印尼独立后采用了西方的多党制政体，各种政治派别和政治力量都希

---

① 此部分主要参考赵永华：《印度尼西亚近百年来的新闻传播业——1615年至21世纪初》，载《新闻界》2012年第18期。

望依托报刊宣传自己的执政理念,报纸也依靠政党的财政支持而存在,因此,议会民主时期(1950—1957)印尼刊印的报纸大部分是党报。1950—1953年,印尼报纸的发行量为75万份,比独立前增长了63万份。印尼共产党领导的《人民日报》是当时发行量最大的报纸,1957年的发行量达到6万份。独立后,《印度尼西亚共和国宪法》规定了新闻自由的基本原则:每个人有发表和表达意见的自由权利。这段时间的印尼媒体能相对自由地发表自己的观点,甚至提出尖锐的批评。不过,印尼的法律同时还规定了新闻界不能滥用权利,有义务维持社会秩序运转的条文。

议会民主时期也是印尼华文报业的"全盛时期"。20世纪50年代,印尼华文报纸多达20多家,是当时东南亚各国中数量最多的。除了原有的《新报》《天声日报》《大工商报》《苏门答腊民报》继续刊印外,还新创办了《生活报》《印华经济》《自由报》《中华商报》《黎明报》《民主日报》《华侨日报》《兴中日报》《诚报》《匡卢日报》等报纸。这些报纸分为亲共和反共两派,亲共的报纸有《新报》《生活报》,反共的有《天声日报》《自由报》《中华商报》等。其中,影响最大的《新报》和《生活报》发行量达四五万份,其他报纸数千份至一两万份。[①]1958年4月,印尼陆军当局下令禁止使用非印尼文、非拉丁字母、非阿拉伯字母印刷出版的日报或杂志,将所有华文报纸查封。后来,《新报》和《生活报》获准合并恢复出版,但是1960年11月又被迫停刊。

### (三)"有指导的民主"时期(1957—1965)

1956年,鉴于印尼的无政府状态,为了有效治理国家,苏加诺总统提出了"有指导的民主"的执政理念,其中也包括对新闻界的指导。1957年3月14日,苏加诺总统宣布"国家处于紧急状态",政府向新闻媒体下达各种指示,媒体被用来实现国家的政治目标。如果有媒体起来反抗,就会遭到查封。1958年,政府规定所有的报纸和杂志必须在10月1日之前登记才能颁发出版许可证。此后,印尼的报纸虽然能发行,但要遵照政府的要求报道新闻。如果违背了,出版许可证就会被撤销。从1958年10月1日起,

---

① 黄昆章:《从〈龙阳日报〉的停刊看印尼华文报业的沧桑》,载《国际新闻界》2002年第2期。

印尼的新闻史进入黑暗时期。1959年至1961年是印尼政府严重干预新闻媒体的时期，对报纸内容实行新闻检查，质询、逮捕新闻工作者，甚至把许多记者关进监狱。1960年11月，印尼规定所有的编辑记者和出版人都必须申领执照，政府强迫他们在一份要求服从苏加诺政策的十九点声明上签字。1962年11月，政府接管了安塔拉通讯社，并将其与印度尼西亚新闻社合并，同时解散了所有的小型通讯社。1965年9月30日凌晨，印尼军方发动军事政变，对共产党人进行血腥镇压，所有亲共报纸都被查封。半年后，苏加诺把政权移交给苏哈托将军。

### 四、苏哈托时期印尼报业的商业化（1965—1998）

苏哈托掌权后，军人集团控制了印尼政府，混乱的政治局势逐渐稳定，国家形势得到控制，印尼政府着力发展经济，人们的生活水平不断提高，新闻业也获得了相应的发展。但在1965年，印尼军方发起针对印尼共产党的血腥屠杀，数十万华人在屠杀中丧命，史称"9·30"事件。所有的共产党报刊和左派报刊都被查封，安塔拉通讯社也暂时被关闭。"9·30"事件后，印尼也新创办了一些报纸。媒体可以揭露社会现象、政治权力、贪污问题，表明印尼开始采取自由主义新闻政策。不过，国家并没有放松对新闻业的法律监管。但是，当时的报业经济比较薄弱，缺乏市场观念，很多报纸难以在市场上站稳脚跟。

1966年，印尼国会制定了非常严厉的新闻法，规定报刊创办者必须获得经营许可证，政府的新闻主管部门有权颁发并随时吊销许可证，根据这一法律，印尼建立了在政府严格管控下的报业秩序。1974年1月，苏哈托政府采取了压制新闻业的政策，《群岛》《我们》《印度尼西亚盛宴》《雅加达日报》《印尼邮报》等报纸的许可证被吊销，虽然政府严格限制新闻自由，媒体的报道内容不能得罪苏哈托家族，不能得罪军队，不可以写与宗族相关的任何报道。印尼政府也明白，对国民施政时仍然要依靠媒体的支持和参与，因此，印尼政府也积极寻求与媒体的合作。1984年，印尼成立了全国性的新闻委员会，专门针对新闻媒体的内容报道情况进行检查。随着印尼国内政局的稳定，经济获得快速发展，印尼新闻业也取得了较快的发展，逐渐呈现商业化的格局。1992年印尼全国报纸的日发行量达1000万份左右，印尼新闻业也以集团化的方式进行新闻产业化运作。

### 五、印尼当代报业发展（1998年至今）

近20年来，印尼报业在相对宽松自由的政治环境中，开始真正拥有新闻言论自由的权利，报业可以自由地批评政府的不当行为。在经历了近40年的严格控制后，印尼新闻业获得了自由发展的空间。在长达30多年的苏哈托统治时期，印尼有效地利用新闻媒体进行政治宣传，媒体也充当了经济发展的宣传工具。1998年5月苏哈托下台后，印尼开始了新的政治、经济和社会改革，以《罗盘报》为代表的报业公司的发展壮大，标志着印尼报业步入稳定发展期。

《罗盘报》是印尼目前最大的报业公司，该报最早创办于1965年6月28日，创办人是欧阳炳与耶谷·乌达玛。作为一份"独立"的报纸，《罗盘报》刊载的内容尽可能都是派自己的记者采写，避免报道当时已被政治化的新闻。在印尼其他报纸发行量下降的情形下，《罗盘报》的发行量却逐年攀升。《罗盘报》从1966年开始通销全国，到1969年，该报发行量已达到全国之首，逐渐发展成为印尼最大的日报。1995年9月14日，《罗盘报》的网络版Kompas.com上线，成为印尼报纸网络化的先驱之一。《罗盘报》网络版的出现，大大方便了读者的阅报需求，尤其是在印度尼西亚东部和国外的读者，可以通过网络看到当天的《罗盘报》，而不是像往常一样要等待几天。为了提供最广泛的新闻服务，1996年初，《罗盘报》网络版的地址改成了www.compass.com，随着新地址的出现，《罗盘报》网络版越来越受到国外忠实读者的欢迎。

基于数字化网络世界的巨大潜力，1998年8月6日，《罗盘报》网络版被发展成一个独立的商业单位——KCM，访客不仅能看到《罗盘报》的电子版，而且还能获得即时更新的信息。随着印尼互联网用户的增长，KCM的访问量急剧增加，2008年5月29日，KCM这个新闻门户网站将自己重新定位为罗盘媒体集团，旨在打造一个新闻品牌。随着其新闻频道的增加，新闻服务的生产力也提高了。

为了保证新闻的自由与言论的独立性，《罗盘报》禁止所有员工从事政治活动，按照《网络媒体公司指南》（"Peraturan Perusahaan PT Kompas Cyber Media"）第十二条规定：每个员工都被禁止在公司或公司外部的环境中从事政治活动。被禁止的具体活动包括：（1）进行口头和书面政治宣传；（2）使用或粘贴与所有政党属性相关的内容，包括：夹克、衣服、旗帜、徽章、小册子、传单、标语或其他与政治活动有关的标志；（3）通过使用或利用公司的设施和资产来支持一项政治活动，包括：服务车辆、电话、传真、信封、信纸、标志、计算机和网络。

无论媒介形式如何变化，《罗盘报》从业人员始终以客观、完整、独立的新闻视角，不受政治、经济和权力的偏见所影响，把自己塑造成一个完全独立的媒体，不仅提供最新的新闻，其更新速度也遵循了在线媒体的特征，每天早上提出的新闻问题，往往及时提供实时更新的信息跟踪报道，最终给受众提供长篇的深度报道，以不同的视角解释新闻所涉及的问题。

印度尼西亚国家局势的关键转折点发生在 1998 年的"烈火莫熄"改革，这场人民权力运动推翻了苏哈托长达 31 年的专制统治。自此之后，发生了很多变革，社会政治和经济环境变得更加开放、负责，国家的媒体环境更是日益提升。苏哈托时代后期，政府开始放宽对于媒体的限制和审核。由此，媒体渠道迅速发展起来。自从 1998 年，平面媒体的数量已经增长至 4 倍以上，有超过 1000 家日报发行。就发行区域来说，可以划分为全国性报纸（在整个印度尼西亚群岛发行）和地方性报纸（主要在省内或更低的行政区域内发行）。尽管发行的报纸种类繁多，但发行量依然较低，约为 600 万份左右。因此，报纸的阅读量排在电视和网络之后，仅为第三位。

Kompas 和 Jawa Pos 单日发行量分别为 50 万份和 40 万份，在印尼全国性报纸中占据主导地位。Kompas 是印度尼西亚的全国性报纸，由 Kompas Gramedia Group 印刷发行。报纸创刊于 1965 年 6 月 28 日。Kompas 被广泛认为是印度尼西亚最具影响力的报纸，它不仅是国内拥有最大发行量的平面媒体，也是东南亚地区发行量最大的报纸。除此之外，Kompas 还拥有由 20 家地方报纸构成的 Tribun 集团发布网络。Jawa Pos 是印度尼西亚全国发行的报纸，建立于 1949 年，总部位于泗水。报纸的箴言为"每天总有新鲜事发生"（印尼语：Selalu ada yang baru）。Jawa Pos 在 1987 年创建了 Jawa Pos 新闻网络（JPNN），成为印尼最大的地方性报纸网络，在全国共发行 130 个出版物。

印度尼西亚目前影响较大的英文报纸有《雅加达邮报》《巴厘岛时报》和《雅加达环球报》。《雅加达邮报》（"Jakarta Post"）建立于 1983 年，是印度尼西亚最悠久的英文报纸。报纸由 PT Bina Media Tenggara 印刷发行，所有权共同属于 4 个地方性媒体集团：Kompas Gramedia Group、Tempo、Suara Karya 和 Sinar Harapan，但《雅加达邮报》独立管理经营，在全国均有发行。《巴厘岛时报》（"Bali Times"）是巴厘省唯一的英文报纸，以单页大幅纸张发行。第一版发行于 2005 年 3 月 18 日。内容覆盖来自巴厘岛、印度尼西亚的新闻和国际时事，以及评论和健康、商业、艺术、体育专栏。《巴厘岛时报》发行量为 23000 份，不单单在印度尼西亚发行，同时也发往海外国家，如新加坡。《雅加达环球报》（"Jakarta Globe"）于 2008 年 11 月 12 日推出发行，是印度尼西亚的英文日报。报纸平均每天发行 48 页，发行日为星期一到星期六。报纸有三个部分：A 部分覆盖各类综合性信息，包括国内和国际新闻；B 部分主要报道商业和体育新闻，以及分类广告；C 部分包含丰富的特写文章和关于生活方式的报道，以及娱乐新闻。《雅加达环球报》面向城市里受过教育的印尼人和外籍读者。

除了报纸，在印度尼西亚发行的新杂志有几百家，其中许多已经电子化，现在提供纸质和电子两种版本。杂志可以划分为以下几种：投资期刊、政治报道、新闻时事，生活类杂志以及适合年轻女性和年轻人的杂志。

"Majalah Tempo"（Tempo Magazine）是印度尼西亚最著名的新闻周刊，以关于政治、新闻和时事的分析性报道为特色。Tempo 杂志的发展并不是一帆风顺，它在 1994—2010 年期间遇到过很大困难。在面临针对其内容的负面反馈时，杂志几近倒闭，但之后解决危机，最终再次成为印尼的领先杂志。目前，Tempo 杂志的每周发行量达到 18 万份，全国读者数超过 60 万。在 2000 年，杂志扩张，推出英文版。

"Gatra"由一家小型出版企业建立于 1994 年，目前已经发展为印尼领先的两本杂志之一。该杂志是周刊，主要报道印尼的政治、社会、文化、法律和经济。除此之外，其前瞻性思想引领该杂志在印尼的全部杂志中第一个开发自己的网站。在平面媒体领域，根据东爪哇省（Universities Pembangunan Veteran）的数据显示，该杂志每周的发行量约为3.7万份。

"Femina"创建于1972年，是印度尼西亚第一个女性周刊，成为全国最知名的女性杂志之一。该杂志的目标读者为年龄在25~35岁之间的城市中产阶级到上层女性消费者。

"Jakarta Java Kini"是一本有关娱乐和时尚的杂志，是印度尼西亚最流行的城市杂志之一，"Jakarta Java Kini"每月出版的内容关于文化和遗产、旅游景点、食品、饮料和最新娱乐动态。该杂志的目标读者为雅加达的城市居民、游客和外籍读者，此外，还提供关于海外的最新信息，以吸引旅行者，尤其是亚洲其他国家的读者。

"Info Komputer"杂志是一本关于最新IT动态的杂志，创刊于1987年。该杂志以内容简洁而知名，主要发布电脑硬件和软件的文章的小贴士，还提供对不同技术和小配件的正反面分析，比如智能手机、APP和电脑游戏。

### 六、印尼华人报业简况[①]

在1856年以前，印尼（当时称东印度），完全没有当地民族语言的报纸杂志，印尼华人也没有开始创办华文的报刊。1886年12月20日，泗水华商侨生蔡全乐购买了荷兰人的印刷馆和《东星》报，这标志爪哇华商开始对报业和出版业产生兴趣，开始进军印刷业，准备在书报业和文化事业上与欧洲人一较高低。蔡全乐收购了荷兰人最大的印刷馆和《东星》报，使荷兰政府深为恐慌，因此不久荷兰统治者就修改法令，在1887年把经营报纸的保证金从原来的400荷兰元升到5000荷兰元，以限制华商在印刷业上有更大的发展，当时总督也强迫蔡全乐交付保证金5000荷兰元。

在同一时期，著名华人领袖兼作家李金福也在茂物收购了荷兰传教士林登夫人的印刷馆，在一些朋友的协助下，李金福以1000荷兰元买下

---

① 主要参考《印尼早期的华人报业先驱及其影响》《华文报纸在印尼》，详见陆然：《印尼早期的华人报业先驱及其影响》，载《新闻爱好者》2010年5月下半月；闻喜：《华文报纸在印尼——访印尼〈国际日报〉总编辑李卓辉》，载《中国出版》2009年10月上、11月上合刊。

出版社后，开始印刷课本，供应学校。之后又印刷了报纸《巴达维新闻》（"Pemberita Betawi"）。1900年，李金福等人积极推动在印尼成立中华会馆。

蔡全乐家族主导的《东星》报，是印尼华人报业转向华人文化的重要代表。在此之前，印尼报业都是由荷兰人或教会集团垄断，报道内容一直偏向欧洲人的利益，华人的声音最多只在"读者之声"的一些小角落中出现。但从1887年1月开始，蔡全乐就全面扭转了《东星》报的报道方向，有75%的消息和文稿都与华人社会有关系。同时该报的荷兰编辑邓海恩辞职，改换由律师博斯奎出任主编。在博斯奎的领导下，1887年7月15日《东星》报改名为《泗水之星》（"Bintang Soerabaia"），在报纸内容上突出华人色彩，该报在华人重要的节日时，封面都以鲜艳的颜色印刷，使该报在华人社区的销路显著上升。

《泗水之星》从1886年由蔡氏家族掌控，一直到1924年才停刊，历时38年之久，如果从1862年开始出版算起，历时长达62年。在当时报业面临严峻的挑战下，该报的经营业绩与出色表现，确实创造了了不起的纪录。华人经营报业有其特色，由此可见一斑。①

印尼华人很早就开始经营出版业，不但印刷商标或商品传单，也印刷各种中国古典小说或言情小说，如1859年就出版了《三国演义》和《西游记》等。1884年李金福撰写并出版的"KITABEJAAN A B C"（即马来语法字典），是华人出版的印尼第一部用马来文书写的语法书。

印尼的土生华人首先在各地出版马来文报刊，如《理报》（1901年）、《商报》（1903年）、《泗水日报》（1902年）。1910年10月1日，由巴达维亚华人创办的周刊《新报》，由印尼中华会馆的秘书刘玉兰创办主编，最早的撰稿人和读者主要是中华会馆开办的中华学校的教师和学生，因此从一开始，《新报》的发展就同华文教育在印尼的发展息息相关。《新报》为满足印尼华人文学和印尼新闻的发展需要，培养了大批优秀人才。从20世纪20年代到60年代，几乎大部分华人政坛名人和华人作家，都曾在《新报》当过编辑、通讯员或副刊作者。

到1908年印尼才开始出现华文报刊，第一家华文报刊是1908年出版的

---

① 李学民、黄昆章：《印尼华侨史》，广东高等教育出版社，1987，第393-397页。

《泗水日报》，该报得到当地华侨书报社的支持，主编为同盟会会员田桐，该报积极宣传孙中山的革命学说，号召华侨团结，支持革命。第二家华文报刊是1909年巴达维亚华侨书报社主办的《华铎报》，初为周刊，后改为三日刊，采用书本形式发行，每册约20页，最后才改成日报。《华铎报》的发起人陈伯鹏是巴达维亚同盟会的负责人之一，主编白萍洲，编辑钟公任、廖嗣和钟兰等都是同盟会会员，发行量达3000多份。《华铎报》的办报宗旨是"以培养华侨独立、合群、尚武的品德和国家观念"，《华铎报》常常抨击保皇思想，鼓吹革命学说，宣传民族主义和中华文化。

此外还有创办于1909年的三宝垄的《爪哇公报》，韩希琦一度任主编，泗水的《大公日报》（1908年）、《汉文新报》（1909年）、《民铎报》（1908年），还有《巴城日报》（1908年），都直接或间接地与革命党人有关。这些报刊常常抨击帝制，揭露君主立宪的虚伪和欺骗性，宣传革命，在帮助华侨分辨政治是非、脱离保皇党的影响等方面都发挥过一定的进步舆论作用。

发行量和影响最大的华文报首推华文版《新报》，作为马来文版《新报》的姐妹版，华文版《新报》与马来文版内容不完全相同。著名报人谢佐舜、宋中铨和温德玄等一直在该报工作，《新报》以宣扬爱国主义，提倡中华文化，推进华侨社会团结进步和促进社会福利事业为办报宗旨。20世纪30年代，《新报》发行量为5000份，以消息灵通、记载翔实、评论公正而著称。

1914年在苏门答腊岛华侨聚居众多的城市棉兰市，也出版了最早的华文报刊《苏门答腊民报》，开始为周刊，后改为日报，它致力于沟通信息，发行不限于苏门答腊，在新加坡和马来西亚各地都有发售。20世纪20年代，华文报业地域分布逐渐扩展，先后出现了20多份华文报纸，如《工商日报》（1922年创办）、《全民日报》（1926年创办）、《大公商报》（1922年创办）、《爪哇每日电报》（1928年创办）、《泗滨新报》（1928年创办）、《侨声日报》（1929年创办）、《三宝垄日报》（1923—1927）、《南洋日报》（1922—1928）、《日丽晨报》（1922年创办）、《苏岛日报》（1922年创办）、《锡江日报》（1926年创办）和《海洋洲报》等。①

---

① 温广益、蔡仁龙等编：《印度尼西亚华侨史》，海洋出版社，1985，第477-485页。

1945年印尼独立后，华文报业发展进入新阶段。在这一阶段，印尼华文报业深受中国政治影响，主要有拥护中国大陆新中国政府、亲台湾地区政府和标榜中立三类报刊。其中以拥护中国大陆新中国政府的《新报》《生活报》影响最大，发行量均高达5万份。然而，1965年苏哈托上台后，印尼的华文传媒开始了它的衰落历程。可以说，苏哈托时代是华人华文遭到歧视最严重的时期，同时也是印尼新闻自由的黑暗时代。①

1999年10月，自称有华人血统的温和派领袖瓦希德当选印尼总统，取消了一些歧视华人的法规，相继解除了一些不公正的禁令，改善了华人的生存环境。政治解禁后的第一份华文报纸《和平日报》于2000年2月创刊，其后其他华人报刊如雨后春笋出现，报纸、杂志、广播及华语电视栏目一度高达二十几家。2002年，印尼全国有10家华文报刊，包括《印度尼西亚日报》《世界日报》《国际日报》《印尼商报》《和平日报》《千岛日报》《诚报》《印广日报》《棉兰日报》《坤甸日报》。但目前已经停办或变相停办的有:《世界日报》《和平日报》《新生日报》《印华邮报》《龙阳日报》《诚报》《华商报》《坤甸日报》。仍然存在的华文报纸，大多前景堪忧，发行量少到1500份到3000份。

其中台湾联合报系在印尼出版的《世界日报》曾一度令人瞩目，每天出版对开20个版，但发行量一直没有突破，最高峰时仅有3000份，在维护了5年零8个月、亏损300万美元之后，于2007年由台北总部决定停止出版。目前继续生存的华文报纸，面向全国发行的只剩4家，即《国际日报》②《印尼星洲日报》《千岛日报》和《印度尼西亚商报》，地方性报纸有四五家，其中有3家还是挂靠于《国际日报》。

印尼《国际日报》源自美国的中文报纸《国际日报》，于华文解禁不久的2001年4月，由美国《国际日报》集团斥资创办，宗旨是"立足华人社区，为华人服务"。创办之初，发行渠道不畅，发行量也只有几千份。在对内方面，《国际日报》吸纳了一些办不下去的华文地方报纸。印尼《国际日报》与

---

① 黄嘉丽:《印度尼西亚传媒对华人华文的歧视》，载《中国传媒报告》2004年第4期。
② 《国际日报》是印度尼西亚主要的中文报纸。《国际日报》成立于2001年，现在是Jawa Pos新闻发布网络的一部分。该报纸的出版语言是简体中文，在印尼的4个主要城市：雅加达、泗水、棉兰和坤甸发行，发行量接近6万份。

印尼主流媒体《爪哇邮报》集团建立了合作关系，借助《爪哇邮报》的发行渠道，订户遍及印尼全境。中国二十多个省市相关单位在《国际日报》出版定期或不定期专刊，并成为印尼各大小华社与企业争相刊登广告的媒体。

目前全印尼有约10万的华文报纸读者，而且大多是55岁以上的年长者。虽然《国际日报》占有这其中绝大部分读者，但发行量还是不容乐观。《国际日报》发行量是华文兄弟报纸望尘莫及的，其发行量也只有五六万份。由于30多年禁止华文造成的文化断层，新一代的读者还没有成熟到可以阅读华文报纸的程度，所有华文报纸的发行量都呈缓慢下降的趋势，《国际日报》也不例外，因为不断会有老年华人离世，走一个就少一个读者。

华人婚丧广告是报纸最重要的经济来源，这类广告占到广告总收入的70%，商业广告只有30%。华社或商界一个华人去世，一期可能会有几个整版的致丧广告，是由不同的人、不同的团体发布的，有时一登就是一两个星期。就是这样一种几乎成了习俗的奢侈做法，支撑着华文报业的发展。在印尼所有报纸的广告收入中，华文报纸的广告收入只占5%。

国际日报社董事长是企业家熊德龙，他早年收购了美国《国际日报》后，便计划创办印尼版的《国际日报》。熊德龙最初是想让美国的编务人员来编排，但他们不了解印尼的情况，很难办好这样一家报纸。于是熊德龙想方设法找到已经移居马来西亚的李卓辉[①]，让他出任印尼《国际日报》总编辑。李卓辉不辱使命，在困难重重的办报环境中，把《国际日报》办出了特色。李卓辉每晚都坐镇报社，亲自签发稿件和版面。作为报社的老总，如此亲力亲为并不多见。

今天，在印尼还可以看到多家华文报纸，如《星洲日报》《国际日报》《商报》《千岛日报》等。虽然报纸上的一些内容是从中国的网站上下载的，但是大部分新闻仍由华文报的记者亲自采写。

---

[①] 李卓辉是福建南安人，1938年出生于印尼。李卓辉在苏加诺时代就是一位新闻工作者，当年出任《忠诚报》（前身《新报》）的华文版执行编辑和主笔。这家由华人创办的双语报纸一度因为军方的压力停办，后来在苏加诺的支持下得以复刊，并由苏加诺的亲信加林担任社长兼总编辑。1965年9·30事变后，报社的社长和助理社长都被捕，李卓辉也险些入狱。

## 第三节　印度尼西亚广播电视发展史

目前，印度尼西亚的广播电视主要有公立的印尼国家广播电台和印尼国家电视台。印尼国家广播电台于1945年9月11日成立，设有53个分台和对外广播的印尼之声台（用10种语言广播），现有员工8500人。印尼国家电视台于1962年8月17日正式运营，共有13个分台，395个转播器，覆盖印尼全境。原为政府经营，2000年后成为公共电视台，现有员工约7200人。私营电视台有鹰记电视台、教育电视台、美都电视台等11家全国性电视台以及众多的地方电视台。各地的电台多达1800多个。

### 一、印尼广播电视发展简况

印尼是亚洲开办广播较早的国家，印尼的第一家私人广播电台建立于1925年6月6日，是用荷兰语广播的"荷兰印度电台"，之后改名为"巴达维亚电台"（Bataviase Radio Siaran Vereniging，简称BRV），广播总部设在巴达维亚，后来成为著名的"东印度公司电台"。由于印尼"千岛之国"特殊的地理特点，广播在印尼的社会生活中占有重要地位，在开办无线电广播初期，印尼政府就对广播电台的功率、频率进行限制，以达到监控社会舆论的目的。

1942年3月8日，日本占领印尼，印尼的无线电广播被禁止。日军强制接管了印尼的广播电台，日军还发布命令要求所有的收音机都要进行登记，不能接收国外短波电台的广播，印尼人只能收听日本人的广播。

1945年8月17日印尼宣布独立后，广播电台的控制权重新回到印尼政府的手中。1945年9月11日，来自爪哇地区的广播电台从业者在雅加达举行了一次会议，宣告印尼国家广播电台——印度尼西亚共和国广播电台（印尼语Radio Republik Indonesia，简称RRI）成立。RRI的宗旨是为海内外的印尼人提供公共广播服务，也通过海外广播（World Service）印尼之声（Voice of Indonesia），向全球听众介绍关于印尼的信息。

RRI国内拥有遍布印尼全国的88个广播电台分台，各台设有PRO 1

至 PRO 4 共 4 套节目。Radio Jakarta，也就是雅加达总部的 PRO 3，是面向全国的新闻频道，另外 3 个频道只面向雅加达播出；RRI 各地分台除了转播 Radio Jakarta 的 PRO 3 新闻频道外，也各自办有 3 套节目。

其中 PRO 1，印尼语的广播主题是 Pusat Pemberdayaan Masyarakat，即社区权益频道，以调频 FM91.2MHz 向雅加达播出。PRO 2，印尼语的广播主题是 Pusat Kreatifitas Anak Muda，即年轻创新力频道，以调频 FM105.0MHz 面向雅加达播出。PRO 4，印尼语的广播主题是 Pusat Kebudayaan Indonesia，即文化频道，以调频 FM92.8MHz，中波 AM1332 KHz 和短波 SW9680KHz 向雅加达播出，其频率定位是 Pendidikan & Budaya，即教育与文化，为听众提供印尼的文化、音乐和艺术广播。面向海外的印尼之声，用汉语、英语、阿拉伯语、德语、法语、日语、西班牙语和印尼语等语言进行全球广播。

1961 年，作为 1962 年在雅加达举行的亚运会筹备工作的一部分，印尼政府决定设立一个国家电视台，随后电视筹备委员会成立。1961 年 10 月，苏加诺总统下令在雅加达塞纳扬（Senayan）建造一间工作室和两座电视塔。1962 年 8 月 17 日，印度尼西亚共和国电视台——TVRI 在莫德卡宫首次试播了印尼独立日庆祝活动。1962 年 8 月 24 日，亚运会开幕式当天，TVRI 进行了直播。两年后，日惹、三宝垄、棉兰、泗水、望加锡、马纳多、巴丹、帕伦邦、巴厘岛和巴利克帕潘等地开设了第一批地区性广播电台。1963 年初，TVRI 基金会正式成立，成为该频道的官方管理机构。1974 年，TVRI 成为印尼国家信息部的一部分，具有董事会的地位，它的作用是向公众宣传政府的政策。两年后，它开始通过卫星在印尼全国播放。1979 年，第一个彩色电视信号通过卫星传输。

在 20 世纪 70 年代末 80 年代初，TVRI 成为国家新闻部的一个明确的大众传播媒介部门，还成立了省级电视制作工作室。1989 年，政府的第六个五年计划允许私营电视台开播，RCTI 成为第一家商业电视台，TVRI 失去了垄断地位。改革开放后，TVRI 的地位又发生了变化，它先是向财政部负责，后来又成为国企部、财政部授权的有限公司。如今，TVRI 拥有 22 个地区电视台，6800 多名员工，其中 2000 人常驻雅加达。

表 1　2016 年 4 月 5 日印尼共和国电视台三个频道的节目列表

| Nasional 频道 | | Budaya 频道 | | Olahraga 频道 | |
| --- | --- | --- | --- | --- | --- |
| 时间 | 节目 | 时间 | 节目 | 时间 | 节目 |
| 03:40 | POLA TEHNIK/STATION ID | 07:30 | Pola Teknik | 07:30 | Pola Teknik |
| 04:00 | Jalan Jalan Islami | 08:00 | Fanfare Indonesia Raya | 08:00 | Fanfare Indonesia Raya |
| 04:30 | SERAMBI ISLAMI | 08:03 | Jalan Jalan Islami | 08:03 | ISG 2013 |
| 06:00 | Indonesia Pagi | 08:30 | Pintu Cahaya | 09:05 | ISG 2013 |
| 07:30 | Tvri Sport | 09:30 | Anak Indonesia | 10:02 | ISG 2013 |
| 08:00 | SEMANGAT PAGI INDONESIA | 10:00 | Pelangi Nusantara | 11:00 | Oto Sport |
| 09:00 | HALO DOKTER | 11:00 | KULINER INDONESIA | 11:30 | POIN |
| 09:30 | Indonesia Terkini | 11:30 | Pelangi Anak Nusantara | 12:00 | Olahraga Tradisional |
| 09:33 | NEGERI INDONESIA | 12:00 | Negeri Indonesia | 12:30 | Netting |
| 10:00 | Indonesia Terkini | 12:30 | Dokumenter | 13:00 | ISG 2013 |
| 10:03 | Jelajah Negeri | 13:00 | Indonesiaku | 13:52 | ISG 2013 |
| 10:30 | Indonesia Terkini | 13:30 | Jelajah Negeri | 14:46 | ISG 2013 |
| 10:33 | ADVERTORIAL PROYEK PALAPA RING | 14:00 | Pelangi Budaya Dunia | 14:57 | ISG 2013 |
| 10:33 | Salam Dari Desa | 14:30 | Cerita untuk anak | 16:00 | POIN |
| 11:00 | Indonesia Terkini | 15:00 | Lanjutan "Cerita Untuk Anak" | 16:30 | ISG 2013 |
| 11:03 | INDONESIA MEMBANGUN | 15:30 | Sebelah Mata | 16:51 | ISG 2013 |
| 11:30 | Indonesia Terkini | 16:00 | ABU ROBOCON | 17:39 | ISG 2013 |
| 11:30 | KULINER INDONESIA | 16:11 | ABU ROBOCON | 18:23 | ISG 2013 |
| 12:00 | Indonesia Siang | 16:30 | Miss Tjitjih | 19:30 | Netting |
| 13:00 | BUATAN INDONESIA | 17:30 | Gowes | 20:00 | ISG 2013 |
| 13:30 | Indonesia Terkini | 18:00 | Adzan Maghrib | 20:45 | ISG 2013 |
| 13:33 | Kick OFF | 18:05 | Swara Lyan | 21:47 | ISG 2013 |
| 14:00 | Indonesia Terkini | 18:30 | Tapal Batas | 22:00 | Kalam Illahi |
| 14:03 | DIALOG INDONESIA HARI INI | 19:00 | Galeri Tenun | | |
| 14:30 | Indonesia Terkini | 19:30 | Wayang kulit | | |
| | | 20:30 | Yang Berkarya | | |
| | | 21:00 | Wayang Golek | | |
| | | 22:00 | Kalam Illahi | | |

续 表

| Nasional 频道 | | Budaya 频道 | | Olahraga 频道 | |
| --- | --- | --- | --- | --- | --- |
| 时间 | 节目 | 时间 | 节目 | 时间 | 节目 |
| 14：33 | DIALOG INDONESIA HARI INI | | | | |
| 15：00 | Indonesia Terkini | | | | |
| 15：03 | BUAH HATIKU SAYANG | | | | |
| 15：30 | Indonesia Terkini | | | | |
| 15：33 | BUAH HATIKU SAYANG | | | | |
| 16：00 | Indonesia Terkini | | | | |
| 16：03 | INDONESIA HARI INI | | | | |
| 17：00 | English News Service | | | | |
| 17：30 | Indonesia Terkini | | | | |
| 17：33 | AYO BERNYANYI | | | | |
| 18：00 | Indonesia Terkini | | | | |
| 18：07 | AYO BERNYANYI | | | | |
| 18：30 | Indonesia Terkini | | | | |
| 18：33 | KUIS A TO Z | | | | |
| 19：00 | Indonesia Malam | | | | |
| 19：50 | WARTA PARLEMEN DPR RI | | | | |
| 20：00 | CANTIK | | | | |
| 20：30 | Indonesia Terkini | | | | |
| 20：33 | CANTIK | | | | |
| 21：00 | Indonesia Terkini | | | | |
| 21：03 | BERANI BERSIH | | | | |
| 21：30 | Indonesia Terkini | | | | |
| 21：33 | BERANI BERSIH | | | | |
| 22：00 | Indonesia Terkini | | | | |
| 22：03 | TAMAN BUAYA BEAT CLUB | | | | |
| 23：00 | DUNIA DALAM BERITA | | | | |
| 23：30 | Seni Dan Budaya | | | | |
| 00：30 | KANGENAN | | | | |
| 01：30 | Renungan Malam | | | | |

苏哈托上台后，印尼广播电台的功能得到完善，除了传递信息和提供娱乐之外，还发挥着教育功能，重视对农村的广播。印尼因其岛屿众多，所以对内广播和对外广播（印尼之声）一般都使用短波。随着经济、文化与科技的发展，新兴的私人广播电台开始发展起来。印尼的商业电台除了播出新闻和经济信息外，还播放音乐等节目，但是，政府禁止播出除国家电台的新闻稿之外的政治新闻。

2001年11月20日，TELKOMVISION启动了付费卫星电视直播的试运行业务，目前有30个付费频道加入了TELKOMVISION的直播。TELKOMVI-SIGN卫星电视直播平台位于东经108度下ELKOM-1卫星C频段上，其信号覆盖了整个印度尼西亚地区。直播为不同欣赏口味的用户提供了精品套餐服务，部分节目为英文/中文双语言发音，除本地电视外，也精选了很多著名的国际频道，使其节目可观赏性进一步增强。

20世纪末期，印尼政府采取"天空开放"政策，允许外国电视公司使用帕拉帕卫星向其境内播送节目，也允许本国居民使用碟形天线自由接收外来电视。所以国外著名的跨国电视公司竞相在这里传送自己的节目，夺取市场份额。20世纪末印尼全国有收音机3150万台，每千人155台，电视机3000万台，每千人143台。

## 二、印尼广播电视事业现状

### （一）印尼主要的广播电台

在引进电视之后，广播听众数量在近几年急剧下降。根据政府统计局（在印尼被称为BPS）于2003年进行的一项调查，有一半人口收听广播电台。然而，经过不到十年的时间，2009年定期收听广播电台的人口已经减至不到四分之一。另外，对于一些接触不到先进媒体的农村地区和偏远的岛屿社区来说，电台仍是一种重要的媒体信息来源。社区电台在农村和大学校园也仍作为一个交流思想的平台存在。

表2　印度尼西亚广播电台2014年收听人次排名

| 排　名 | 广播电台 | 收听人次 |
| --- | --- | --- |
| 1 | 雅加达 Prambors FM | 385485 |
| 2 | 雅加达 Radio Dangdut Indonesia | 217884 |
| 3 | Radio Minang Saiyo online | 188371 |
| 4 | Radio Ranah Minang | 155708 |
| 5 | Radio Manele | 89981 |
| 6 | Rama Bandung | 87479 |
| 7 | Radio Online Minang Cimbuak | 74545 |
| 8 | Ardan Bandung | 57332 |
| 9 | Radio Baraya Sunda | 51333 |
| 10 | Radio Muslim Yogyarkarta | 49508 |

雅加达 Prambors FM 最初由5个好友一起创办，现已逐渐成长为一个商业电台网络，并将总部设在了印尼雅加达。该电台于1971年3月18日正式启用，最初的目的是和听众分享流行音乐。如今，Prambors FM 在年轻人中颇受欢迎，听众中的大部分是热衷于国内外热门排行歌曲的青少年。事实上，Prambors FM 在20世纪70—90年代曾是雅加达青少年的标签之一，时至今日，它仍凭借其多元的在线和移动渠道保持着年轻活力。旗下栏目多以其创造性和参与度而闻名，Prambors FM 目前运营着八个电台，分布在印尼的主要城市：雅加达、泗水、万隆、日惹、望加锡、梭罗、茂物、三宝垄和棉兰。

雅加达 Radio Dangdut Indonesia（RDI）于2010年10月20日在雅加达上线，以播放 dangdut 音乐为主（dangdut 是印尼民歌和流行乐的一种流派）。印尼人无论老少，都喜欢跟着这种音乐或唱歌或跳舞，因此该电台的受众群年龄上至50岁，下至10岁。此外，RDI 也会为听众播放其他形式的音乐，如流行乐。RDI 的听众遍布印尼11座城市。

国家广播电台 Radio Republik Indonesia（RRI）成立于1945年，由政

府所有，为印尼听众提供公共广播服务。其海外分支印尼之声（Voice of Indonesia）则负责服务居住在海外的印尼人群体。RRI 总部设在雅加达中部，在全国主要城市设有站点，广播遍布全国。RRI 24 小时全天播出，根据不同电台（Pro1，2，3 或 4）涵盖多种节目，如音乐娱乐、新闻、文化、教育等。

Elshinta 广播电台，曾是印尼最大的广播电台，创办于 1995 年 1 月 11 日，以"Elshinta 电台 90.05FM"为名，1999 年 1 月 1 日改为"Elshinta 新闻和访谈电台 90.05FM"，实行 24 小时全天广播，播出的内容有交通信息、经济、政治、社会、文化，以及各大城市所需的一些重要信息。Elshinta 电台还转播英国广播公司、中国国际广播电台（印尼语）、澳大利亚广播电台的节目，还曾转播过美国之音的节目（2009 年 6 月停止广播）。

索诺拉电台，由欧阳柄、格尔兰·都国诺、和赛·达布阿纳一起于 1972 年 8 月 8 日创办并首次播音。随着广播技术的发展，1988 年 3 月 6 日索诺拉开始从 AM 转到 FM。为了满足听众的要求，索诺拉从 2000 年 8 月开始 24 小时广播。

### （二）印尼商业电视台的产业运作方式

印度尼西亚目前的媒体结构的形成开始于 20 世纪 80 年代末期，深受社会政治和经济变革的影响，在 1998 年"烈火莫熄"改革之后逐渐发展起来。随着市场竞争的加剧，商业电视台出现大规模的兼并和收购。2004 年开始，印尼经济复苏，商业集团在经济利好的激励下，大力扩张业务，传媒产业成为商业资本投资的热点。一些大型传媒集团通过收购或兼并拥有了多个电视频道，甚至拥有了广播、报刊、网络等多种媒体。在资本利益的驱动下，蓬勃发展的媒体行业已经演变为媒体垄断，主要为 12 家大型媒体集团所有。现如今，这些媒体集团掌控着印尼绝大多数的广播电视、平面媒体和网络渠道。

目前，印尼共有以全球媒体集团为代表的 12 个大型传媒集团。

表3 印尼12个大型传媒集团概况

| 名 称 | 电视 | 广播 | 报刊 | 网站 | 其他业务 |
|---|---|---|---|---|---|
| 全球媒体集团 | 20 | 22 | 7 | 1 | 出版发行、人事管理 |
| 爪哇邮报集团 | 20 | — | 171 | 1 | 造纸、印刷、电力 |
| 罗盘学术集团 | 10 | 12 | 88 | 2 | 地产、连锁书店、制造、赛事组织、大学 |
| Mahaka 传媒 | 2 | 19 | 5 | — | 赛事组织、公关 |
| 鹰冠科技 | 3 | — | — | 1 | 电信、IT 产业 |
| CT 集团 | 2 | — | — | 1 | 金融、休闲娱乐、自然资源、地产 |
| 亚洲视讯 | 2 | — | — | 1 | 自然资源、网络、地产 |
| 媒体集团 | 1 | — | 3 | — | 地产（酒店） |
| MRA 传媒 | — | 11 | 16 | — | 零售、地产、食品饮料、汽车 |
| Femina 集团 | — | 2 | 14 | — | 人事管理、出版 |
| Tampo Inti 传媒 | 1 | — | 3 | 1 | 纪录片制作 |
| Beritasstu 传媒集团 | 2 | — | 10 | 1 | 地产、健康服务、电视网、互联网服务、大学 |

　　为了规避因为传媒集团的垄断所造成的言论失控，2004年印尼宪法法院做出规定，在发放广电行业的从业许可证时，非政府的行业组织印尼广播委员会需要和政府进行合作，在制定广播电视行业的管理规范与细则时，政府也应参与其中。这些规定将政府重新置于电视事业的核心地位，政府对商业媒体的监管主要在于对从业执照的发放进行限制。在此规定指导下，政府还成立了通信和信息技术部，从宏观上对印尼境内的广播、电视、邮政等业务进行监管。

　　电视是印尼人获取新闻和娱乐的主要来源。据美国媒体研究机构 Inter Media 子公司 Audience Scapes 的研究显示，90%的印尼家庭拥有至少一台电视机。印尼最受欢迎的两大电视频道 RCTI 和 SCTV 均播放 Sinetron（一种涵盖各种流派的肥皂剧形式），许多印尼的当红艺人由此诞生。

表4　印度尼西亚2014年电视排行榜

| 排名 | 电视台及其节目名称 | 收视情况 |
|---|---|---|
| 1 | Emak Ijah Pengen Ke Mekah SCTV | 5.1/23.2 |
| 2 | Mahabarata ANTV | 4.9/18.6 |
| 3 | Ganteng Ganteng Serigala SCTV | 4.8/20.3 |
| 4 | Diam Diam Suka SCTV | 4.5/22.1 |
| 5 | Catatan Hati Seorang Istri RCTI | 3.6/15.1 |
| 6 | Tukang Bubur Naik Haji RCTI | 3.3/16.9 |
| 7 | Hot Shot SCTV | 2.7/21.5 |
| 8 | Cowokku Superboy SCTV | 2.7/17.2 |
| 9 | The Adventures Of Hatim ANTV | 2.6/14.3 |
| 10 | Karena Aku Cinta Baginda Nabi RCTI | 2.6/17.2 |

RCTI（Rajawali Citra Televisi Indonesia）于1989年正式启动，是印尼收视率最高的电视频道，也是全国首家民营电视台。其通过横跨478个城市的48座中继站覆盖了1.9亿观众，约为全国80%的人口，以播放肥皂剧和娱乐节目为主。咨询公司Media Partners Asia的数据显示，RCTI拥有17%的免费接受电视（FTA）观众份额。

SCTV（Satu Untuk Semua）也是印尼最流行的商业电视台之一，1990年8月24日在泗水开播，播出信号覆盖整个东爪哇。1991年，范围进一步扩大到巴厘岛等地区。1993年1月1日，SCTV向印尼全国播出。根据MPA 2011年的统计数据显示，以16%的收视份额紧随RCTI之后。该台有47个发射器并声称拥有1.8亿的潜在观众，遍布在印尼的240个城镇。

近年来，印尼的商业电视台纷纷推出各种付费电视频道，付费电视已经成为商业电视台吸引观众、提高节目收入的重要途径；对于印尼观众来说，付费电视增加了民众电视消费的多样性，受到普遍的欢迎。据亚洲媒体伙伴公司在2012年发布的《印尼电视未来五年发展》的报告，"印尼的付费电视在2016年将有550万订户，14%的家庭会观看，每户每月平均花费

12美元"①，付费电视将成为商业电视台产业化的下个重要发展目标。

付费电视的扩展也将带来广告投放量的激增。MPA 预计到 2016 年印尼商业电视台的广告收入将达到 360 万美元，年均增长 15% 左右，为亚太地区广告最大涨幅。从这些数据也可看出，在完全商业化的环境中，印尼付费电视将成为未来商业电视台盈利的主要阵地。

产业化运作是商业电视台在市场环境中的必然选择，在兼并和收购浪潮中，印尼商业电视台在推动电视事业发展上方面可圈可点，但市场空白仍然存在，而这为外国媒体在印尼开展业务提供了发展契机。

**三、印尼华人广播电视简况**

印尼的华语广播和电视则需要进一步扩大规模。目前，印尼没有完全使用中文的广播电台，只有一家广播电台播放华语节目，主持人的汉语带有印尼的口音。华人电视台只有两家——美都电视台、大爱电视台。美都电视台，创办于 2000 年 11 月 25 日，在印尼全国设有 53 个发射站，创办人是苏利亚·帕罗。美都电视台使用两种语言播出——英语和汉语。英语节目有《印尼今天早上》《现在的印尼》等，汉语节目有《美都新闻》②等，该电视台开办了新闻频道，是印尼第一个 24 小时全天播报新闻的电视台。除此之外，该台的娱乐节目、纪录片、商业节目等也吸引了大量观众。美都电视台还有一个称作《现在的印尼》的节目向全世界播出，主要是向世界提供印尼的信息。大爱电视台是中国台湾人在印尼开办的电视台，有比较多的中文节目。

## 第四节　印度尼西亚新媒体发展现状 ③

作为东南亚最大的经济体，印度尼西亚拥有该区域内比较好的媒体环

---

① MPA: More Value&Growth for Indonesia's Television Indushy，来源：媒介合作伙伴网，http://www.media-partners-esia.com/report/Indonesia-TV-The_Next-5-Years-PR.pdf。
② 美都电视台的早间新闻节目《美都新闻》是印尼唯一一个使用中文播出的新闻节目，但节目中的字幕及提要都使用印尼语，而且每天播出时段只有 1 小时，其余均为印尼语节目。
③ 此部分内容及数据主要参考了《美通社印度尼西亚媒体白皮书 2014》("PR News wire White Paper Asian Media Landscape Indo")的相关研究成果。

境。根据媒体自由度排行榜（Freedom House，2014），印尼在197个国家和地区中位列第98名。在东南亚国家联盟（ASEAN）中，只有菲律宾比印尼排名靠前——位于第87位。印度尼西亚充满活力、开放的媒体环境得益于年青一代：整个国家2.5亿人口中有一半是30岁以下的年轻人。印尼的广告市场价值约为100万美元，被公认为东南亚最大规模的广告市场。就媒体传播范围来说，电视在印尼的媒体中独占鳌头，大约有97%的民众每个月都会看电视，互联网拥有的目标群体数量紧随其后，普及率约为57%，排名在此之后的分别为报纸、广播和杂志。迅速增长的互联网用户数量已经改变了印尼当地目标群体对内容和信息的消费方式，他们现在成为社交媒体上非常活跃的用户。实际上，印尼是Facebook和Twitter最大的用户市场之一。伴随着不断增加的智能手机的普及，印尼已经发展为全球第二大的移动广告市场，其规模仅次于美国。

## 一、印尼的宽带网络简况 ①

印度尼西亚政府一直以来都把持着该国的电信产业，直到2000年为了创造一个公平竞争的环境，才逐步修改电信法令，让新的电信业者能够加入印度尼西亚的市场相互竞争。

印尼政府为了提高管理该国电信业的效率，2004年初成立包含Indonesian Telecommunication Committee（KRT）Directorate General of Posts and Telecommunications（DG Postel）两部门的电信监管机构Badan Regulasi Telekomunikasi Indonesia（BRTI）。尽管成立了这些机构，实际尚在政策与规范的制定与执行上却依然缺乏信用与独立性。

在这样一个缺乏规范的监管环境下，印度尼西亚的电信市场由获得该国政府授权经营Fixed telephony和International gateways的PT Telkom and Indosat主导。也因为对LLU缺乏一套监管规定，因此印度尼西亚在最后一里的宽带网络设施皆由PT Telkom掌握、垄断，使得ISP业者必须自己建设其最后一里的网络设备才能提供服务给顾客。然而，政府却禁止ISP业者建设自己的网络基础设施或网络骨干（backbone）。

---

① 《印度尼西亚宽带市场发展状况分析》，中商情报网，网址：http://www.askci.com。

近年来，虽然印度尼西亚的网络使用人口迅速成长，但依然没有改变该国垄断的网络市场情况。政府依然持有 PT Telkom 大部分的股权，同时为了保持独家经营宽带服务的垄断地位，决定持续限制住 LLU。但为维护当地电信市场竞争力，该国政府先对外开放国际与本地的通话服务。

印度尼西亚的大众网络服务开始于 1994 年，在此之前只有学校、研究机构才有网络设备透过国家科学与电信网络（The National Science and Telephony Network）：Iptek Net 上网。随着信息需求增加、网络的开放，2004 年，该国网络使用者仅仅 550 万，至 2007 年增加至 2000 万，增长约 2.5 倍，但从该国的人口来看，目前网络使用者却仅仅占 8.5%。印度尼西亚的 Ministry of Communication and Information Technology 根据如此的增长趋势预估，该从国网络使用者在 2010 年将达到 8000 万，认为印度尼西亚的网络市场蕴含着巨大的成长潜力。

随着网络用户数的增加，印度尼西亚的宽带网络用户数也迅速上扬，2007 年底该国的宽带用户约达 33 万人次，较 2006 年的 12 万人次增长了 1.74 倍。但宽带用户占网络使用人口的比例依然很低，仅占 1.7%。而印度尼西亚宽带网络技术以 ADSL 为主，占该国市场的 81%；其次为 Cable，占该国有线宽带市场近 19% 的份额。

由于印度尼西亚是由上万个岛屿组成，是全世界最大的群岛国家，因此在有线网络的铺建上受限于地理因素极大。故 PT Telekom 的宽带服务"Speedy" 仅能在特定城市、区域提供，该公司的服务范围已从 2006 年初的 Jakarta、Surabaya 与 Makasar 三城，扩大到 Medan、Batam、Pekanbaru、Padang、Palembang、Lampung、Jakarta、Bogor、Tangerang、Bekasi、Depok、Bandung、Cirebon 等二十来座大小城市。First Media 的服务范围除了原本 Kabelvision 所在的 Jakarta、Surabaya 与 Bali 外，尚有 Tangrang、Bogor 以及 Bekasi 三个区域。

印尼的宽带服务内容主要包括宽带数据服务、IPTV 服务、VoIP 服务（IP 电话）。受到群岛地形之影响，印度尼西亚在有线宽带之发展上实则有着一定的困难度。2006 年 8 月印度尼西亚成为暨新加坡与马来西亚后，第三个开放 G 服务的国家，由 PT Telekom 旗下的 Telkomsel 率先提供 W-CDMA based 的 3G 服务。至 2006 年底，Indosat、Excelcom、Cyber Access Communications 与 NatrindoTeleponSelular 陆续得到提供 3G 服务的执照而加入竞争。

## 二、印尼的新媒体新闻传播

随着互联网用户人口的不断增长，尤其是年青一代对科技的愈加熟悉，印尼已成为亚洲高科技快速发展的国家之一。印尼几乎有一半网民的年龄在 30 岁以下，超过 45 岁的占到全国总人口数的 16.7%。如果把"每天至少花 3 个小时在网上的人"定义为网民的话，印尼的网民数量已由 2013 年的 6110 万增加到了 2014 年的 7460 万。这一增长趋势还在继续，在 2015 年超过 1 亿。在内容方面，印尼媒体虽然目前已开展网络传播，但大多仍停留在将报纸等线下内容搬到网上，并没有为在线内容做定制化设计。

Detikcom 是印尼最大的网络媒体之一，由一群记者在 1998 年成立，且没有印刷版本。Detikcom 专注于新闻内容，目前已成为印尼最大的新闻门户网站之一。旗下拥有七大门户网站，分别是：detiknews.com、detikhot.com、detiksport.com、detikfinance.com、detiknet.com、detikOto.com 和 Sepakbola。每个网站平均每天拥有约 16 万人次点击数，均排在印尼访问人数最多的网站前十位。

Kompass.com 是印尼 1965 年创刊的全国性报纸"Kompass"的网络版本。该网站由印尼最大的媒体公司之一 Kompass Gramedia 创办，其在线门户网站既包含印刷报纸上的新闻，也发布其他图片、视频和实况转播。读者可在网站上对新闻进行个性化设定来满足自己的喜好，比如读者可以选择不同的主题：科技、娱乐、房地产和其他类别。为了与时俱进，Kompass.com 也已经对移动网站和用于 iPad 及其他平板电脑的电子报进行优化。目前，网站访问已达到每月 1.2 亿的页面浏览量。

VIVA news.com 是一个由 PT.Viva New Media 管理的在线新闻门户网站。该网站于 2008 年推出，当时的网站名叫"标题"（Headline），它通过电脑及手机网页为读者提供最新消息。Viva 将新闻话题分为不同类别，如一般商业新闻，包括国际事件、政治、经济、科技。另一个类别叫作 VIVAbola，专注于和足球相关的近期赛事、分数和视频；同时还有娱乐和生活类新闻。另一些类别，比如博客、论坛和社交网站则专注于与读者进行互动。

在线新闻网站 Tribunnews.com 隶属于"Kompass"报，总部设在雅加达，该网站和 Kompass.com 十分相似，不过除了将印刷版上的文章发布在网上，Tribunnews.com 还出版了一份电子版的报纸。为了与读者更好地互动，该网站还设立了一个公共论坛，鼓励民众提交反馈，帮助公民新闻的发展。

### 三、印尼的移动新媒体使用简况

印尼作为世界第四大移动新媒体市场，其 84% 的人口拥有至少一部移动电话，且大多数印尼人是通过拥有互联网功能的手机访问互联网的。Yahoo！和 TNS 全球所做的一项调查估计：83% 的用户通过普通手机上网，而 20% 的用户使用智能手机，7% 的用户使用平板电脑。虽然智能手机的使用仍然处于早期阶段，它在 2012 年的增长率达到了 123%。eMarketer 的一项数据估计，到 2016 年，印尼智能手机的使用率将达 47%，用户数约为 8740 万。这种惊人的增长已经促使了印尼"手机文化"的增长。

社交媒体是印尼民众上网活动中重要的一项，这一点反映了印尼文化中"爱社交"的本性。事实上，截至 2014 年 6 月，印尼有 6900 万活跃的 Facebook 用户，尽管印尼国家的规模相对较小，但这并不妨碍它拥有仅次于美国、印度和巴西的世界第四大社交媒体用户群。而在这批活跃在 Facebook 上的用户中有超过一半在 16 岁至 24 岁之间。Facebook 在印尼最为流行[1]，紧随其后的是 Twitter，它的普及使得印尼成为全球第三大 Twitter 国家，而雅加达则更是世界头号"Twitter 城市"。Twitter 的盛行可以归因于移动电话的普及，2011 年的数字显示，87% 的 tweets 是通过手机发送的。

从《印度尼西亚消费类应用调查》中可以清晰看出目前印尼的移动新媒体的使用情况：

---

[1] 在印度尼西亚，2015 年有大约 92.4% 的 Facebook 用户，也就是 6260 万用户，每月至少通过手机登录一次该社交网站。这一比例高于 2014 年的 88.1% 以及 2013 年的 77.7%。参考：《移动 Facebook 最受印度尼西亚人青睐》，腾讯科技频道，网址：http://tech.qq.com/a/20150124/005511.htm。

## 印度尼西亚消费类应用调查[①]

印度尼西亚有着2.5亿人国民，它是世界上排名第四的人口大国。目前，智能手机在这里的普及率只有21%，然而这个市场却有着巨大的潜力。据预测，截止到2018年，印尼将会成为世界上第四大智能手机市场。届时，印尼的智能手机用户将会翻倍，全世界的智能手机制造商和应用开发商都将会牢牢盯住这个市场。研究显示，如今的印度尼西亚人非常依赖移动设备，甚至超过了其他一些重要的亚洲市场，例如中国和韩国。平均下来，他们每30天会使用6.7个应用，稍稍低于世界平均水平，但是却超过了马来西亚和韩国。

2014年2月，百度旗下的安卓应用商店Mobo Market在印度尼西亚开始提供服务，Mobo Market发布了他们最新的季度报告，这份报告对印度尼西亚的移动数据进行了分析。如今这个应用商店在印尼市场上已经获得了400万月活跃用户，虽然相比这里5400万的智能手机用户来说，400万并不算多，但是他们的报告还是让我们看到了印尼用户的一些独特的智能手机使用习惯。

1.速度较慢的网速改变了用户寻找应用的方式

目前印度尼西亚移动互联网的一个最大问题，就是这里的网络速度有些不尽如人意，落后于附近的国家，在亚洲范围内只排在第15位，这里的蜂窝网络平均速度只有4.1Mbps。这个速度远远落后于世界和亚洲平均水平。由于网络速度过慢，印度尼西亚人更喜欢通过直接搜索的方式下载应用，而不太喜欢在应用商店中进行漫无目的的浏览。对于应用开发人员来说，用户这样的下载习惯意味着，在应用商店内抢占有利位置或是排名，并不能提高应用的下载量，因为印尼人根本不会在应用商店内浏览。因此，要想吸引印尼用户，应用开发商必须想方设法提高应用在这里的知名度。数据显示，在印尼市场上，59%的应用搜索导致了最终的

---

[①] Christian：《印度尼西亚消费类应用调查》，创业邦，网址：http://www.cyzone.cn/article/15006.html#utm_source=copyright。

下载，而只有37%的浏览导致了最终下载。

2.用户最爱在周末下载应用

Mobo Market观察到，周六是印尼智能手机用户下载应用的高峰期，紧随其后的是周日。周末的安逸让印尼用户更喜欢在这段时间下载应用，在游戏类应用中，17%的周下载量来自周末；在其他应用中，20%的周下载量产生于周末。应用开发商应该注重在周末的时候宣传他们的应用，以此来将应用的宣传效果最大化。

3.游戏最受欢迎

Mobo Market还观察到，印尼的用户最偏爱游戏应用，他们所有应用的下载中，游戏占据了其中的44%。在所有游戏下载中，"休闲和迷宫"类游戏占29%。而且在排名前500的游戏中，大约30%的游戏都是休闲游戏。这意味着印尼用户非常喜欢用这类游戏来消磨时间。

4.生活方式类应用也受用户青睐

2015年第二季度中，最受欢迎的新应用为生活方式应用。在受欢迎程度排名前500的应用中，生活方式类应用占比15%。

5.儿童应用有着最高的浏览－下载转换率

Mobo Market的数据显示，在所有应用类别中，拥有最高浏览－下载转换率的应用为儿童应用。越来越多的父母希望用应用来娱乐他们的孩子，而且越来越多的儿童开始使用智能手机（大多数设备来自他们的家长或是年长一些的同辈）。

6.Facebook统治社交类应用

在MoboMarket平台上，在下载量排名前十的社交类应用中，有4个应用为Facebook出品，他们分别为Facebook（第二名）、Instagram（第三名）、WhatsApp（第五名）和Facebook Messenger（第七名）。由此可见，Facebook成功统治了印度尼西亚的社交应用市场。印度尼西亚的智能手机用户非常喜欢聊天应用，数据显示，平均每部印度尼西亚智能手机中，会安装4.2个聊天类应用，这一数字为美国用户的2倍。而且社交类应用的流行程度当前还在随着时间的推移而不断上升。虽然这类应用非常受欢迎，但是市场并没有出现百花齐放的状态，Facebook 等著名社交应用在这里搞起了"独裁"。

7. 用户升级应用不规律

受限于印度尼西亚较低的网络连接速度，这里的用户并没有定期升级应用的习惯。数据显示，只有5%的用户会每日升级应用。而且由于这里大部分用户选择了安卓设备，而安卓设备碎片化问题也导致了新版应用难以在第一时间被用户所接受。如今还有许多用户在使用旧版安卓系统，Mobo Market 观察到，99%的用户还在使用安卓4.4及以下系统，甚至还有15%的用户在使用安卓2.3及以下系统。因此，除了网速过慢的问题之外，旧版系统也成为最新版应用难以在印尼市场上普及的最大原因之一。

在印尼的互联网新闻体使用中，通信交流和获取信息成为印尼网民两项最主要的网络活动。新媒体产业的发展和越来越普及的手机成为推动印尼日益增长的政治活跃性的重要因素，并在传统政治中起到一定作用。随着后苏哈托时代选举规则逐渐自由化，政治家已将网络参与纳入了自己的竞选资源中，他们尽可能地在各种社交媒体上与网民进行互动，包括 Facebook 页面和 Twitter 账号。在 2014 年大选前，这种势头越来越旺，连 YouTube 频道和博客也都被用来为竞选造势。万隆新当选的市长 Ridwan Kamil 甚至在竞选期间专门推出了一个安卓应用程序。

新媒体产业在政治和社会领域的持续发展，赋予印尼部分民众各种权利的同时，那些还未接触新媒体的人群却处在了媒介接触的劣势，通常情况下，这群人往往地处偏远地区，或是印尼社会中的弱势群体，这些科技的变化可能会进一步拉大阶层之间的差距。在印尼，截至 2014 年，只有 80 万的家庭拥有固定宽带，普及率仅为 1.6%，获得互联网信息的机会参差不齐。造成这一不公平现象的原因，一方面是因为人们付不起昂贵的服务费，另一方面，除了几个大城市外，在欠发达的东部印尼，宽带基础设施非常薄弱。因此，能够上网的人口高度集中在爪哇、巴里和苏门答腊等主要岛屿。

# 第十一章　东帝汶新闻史

## 第一节　东帝汶概况

### 一、东帝汶概况

东帝汶，全称东帝汶民主共和国（Democratic Republic of Timor-Leste），是东南亚最年轻的国家，1999年从印度尼西亚脱离出来，2002年5月20日成立，经济上也是世界上最落后的国家之一。东帝汶是一个岛国，位于印度尼西亚努沙登加拉群岛最东端，处在南太平洋印度尼西亚与澳大利亚的海洋中间，南边隔着帝汶海与澳大利亚隔海相望，西边与印度尼西亚的西帝汶相接壤，面积还包括帝汶岛西部北海岸的欧库西飞地，北边的阿陶罗岛和东端的雅库岛，土地面积为1.49万平方公里，东帝汶属热带雨林气候，年平均气温26摄氏度，海岸线长735公里。根据世界银行2013年的数据，东帝汶总人口为117.8万人，其中土著人占78%，印尼人约占20%，华人占比不到2%。东帝汶土著人主要是巴布亚族与马来波利尼西亚族的混血人种，马来波利尼西亚族中最大的族群为德顿人，德顿语为国家通用语和主要民族语言，国家官方语言是德顿语和葡萄牙语，印尼语和英语为工作语言。宗教信仰上，超过90%的人口信奉天主教。东帝汶首都位于帝汶岛东北海岸帝力，是全国政治、经济和文化中心，总人口超过23万人。东帝汶全国行政区划分为13个区，下面再分县、乡两级，全国65个县，443个乡。东帝汶城镇化低，是一个农业国家，经济上以农牧业为主，农业人口占全国总人口的90%，经济发展落后，21世纪之初东帝汶建国时被联合国评为世界最不发达的国家之一。

## 二、东帝汶历史简介

东帝汶是 21 世纪首个诞生的新国家，是东南亚国家中唯一不属于东盟的国家。由于弱小，长期以来东帝汶都被历史遗忘，对于 16 世纪葡萄牙人入侵以前的历史还存在不少的未知，东帝汶的独立道路也更是与众不同。

### （一）殖民统治以前的时期

东帝汶第四届宪法政府声称，早在 4 万年前东帝汶就有人类的足迹，但直到 16 世纪葡萄牙人入侵，东帝汶的历史被史料记载不多。16 世纪前，先后统治帝汶岛的应是以苏门答腊为中心的室利佛逝王国以及以爪哇为中心的满者伯夷。1225 年，中国宋代赵汝适写的《诸蕃志》中记述南边海洋中有"底门国"，书中说底门国当时已有国王，底门应是如今的帝汶岛，当时没有东西之分。元代航海家汪大渊写有《岛夷志》，书里同样也有记述，说南边海洋诸岛有一个"古里地闷"，也就是今天的帝汶。到了明朝，郑和多次下西洋，他的翻译官费信也著有《星槎胜览》，书中同样说南洋有"吉里地闷"，应该也是指今天的帝汶。

### （二）葡萄牙殖民统治时期

16 世纪初，葡萄牙殖民者为了寻找檀香木，到达了帝汶岛开始殖民活动。葡萄牙的水手与当地妇女通婚，殖民统治的结果带来一个新的人种群体托巴斯，他们使用葡萄牙语和当地语，信奉宗主国的天主教。17 世纪荷兰崛起，荷兰人也入侵帝汶岛，在西帝汶建立据点，将葡萄牙殖民势力排挤到帝汶岛东部地区。为了加强对帝汶的统治，葡萄牙变间接统治为直接统治，17 世纪开始往帝汶派驻总督，18 世纪末还将帝汶岛划分为东西两个省进行管理。1859 年，葡萄牙与荷兰签订条约重新瓜分帝汶岛，东帝汶岛归葡萄牙管辖，西帝汶岛归属为荷兰殖民地。二战爆发，日军占领东帝汶，对其进行殖民教育。二战结束后，澳大利亚抢先接管，后葡萄牙恢复对东帝汶的殖民统治，并将东帝汶直接改为葡萄牙的海外省。

### （三）印度尼西亚占领时期

20 世纪 70 年代，随着葡萄牙国内政权的剧变，葡萄牙殖民地也纷纷独立，东帝汶的革命阵线主张独立，但亲印度尼西亚的民协主张并与印度尼西亚，意见不一，东帝汶爆发内战。1975 年 12 月，印度尼西亚趁机出兵占领东帝汶，后宣布东帝汶为印度尼西亚的第 37 个省，开展同化教育与统治。当时，联合国要求印尼撤军，要求印度尼西亚尊重东帝汶人民自决权利与领土完整。此后葡萄牙政府也积极与印尼政府谈判，1997 年爆发了亚洲金融危机导致印尼苏哈托政权 1998 年下台，印度尼西亚同意东帝汶通过全民公决选择自治或脱离印尼。1998 年 8 月 30 日在联合国安理会的主持下东帝汶进行全民公决，78.5% 的投票公民赞成独立，但并没有给东帝汶带来和平，亲印尼派制造流血冲突，东帝汶局势恶化，安理会决议多国维和部队进驻东帝汶，直至 2002 年 5 月 20 日，东帝汶民主共和国才正式成立。

## 第二节　东帝汶新闻发展史

### 一、东帝汶主要报刊

殖民统治时期，东帝汶教育一直非常落后，教育是少数人享有的权利。直到 20 世纪 50 年代，东帝汶才开办第一所中学，东帝汶的人民识字率只有 10%，印度尼西亚占领的 24 年间，为推行同化政策，大力发展教育，向年青一代灌输亲印尼思想，但没能笼络住人心，民众要求独立的声音不断。独立后东帝汶百废待兴，教育得到了历史上最好的发展时期，截至 2014 年，东帝汶共有小学 700 多所，初中 100 多所，还开办了东帝汶国立大学（National University of Timor-Leste）。

由于地域狭小、人口数量少，再加上教育落后，东帝汶新闻事业起步很晚，极不发达。到目前为止尚未成立通讯社，主要葡语新闻来源于葡萄牙卢萨社（Portuguese news agency Lusa）。

东帝汶主要报刊有《国家日报》《帝汶邮报》《东帝汶之声》《导刊》《民族周刊》等。

《国家日报》（"Diario"），是东帝汶发行量最大的报纸之一，分别用德顿文、葡萄牙文及印尼文发行，日发行量 2000 份左右。

《帝汶邮报》（"Timor Post"），创办于 2002 年 11 月 8 日，属葡萄牙文报，是东帝汶发行量最大的报纸，日发行量约 2000 份。下图是简陋的《帝汶邮报》办公大楼（2009 年拍摄）。

《帝汶邮报》办公楼①

2012年8月2日、3日,《帝汶邮报》以连载形式刊登了中国驻东帝汶大使田广凤的署名文章《和平、发展、繁荣、和谐——中国的亚太政策》。文章系统阐述了中国亚太政策所遵循的基本原则和基本目标,介绍了近年来我国与亚太各国关系发展情况。

《帝汶邮报》刊登中国大使论中国亚太政策文章②

《东帝汶之声》("Voice of East Timor"),印尼文和葡语文,日发行量

---

① 作者:Lofor,图片来源网址 https://commons.wikimedia.org/wiki/File:Timor-Post-Building-Dili-2009.JPG？uselang=wuu。
② 《帝汶邮报》刊登中国大使论中国亚太政策文章,人民网,http://world.people.com.cn/n/2012/0806/c1002-18679093.html。

约 2000 份。《东帝汶之声》创办于 1993 年的印尼占领时期，后来逐步发展扩大为报业集团，现旗下有报纸、电视台、电台等多种媒体，主要以德顿文及印尼文进行报道，在东帝汶基层民众中有相当影响。①

《导刊》（"Guide Post"），东帝汶全国性的英文月刊，《导刊》的读者与服务对象主要是居住在首都帝力的外国人。《导刊》建有网站，网址为 www.guideposttimor.com，设有每日新闻、杂志、本地物流等栏目。

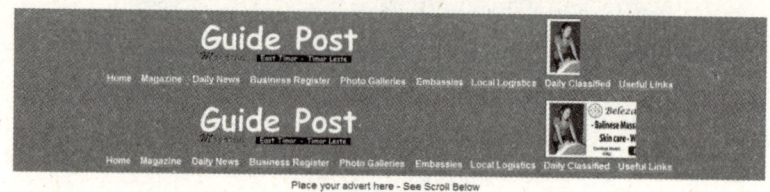

《导刊》（"Guide Post"）网站截图

《民族周刊》（"Jornal Nacional Semanario"），葡萄牙文周报，2003 年 12 月 19 日创刊，也建有网站，网址为：www.semanario.tp，设有国内新闻、国际新闻、观点、访谈、体育等栏目，总体上看信息量比较少，内容更新速度也较慢。

其他还有《STL 日报》《国家日报》《东帝汶杂志》及印度尼西亚的《东帝汶太阳报》等。

## 二、东帝汶的广播电视

东帝汶的广播电视有东帝汶国家电台、东帝汶电视台、东帝汶民族解放军电台。东帝汶国家电台（East Timor National Radio），用葡语和德顿语播出，节目覆盖率 90%；东帝汶电视台（East Timor television），用葡语和德顿语播出，节目覆盖率 30%；东帝汶民族解放军电台（East Timor National

---

① 驻东帝汶大使傅元聪向《东帝汶之声》报业集团主编介绍《中国的和平发展》白皮书，中华人民共和国驻东帝汶民主共和国大使馆网站，http：//tl.chineseembassy.org/chn/xwdt/t863526.htm。

Liberation Army Radio）——希望之声，用德顿语和葡语广播。

### 三、东帝汶的网络新媒体

东帝汶的通信基础设施落后，信息服务由帝汶电信（Timor Telecom）（www.timortelecom.tl）独家经营，东帝汶的互联网服务费与通信费用较高。相关数据显示，截至 2010 年，东帝汶全国有固定电话用户 3000 户左右，移动电话用户 47 万户左右。本国公司技术力量很弱，主要由周边的印度尼西亚与和澳大利亚的电信公司提供接入服务。

目前，东帝汶的网络新媒体有东帝汶新闻在线，网址为：www.timornewsline.com，由东帝汶传媒发展中心主办，网站语言为英文，设有政府、图片库、发展、法律与秩序、选举等栏目，内容更新速度很慢。

# 参考文献

1. 梁英明.东南亚近现代史：上下.北京：昆仑出版社，2005.
2. 古小松.东南亚：历史、现状、前瞻.广州：世界图书出版广东有限公司，2013.
3. 米良.东盟国家宪政制度研究.昆明：云南大学出版社，2011.
4. 李恩涵.东南亚华人史.北京：东方出版社，2015.
5. 巫乐华.海外华侨：南洋篇.北京：中国国际广播出版社，2010.
6. 波巴信.缅甸史.陈炎，译.北京：商务印书馆，1965.
7. 瓦西里耶夫.缅甸史纲1885—1947.中山大学历史系东南亚历史研究室和外语系编译组，合译.北京：商务印书馆，1975.
8. 贺圣达.缅甸史.北京：人民出版社，1992.
9. 贺圣达.东南亚文化发展史.昆明：云南人民出版社，2011.
10. 李谋，姜永仁.缅甸文化综论.北京：北京大学出版社，2002.
11. 钱伯良.缅甸报纸概况.东南亚研究，1987（4）.
12. 马勇.越南社会主义的理论与实践.北京：中国书籍出版社，2015.
13. 贺圣达，马勇，王士录.走向21世纪的东南亚与中国.昆明：云南大学出版社，1997.
14. 靳昆萍，等.东南亚社会主义的历史、现状及其发展趋势.北京：社会科学文献出版社，2014.
15. 戚基耶基纽.四个时期的缅甸华文报.东南亚研究资料，1983（2）.
16. 方积根，胡文英.缅甸华文报刊史略.东南亚，1988（1）.
17. 展江，黄晶晶.开明、威权与自由之光：160年缅甸新闻法制史管窥.杭州师范大学学报：社会科学版，2013（5）.

18. Media development in Myanmar.（2012）. http://i-m-s.dk/page/myanmarconference2012presentations. Yangon.

19. 张建中.抗争的动力：新媒体与缅甸的民主化.东南亚研究，2012(3).

20. 陈力丹.缅甸新闻业的历史与面临的制度变化.新闻界，2012（12）.

21. 黄重远.缅甸华侨新闻事业记略.新闻研究资料，1981（3）.

22. 姚秉彦.缅甸红龙书社.东南亚，1984（4）.

23. 王士录.太平洋战争时期日本法西斯在东南亚的统治方式.东南亚，1997（2）.

24. 张若谷，祖红兵.缅甸媒体发展及中国在当地面对的舆论现状.影响力·云南传媒，2017（11）.

25. 国家广播电影电视总局培训中心.东盟广播电视发展概况.北京：中国广播电视出版社，2008.

26. 李晨阳、古龙驹.缅甸联邦共和国宪法（一）2008年.南洋资料译丛，2009（1）.

27. F. K. Lehman, eds. "Military Rule in Burma since 1962: A Kaleidoscope of Views", Maruzen Asia Maruzen Investment, 1981.

28. 邓云斐.民主化与国家整合：缅甸的挑战与前景.东南亚南亚研究，2017（3）.

29. 孔志坚.缅甸大选后政党政治发展趋向.东南亚南亚研究，2012(3).

30. 伍庆祥.缅甸社会运动中的媒体行动.复旦大学硕士学位论文，2013.

31. 王以俊，Jake Spring.缅甸印刷媒体发展动向.印刷世界，2013（5）.

32. 曾祥敏.发展中的缅甸广播电视.现代传播，2010（5）.

33. 丁仰炎.缅甸新闻界近况.新闻业务，1986（3）.

34. Non-publishing journals to be closed. Myanmar Times 24（477）. 29 June -5 July 2009.

35. 刘正学.访缅甸新闻界.新闻战线，1983（7）.

36. 王以俊.缅甸出版印刷新动向.印刷世界，2012（3）.

37. 王以俊. 缅甸信息媒体部门取得新进展. 印刷世界, 2011 (4).

38. Lwin (Lu Htu), M.T. Rebilious newspapers in colonial period: A brief history of Myanmar Newspaper (1836-1948). Yangon: Sein Pann Pwint Chain.

39. 王勇, 张瀚中. 论"一带一路"建设中新闻传媒的责任. 东南亚纵横, 2017 (4).

40. 朱仲玉. 回忆缅甸中华商报. 新闻与传播研究, 1980 (4).

41. 肖泉. 缅甸华侨与辛亥革命. 世界历史, 1981 (3).

42. 周雷. 缅甸媒体对华传播的"改革语境"和"红外政治". 西南边疆民族研究, 2013 (1).

43. 李晨阳, 祝湘辉. 缅甸: 2012~2013年回顾与展望. 东南亚纵横, 2013 (2).

44. 方汉奇. 中国新闻事业通史. 北京: 中国人民大学出版社, 1992.

45. 方汉奇.《清史·报刊表》中的海外华文报刊. 国际新闻界, 2005 (10).

46. 张涛甫, 伍庆祥. 社会运动中的媒体行动者: 以缅甸媒体的昂山素季事件报道为例. 国际新闻界, 2011 (10).

47. 易文. 当代越南新闻传媒研究. 北京: 人民日报出版社, 2012.

48. 刘稚. 越南建立市场经济体制的探索历程. 云南社会科学, 1993 (3).

49. 肖飒. 越南共产党对当代社会主义生存与发展的认识. 学术探索, 2003 (11).

50. 马勇. 越共"九大"以来越南革新开放的新进展. 学术探索, 2003 (11).

51. Mark Dodd, "Muzzled, Cambodian's independentmedia are under threat", Far Eastern Economic Review, Dec. 24, 1998.

52. 阮氏恒秋. 越南《新闻法》与20年实施新闻法的现状研究. 华东师范大学硕士学位论文, 2012.

53. 武氏渊. 越南电视业发展简史. 南京师范大学硕士学位论文, 2012.

54. 易文. 越南革新以来新闻传媒改革历程及特点分析. 新闻大学, 2014 (5).

55. 阮成利. 革新开放以来越南新闻传媒业的革新与发展研究. 中国人民大学博士学位论文，2007.

56. 周生. 泰国的广播电视事业. 现代传播，1983（3）.

57. 刘康定. 泰国公共电视发展与制度分析. 国立台湾大学社会科学学院新闻研究所硕士学位论文，2010.

58. 刘扬钺. 泰国的互联网发展及其政治影响. 东南亚纵横，2014（1）.

59. 张建中，任孟山. 当民主遭遇威权政治：他信对泰国媒体的控制. 国际新闻界，2011（2）.

60. 文善山. 泰国报业的竞争现状与趋势分析. 华南理工大学硕士学位论文，2013.

61.《外国新闻界概况》编辑室. 外国新闻界概况. 北京：新华出版社，1982.

62. 黄海珠. 泰国华文纸媒研究. 北京：中国社会科学出版社，2013.

63. 潘玉鹏. 泰国报业的当代剪影. 国际新闻界，1996（6）.

64. 孔建勋. 当前泰国中产阶层的政治表达和政党倾向. 东南亚南亚研究，2010（3）.

65. 余海秋. 泰国文化产业政策初探. 学术探索，2013（6）.

66. 梁悦悦. 华语电视在马来西亚：市场竞争与社会整合. 东南亚研究，2014（4）.

67. 陈力丹，王辰瑶. 外国新闻传播史纲要. 北京：中国人民大学出版社，2008.

68. 梁洪浩. 外国新闻事业史. 武汉：武汉大学出版社，1992.

69. 彭润萍. 信息化时代马华报业的革新与图强. 华东师范大学硕士学位论文，2010.

70. 方积根. 马来西亚的华文报刊. 人民日报：海外版，1987-11-13.

71. 张允若. 马来西亚报业的风雨里程. 当代传播业，1996（5）.

72. 方肖峥. 马来西亚华文报业研究：以华文日报为研究中心. 福建师范大学硕士学位论文，2004.

73. 赵永华. 印度尼西亚近百年来的新闻传播业：1615年至21世纪初. 新

闻界，2012（18）.

74. 李卓辉. 印华先驱人物光辉岁月：印尼华人报刊和独立先贤史话. 联通书局出版社，2003.

75. 黄昆章. 从《龙阳日报》的停刊看印尼华文报业的沧桑. 国际新闻界，2002（2）.

76. 陆然. 印尼早期的华人报业先驱及其影响. 新闻爱好者，2010（10）.

77. 黄嘉丽. 印度尼西亚传媒对华人华文的歧视. 中国传媒报告，2004（4）.

78. 刘新鑫，李婧. 中国电视节目如何进入印尼市场. 当代传播，2013（3）.

79. 李昇平. 菲律宾第一张报纸：在欧洲列强的争夺中诞生的报纸. 国际新闻界，1999（6）.

80. 余虹姗. 政治视角下菲律宾新闻业的历史变迁研究. 暨南大学硕士学位论文，2014.

81. 赵振祥，等. 菲律宾华文报史稿. 北京：世界知识出版社，2006.

82. 李林. 菲律宾的广播电视事业. 北京广播学院学报，1983（4）.

83. Raul Pertierra, The New Media, Society&Politics in the Philippines, Fesmedia Asia Series, Friedrich-Ebert-Stiftung, Germany, 2012.

84. 郑丽娟. 菲律宾的广播业. 新闻记者，1986（11）.

85. 朱幸福. 菲律宾新闻业的现状. 新闻记者，1987（2）.

86. 孟顷昕. 菲律宾的新闻界. 新闻战线，1999（8）.

87. 李勇. 多语并存与华文争艳：新加坡新闻事业的历史与现状. 惠州学院学报：社会科学版，2008（1）.

88. 王玮（韦华）. 新加坡华文报业研究. 华中师范大学硕士学位论文，2007.

89. 贵强. 新加坡华文报刊与报人. 新加坡海天文化企业私人有限公司，1993.

90. 赵靳秋，郝晓鸣. 新加坡大众传媒研究. 北京：中国传媒大学出版社，2012.

91. 金勇，王礼陈. 联合早报网的中华情节及原因初探. 现代传播，2009（4）.

92. 马元和. 新加坡的广播和电视. 现代传播，1983（1）.

93. 刘笑盈. 中外新闻传播史. 北京：中国传媒大学出版社，2007.

94. Tilm an Baum gärtel, "Any Questions or Remarks？" Iterative Journalism Training in Cambodia, Asia Pacific Media Educator 2012.

95. 郑保勤. 柬埔寨一报纸主编因攻击首相被判刑. 国际新闻界，1996（10）.

96. 李异平. 柬埔寨媒介：多党制下的新闻控制与争夺. 东南亚研究，2011（5）.

97. 陈力丹，李熠祺. 历经劫难而重生的柬埔寨新闻传播业. 新闻界，2015（12）.

98. 翁卡纳卡. 柬埔寨媒体概况. 褚骁骥，译. 中国投资，2017（21）.

99. Kek Galabru, "Reading between the lines: How politics, money and fear control Cambodia's media", Reported by Cambodia League for Promotion and Defence of Human rights, 2008.

100. 王以俊. 柬埔寨新闻出版印刷业概况. 东南亚之窗，2005（10）.

101. 卢军，郑军军，钟楠. 柬埔寨概论. 广州：世界图书出版广东有限公司，2012.

102. 王明弘. 柬埔寨政党新媒体之争. 现代交际，2017（1）.

103. 蒋赐玲. 柬埔寨华文报刊的新媒体探索. 新闻研究导刊，2016（8）.

104. Judeth Clarke, "Phonixfrom the ashes: The influence ofthe past on Cambodia's resurgentfree media", Gazzette 55（1995）.

105. 徐健，李美航. 柬埔寨华文报业现状及发展进路. 新闻论坛，2016（6）.

106. 王士录. 柬埔寨华侨华人的历史与现状. 华侨华人历史研究，2002（4）.

107. 周中坚. 柬埔寨华侨华人史主要事件述略. 东南亚，2003（4）.

108. Khamboly Dy. "民主柬埔寨"时期的日常生活. 王友琴，译. 炎黄春秋，2012（12）.

109. 朱慧芬. 柬埔寨广播事业的发展历史和现状. 东南亚纵横，2008（3）.

110. 吴喜. 柬埔寨王国的新闻事业. 东南亚研究资料，1965（2）.

111. 王国平.1993年大选后的柬埔寨政治改革. 东南亚，2004（2）.

112. Harish C.Metha，Cambodia Silenced: The Press under Six Regimes, White Lotus Press，1997.

113. 樱井由射雄，石泽良昭. 柬埔寨现代史略. 胡一声，郑焕宇，译. 东南亚研究资料，1983（2）.

114. 郝勇，黄勇，覃海伦. 老挝概论. 广州：世界图书出版广东有限公司，2012.

115. 蔡文枞. 老挝的新闻文化事业. 东南亚，1999（3）.

116. 王以俊. 老挝新闻出版印刷业概况. 东南亚之窗，2005（7）.

117. 刘琛. 老挝电视传媒：历史、身份与意识形态. 国际新闻界，2010（3）.

118. 马树洪. 老挝建设社会主义的机遇、挑战及前景. 东南亚南亚研究，2010（5）.

119. 李异平. 浸透着伊斯兰文化传统的文莱媒介. 东南亚研究，2002（4）.

120. 潘玉鹏. 文莱：一个小国的新闻体制. 国际新闻界，1996（3）.

121. Nguyễn Thành: Sự nghiệp báo chí của chù tjch Hồ Chí Minh, Nhà xuất bàn Lý luận Chính trj2004.

122. Hồ Chí Minh ToànTập, tập 5, Nxb Chính trị Quốc gia, Hà Nội 1995.

123. Nguyễn Thành: Đồng chíTrường Chinh với báo chi: Nhà xuất bản Thanh Niên 2006.

124. Hồ Chí Minh Toàn Tập, Tập 6, Nhà xuất bản Chính trị Quốc gia 2000.

125. ĐỗPhượng: Hạn hphúc của những người viết báo Việt Nam, Học Viện Chính Trị Quốc Gia Hồ Chí Minh Phân viện báo chí và tuyên tryền: 80 năm báo chí cách mạng Việt Nam—những bài học lịch sử và định hướng phát triển, Nhà xuất bản Chính trị Quốc gia2005.

126. 彭伟步. 海外华文传媒概论. 广州：暨南大学出版社，2007.

127. 李异平. 东盟国家媒介透视. 昆明：云南人民出版社，2004.

128. 陈力丹，李林燕. 坎坷之路上的菲律宾新闻传播事业. 新闻界，2015（9）.

129. 李涛，陈丙先. 菲律宾概论. 北京：中国出版集团，世界图书出版公司，2012.

130. 赵靳秋，郝晓鸣. 新加坡大众传媒研究：媒介融合背景下传媒监管的制度创新. 北京：中国传媒大学出版社，2012.

131. 张允若. 新加坡报业十五年. 外国报业研究专刊，1997（2）.

132. 孔庆山. 新加坡社会文化与投资环境. 北京：世界图书出版公司，2012.

133. 黄勇. 老挝网络发展的历史、现状与前景. 东南亚纵横，2005（5）.

134. 刘琳. 辛亥革命时期福建华侨报人史. 福州：海峡文艺出版社，2013.

135. Drew O. McDaniel.Broadcasting in the Malay World: Radio, Television, and Video in Brunei, Indonesia. New Jersy: Ablex Publishing Company. 1994.

136. John A.Lent.Mass Media in Laos. Gazette.

137. 王勇，孟光升，王磊. 缅甸华文网站缅华网涉华报道研究. 文化与传播，2018（2）.

138. 赵长雁. 法泰对抗背景下老挝报业的萌芽. 学术探索，2017（11）.

# 后 记

　　缅甸、越南、老挝、泰国、柬埔寨、马来西亚、新加坡、文莱、菲律宾、印度尼西亚、东帝汶等11个东南亚国家位于亚洲东南部，地处亚洲与大洋洲、太平洋与印度洋的"十字路口"，特别是由新加坡、马来西亚、印度尼西亚等三国共同管辖的马六甲海峡扼太平洋与印度洋之咽喉要道，战略地位十分重要。

　　东南亚国家与我国山水相连，唇齿相依，自古以来东南亚国家就与我国有着密切的交往。东南亚国家是我国海外华人华侨分布最多、最集中的地区，也是近代以来海外华文媒体最发达的地区之一。东南亚国家是我国走向印度洋的重要通道，也是"一带一路"沿线重要国家。东南亚国家对于我国的国家安全、经济发展和文化繁荣都具有十分重要的意义。正因为如此，近年来，我国学界越来越重视对东南亚国家的研究，但目前主要集中在政治、经济等方面，而对东南亚国家新闻事业的研究仍然非常薄弱，特别是缺乏对东南亚11个国家新闻史全面、深入、系统的研究。

　　云南省与东南亚的一些国家具有"山川同脉、江河同流、民族同宗、文化同源"的地缘关系，与缅甸、越南、老挝等三个国家接壤，是中国通往东南亚的门户和重要通道。

　　2015年年初，习近平同志考察云南时，希望云南努力成为我国"面向南亚东南亚辐射中心"。这是习近平同志对云南省提出的新定位、新要求、新希望。作为云南省的重点大学，昆明理工大学积极发挥自身优势，主动服务国家"一带一路"倡议和云南省"南亚东南亚辐射中心"建设。2015年5月，昆明理工大学立足学校新闻传播学科的师资和科研力量，成立了昆明理工大学南亚东南亚新闻传播研究院。自成立以来，昆明理工大学南亚东南亚新闻传播研究院在学校领导和相关部门的关心和支持下，在昆明理工大学艺术与传媒学院的直接领导下，积极整合科研力量，广泛深入研究东南亚、南亚的新闻传播，积极探讨与东南亚、南亚国家的新闻媒体、文化教育单位、科研机构的交流与合作，以促进学术进步，文化繁荣，增加交流与理解，增进友谊与互信，服务于"一带一路"倡议、中华文化"走出去"等国家战略，服务于云南"面向南亚东南亚辐射中心"建设、对外开放和睦邻友好合作。2015年11月，在云南省记协和昆明理工大学艺术与传媒学院的支持下，昆明理工大学南亚东南亚新闻传播研究院与缅甸联邦共和国记协成功举办滇缅新闻传播合作论坛，缅甸记协领导、知名媒体的编辑、记者和云南省记协领导、云南省新闻传播界的专家、学者共聚一堂，进行了坦诚的交流，并就双方的新闻传播合作进行了深入的研讨。会议论文和发言最后结集成《滇缅新闻传播合作论坛论文集》，于2017年正式出版。在昆明理工大学南亚东南亚新闻传播研究院的基础上，2016年1月，昆明理工大学与云南省委网信办又合作成立了云南省南亚东南亚网络文化研究中心。中心自成立以来，充分发挥云南省委网信办和昆明理工大学的设备硬件优势、技术平台优势、人才资源优势，团结和组织相关专家学者开展有关南亚东南亚国家的网络文化、社会舆论方面的研究工作，为政府有关部门、企业提供政策建议和决策咨询。目前中心已组织开展有关南亚、东南亚国家网络文化、网络舆情方面的专题研究项目39项，并定期编辑出版《南亚东南亚舆情简报》，不定期编辑出版《南亚东南亚舆情专报》，相关研究得到了上级部门和相关企业的肯定和好评。目前云南省南亚东南亚网络文化研究中心已开发建设了"南亚东南亚电子文献资源库"，正在积极建设东南亚舆情数据分析平台。中心正努力向建设成为云南省乃至西南地区的南亚东南亚网络文化资料中心、研究中心、决策咨询中心、学术交流中心和人才培养中心的目标前进。

"一带一路"倡议的目标是要实现我国与沿线国家"政策沟通、设施联通、贸易畅通、资金融通、民心相通"。新闻传媒在促进我国与"一带一路"沿线国家的信息沟通、经济合作、文化交流、人员往来和政治互信中具有十分重要的作用。习近平同志曾指出，"国之交在于民相亲，民相亲在于心相通"，"文明因交流而多彩，文明因互鉴而丰富"。而要做到民心相通、文明互鉴，必须首先做到相互了解。但目前我们对东南亚一些国家的新闻事业发展历史和现状并不是非常了解，国内尚没有一本全面深入系统研究和介绍东南亚国家新闻史的专著，国内的有关外国新闻传播史方面的著作和教材也很少介绍东南亚国家的新闻事业发展历史和现状，如陈力丹、王辰瑶所著的"21世纪新闻传播学系列教材·基础课程系列""十二五普通高等教育本科国家级规划教材"《外国新闻传播史纲要》，陈力丹、钱婕所著的"21世纪远程教育精品教材"《外国新闻传播史》等，都介绍了欧洲、美洲、非洲、大洋洲以及亚洲的东亚、南亚的主要国家的新闻传播史，但唯独缺了我们的近邻东南亚国家的新闻传播史，特别是东南亚一些欠发达国家如老挝、柬埔寨、东帝汶等，国内甚至连介绍其新闻事业的文章都是寥寥无几。正是基于以上原因，昆明理工大学南亚东南亚新闻传播研究院自成立以来，就规划充分利用云南省毗邻东南亚国家，昆明理工大学与东南亚国家高校、科研机构已开展了广泛交流和合作的优势，组织力量开展有关东南亚国家的新闻史的研究工作，并计划出版系列丛书。《东南亚国家新闻史》就是其中之一。

这里要感谢昆明理工大学南亚东南亚新闻传播研究院研究员张名章教授、杨璐副教授、刘红副教授、昌蕾副教授、巴胜超教授、马小娟副教授、赵长雁在读博士、唐晓岚讲师等同人，他们都是国内著名高校毕业的新闻传播学科博士、硕士，具有扎实的理论素养和深厚的专业积累。近年来，在教学之余，他们全身心投入东南亚11个国家新闻史的研究和《东南亚国家新闻史》的撰写工作，想方设法搜集资料，查找文献，付出了辛勤的劳动和汗水（其中张名章、昌蕾两位老师分别撰写了两个国家的新闻史，刘红老师还为本书的出版做了许多具体工作）。

《东南亚国家新闻史》是以上同人辛勤工作的成果和集体智慧的结晶，由大家分工合作撰写而成。各章具体撰写者如下：

缅甸新闻史，撰写者：王勇；

越南新闻史，撰写者：杨璐，研究生王云东、耿健、吴晓宇亦有贡献；

老挝新闻史，撰写者：赵长雁；

泰国新闻史，撰写者：刘红；

柬埔寨新闻史，撰写者：王勇、唐晓岚；

马来西亚新闻史，撰写者：昌蕾；

新加坡新闻史，撰写者：张名章；

菲律宾新闻史，撰写者：马小娟；

文莱新闻史，撰写者：昌蕾；

印度尼西亚新闻史，撰写者：巴胜超；

东帝汶新闻史，撰写者：张名章。

从地图上看，缅甸、越南、老挝、泰国、柬埔寨、马来西亚、新加坡、文莱、菲律宾、印度尼西亚、东帝汶等11个东南亚国家在云南省的西南方向由近向远呈扇形排列；云南省建设"南亚东南亚辐射中心"，在与东南亚11个国家的经济、文化、人员交流方面需要由近向远拓展，因此本书也按照11个国家与云南的远近，由近到远来安排各章的顺序。

全书由王勇策划选题、提出写作框架和写作要求、组织撰写和统稿，并进行了审读和校对。各章由撰写者各自独立完成并文责自负。

作为一本外国新闻史类的著作，本书在撰写的过程中参考、借鉴、吸收、引用了国内外学者的大量研究成果和搜集的资料，在此向学者们表示崇高的敬意和衷心的感谢！对参考、引用的研究成果和文献资料，有的已在脚注中注明，有的作为参考文献附在书后，但也有可能存在遗漏之处，在此表示深深的歉意！

在这里要特别感谢中国新闻史学会副会长、教育部高等学校新闻学学科教学指导委员会委员兼秘书长、复旦大学新闻学院原常务副院长、博士生导师黄瑚教授和中国广播电视社会组织联合会学术委员会副主任、云南广播电视台原党委书记、台长，云广传媒集团原董事长覃信刚高级记者两位学界、业界的前辈。黄瑚教授和覃信刚高级记者都是昆明理工大学艺术与传媒学院的特聘教授，一直关心和支持昆明理工大学新闻传播学科的发展，对昆明理工大学南亚东南亚新闻传播研究院和云南省南亚东南亚网络文化研究中心的成立及有关东南亚国家新闻史的研究工作给予了热忱指导和无私的帮助。这次，他们又在百忙之中抽空为本书作序，给予肯定和鼓励，使我们倍受鼓舞。

本书的出版得到了学校领导及相关部门，特别是艺术与传媒学院、云南省南亚东南亚网络文化研究中心领导和同事的指导、关心和支持，并得到了昆明理工大学南亚东南亚新闻传播研究院、云南省南亚东南亚网络文化研究中心的资助，在此向各位领导和同事致以崇高的敬意和衷心的感谢。

艺术与传媒学院院长助理崔颖博士热忱为本书的出版多方联系出版社，操了许多心，在此表示真诚的感谢！

在此还要感谢云南人民出版社的刘焰编辑，为本书提出了很好的修改意见，她的辛勤工作为本书增色不少，在此向她表现深深的谢意！

由于资料的多寡不同，本书对东南亚不同国家新闻史的研究和介绍，在全面性、深入性等方面存在差异。同时，由于资料查找困难，以及语言障碍等方面的原因，本书肯定存在许多不足，敬请各位方家批评指正，我们将虚心接受并争取今后有机会进行修订完善。

王　勇

2018年5月28日

于昆明理工大学